JN441885

잠들지 않는 남도

잠들지 않는 남도

1988년 2월 26일 초판 1쇄 펴냄
2018년 3월 30일 2판 1쇄 펴냄

엮은이 _ 노민영
펴낸이 _ 김용항
펴낸곳 _ 온누리

등록번호 _ 제아—20호(1982년 12월 6일)
주 소 _ (28507)충북 청주시 상당구 대성로226번길 39-6
대표전화 _ (02)324-4790
팩시밀리 _ 0505-115-6287
휴대전화 _ 010-2735-7459
전자우편 _ onnuripb@hanmail.net

ⓒ온누리, 2018
ISBN 978-89-8367-152-3 (03810)

* 지은이와 협의하여 인지는 생략합니다.
* 이 책 내용의 전부 또는 일부를 재사용하려면 반드시 지은이와 도서출판 온누리 양측의 동의를 받아야 합니다.
* 책값은 뒤표지에 표시되어 있습니다.

잠들지 않는 남도

—제주도 4·3항쟁의 기록—

노민영 엮음

온누리

엮은이 서문

Ⅰ.

'한국의 하와이'라고도 부르는 대한민국에서 가장 큰 섬 제주도. 한라산의 수려한 정취와 함께 남국의 따스한 낭만이 흘러넘치는 곳. 그렇다. 제주도는 세계가 인정해 주는 가장 아름다운 섬 중의 하나이다.

그러나 그 역사의 한 껍질만 벗기고 들어가면 우리는 제주가 그렇게 아름다운 섬만은 아니라는 사실을 알게 된다. 제주의 근대사에는 너무나 아픈 상처가 똬리를 틀고 있기 때문이다. 아무리 지워내려 해도 지워지지 않는 통곡의 파편들이 제주의 곳곳에 박혀 있기 때문이다.

우리는 그 통곡의 아픔을 '제주도 4·3사건'이라고도 하고 '제주도 4·3항쟁'이라고도 부른다. 해방과 함께 조국의 분단이 절박한 현실로 다가오고 있을 무렵, 제주도 전역을 무려 8년간이나 뒤흔들었던 그것은 봉화의 뜨거운 외침이기도 하고, 아직도 그 실체가 명명백백 밝혀지지 않은 통한의 다른 이름이기도 하다.

해방 이후 단독정부 수립은 미군정으로부터 시작되었다. 그러나 이에 반대하는 좌익세력은 제주도를 기점으로 하여 항거하였던 것인데, 여기에는 제주도 도민들 특유의 공동체적 풍토도 한몫했던 것으로 보인다. 미군정과 우익 세력들은 단독정부 수립을 위한 정치 일정, 즉 5·10 선거를 관철시키기 위해 온갖 잔인한 탄압을 자행하였다.

4·3 봉기—5·10 선거의 파산—피의 보복 살육전—도민 무장항쟁—로울러 작전, 고엽 작전, 전략촌 작전, 무장대 고립 작전 등을 거치면서 제주도는 그야말로 피로 얼룩진 통곡의 섬이 되고 말았던 것이다. 30여만 명의 도민 중 8년의 과정을 거치면서 4분의 1에 이르는 숫자가 숨지거나 행방불명되었다. 물론 생활 터전도 쑥대밭이 되었다.

우리는 지금 단순히 그때의 기억을 되살리고자 하는 것만은 아니다. 지난 40여 년 간 4·3의 역사는 지워진 것이 아니라 쓰여지지 않았을 뿐이다. 잊어버린 것이 아니라 잊기를 강요당했을 뿐이다. 그러나 역사는 강요에 의해 망각되는 것이 아니다. 이제라도 잊기를 강요당했던 그 고통의 파편들을 수집 발굴하여 기록 · 평가하고, 그 교훈을 역사에 남기기 위해 이 작업을 하는 것이다.

Ⅱ.

이제까지 4·3에 관한 기록들은 전무하다시피 하다. 그래서 본서는 주변의 몇 가지 재료들을 모아 다음과 같은 내용으로 편집하였다. 먼저 미국의 라파이예트(Lafayette)대학 교수인 존 메릴(John Merril) 박사의 연구논문인 〈제주도 반란〉(Cheju-Rebellion);Journal of Korean Studies no.2 1980)과 일본의 김봉현 씨에 의해 기록된 〈제주도-피의 역사〉를 완역 또는 편역하여 게재하였다. 이 이외에는 본격적인 '제주도 4·3사건'에 대한 기록을 가지고 있지 못하다. 우리 민족의 역사이면서도 우리들 자신의 기록이 아닌 외국 기록을 기초로 출발할 수밖에 없음이 부끄럽기도 하다.

먼저 존 메릴 교수의 논문은 4·3사건의 가해자였던 미국 정부당국의 보관자료에 기초한 만큼 충분히 실증적 유효함이 있을 것이다. 그는 '제주 4·3사건'의 주력이었던 무장대의 정치적 성향, 특히 좌익을 대표하였던 남로당과 관계를 성실히 규명하려 한 것은 물론 미행정부의 한반도 전략과 관련하여 무자비한 살육 정책의 근거를 찾아보려고 했다는 점에서 '4·3사건에 관한 객관적 연구 가능성을 보여주고 있다.

한편 김봉현 씨의 〈제주도-피의 역사〉는 서문과 7·8장, 그리고 내용 중 일부를 삭제 · 교정하여 편역하였다. 완역을 하지 않은 것은 중복되는 내용을 피하고, 주장의 옳고 그름을 떠나 감정에 치우치거나 논리의 비약이 심한 부분을 제외시켰기 때문이다. 이 자료는 존 메릴 교수의 교수보다 약간 앞서는 70년대 말의 기록이기도 하고, 김봉현 씨 자신이 '제주도 4·3항쟁의 보기 드문 당사자이기 때문에 실증적 자료로서의 가치가 충분하다고 보아 게재하였다.

그리고 48년 당시 사건의 진행과정과 직후에 국내에서 발표되었던 몇 가지 자료들도 첨가하였다. 이러한 자료들은 자료를 관리하고 있는 정부 당국이나 특히 미행정부 측의 성의만 있다면 더 많은 실증적 내용들을 채울 수 있을 터이지만 현실이 그렇지 못함이 안타깝기만 하다.

Ⅲ.

이상 두 편의 번역문과 몇 개의 자료들로 편집된 이 책은 '제주도 4·3사건'

의 진상을 밝히기 위한 출발에 불과하다는 점을 전제로 몇 가지 부족한 점을 밝혀 둔다.

첫째, 두 편의 '제주도 4·3사건'에 대한 기록이 모두 그 사건에 대한 평가를 논의에서 배제하고 있다는 점이다. 즉 이 책은 '제주도 4·3사건'에 대한 본격적인 평가를 담고 있지 않다. 지금까지 '제주도 4·3사건의 주체에 대한 일관된 매도만 있었을 뿐이지 그에 대한 진실하고도 구체적인 접근이 없었다는 점에서 앞으로 '제주도 4·3사건'에 대한 재평가와 재해석이 뒤따라야 할 것이다.

둘째, 본 서적에 수록된 기록들이 엄밀한 의미에서 객관성을 유지하고 잇는가의 문제이다. 두 편의 기록은 분명 사건의 가장 중요한 본질을 미군정과 우익테러집단의 패륜적인 만행과 이에 대항하는 도민들의 자위적인 무장투쟁이라는 관점에서 기술하고 있다. 우리는 이것이 근거 없는 주장이라고 생각하지는 않는다. 그러나 한편으로는 무장세력이 범한 오류가 전무하다고 말할 수는 없을 것이다. 실제로 '제주도 4·3사건'의 당사자였던 김봉환 씨의 경우 '항쟁의 지도부가 좌경적 편향을 가지고 있었다'라든가 '무장세력이 부분적 오류를 범했으며, 이러한 이유로 무장대열이 쉽사리 와해되는 원인이 되었다'라고 기술하고 있다. 그러므로 이러한 점, 항쟁 주체에 대한 부정적인 면에 대한 규명도 함께 행해졌을 때 모든 기록은 보다 객관성을 갖게 될 것이다.

셋째, 대부분의 기록들이 항쟁의 기간을 50년대 중반까지로 주장하고 있지만, 본서의 기록들에서는 49년 이후의 투쟁 기록을 보여주지 못하고 있다는 점이다. '제주도 4·3사건'의 실체를 규명하기 위해서라도 도민 항쟁 기간이 8년이었다면 시기적인 누락 없이 전 진행과정을 밝혀야 할 것이다. 그러한 점에서 본 기록은 미흡할 수밖에 없다는 것을 고백하지 않을 수 없다.

Ⅳ.

48년 '제주도 4·3사건'. 침묵을 강요당했던 그 통곡의 세월이 벌써 40년이 흘렀다. 한 세대를 훌쩍 지나쳐 버린 지금. 우리는 그 아픔을 잊고 치유하기 위해서라도 그 실체 규명에 온힘을 기울여야 할 것이다. 그리고 그로부터 우리는 역사적 교훈을 얻어야 할 것이다.

모쪼록 이 책이 그 출발점이 되기를 기원한다. 그 동안 용기를 북돋워준 사람들, 특히 제주도의 응어리진 통한의 사연을 우리에게 통렬히 증언하다가 영어의 몸이 되기도 했던 이산하 시인과 '녹두서평' 관계자 여러분께 머리 숙여 감사드린다.

끝으로 주변 상황이 어려운데도 최선을 다한 온누리 식구들 모두에게도 격려와 감사를 전한다.

1988년 2월 초순.

잠들지 않는 남도를 다시 발행하며

2018년은 제주 4.3사건의 70년의 해이다. 두 세대가 지나갔지만 아직도 온전이 끝나지 않은 슬픈 역사이다. 4.3의 과정에서 학살된 수많은 사람들의 죽음은 우리 역사의 뼈저린 아픔이다. 제주 4.3의 역사는 금기의 역사였다. 공포였고 두려움이었다.

민족의 독립국가 건설의 열망을 학살로 점철한 야만과 광란의 역사적 사건이었던 제주 4.3사건은 붉은 이데올로기로 덧칠해져 분단의 비극과 함께 어느 누구도 말해서는 안 되는 금단의 시간이었던 것이다.

그러나 정의를 위한 역사는 언제나 돋아나기 마련인 법이다. 4.19혁명 직후, 제주 4.3에 관한 최초의 문제제기가 1960년 5월 일어났다. 제주대 학생 7인은 '4·3사건 진상규명 동지회'를 결성하고, 『제주신보』 1960년 5월 26일자 광고란에 호소문을 게재하였다. "4·3사건의 진상을 하루 빨리 규명하여 사건 당시 양민을 학살한 주동자들을 엄정하게 처벌할 것"을 촉구하였다.[1)]

이어 제주 4.3에 관한 최초의 민간 기록이 1963년 일본에서 재일동포 사학자 김봉현, 김민주의 『제주도 피의 역사–4·3무장투쟁의 기록』이 출판되었고, 또 다른 학술적 연구 1975년 미국 하버드대학교에서 석사학위 논문으로 존 메릴의 『제주도 반란(The Cheju-do Rebellion)』이 발표되었다.

1974년에는 재일작가 김석범이 4.3을 주제로 한 소설 「까마귀의 죽음」, 「간수 박서방」 등을 발표하였고, 1978년 현기영의 소설집 「순이 삼촌」이 발표되면서 4.3의 아픈 상처에 대해 관심을 크게 불러 일으켰다.

그리고 1987년 6월민주항쟁은 제주 4.3을 다시 역사의 장으로 불러들였다. 시인 이산하의 문제적 시, 「한라산」은 4.3을 민주화운동에서 다시 바라보는 계기를 촉발시켰고, 「노래를 찾는 사람」들의 잠들지 않는 남도는 4.3에 대한 정서적 공감을 고조시켰다. 이런 가운데 우리 온누리에서도 제주 4.3에 대한 역사적 출판을 하기에 이르렀다. 물론 현기영 선생의 「순이삼촌」이라는 문학작품의 출판은 있었지만, 역사기록의 출판으로는 최초의 벽을 넘어야 했다. 감히 이런 자료를 터트리는 것 자체가 법을 초월해야 하는 것이었고, 처벌도 각오해야하는 것이었기에 은밀해야 했고 위험과 고난도 무릅써야만 했다.

분명 이 자료집에는 한계가 있다. 책을 준비하던 당시 정식으로는 그 자료들을 구할 수도 없는 시절이었다. 그리고 기록자의 입장과 관점이라는 점에서 여러 문제점도 가지고 있었다. 그러나 우리 출판사는 최초로 1차적 자료를 세상에 드러낸다는 것만으로도 가치가 크다는 생각에 모든 것을 감수하기로 했던 것이다. 그 결과 「잠들지 않는 남도」에 대한 반응은 놀라울 만큼 뜨거웠다. 이 책의 출판의 영향은 4.3에 대한 사회적 관심을 불러일으키는 데 적지 않았다고 자부한다. 노래 잠들지 않는 남도, 책 잠들지 않은 남도-제주도반란, 4.3항쟁의 현장기록은 제주 4.3 40주년을 맞아 함께 상승효과를 발휘했다.

제주사회문제협의회(1987년 결성)는 1988년 40주년을 맞이하여 4.3학술대회를 개최하였고, 제주신문이 4.3 사건에 대한 취재를 시작하였고, 1989년

4.3연구소가 출범하였다. 그리고 1989년 4.3일을 시작으로 4.3 특별취재 「4·3의 증언」을 연재하며 공공적 기록작업은 시작하였다. 그리고 4월 3일 최초로 민간주도의 제41주기 제주4·3추모제-4·3 추모 및 진상규명촉구대회가 거행되었다. 재일동포 사회에서도 1988년 40주년을 맞이하며, 4.3 사건에 대한 관심과 진실규명, 민족문제 해결을 위한 노력을 뜨겁게 기울였다. 1988년 도쿄 YMCA에서 40주년행사로 4.3학술 심포지움을 개최하였고, 1993년 45주년을 맞이하며 〈4·3을 생각하는 모임〉을 창립, 도쿄와 오사카에서 4.3기념식과 추모제를 매년 개최하기 시작했다.

1997년 제주지역에서 50주년 기념사업준비를 시작했고, 대선과정에서 김대중 대통령은 4.3에 대한 진상규명을 약속했다. 1998년에는 50주년을 맞이하여, 재일동포들은 뜻 깊은 50주년 행사를 도쿄에서의 기념식과 오사카에서의 위령제로 거행하며, 국·내외적으로 4.3의 죽음과 진상에 대한 규명을 촉발시켰다.

1999년 김대중 대통령은 4.3희생자들을 위한 위령공원 조성을 위한 정부예산 30억 지원을 약속했고, 이로 인해 『제주 4·3사건 진상규명 및 희생자 명예회복에 관한 특별법』이 제정 공포되었고, 계속적인 노력의 결과 2000년 〈제주 4·3사건 진상규명 및 희생자 명예회복 위원회〉가 출범하였다.

2003년 노무현 대통령의 참여정부에서 제주 4.3과 관련한 정부의 첫 공식 사과 표명, 국가 권력의 과오를 인정하고 4.3 유족과 제주 도민에게 공식 사과하였고, 2006년 4월 3일에는 노무현 대통령이 '제58주년 제주 4.3사건 희생자 범도민 위령제' 참석, 사과 연설하였다.

2008년 6주년을 맞이하여 제주 4.3평화기념관이 개관되었고, 11월에는 제

주 4.3평화재단이 출범하였다.

2014년, 3. 18 국무회의, 제주 4.3희생자 추념일 지정을 의결하였고, 3월 24일 대통령령 개정하여 「4.3 희생자 추념일」을 공포하였다. 정말 놀라운 진전이었다. 그러나 아직도 무참히 학살된 양민들에 죽음에 대해 엄정히 규정하지 못하고 있는 점 등 아직도 해결되지 못한 여러 가지 것들이 남아 있다.

70년, 역사의 시간이 두 세대가 더 지나갔지만 아직도 다 정리되지 않았다는 점은 심히 유감이다. 이는 우리의 역사가 분단의 문제와 함께 여전히 해결되기 어려운 이데올로기의 문제를 남기고 있기 때문인 것이다.

우리 한반도는 2차 세계대전의 종전 73년이지만 아직도 전쟁이 끝나지 않은 세계에서 가장 뜨거운 전장이다. 냉전이 종식되지 않은 채 아직도 일촉즉발 전쟁의 위협과 협박이 난무하고 있는 분단의 땅이다. 이 땅의 민중들은 핵과 미사일과 폭탄을 머리에 이고 전쟁에 시달리고 있는 고달프고 가련한 국민들이다.

제주 4.3 70주년의 해를 맞이하여 『잠들지 않는 남도』의 재판을 펴내며, 이제는 이러한 굴레와 사슬을 끊고, 평화의 화해와 상생으로 갈 수 있는 새로운 역사를 간절히 바라며, 제주 4.3 70주년 범국민위원회가 제기하고 있는 "역사에 정의를, 4·3에 정명을!" 이라는 선언이 하루빨리 이루어지길 소망한다.

재판 발행을 하며 띄어쓰기와 맞춤법은 현행으로 고쳤다.

2018년 4월

온누리 편집부

---

1) 제주대 7인–고순화 · 고시홍 · 박경구 · 양기혁 · 이문교 · 채만화 · 황대정은 60년 5월 26일자 제주신보에 "4.3사건의 진상을 하루 빨리 규명하여 사건 당시 양민을 학살한 주동자들을 엄정하게 처벌할 것" 광고

차례

제1부
제주도의 반란

—존 메릴

"The Cheju-do Rebellion" — Jhon Merrill.

Journal of Korea Studies, 1980.

서 문

제주도는 오늘날 주로 관광지와 해녀, 감귤 숲으로 유명하다. 한반도 최남단에서 약 50마일, 가장 가까운 일본열도에서 약 100마일 떨어져 있는 제주도의 면적은 약 700만 평방마일에 달하는데, 6000피트 높이의 한라산 정상의 분화구로 유명하다. 제주도는 이제 서울에서 비행기로 한 시간이면 갈 수 있다. 관광객들은 토속적인 분위기에 젖어 절경을 즐기곤 한다. 대부분의 관광객들은, 땅속 샘에서 나온 세 남자와 바다에서 올라온 세 여자의 결합으로 제주도의 역사가 시작됐다는 관광안내서에 나오는 전설 이외에는 그 역사에 대해 거의 모르고 있다.[1] 이 독특한 전설은 남한에서 가장 인기 있는 신혼여행지로 이곳을 선택한 많은 신혼부부들에게 특별히 공감을 얻고 있다. 그러나 산비탈 폐허가 된 절터나 암벽으로 둘러싸인 기념패 더미나 수풀로 뒤덮혀버린 고지대 마을의 샘터 등이 가끔씩 관광의 분위기를 깬다.[2] 이 섬의 자

1) Fredirck H. Dustin, An Introduction to Cheju-do : Korea's Island Province (n.p., 1957)은 그러한 해설서의 하나이다. 이 책은 국립 제주대학교에 대한 아시아재단의 특별지원금으로 출판되었는데, 여기에는 반란에 대하여 아무런 언급이 없다. 그러나 그 서문은 "시간이 지남에 따라 이 책의 내용은 개정되고 또 다소 늘어날 것이다."라고 쓰여 있는데, 이 말은 아마도 그러한 누락에 관한 언급일 것이다.

2) 양상식, 《한라산의 메아리》 (제주 : 국립 제주대학교, 1977), pp.4-5. 이 책에는 〈게릴라 봉기〉라는 짧은 단락이 있는데, 이는 반란 당시에 씌여진 기술로부터 재인용된 것으로 보인다.

연미와 새로운 번영의 근저에는 비참하고 피맺힌 과거가 깔려있기 때문이다.

제주도 역사의 소름끼치는 상황은 불과 30년 전에 벌어졌다. 1948년 4월 3일, 한라산 공산게릴라의 지도로 남한 지역의 단독선거를 반대하는 대중봉기가 일어났다. 일 년후 반란이 끝날 때까지 수만 명이 희생되었다. 섬 내륙의 모든 마을이 황폐화되었고, 주민들은 잔인하게 학살되거나 해안의 수용소로 강제 이주되었다. 이 학살에 대한 단편적인 사실만이 바깥 세상에 알려졌다. 구호 노력은 거의 취해지지 않았다. 그리고 여러 해 동안 이 섬은 기아와 암흑 속에 방치되었으며 이승만 정권에 의해 철저히 무시되었다. 이 섬이 회복되기 시작한 것은 겨우 1960년대 부터였다. 사건의 중요성에도 불구하고 제주도 반란은 거의 연구된 것이 없다. 겨우 몇 편의 글이 영어로 출판되었고, 다른 언어로 다루어진 글은 하나도 없다.[3] 이 반란에 대한 정보는 최근에 기밀해제된 미국 공문서와 한국자료에 광범하게 흩어져있는 것을 활용할 수 있다.[4]

---

3) David I. Steinberg, Korea : Nexus of East Asia(New York : American-Asian Educational Exchange, 1968), p.18

4) 기술된 자료들이 신뢰도와 포괄범위에 있어서 크게 다르기 때문에, 이 설명을 하기에 앞서 그것들에 대하여 몇 마디 언급해 두는 것이 좋을 듯하다. 자료의 주요한 세 가지 원천은 바로 한국인, 공산주의자, 그리고 미국인이다. 남한의 자료들은 모두 전사(戰史)와 남로당에 관한 연구로 이루어져 있다. 이 자료들은 사건들에 대한 기본적인 기록을 제공하긴 하지만, 동시에 많은 문제점을 갖고 있다. 대체로 반란 자체는 단지 제한된 취급을 받을 뿐이어서, 기껏해야 한두 장(章)으로 다루어질 뿐이며, 일반적으로 이 책들의 주된 관심분야가 아니다. 전사들은 지극히 편협한 시각으로 일련의 한국장성들의 개인신상과 이 섬에서 그들이 취한 전술로 채워져 형편없다. 작전의 실제 행위들에 관한 상술은 대게 빠져 있다. 반면에 남로당에 관한 연구들은 흔히 그 분석에 있어서 지나치게 일반적이다. 이러한 특성은 아마도 배포에 지장을 줄지도 모르는 분야에 너무 깊이 파고 들기를 꺼려하는 자연적인 실정에서 유래한 것으로 보인다. 남한의 자료들은 또한 반란 진압시에 동원된, 흔히 야수적인 방식에 대해 일정한 침묵과 당혹함을 보여주고 있다.

뜻밖에도 공산주의자의 기술들은 거의 없다. 그 주된 원인은 박헌영의 정책과 불가분의 관련을 맺고 있었기 때문으로 보인다. 박은 당시 이북의 지도부내의 파벌투쟁에 있어서 김일성의 주요한 라이벌이었다. 반란에 대하여 유일하게 충분히 다루고 있는 것은 김봉현과 김민주에 의해 사적으로 출판된 책이다. 이 두 일본 거류민은 원래 제주도 출신인 것으로 보인다(김봉현 · 김민주 [편], 《제주도 인민들의 4 · 3 무장투쟁사-자료집》, 오오사카, 1963). 이 책은 주로 일본으로 피해 간 이전의 제주도 주민들과 반란 가담자들과의 면담에 기초하고 있다. 일견 잘 조사된 듯한 이 책은 사건들을 유혈적인 상술로 분식하고, 제주도 인민의 혁명적인 열정을 과장하며, 수사적인 언어를 사용하고 있다. 그러나 다른 자료들과 대조할 수 있을 경우에, 이

Ⅰ. 반란의 전통

제주도는 역사적으로 중앙정부의 통제력이 약했고, 주기적으로 반란이 있어왔다. 이 섬은 고려말까지 중앙정부의 직접적 통제가 미치지 못했으며, '탐라'라는 독립국으로 본토와 느슨한 민족적 관계를 유지했다. 13세기, 고려가 몽고족에 침략당했을 때 이 섬은 원제국 침입자에게 저항하는 최후의 근거지가 되기도 했다. 고려와 몽고의 연합군에 정복된 후, 제주도는 몽고군 행정부 아래에서 말을 기르는 목초지로 변화되었다. 한 세기 동안 원제국에 대한 산발적 저항이 계속되었으며, 후에 고려왕조가 다시 지배하려할 때 이에 저항했다. 이씨 조선왕조의 전 기간에 걸쳐 이 섬은 나라의 정치와 떨어져 침체되고 고립된 섬으로 남아 있었다. 정부의 유일한 관심은 분리경향이 나타나는 것을 막는 일이었다. 관리들은 관례적으로 제주도 주민들에 의해 있을지 모르는 공격에 대비해서, 그리고 보다 중요하게는 제주도의 고대왕조를 주장하는 지방색에 젖어드는 것을 막기 위해서 가족을 데려가는 것이 금지되었다. 제주도는 멀리 고립되어있다는 사실로 인해 정치적 추방지로 이용되었다. 다른 섬 사람들처럼 이 섬의 주민들은 육지 사람들에게 멸시당했으며, 정부에 의해 크게 무시되었다.[5)]

책은 거추장스러운 것을 벗겨 내고 보면, 사건들에 대한 있는 그대로의 이야기로서 신뢰할 수 있을 것 같다. 졸저에서 이 자료는, 해석을 위해서가 아니라 이런 의미로, 상당히 신중하게 사용되었다.

세 번째 원천인 미국문서보관소의 자료에는 극동사령부(Far Eastern Command)의 매일 〈정보개요〉, 사찰보고, 개인서신, 전보, 그리고 부정기적인 보고서들이 포함된다. 이 문서들의 가치는 그것들이 제공하는 반란에 관한 세부적인 내용에 있다. 그것들은 겨우 최근에야 이용할 수 있게 되었기 때문에, 반란에 관한 이전의 어떤 기술에서도 사용되지 않았다. 그것들의 주된 문제점은 지속적으로 기술되지 못하고, 흔히 사건들에 대해 군사적인 차원을 넘어서지 못했으며 현지사정에 미숙했다는 점이다. 현지사정에 미숙함은 예컨대 한국의 지명과 인명에 대한 생소한 번역들에서도 보여진다.

5) 양창식, 앞의 책, pp.25-50, 〈제주도의 전통문화에 대한 외국의 영향〉 ; 우락기, 《제주도》, 한국의 지리 시리즈 제 1권 (서울 : 한국지리연구소, 1965), pp.25-34. 한글로 된 이 책에는 영문 요약도 실려 있다. 또한, "The Island of Quelepart," The Korea Review, March 1892, pp.94-96.

이 섬의 고립과 정부에 의한 무시는 19세기 동안 여섯 번이나 발생했던 반란의 중요한 요인이 되었다. 비록 그 유형이 기록되어 있는 전형에 얼마나 충실한가, 사건의 진상에 얼마나 충실한가에는 의문의 여지가 있지만 이 반란들은 전통적인 농민반란의 유형과 맞아 떨어진다. 부패하고 무능한 지방관들이 섬 주민들이 폭발점에 이르도록 착취하고 세금을 매겼다. 주민들은 그들의 분노를 자아낸 관리를 제거하기 위해 반란을 일으켰다. 소동은 자연스럽게 그들의 직접적인 불만의 해결을 향해 발전해 갔다. 제한된 목표가 달성되자마자 반란은 금방 동력을 잃어갔다. 정부는 소요의 원인을 조사하고 통제권을 회복하기 위해 군대를 파견했다. 조사 결과는 거의 언제나 반란의 조건을 야기시킨 지방관 문책으로 귀결되었다. 정부는 반란 지도자를 처벌함과 동시에 원성을 받은 지방관을 봉고파직하고 섬 주민들의 제한된 요구를 들어주었다. 제주도의 반란은 다른 농민반란과 비슷한 특성을 보인다. 그것은 산발적이고 자연발생적이며 순식간에 끝나는 폭발이었다.[6] 조선왕조 마지막 수년 동안에 걸친 한국사회의 모순은 분명히 본토에서도 비슷한 반란을 야기시켰다. 그러나 제주도는 지정학적 특수성 때문에 다른 지방의 봉기에 특별히 쉽게 영향을 받았다.

연속적인 반란이 1813년에 시작되었다. 관청을 공격하려는 계획이 사전에 발각되었고, 주모자는 체포되어 처형되었다. 두 번째 반란은 1863년 주민들이 과중한 세금에 반대하여 일어섰을 때 있었다. 봉기의 직접적인 원인은 다른 지방에서는 폐지된 시장세의 계속된 과세조치였다. 주민들은 예리한 죽창으로 무장하고 제주관내를 점령, 관청을 불사르고 하급관리들을 살해했다. 분노를 터뜨린 후 그들은 집으로 돌아갔다. 섬이 육지에서 떨어져 있었기 때문

---

6) 전통적인 농민반란의 성격에 관해서는, 일례로, Jean Cheneaux, Peasant Revolts in china(London : Thames and Hudson, 1973)을 보라.

에 4개월이 지나서야 비로소 공권력에 의한 질서가 회복되었다. 간단한 조사 후, 운 나쁜 관리들은 유배지로 추방되었을 것이다. 정부는 '충선스러운 섬 주민'의 불평을 풀어주기 위해 밀린 세금을 감면해주고, 새로운 면세조치를 발표했다. 이 면세조치로 제주도는 이후 40년 동안 조용했다.[7)]

이 고요함은 1890년대에 섬 외부로부터 충격이 가해짐으로해서 깨어졌다. 1891년 작은 봉기가 일어났다가 곧 진압되었다. 이로부터 5년 뒤, 중일전쟁에서 승리한 일본의 간섭하에 시행된 갑오개혁의 급격한 근대화정책에 반대하여 일어난 심각한 반란이 이 섬에까지 밀어닥쳤다. 이 소요 속에 처음으로 반외세적인 요소가 나타나기 시작했다. 1889년 방성칠의 지휘 하에 탐관오리와 새로운 과세에 반대하는 세 번째 봉기가 발생했다. 반란민들은 진압되기 전까지 일주일 동안 관청을 불태우고 관리들을 괴롭혔다. 중국에서 의화단의 난이 일어난 1년 후인 1901년 봄, 마지막이자 가장 심각한 사건이 발생했다. 그 원인은 새로운 세금제도의 확립과 가톨릭의 도입에 있었다.[8)] 재정상 어려움을 겪고 있었던 대한제국은 1863년 반란 이후 어쩔 수 없이 중지 된 세수 일람표를 작성, 특별세를 징수하는 조세청을 개설했다. 섬으로 파견된 세리들은 복수심을 가지고 있었다. 새로운 현금세제가 부과되고, 면제된 기간의 세금을 거둬들이고, 농업과 어업에 새로운 세금을 부과했다. 과세 부담은 너무나 가혹해서, 약 50%의 목재와 연안어장, 소, 말, 닭 심지어는 물고기, 달걀까지 수탈되었다. 이것도 부족했던지, 지방 공유지와 정부재산이 추가 세입증대를 위해 경매되었다.[9)]

---

7) 김봉현, 《제주도의 역사지》(오오사카, 1960), pp. 113-22. 또한 우락기, 《제주도》, pp.31-32 ; William F.Sands, Undiplomatic Memories(New York : McGraw-Hill, 1930), p.172

8) 반란에 대한 당시의 두 기술들은 지방수령 이자호의 장궤의 '자유로운 번역'이었는데 다음 두 문헌에서 나타난다. Korea Review, June 1901, pp.265-67; 그리고 봉기에 대한 가톨릭의 기술로서, E. Martel, "The Disturbances on Queleport", The Korea Review Dec., 1901, pp.539-42.

기독교 역시 이 섬에는 비교적 낯선 것이었다. 비록 소수의 가톨릭교도들이 1860년대 대원군의 박해정책으로 이 섬에 추방되어 왔지만, 1898년 조선인 전도사가 와서야 비로소 최초의 예배집합이 열렸다. 이 섬의 가톨릭 신자의 수는 1년 후 프랑스 선교사가 도착하면서 급속히 늘어나서 전체 섬 인구의 1%를 점하게 되었다. 이 새로운 종교의 호소는 전혀 영적이지 않았다. '부유한 기독교인들'은 선교사에 관심이 끌렸으며, 섬으로 추방된 동학교도들은 정부에 반대하는 피난처로써 이에 결집했다. 이 섬에서, 전통적 사회구조로부터 벗어나서 가장 근대화된 그룹으로서의 가톨릭 개종자들은 많은 토지거래로부터 이익을 얻으면서 재빨리 세리의 역할을 차지했다.[10] 비록 완전히 밝혀진 것은 아니지만, 이 섬의 경제적 착취와 기독교의 전파 사이에는 좋지 못한 연관이 확립되었다.

이러한 요소들로 인하여 섬 주민의 여론은 급속히 한 방향으로 통일되기 시작했다. 원주민 개종자, 프랑스 선교사 그리고 세리들은 많은 지방관리와 일본인 상인, 밀수업자 그리고 대부분의 섬주민과 대립하는 동맹관계를 형성했다. 주민들은 지방 유교사회의 우두머리인 오태현과 대정(大正)시대 일본어업관계자의 노예로 지낸 적이 있던 이재수의 지도 아래 급속히 민병을 조직해 갔다. 선교사와 세리들을 제거하여 자기자리를 차지하려 하는 지방관리

9) 유홍렬, 《고종치하 서학수난의 역사》(서울 : 을유문화사, 1962) p.394. 세기말의 반란에 대한 김봉현의 서술(주 7)이 2년 뒤에 씌어진 유홍렬의 그것과 대부분의 측면에서 일치한다는 사실을 언급할 필요가 있는데, 왜냐하면 이 사실이 1948년 반란에 대한 김의 기술의 신뢰성(주 4)을 밝히는데 도움을 줄 수 있기 때문이다. 두 가지의 해석 사이에는, 물론, 주요한 차이점들이 있다. 그러나 그들은 사건들의 순서에서 일치하며 그들의 서술을 많은 동일한 자료에 의존하고 있다. 한국에서의 가톨릭에 역사에 관한 보다 흔한, Joseph Chang-mun Kim, Catholic Korea : Yesterday and Today(Seoul : Catholic Korea Publishing, 1964), pp. 319-20.은 개종의 동기를 기본적으로 종교적인 것으로 본다 : "일단 천주교도들은 약간의 토지를 사들이고 나자…… 토지에서 수풀과 나무를 제거해 내기 시작했다…… 그리고 가톨릭 신앙에 대한 순종과 우상숭배에 대한 그들의 혐오에서 섬 주민의 대다수인 비신자들에게 있어서 오래 전부터 원시적인 사물숭배의 대상이되고 있던 특정한 고목(古木)들을 베어 내고 또한 새로 획득한 그들의 토지에서 어떤 샤미니즘의 성지들을 몰아내는 일이 필요하다고 생각했다."

10) 유홍렬, 앞의 책, pp.384-85.

와 일본인들이 이들을 지원했다. 어업회사 소유주인 일본인 고센 류주크는 민병들에게 수 백정의 총을 제공했고 반란의 결정적 순간에 선교사와 개신도들을 살해하라고 선동했다. 가톨릭교도들도 그들대로 부당하게 투옥된 신자들을 구출하기 위해 지방 감옥을 파괴하는 등 자기의 이익을 지키기 위한 직접적 행동을 취했다.[11)]

이렇듯 고조되던 긴장은, 4월 중순경 선도사들이 서울로 여행을 떠났을 때, 마침내 거대한 폭력사태로 발전했다. 섬의 대다수 가톨릭교도들은 제주시 성곽 뒤로 대피한 뒤, 관청의 병기로를 장악하고 스스로 무장했다. 한달 후 선교사들이 돌아왔을 때, 천명에 달하는 기독교인들이 굶주린 상태에서 시를 포위하고 있는 민병들과 대치하며 공포에 떨고 있었다.[12)]

프랑스의 첫 반응은 반란을 진압하기 위한 요새를 이 부근에 구축하는 것이었다. 오태현과 그의 추종자 12명이 체포되어 시내로 압송되었다. 그러나 이 모험적인 대응은 단지 섬 주민들을 분노케 할 뿐이었다. 선교사를 비난하는 사발통문이 전 섬에 나돌았다. 수천 명의 분노한 주민들이 시의 성곽으로 돌격했으나 수비군에 의해 격퇴되었다. 시 점령 기도가 좌절되자 섬 주민들은 시골에 남아있던 기독교인들을 학살하기 시작했다. 지방 관리들의 보고에 의하면 시 외곽지역에서 두 주 간에 걸쳐서 하루에 4~50명의 기독교도들이 분노한 주민들에 의해 살해되었다.[13)] 일본 상인들이 섬의 민병들에게 수백정의 총을 제공한 것은 물론 이 시점이었다. 강력해진 민병들의 압력이 가중되자 선교사들은 뒤늦게 오태현을 풀어줌으로써 상황을 타개하려고 시도했

11) Ibid, pp.379, 385, 392-93. 그러나 김봉현, 앞의 책, p.283은 이재수의 역할을 강조하고, '인민의 항쟁'에 대한 유교 지도자들의 동요하는 태도 때문에 그들을 비난했다. 반면에 유홍렬은, 봉기의 유교적 성격과 일본상인들의 가담을 강조했다.

12) 유홍렬, 앞의 책, pp.392, 424

13) 이재수

다. 그러나 결과는 그들의 의도와는 반대로 나타났다. 분노한 오태현은 "이리가 양을 죽이듯이 기독교를 죽여라"라고 주민들을 선동했다. 흥분이 고조되면서 "만 명에 달하는 성난 군중"들이 제주시를 포위했다. 식량이 떨어지자 시의 주민들이 기독교도들을 잡아 성문을 열어주었다. 그 후 이틀 동안 500명이 넘게 학살되었다. "공적이든 사적이든 불만이 있거나 빚을 진 사람들은 기회를 놓치지 않고, 적과 자기편을 가리지 않고 죽이거나 약탈했다."[14] 그런 와중에서도 프랑스 선교사들과 몇 명의 기독교도들은 선교사의 피살로 초래될지도 모르는 외국의 개입을 피하려는 지방관리들에 의해 숨겨졌다.

이 폭동은 5월 29일 프랑스 전함이 해안에 나타나자 갑자기 중지되었다. 제주시를 찾느라고 며칠을 지체한 후 1개 중대 규모의 프랑스 해군이 성문을 확보하기 위해 도착했다. 미국인 궁정고문 윌리엄 샌드가 100여명의 강화도 수군과 함께 증기선을 타고 그 이튿날 도착함으로 해서 더 심각한 국제적 사건으로 비화되는 것을 가까스로 피하게 되었다. 프랑스는 이미 의화단의 난 직후, 북경점령에 깊이 개입하고 있었고 자국민이 모두 무사하다는 것을 확인한 프랑스 지휘관이 '조선정부에 양보하기'로 샌드와 협상했다. 그러나 프랑스 함대가 제주도 해안에서 일본 전함과 합류하려고 대기하고 있었기 때문에 제주도에서의 조선정부의 위치는 여전히 불안했다. 전투에서는 조선정부의 위치는 여전히 불안했다. 전투는 시 외곽에서 일주일 동안 계속되었고 하루에 수십 명씩 죽어갔다.

섬으로 쫓겨 온 정치적 망명자들이 중개인으로 나서, 결국에는 반란군 지도자와의 협상이 열렸다. 그러나 5월 중순에 선교사들을 태우고 떠났던 배를 타고 도망쳤던 조세관리의 우두머리가 신임 지방관으로 부임해 오자 협상이

14) 유홍렬, 앞의 책, pp.379 ; Sands, Undiplomatic Memories, p.170.

15) 유홍렬, 앞의 책, p.418.

거의 결렬되었다.[15] 지방관 임명철회를 요구하는 가운데 샌드가 한편으로는 성곽 밖에서 자기의 분견대를 훈련시켜 '힘의 과시'를 계속하면서 다른 한편으로는 관용을 약속해 오던 중, 6월 9일 200명의 군대를 대동한 새로운 지방관이 부임해오자 반란은 곧 진압되었다. 샌드의 설명에 따르면,

> 수천 명의 반도들이 접근해 왔지만 내 눈에는 오합지졸로 보였다. 그들은 원시적인 무기로 무장하고 있었다. 어떤 사람들은 거추장스러운 가죽으로 단단히 잡아맨 철판조각으로 된 갑옷을 입고 있었다……. 어떤 사람들은 미국의 개척자들이 쓴 너구리모자같이 생긴 개털모자가 달린 가죽옷을 입고 개꼬리를 어깨에 걸치고 있었다. 활과 쇠촉이 붙은 화살을 들고 있는 사람도 있었고, 한국의 화승총을 든 사람도 보였다. 많은 사람들이 창과, 쇠를 박은 짧은 곤봉을 링으로 연결시켜 만든 도리깨를 들고 있었다. 그것은 마치 박물관 같았다. 물론 일제 소총과 최신형 무라다 장총도 보였다.[16]

6월 14일의 굴복은, 반란에는 더 넓은 전망과 더 많은 동원이 필요함을 일깨워 주었다. 분명한 것은, 섬 주민들은 이제 정부에 대항해 맨손으로는 싸우지 않을 것이며 훨씬 더 단호하게 저항할 가능성이 있다는 점이었다.

60년 정도 주기의 반란을 통 털어서 38년에 발생한 신축년 봉기는 가장 큰 내란이었다. 4~10만 인구 중 최소한 1,000명이 한달 만에 살해되었다. 이 사건으로 외국이 개입되어 한 달 정도 반란은 계속되었다. 이 반란도 전통적인 반란유형에 속했다. 탐관오리(세금징수관)는 파직되고, 반란군에 협력한 지방관리들은 처벌되었다. 소수의 반란 주모자는 체포되어 서울로 압송, 재판을

16) Sands, Undiplomatic Memories, pp.175-76.

17) Ibid., pp.176-78 ; 또한 반란의 여파에 관해서는 유홍렬, 앞의 책, pp.445-52 ; Martel " Disturbances on Quelepart."

받았다. 그 중 3명은 10월에 처형되었다. 비록 섬 내부에서 잠복된 상태로 반란은 지속되고 있었지만, 정부당국은 적극적 대응을 하지 않았다.[17] 몇 개월 후 1개 중대병력만 남기고 철수했다. 이것은 반란재발을 경계하는 것보다는 배상문제로 협상이 연기되고 있는 동안 프랑스의 보복을 방지키 위한 정부군 주둔의 성격이 강했다. 1년 전에 일어났던 중국 의화단의 난과 신축년 봉기는 유사성이 있다. 중국반란의 소식이 확실히 이 섬에 전달되어서 반란을 고무시켰다는 증거는 확인되지 않았다. 어쨌든 의화단 난의 교훈은 정부에서 반외세 운동에 하나도 암묵적으로 지원해주지 않았으며, 성공하지 못했다는 사실이다. 두 반란이 모두 서양세력의 직 · 간접적 영향 아래 전통적 사회의 사회, 정치, 경제 구조를 급격히 개혁화하려는 아시아의 제 정부들에 반대 해 일어난 연속적 반란의 일부분이라 보여진다. 이러한 개혁정책들이 제주도에서는 주민들로 하여금 거칠고 공격적 경향을 촉발시킨 것이다. 섬 주민들은 경제적 고립, 무거운 과세, 가톨릭 선교사 · 신도 등 제조건으로 인해 봉기한 것이다.

이 섬에 거주하는 일본인들의 반란지원 동기는 불분명하다. 그들은 새로운 과세를 반대해서, 또는 조선침투의 음흉한 동기에서, 그리고 섬 주민들의 고통에 공감하여 행동했을지 모른다. 이 반란의 결과로 전통적으로 중앙정부에 저항하는 반대 전통 등으로 기존의 분리주의 경향이 더욱 강화되었다. 반란에 참가한 사람들은 어설픈 감정을 벗어나 무장투쟁이 섬의 억압적 질서를 해결하는데 가장 효과적이라 생각하였다.[18] 이러한 경향은 비록 과거와는 달리 조건이 급속히 변했지만 1948년 반란에서도 나타났다. 신축년 봉기의 혁명적 신화가 1948년 반란에서도 흐르고 있었다.

---

18) 이 점에 관한 토론으로는 Ted Gurr, Why Men Revel(Prinston : Prinston University Press, 1970), chapter 7을 보라.

2. 전후의 혼란과 인민위원회, 그리고 1947 3·1

일본 식민지시대에 제주도에서는 급속한 사회 경제적 변화가 일어났다. 섬의 전통적인 수산업은 근대화 되었으나, 거의 일본인이 지배하였다. 대다수 농민들은 토지조사사업에 의해 토지를 박탈당했다. 다른 사람들은 토지세를 갚기 위해 가산을 팔아야 했다. 일본인이 장악하고 있던 통조림 제조 공장, 양조장, 방목, 도자기공장 등 제 산업이 이 섬의 수많은 실업자를 흡수하기에는 부족했다. 1920년대 초, 오오사카와 제주도 사이에 여권없이 여객선이 소통되자 많은 원주민들이 가난과 과잉인구, 참혹한 경제적 궁핍(도민들의 생활에 큰 영향을 미쳤을 것이나 이 시기에 관하여 알려진 바가)에서 탈피하기 위해 일본, 나중에는 만주로 많이 이주해 갔다. 1935년까지 5만명의 섬 주민들이 일본으로 이주하여 직물, 광산, 수산업에 낮은 임금으로 고용되어 노동을 하였다.[19)]

사회주의자들은 1920년대에 일본을 경유 이 섬에 발을 내디뎠다. 1922년 최초의 맑시스트 학습그룹이 조직되었고, 조선공산당(KCP)지부가 3년 후에 조직되었다. 경찰은 몇 년 동안 몇 차례 체포령을 발동 좌익들을 탄압하였다. 부두노동자, 농민, 해녀들의 몇 차례 파업과 시위가 있었으나 일제통치에 대한 저항은 없었다.

1931년 사회주의자 학생들에게 졸업장을 주지 않는 학교당국에 대한 대규모의 항의시위가 발생했다. 데모는 전 섬으로 확산되어 본토에서 경찰지원을 할 정도였다.[20)] 미국 자료에 따르면, 섬 주민들은 대체로 그들의 분리독립 감정을 지지해주는 일본인과 사이가 좋았다. 확실히 일본인은 제주도민들이

19) 김봉현, 《제주도 역사지》, 9장, 이동에 관해서는 〈일제치하의 제주도〉; 또한 pp.317-19를 보라.
20) Idid., pp.324, 330-32..

다른 조선인에 비해 열심히 일하고, 정직하고 유순하다라는 인식을 가지고 편견을 갖지 않았다.[21] 몇 해 동안 제주도에 주둔하는 일본군이 급속히 증가하였다. 지방 노동자들이 동원되어져 길을 만들고 항구시설을 만들고 군사시설을 건설했다. 모슬포에 거대한 비행장이 만들어져 1930년 중일전쟁 시 남경폭격에 활용되었다. 제주도에 일본인 이주는 증가하였고 외국인 방문은 보안상 엄격히 통제되었다. 태평양 전쟁이 발발하자 제주도의 전략적 중요성이 증가되었다. 일본인들은 제주도를 통해서 본토가 공격 당할 것을 염려, 미국 공격에 대비하기 위해 한라산엔 지하요새를 만들어 상당수의 병력을 배치했다. 전쟁말기에는 제주도민보다 많은 군대가 주둔하고 있었다. 6개 보병사단 · 기병대 · 여단 · 특수해병대 · 공군 등 약 25만 명 정도가 제주도에 배치된 것이다.[22] 이러한 제주도에의 군사적 집중은 제주도민들의 생활에 큰 영향을 미쳤을 것이나 이 시기에 관하여 알려진 바가 없다.

1945년 9월 28일 일군의 미군장교들이 제주도 주둔 일본군의 항복을 받기 위해 제주도에 착륙했다. 일본군의 저항이 예상되었으나, 일본군 장교들은 서울에서 온 명령을 충실히 이행하여 탄약 · 폭발물을 모두 모아 바다에 폐기처분하였다. 경계에 필요한 5% 정도의 무기를 제외한 소형무기들은 제주시에 집결해 놓았다. 약간의 무기가 뒤로 빼돌려졌겠지만 제주도가 일본군이 버린 무기로 가득 찼다는 것은 과장인 듯하다. 3주간에 걸쳐 일본군은 사세보항으로 철수하였다. 군인 · 민간인 합쳐 약 5만 명이 일본으로 귀국하였고, 나머지

21) Idid., p.319.는 일본에서의 제주도민들에 대한 착취에 대하여 다른 견해를 제시하고 있다.

22) 양상익, 앞의 책, p.7 U.S. Military "Data on Korean Security Forces for the Republic of Korea(KMAG), "Data on Korean Security Forces for the Secretary of the Army" (briefing paper dated Jan.7, 1949), Annex.4. InG-3, Plans and Operations File, National Archives. 또한 전사편찬위원회, 〈한국전쟁사 Ⅰ : 해방과 건국〉 (서울, 1967), p. 437. 양상익, 앞의 책, p.62은 일본의 군사력을 10개 사단으로 잡고 있다. 일본 자위대의 교수인 하루다카 사사키는 일본군 제5군의 약 6만명이 제주도에 주둔했다고 한다, 〈한국전 비사 상권 : 건군과 시련〉 (서울 : 병학사, 1977), p. 263. 정확한 숫자가 얼마이건 간에, 제주도에 주둔한 일본의 군사력은 상당한 것이었다.

는 개인적으로 귀환했다.

동시에 만주, 일본등지에 이주해 있던 제주도민들이 쏟아져 들어왔다. 해방 후 한 달 만에 제주도 인구는 약 30만 명으로 두 배나 증가하였다.

미국은 점차 제주도 지배를 확대해갔다. 미군의 제주도 배치는 약간의 차질이 있었는데, 우선 일본법령을 폐기하고 일본군 송환계획을 포병부대가 수행하였다. 11월 중순이 되자 미59사단이 상륙했다.

그 동안 인민위원회가 '제주도 유일의 정당, 정부[23)]로서 위치를 확고히 다져가고 있었다. 제주도 인민위원회는 미군이 최초로 상륙하기 5일 전 9월 23일 설립되었다. 처음 이 단체는 해방 후 제주도에서 우후죽순격으로 결성된 청년, 정치단체 중의 하나였다. 해방 후 한 달 정도 주둔했던 일본군은 이 활동을 억제했다. 몇 개의 정치그룹이 서로 암투하는 제주도의 정치적 상황은 불안정했다. 11월 초 백여명이 다친 좌 · 우익의 무장충돌로 사태가 정리되었다.[24)] 그 이후 인민위원회가 완전히 상황을 장악했다. 전국적으로도 제주도처럼 인민위원회가 발족되어 중립적 요소들을 양극으로 분화시켜갔다. 1946년 2월 남로당(SKLP) 주류파의 지도아래 '중앙혁명기관'으로서 민주주의 인민전선이 수립되었다. 위원회 산하에 대중조직들이 분화되어 부녀회, 농민조합, 어민조합, 소비자회, 노동조합, 교원노조, 문화협회 등이 형성되기 시작했다. 각 단체들은 "미제의 식민지 정책을 비난하고, 모스크바 4자회담 결정을 지지한다"는 결의문을 채택하고 신탁통치안을 지지했다.[25)]

---

23) Headquarters, Far East Command(FEC), History of the U.S Army Forces in Korea, chap. 7, pp.49-54. 미군 전사센터에 있는 문서의 초록으로서 E. Grant Meade, American Military Government in Korea (New York : King's Grown Press, 1951), p.185.

24) 이 그룹들 중에는 모스크바 동맹, 한라단, (한라산의 분화구에 있는 호수의 이름을 딴) 백록회, 유교회, 불교회 등이 있었다. 김봉현 · 김민주(편), 앞의 책, p.13; Meade, American Military Government, p.185.

25) Gregory Handerson, Korea : Politics of the Vortex(Cambridge : Harvard University Press, 1968), p.321은 국가적 사건들에 관한 세세한 내용을 참조할 수 있고 ; 김봉현 · 김민주(편), 앞의 책, pp.13-14에서 제주도에서의 전개상황 참조.

그러나 초기부터 제주도 인민위원회는 강한 독자의지를 밝혀 나갔다. 일제하 식민지시기에서부터 전라도에 행정구역상 편입되어 왔듯이 전남인민위원회에 종속되는 것을 싫어했다. 제주도 인민위원회는 일제 때처럼 독립된 도 단위 위원회로 승격시켜 줄 것을 단호하게 주장했다.[26] 1948년 4월 봉기의 원인분석에 제주도 인민위원회의 일관된 독립행동경향도 포함된다. 부분적으로 반미선동이 있었음에도 불구하고 미군 점령 1년 동안 인민위원회는 군정당국과 호의적 관계를 유지했다. 군정당국은 인민위원회를 행정업무에 활용하였으며 상당한 지원을 하였다. 이 놀라운 협력관계는 이 섬의 권력의 소재를 파악한 군정당국의 현실적 인식에 기인한 것이다. 또한 군정당국은 이 섬을 독립된 행정구역으로 만들려는 노력을 지원하였다. 이러한 움직임은 단지 기존의 거대한 분리 · 독립감정을 분석한 결과 때문이었다. 군정당국은 모든 일을 서울과 직접 연결하여 처리하려면 제주도를 도(道)로 승격시키는 것이 편리했다. 연락 비행기나 전화통화가 전라도와는 잘 안되는데 비해 매주마다 서울에서 이 섬에서 사냥을 즐기려는 고급 장교들을 실은 비행기가 왕래했다.[27]

군정당국과 인민위원회 사이가 불편하게 되기 시작한 것은 제주도가 행정구역상 도로 승격되면서부터였다. 새로 부임한 도군정장관은 인민위원회를 적대시하였다. 더우기 제주도가 도로 승격된지 2개월 만에 대구 10월 폭동이 발발했다. 철도노동자의 파업공세와 곡물징수 등은 남한 전역을 격렬한 항의

26) Meade, American Military Government, p. 186. 김봉현, 앞의 책, p. 149는 이조시대 제주도의 행정적 지위에 관하여 간략하면서도 다소 혼돈된 역사를 서술하고 있다. 김봉현의 설명에 따르면 제주도는 1890년대에 이르러서야 겨우 전라도의 일부가 되어 그 네 개의 현 가운데 하나로 된 듯하다.

27) Meade, American Military Government, pp.185–86.

28) 사건들에 대한 기술로는, Bruce Cumings, "Political Participation in Liberated Korea : Mobilization and Revolt in the Kyongsang Provinces, 1945–1950," The Journal of Korean Studies 1(1979) : 190–96 ; 그리고 Handerson, Korea : Politics of the Vortex, pp.145–47을 보라.

로 들끓게 하였다. 미군 전술부대의 데모진압 과정에서 수백 명의 경찰, 시위 군중이 살해되었다.[28] 미군정의 좌익정책이 갑자기 경색되었다. 제주도에서도 군정당국과 위원회는 화해할 수 없는 관계로 발전하였고, 당국은 내부치안에 최대역점을 두었다. 인민위원회 사무실은 발호하는 우익그룹의 공격대상이 되어갔다. 10월 우익그룹들이 인민위원회 집회를 습격하면서 충돌은 시작되었다. 좌익들은 이 사건 관계자로 체포되었고, 우익주동자는 석방되었다. 아직 지하로 숨지 않았지만, 인민위원회 조직활동은 크게 제약을 받았다.[29] 위원회가 섬을 통제하던 1년 동안, 주민들로루터 커다란 정당성을 부여받고 있었다. 권력에의 접근 가능성이 봉쇄되자 위원회는 군정당국과 점점 더 적대적으로 되어 갔고, 불만으로 가득 찬 섬 주민들은 동요하기 시작했다.

경제적 상황의 악화는 이러한 제주도 주민의 불만과 분노를 더욱 가중시켰다.[30] 군사기지가 확대되고 해외로 나갔던 많은 사람들이 귀향하면서 송금액이 없어지고 무역 형태가 혼란되면서 제주도 경제는 파산지경에 이르렀다. 더구나 북에서 생산되던 원자재를 더 이상 이용할 수 없게 되었다. 예를 들면 고기잡이 등불을 밝히는 데 쓰이는 탄소가 절대 부족하여 야간 고기잡이를 제대로 할 수 없었다. 고구마를 사들였던 주정공장과 제주시에 전력을 공급해 오던 발전소가 석탄의 부족으로 거의 정지상태에 들어갔다. 북쪽의 화학공장에서 공급되던 비료가 없어서 농산물 수확도 감소되었다. 더구나 도로 승격되면서 전에 없던 많은 문제가 생겨났다. 그렇지 않아도 압박 받아온 경제가 추가로 중앙정부를 지원해야하는 새로운 부담을 안게 되었다. 게다가 섬 주민들이 그들의 생산물을 본토에 파는데 여러가지 어려움이 생겼다. 목포항의 경찰이 제주도에서 배로 싣고 온 상품에 세금을 매겼고, 여행자들에

29) 김봉현, 앞의 책, p.24.

30) United Nations, General Assembly, 4th Session, June 29, 1949, Report of the UN. Commission on Korea, vol. 2 : Annexes, Final Report of Subcommitte Ⅱ(AIAG, 26/34), pp. 27-29.

게는 상륙비를 거두었다.[31]

1947년 3 · 1운동 기간에 제일 먼저 제주도에서 폭력사태가 발생했다. 주민들은 국정당국의 금지령을 무시하고, 일제에 반대하여 항거한 3 · 1운동을 기념하는 집회를 연속적으로 가졌다. 집회는 곧바로 군중시위로 발전하여 남한 단독정부 구성에 반대하고 모스크바 회담과 3 · 1정신에 입각한 통일을 주장했다.[32] 집회를 해산시키려는 군정당국의 시도에 분노한 참가자들은 거리로 뛰쳐나가 유인물을 살포했다. 2만 명이 넘는 거대한 군중이 시청 광장에 모여 들었다. 군정청에 고용되어 있던 노동자들도 파업을 단행, 거리의 군중과 합세했다. 성난 군중의 파도는 경찰 바리게이트를 부수고 제주도 군정청 건물로 향해 몰려갔다. 미군과 한국경찰이 군중의 머리 위로 발포하여 가까스로 시위대를 분산시켰다. 심각한 폭력사태는 피했으나 어린아이가 총에 맞아 죽었다. 비슷한 사태가 섬 전역에 걸쳐 동시에 발생했다. 대부분은 평화적이었다. 모든 학교와 상가, 관공서가 문을 닫았다. 애국적인 분위기에 호응하여 경찰, 군인 심지어 해안경비대까지 시위에 참가하였다.[33]

시위진압 과정에서 본토에서 파견된 남로당 조직책 2명이 체포되었다. 3 · 1 시위사건 일주일 후, 돌과 곤봉으로 무장한 천여 명의 군중이 청면감옥 정문에 모여 구속자 석방을 요구했다. 군중들이 돌을 던지며 감옥으로 모여 들자 당황한 경찰이 발포했다. 여기서 5명이 죽었다.[34]

---

31) Meade, American Military Government, pp.185-86. '통관세'에 관해서는 U.S. Army Forces in Korea(USAFIK), South Korean Intrim Government Activities, July-August 1948, p. 242를 보라. 1949년 4월 3일자 『평양방송』에 의하면, "(제주도를) 도(道)의 지위로 격상시키면서 미군은 제주도를 육지와의 모든 통신에서 차단시키는 특별정책을 강행했다."

32) 3 · 1절 시위에 관해서는 FEC, History of U.S Army Forces in Korea, Part3, The Police and National Events : 1947-1948, p.2. 또는 김봉현, 앞의 책 제 2장 ; 그리고 육본 정보참모부, 《공비연혁》(서울, 1971), p. 194.를 보라.

33) FEC, History of U.S. Army Forces in Korea, Part3, pp.1-2 ; 김봉현, 앞의 책, p.45-47.

34) FEC, History of U.S. Army Forces in Korea, Part3, pp.2 ; 김봉현, 앞의 책, p.59

3월 9일, 청면사건에 항의하는 총파업으로 제주도의 전 행정이 마비되었다. 파업항의자들은 경찰의 처벌과 친일분자 척결, 사상자 보상, 구속자 즉각 석방 그리고 미소공위의 속개를 요구했다. 군정당국은 이 요구 중 아무 것도 들어주지 않았다. 대신에 군정당국은 섬에 대한 지배력을 강화하기 위해 군대를 증파했다. 300명 규모의 이 지역병력을 강화하기 위해 400명의 경찰이 파견되었다. 더 중요한 것은 엄청난 숫자의 극우 서북청년단이 내려왔다. 그 숫자가 정확하지는 않지만 공산주의자의 주장에 따르면 약 800명의 서북청년단인 내려왔다.[35)]

'붉은 섬'에 대한 이러한 강화조치는 많은 의도를 가진 것이었다. 400명의 경찰이 피살된 대구폭동이 있은지 겨우 6개월도 되지 않았다. 월남한 반공피난민으로 구성된 서북청년단은 북에서 쫓겨난데 대한 복수를 위해, 무자비한 테러로 남로당과 싸웠다. 이 그룹은 최소한의 제약도 받지 않고, 활동하는 유사 경찰조직이었다.

이런 갑작스러운 정부군의 증강으로, 침체에 빠져 있던 제주도 경제는 새로운 경찰, 우익청년단들을 부양하게 되어 더욱 악화되었다. 경찰의 봉급도 너무나 적었기 때문에 여러가지 명목으로 뇌물을 받아 이를 보충해야 했다. 서북청년단은 정기적인 봉급이 없었고 완전히 빈손으로 살아야 했다. 공공질서가 확립되어있지 않은 상태에서 이 두 그룹은 뇌물수수, 공갈, 사기 등을 거리낌 없이 일삼았다.

테러와 보복테러가 꼬리를 물고 늘어갔다. 경찰과 우익들은 반항하는 섬 주민을 무자비하게 탄압했다. 7월에 종달리에서 첫 사건이 발생했다.[36)] 좌익

---

35) 김봉현, 앞의 책, pp.47, 52 ; 그리고 《공비연혁》, p. 194 ; Meade, American Military Government, p.186 ; 그리고 Report of U.N. Commission on Korea, p.29.

36) 김봉현, 앞의 책, pp.60-61.

들이 몇 명의 경찰을 죽이자, 엄청난 수의 경찰과 우익청년단이 몰려와 마을을 포위하고 임의로 몇 가구의 주민들을 끌어내어 즉결처분하는 보복을 했다. 경찰은 이러한 무차별 폭력 행사로 주민들을 위협하는데 일시적으로 성공했으나, 그럴수록 섬 주민들의 분노는 깊어갔고, 정부당국과 더욱 멀어졌다. 점령 초기 1년 동안 지나치게 관용적이었던 정책이 3·1시위사건 이후 강압적으로 돌변하자, 섬 주민들의 불안이 증대되었다. 제주도는 폭발로 치닫고 있었다.

3. 반란의 국제적 맥락과 대중 · 조직적 기초

1947년 초부터 미소관계가 냉각되기 시작했다.[37] 엄청난 재건과제와 소련의 계속된 방해에 직면한 미국은 전후 협상정책에서 '힘의 상황'을 중시하는 정책으로 전환했다. 그해 봄 미국은 주도권을 잡기 위해 정책을 계속했다. 3월의 트루만독트린, 6월의 마샬플랜, 7월의 '봉쇄정책' 등의 그것이다. 화창한 봄날씨가 몇 달 동안 계속 되었다. 소련은 적절한 대응책을 모색하였고, 한국을 포함한 분단국가 문제에 대한 협상이 재개되었다. 희망찬 출발 아래 미소공위가 활동을 재개했지만, 우익그룹의 반탁운동으로 벽에 부딪혔다. 이제 협상의 시기는 지나갔다. 위성국에 대한 통제의 강화, 코민포름의 창설, 그리고 세계를 '사회주의 진영과 제국주의 진영'의 적대국인 양 진영으로 가르는 즈다노프의 선언이 전후 조정기간을 거친 소련 외교정책의 기조가 되었다.[38]냉전시대가 시작된 것이다.

미소공위가 벽에 부딪히자, 한국에 대한 미국의 주요정책이 재평가되었다. 1947년 늦여름이 지나면서 트루만 행정부는 점차 한국은 제한된 전략적 중요성을 가지고 있으며 점령정책의 연장은 폭발적인 정치상황을 조성하고 있다는 군사적인 견해를 갖게 되었다. 남쪽의 정세가 악화되는 가운데 가능한 한 빨리 그리고 명예롭게 미군을 철수한다는 결정이 내려졌다. 미국은 철수의 명분을 얻기 위해 한국문제를 유엔에 상정했다.[39] 11월에 열린 유엔 총회에

37) 최근에 나온 세 편의 박사논문은 이 기간 동안의 미국의 대한정책에 관한 상세한 내용을 제공하고 있다 : Charles M. Dobbs, "American Foreign Policy, the Cold War, and Korea" (Indiana University, 1978) ; James I .Matray, "The Reluctant Crusade : American Foreign Policy in Korea, 1941–1950" (University of Virginia, 1977) ; Kenneth R. Mauck, "The Formation of American Foreign Policy in Korea, 1945–1953" (University of Oklahoma, 1978).

38) Ruth. T. McVey, "The Southeast Asian Insurrectionary Movement". in Communism and Revolution : The Strategic uses of Political Violence, ed. Cyril E. Black and Thomas P. Thornton(Prinston : Prinston University Press, 1964), pp.145–46.

서 유엔 임시한국위원단을 창설하여 이의 감독 하에 선거를 실시하고 정부를 수립하자는 결의안이 미국의 제안으로 채택되었다. 소련은 한반도 내의 모든 점령군을 동시에 철수시키자는 자국의 방침과 상충되는 이 결의안을 거부했다. 한반도의 전후 정세는 크게 변하고 있었고 불확실성의 시대가 시작되었다. 유엔위원단이 어떤 태도를 취할지 한반도 문제가 어떻게 해결될지, 아무도 확신할 수 없었다.

미소공위의 실패는 남한의 정치상황에 직접적인 영향을 미쳤다. 미국의 제휴정책은 7월에 이르자 완전히 파탄되었다. 남한에서 "강력한 중도적 지도자로 추앙받던" 여운형이 암살되었다.[40] 이제 이승만은, 미국이 남한에서 우익정부를 수립하기 위해서 자신과 손을 잡을 것이라고 자신있게 예견했다. 미군 점령지역에서 좌익과 우익은 완전히 분열되었다. 8월이 지나면서 군정당국은 좌익을 탄압하기 시작하여 수 천 명의 남로당 지지자들을 체포했다.

남로당도 새로운 전쟁상태에 대비하기 시작했다는 징후들이 나타나고 있었다. 그해 말, 경상남도에서 천 명 이상의 지하군사조직을 포함하는 소위 인민해방군 창설계획이 발각되었다. 부산의 외곽지역에 있는 유명한 범어사를 비롯한 여러 곳에서 게릴라 부대가 창설, 훈련받고 있었다. 이 시기에 국립경찰의 통신·훈련 분야에 침투하려던 음모가 또 발각되었다.[41] 우익그룹에 대한 남로당의 침투가 증가했고 몇몇 그룹은 전향하기까지 했다. 몇몇 우익세력들이 이승만의 경쟁자인 김구와 손을 잡고 공산당과 제휴하여 통일정부를 수립하려 한다는 소문이 유포되었다. 가장 심각한 것은 미군이 철수하자마자 북한이 남한을 정복하려 한다는 한 보고서였다. 이 계획은 소련의 동시 철수안

---

39) Menderson, Korea : Politics of the Vortex, pp.148-50.

40) Ibid., p.134.

41) Robert A. Scalapino and Chong-sik Lee, Communism in Korea(Berkeley : University of California Press, 1972), pp.306-7.

을 수용하던 때가 아니면 미국이 남한 단독 정부수립을 추진하던 과정에서 수립된 것으로 추정된다.[42)]

이 시기의 긴장고조가 제주도에서도 감지되었으나 섬은 표면적으로는 평온했다. 제주도에서의 당의 주요 활동은 대중조직사업에 집중되었는데, 3·1시위사건의 성과와 점차 정치적으로 격동하기 시작하는 이 시기의 분위기를 타고 상당한 성공을 거두고 있었다. 1947년 가을 남로당은 본토에서 파견된 조직책의 도움을 받으면서 당원 확충 작업에 매진했다. 1948년 초에 이르자 당원은 엄청나게 증가했다.[43)] 제주도의 인구 20%에 가까운 6만 명이 남로당에 가입했다. 미국과 남한의 정보에 따르면, 공산주의자들은 전 인구의 80%가 자신을 적극적으로 지지하거나 동조하고 있다고 판단하고 있었다. 섬 내의 '모든' 마을과 소읍에서 당세포가 튼튼히 꾸려져 있었다. 이 외진 지역에 공산주의 지지세력이 이처럼 엄청나게 집중된 것은, 오랜 반란의 전통의 영향을 많이 받고 있었다. 전술적 관점에서 무엇이 올바르든 남로당 중앙의 의도가 무엇이든 관계없이, 이들은 단정반대투쟁으로 나아갔을 것이다. 제주도에서 당원확대를 위한 '문화개방' 정책은 저질분자의 당내친입을 초래해 반란·실패의 한 요인이 되기도 했다. 게다가 남로당 제주지부는 매우 복잡한 조직체계를 취하고 있었다. 당의 구조는 군사위원회와 정치위원회로 구성되어 있었다. 당의 직속 부서로는 조직, 재정, 선전, 병참, 정보, 여성, 청년 그리고 농민문제를 담당하는 부서가 있었다. 반란의 기간 동안의 당 조직구성과 주요 간부는 다음과 같다.[44)]

---

42) FEC, Intelligence Summary(Tokyo), Jan. 23, 1948. Records Group 338, Washington National Records Center. Message from Commanding General, USAFIK to War Department, dated Oct. 22 and 23, 1947. Copies in Records Group 338, FEC, G-2 Section, Washington National Records Center.

43) FEC, History of U.S. Army Forces in Korea, part3. p.19 : 《한국전쟁사》, p.440.

44) 김봉현, 앞의 책, p.88.

제주지부 정치위원회 비서 : 안요검, 조봉구, 김유한, 강기찬, 김영관.

군사위원회비서 : 김달삼(이성진), 김태진, 이덕구.

조직국 : 이좌구, 김두봉.

총무부 : 이종우, 고칠정, 김민성, 김양권.

회계 : 현유복.

선전부 : 김운환, 김석환.

청년부 : 강태석.

병참 : 김귀환.

정보 : 김태진.

여성부 : 고진희.

농민부 : 김완배.

위에 나온 사람 중에서 초기의 인민위원회 간부로 알려진 사람은 아무도 없기 때문에 중요 지도부가 1947년에 바뀐 것이 확실하다.[45] 남로당이 제주지부에 대한 통제력을 강화하려 함에 따라 초기의 지도자들은 미군정과의 우호적 관계가 청산된 후가 아니면 3·1사건 이후에 섬으로 귀환한 사람으로 교체되었다. 새로운 지도자들은 대부분 학도병으로 일본군에 끌려갔다 온 고등교육을 받은 사람이었다. 그들 중에는 일본의 대학 출신도 있었다.[46] 이들 중에서 군사적 경험이나 교육수준이 더 높고, 젊고 확고한 지도자들이 반란 시작 1년 전에 당 제주도지부의 주도권을 장악한 것으로 보인다.

학도병으로 갔다 와서 교사로 지낸 적이 있던 김달삼이 지도하는 인민해방

45) Meade, American Military Government, p.185.

46) 일례로 제주도당의 조직국 책임자가 된 김민성은 메이지대학 출신이었다. 《한국전쟁사》, p.447. 김달삼은 '학병' 출신이었다. p.438. 《공비연혁》, p.193은 중공군에서 복무하다가 만주에서 귀환한 사람들도 있었다고 한다.

군은 400명 규모의 주력부대를 갖고 있었으며, 본부는 한라산에 있었다. 섬의 모든 마을과 촌락에 조직되어 있던 4천여 명 정도의 자위대가 이들을 지원하고 있었다. 반란의 초기에는 200명 정도만이 총으로 무장하고 있었다.[47] 산 위에 일본군이 만들어 놓은 동굴과 야전요새가 넓은 안식처가 되었다. 전투를 위해 식량과 다른 보급품들이 비축되어 있었다.

선거가 다가오자 공산주의자들은 당 조직과 게릴라부대 외에 인민투쟁위원회를 구성했다. 남로당은 이 섬 출신의 많은 공무원들을 포섭하는데 성공했다. 남한 측 자료에 따르면 도지사는 공산주의자의 설득으로 인민투쟁위원회 의장이 되었으며 제주시장은 부위원장, 그리고 몇 개의 다른 면장은 지역위원회의 책임자가 되었다.[48] 제주도의 경비대도 남로당 지지자들에 의해 많은 영향을 받았다. 게릴라들은 경비대와 우호적 관계를 유지하고, 경비대와 경찰을 이간질시키려고 노력했다. 이러한 남로당의 노력은 상당한 성과를 거두었으며, 경비대의 동요가 반란을 급격히 확대시키는데 중요한 요인이 되었다.

튼튼한 씨족관계와 섬 주민들의 지방주의가 남로당의 세력을 확장시킨 두 개의 또다른 중요 요소였다. 제주도는 3가지 주요 씨족에 의해 지배되고 있었다. 이 섬의 모든 주민들은 게릴라들과 친척관계에 있었다.[49] 섬에서 모집된 경비대들 이외의 정부군은 이 섬에 아무런 연고가 없는 외부인이었다. 현지인과 외부인은 이 섬의 지방 사투리로 명확히 구별되었다. 이러한 사정들과 어려운 생활조건, 그리고 '낮은 문화수준' 때문에 본토의 관리들은 제주도를 가능한 빨리 벗어나고 싶은 열악한 근무지로 생각했다. 대부분이 자신의 일에 애착을 가지지 않았다. "대개 이 섬으로 부임하는 관리들은 한 등급 승

47) FEC, History of U.S. Army in Korea, part 3, p.20 ; 《한국전쟁사》, pp.437-38.
48) 《한국전쟁사》 p.440.
49) Ibid., p.439.

진되어 온다. 그러나 그들 대부분은 자세가 불안정하다. 다른 말로 하면 그들은 이 섬을 위해 계속 일하겠다는 성실함을 결여하고 있다. 고위 공무원들조차도 가족을 두고 혼자 온다. 이 섬에서 오래 일하고 싶은 생각이 전혀 없기 때문에 그들의 정책은 자연히 무책임하고 불안정하다."[50)]

정부는 이 섬을 위한 정책을 거의 제시하지 않았으며, 관리들도 섬 주민들에게 국가의 일과 정책을 알리려는 실질적인 노력을 기울이지 않았다.[51)] 이에 비해 남로당은 고도로 발달된 당 조직과 대중조직을 통해 섬에서의 통신을 장악하고 있었다. 중앙보도매체는 이 섬에 거의 연결되지 않았다. 라디오는 전력의 부족으로 청취가 제한되었고, 섬에는 신문이 제주시에 하나밖에 없었다.[52)] 정부측에서의 '투입'도 '산출'도 이 섬에서는 취약했다. 이와 같은 사정은, 거의 일년 동안 이 섬을 통제해 온 인민위원회의 활동과 결합하여, 남로당으로 하여금 주민들의 합법성을 얻게 만들었다. 반란이 일어났을 때 대부분의 섬 주민들은 자연스럽게 게릴라의 편에 섰다.

4. 1948년 2월 총파업

1948년 처음 5개월 동안, 한국정치의 주요 관심사는 통일문제와 유엔위원단이 이 문제를 해결할 수 있을 것인가에 집중되었다. 위원단은 비록 국회의원 선거감시를 위임받았지만 그 목적이 정확히 규정되지 않았다. 위원단 내부에서도 자신의 활동목표를 둘러싼 이견이 있었다. 어떤 사람들은 위원단

50) Memo by Cho Pyon-ok, Director of National Police, "Opinion on the Settlement of the Cheju Situation", dated July 23, 1948. Records Group 332, Washington National Records Center.

51) Memo by Lester Chorpening, Advisor to Korean National Police, "Police Situation on Cheju-do," dated April 19, 1948, Records Group 332.

52) Cho, "Opinion on the Settlement of the Cheju Situation."

그 자체에 대해 회의하고 있었다. 비록 많은 미국의 동맹국들이 위원단에 참가하고 있었지만, 그들은 위원단 자체의 독자성과 공평성을 확보해야 했다. 첫 번째로 한 일은 양대 진영의 대표자에게 협조를 요청하는 서한을 보낸 일이었다. 위원단에서 비공식적으로 한국의 장래를 지방의 차원에서는 해결될 수 없으며 외상 수준의 쌍무협정을 통해서 해결되어야 한다는 주장이 있었지만, 소련은 이에 대해 직접적인 반응을 보이지 않았다.[53] 이런 부정적인 반응과 3·8선 이북으로의 위원단의 입국을 거부하는 소련의 태도로 유엔임시한국위원단의 역할에 대해 많은 회의가 생겨났고 논란이 벌어졌다.

많은 위원단의 구성원들은 두 초강대국이 정면대결로 치닫지 않을까를 우려하면서 한국 내에서 국제적 긴장을 강화할 어떠한 행동도 취하기를 원하지 않았다. 그들은 남한의 단독 선거는 분단을 영구화하고 북쪽당국을 영원히 소련의 위성국으로 편입시킬 것이라는 중도파 정치인 김규식의 주장에 깊은 영향을 받았다. 그들은 미군이 점령하고 있던 남쪽의 긴장된 정치정세 하에서 자유로운 선거가 실시될 수 있을까를 의심했다. 위원단은 바로 선거로 들어가는 것은 반대하고, 미국과 소련을 화해시킬 방안을 모색하기로 결정했다. 그래서 2월 첫 주 동안 위원단은 선거 실시를 둘러싼 모든 문제를 유엔 임시총회에서 결정하도록 다시 돌려보냈다. 대부분의 위원들은 선거가 실시되더라도 그들은 자문기관에 불과하며 그 결과가 남한정부의 수립으로 되어서는 안 된다고 확신했다.[54]

공산주의자들은 12월 중순에 접어들자 유엔위원단에 반대하는 캠페인을 벌였는데, 처음에는 상당히 온건하게 시작되었다. 그들의 주장의 골자는 유엔위원단이 미국과 소련의 모스크바회담과 모순되며, 한반도 통일의 가장 좋은

---

53) FEC, Intelligence Summary, Feb. 11, March 15, and Feb. 5, 1948.
54) Ibid., Feb. 5 and 11, 1948.

방안은 소련이 제안한 것처럼 모든 외국군의 동시 철수라는 것이었다. 위원단에 대한 초기의 비판이 온건했던 것은 위원단과 아직 거래할 여지를 완전히 포기하지 않고 있던 북측의 의도를 따랐던 것으로 보인다. 그러나 위원단이 도착한 1월 이후에는 공산주의자들의 태도가 강경해지기 시작했다. 위원단 반대운동이 훨씬 거세어져 갔다. 남로당은 자신이 통제하던 신문과 삐라와 벽보 등에서 평양방송의 지시에 따라 위원단을 맹렬히 비난하면서 모스크바 협정의 즉각적인 이행을 촉구했다.[55)]

남한의 공산주의자들 내부에서 임시위원단의 활동에 반대하는 투쟁전략을 둘러싼 의견대립이 일어났다. 조선민주주의 인민전선의 한 지령문은 사태의 추이에 대해 깊은 우려를 표명하면서 "혁명과 대중봉기의 기회는 지나갔으며 우리에게는 선거를 저지할 물리적 수단도 남아 있지 않게 되었다"[56)]라고 선언했다. 이 지령문은 더 나아가 이제 남로당은 북한과 중국, 일본의 좌익세력의 연합전선의 성공에 희망을 걸어야 한다고 주장했다. 그 문서에 따르면 당분간 남로당이 할 수 있는 최대한의 일은 선거반대 캠페인을 계속하고 선거결과를 훼손시키기 위해 노력하는 것이었다. 그러나 남로당 총수 박헌영으로부터 전혀 다른 상황평가가 도달되었다. 박은 1947년 대구폭동 이후 북으로 도피, 해주에서 남한의 공산주의 운동을 지도하고 있었다. 1월 중순 경, 박헌영은 폭력으로 선거를 저지해야 한다고 결정했다. 그의 명령에 따라 서울의 당 집행위원회는 모든 지역지부에 연락원을 보내 위원단의 활동을 반대하라는 지시를 전달했다.[57)] 2월 초, 박헌영은 총파업에 대한 5가지 원칙을 제시했다.

55) Ibid., Jan. 19 and 17, 1948, and Jan. 20 and 30, 1948. 이 당시 서울의 신문들은 그 1/3 정도가 여전히 좌익진영에 의해 통제되고 있었다.

56) Ibid., Fed. 6, 1948.

57) Ibid., Jan. 20, 1948.

1. 남로당은 경찰과 군정의 탄압에 대항해 용감하게 싸워 왔다 —— 모든 당원은 투쟁을 계속해야 한다.
2. 반동세력의 탄압이 극심하기 때문에 우리는 "치고 도망가는" 전술을 구사해야 한다.
3. 우리에게는 1946년의 10월 인민항쟁의 모범이 있다. 우리는 유엔이 실시하는 총선에 항의하는 또 다른 인민항쟁을 선도해야 한다.
4. 남로당은 지금까지 반동의 주구 이승만과 김구 그리고 그들의 추종자들과 싸워왔다. 이제부터는 김규식과 그의 추종자들과도 싸워야 한다.
5. 우리는 각 군, 읍, 마을에서 인민위원회를 조직해야 한다. 우리는 정치적 통제력을 획득하여 이것을 인민위원회로 넘겨야 한다.[58]

이에 대해 당내에서는 8월 검거선풍으로 당이 매우 약화되어 성공적인 저항운동을 할 수 없으며 한국위원단과 협력이 아직도 가능하다고 생각하는 당원들로부터 강력한 반대가 제기되었다. 그럼에도 불구하고 박헌영은 그의 계획을 계속 밀고 나갔다.

박헌영의 전술변화의 동기가 무엇인지는 확실하지 않다. 박헌영은 어쩌면 광범위한 여론조사를 하고 있던 위원단에서 선거반대운동의 확산으로 영향을 끼칠 수 있으리라고 생각했는지도 모른다.[59] 2월 총파업은 당시의 유동적이던 한국의 정치상황에 영향을 주었다. 위원회는 자신의 역할에 대해 확신하지 못했을 뿐 아니라 정치세력간의 제휴 또한 끊임없이 변해갔다. 2월 총파업은 남한에서의 폭력대결로 사태가 변해갈 것을 나타내고 있었다. 그러나 파업의 목표는 제한되었고 8개월 후의 여순반란이 일어날 때까지 결정적인

58) Ibid., Fed. 6, 1948.
59) Ibid., Fed. 18, 1948.

변화는 없었다.

남로당이 남한주둔 미군사령관 하지 장군에게 보낸 서한에서 이 파업의 기본적 취지가 제시되었다.[60] 메시지에 파업가담자는 단독선거에 반대하고 모든 외국군의 철수를 요구하며 유엔을 포함한 외세의 간섭 없이 조선민족이 스스로 자기 정부를 수립할 권리를 가지고 있다는 내용으로 되어 있었다. 임금인상 요구와 노동법 제정, 토지개혁 요구도 있었으나 그것은 부차적인 것이었다. 이 파업은 2월 7일부터 10일까지 불과 3일 밖에 진행되지 못했으며, 실패한 파업이었다. 그러나 태업과 대중시위 그리고 경찰에 대한 습격 등은 군정당국에 심각한 도전이 되고 있었다.[61] 40량이 넘는 기차가 파괴되었고, 수백 군데에서 통신이 단절되었다. 시위대들은 또한 경찰과 우익에 대해 치밀하게 계획된 수십 차례의 공격을 가했다. 2월 중순 동안 계속된 사건들로 40명이 죽고 1500명이 체포되었다. 2월 말로 계획된 두 번째 총파업은 곧바로 어이없는 실패로 끝났다. 이 파업의 유일한 의의는 그것이 제주도 4월 투쟁의 한 유형이 되었다는 것이다. 2월 25일에는 전라북도의 20개의 지서에 가해진 계속된 습격으로 5명의 경찰과 27명의 시위대가 죽었다.[62]

2월 총파업 당시 제주도에서도 문제가 발생했다. 1월 달에 경찰의 급습으로 당원명단이 위태롭게 되어 당 조직이 균형을 잃고, 시위에 약간의 곤란이 초래되었다. 공산측 자료는 제주도의 '2월 인민항쟁'을 다음과 같이 기록하고 있다. "총파업 이틀 전 서귀포 인민들은 성공적으로 정부군을 퇴치했고 한경면의 약 200명의 청년들이 체포된 파업주동자의 석방을 요구하며 고산경찰서를 습격했다. 짐승들이 그들에게 무차별 사격을 가했다. 구좌면 인민들은 세

60) USAFIK, South Korean Intrim Government Activities, Feb. 1948.

61) U.S. Central Intelligence Agency. Communist Capabilities in Southern Korea(ORE 44-48), Oct. 28. 1948, p.i. Records Group 319, Washington National Records Center.

62) FEC, Intelligence Summary, March 11. 1948.

화군 경찰서를 공격했다." 2월 7, 8일 늘어난 군중들은 마침내 군정청 건물을 공격했다. 밤이면 인민들은 미제와 그 정책에 대한 반대를 상징하는 횃불을 흔들었다.[63] 이어서 일제 소총과 수류탄, 칼 등으로 무장한 인민해방군이 안덕에 있는 경찰지서를 습격했다. 2월 13일과 15일 사이에 게릴라들은 한라산 부근에서 경찰, 우익청년들과 교전했다. 남한측 자료에 따르면, 간헐적인 폭력사태가 3·1절까지 계속되었으며 3월 1일에는 몇 건의 태업이 발생했다. 정부군이 한 좌익집회를 덮쳤을 때 수백 명의 군중이 이에 저항했다. 한 달 후 게릴라들은 다시 애월 부근의 경찰서를 습격했다.[64]

북한의 당 역사는 2월 총파업에서 박헌영이 한 역할을 격렬하게 비판하고 있다.[65] 2월 인민항쟁에 참가했던 사람들이 영웅적으로 칭송되는 반면에 파업 자체는 실패작이었으며, 불필요하게 남쪽의 당 조직을 노출시켜 적의 공격으로 파괴당하게 한 '모험주의적 돌격'이었다. 비록 이 비판이 한국전쟁 직후 숙청된 박헌영을 깎아내리려는 의도를 갖고 있었지만, 남로당이 제주도에서 직면했던 독특한 상황을 고려해보면 상당히 설득력이 있다. "이 저항운동의 지도자들은 자신과 적의 힘의 균형을 고려하지 않았으며 섬의 지정학적 조건 속에서 어떻게 혁명적 분위기를 지속시켜가야 할 지를 생각하지 않았다고 기록되어야 한다. 그러므로 그들의 저항은 모험주의로 치달았고, 투쟁을 위한 투쟁이 되었으며 결국 이 섬의 혁명세력을 약화시켰다."[66]

제주도 반란은 실패할 수밖에 없는 계획이었다. 반란은 정부를 당황하게 하고 정부군을 섬으로 분산시키는데는 성공했지만 권력장악에는 실패했다.

---

63) 김봉현, 앞의 책, p.74

64) Ibid., pp. 75, 81 ; 《한국전쟁사》, p.438.

65) 박헌영에 대한 비판서인 《조선통사》의 번역으로서 Glenn D.Peige, "Korea" in Communism and Revolution : The Strategic Uses of Political Violence, ed. Cyril E. Black and Thomas P. Thornton(Prinston : Prinston University Press, 1964), p. 222를 보라.

66) 김봉현, 앞의 책, p.74.

여러가지 증거를 검토해보면 4월 반란은 중앙에서, 심지어 '모험주의적'이라고 비판받은 박헌영에 의해서도 계획된 것이 아니며, 급진적인 지역 지도자와 취약한 정부의 통제, 그리고 제주도 남로당지부에 대한 대중적인 지지가 결합되어서 5월 투쟁에 대한 저항으로 분출되었다는 것을 알 수 있다.

5. 4·3폭동

유엔한국위원단이 접근할 수 있는 지역에서 단독선거를 진행하자는 미국의 제안은 2월 26일 유엔 임시총회에서 압도적 찬성으로 채택되었다. 그 결정은 "거의 모든 사람이 가지고 있던 의견"과 상충되는 사실상의 '쿠데타'라고 느낀 많은 한국위원단의 위원들은 그 소식에 매우 당황했다. 상당한 논란 끝에 위원단은 선거를 감독하고 자유로운 선거 분위기를 형성하기 위해 노력하기로 결정했다. 북측은 3월 25일 평양방송을 통해 통일 문제와 헌법 초안을 작성하기 위한 평양연석회의에 남한의 정당, 사회단체를 초청하는 제안을 해 왔다. 이 제안은, 많은 중도파와 심지어 이승만에 반대하는 일부 우익들까지 4월 중순의 평양회의에 참석케 할 정도로 강한 호소력을 가지고 있었다.[67]

4월 3일의 공격은 2월 말 전북에서 있었던 경찰지서에 대한 일련의 습격들처럼 심각한 것이 아니었다. 제주도를 방문한 한 경비대 선임장교는 실제로 게릴라의 공격을 중요시하지 않았기 때문에 새로운 임무를 받기 위해 예정대로 그 다음날 본토로 돌아갔다. 2주 후에 열렸던 평양회의에서도 제주도 폭

67) FEC, Intelligence Summary, March 15, 1948 and May 5 and 12, 1948. 한국전쟁 중에 노획된 북한의 회의사진은 국립문서보관소 기록철 242호에서 이용할 수 있다.

68) Ibid., March 11, 1948 ; 사사키《한국전 비사》1 : 266. 예컨데 평양회의에서 박헌영의 "남한의 정치정세"에 고나한 연설과 허헌의 :단독정부 수립을 위한 남한의 선거에 대한 반대투쟁의 계획"에 관한 연설 가운데 어디에도 제주도에 관한 언급이 없다. 반면에 제주도에서의 상황이 대단히 강조된 해주연석회의에 제주도 출신의 게릴라 지도자들이 참석했다. 사사키(1 : 280)는 후자의 회합에 관해 기술하고 있다.

력사태는 거의 주목을 끌지 못했는데, 이는 8월 말 해주회의와는 뚜렷한 대조를 보인다.[68] 간단히 말해서 4월 봉기의 전반적인 의의는, 그것이 이후 완전히 통제를 벗어나서 섬 전체를 뒤흔든 저항과 탄압의 폭력의 순환으로 가는 계기가 되었다는 점이다.

4·3 공격은 남로당의 남한지역 단독선거 반대운동에서 나왔지만, 당 제주도지부의 군사지도자의 독자적 주도로 이루어진 것 같다. 섬 주민들의 오랜 고통, 그들의 전통적인 분리주의, 선거일이 가까워지면서 극도로 정치화된 분위기 등이 지역 지도자들을 행동으로 치닫게 했다. 남한측 자료에 따르면 "(2월 총파업)이후 통일청년단이나 서북청년단과 같은 민주주의적 단체들이 (섬의) 공산주의자에 대한 경계를 강화하기 위해 보강되었다. 그리고 공식적으로 경찰이 공산주의 용의자에 대한 감시와 체포를 강화했다. 게릴라들은 산으로 갈 수 밖에 없었다."[69]

3월 말, 당제주도지부 군사위원회 지도자 김달삼과 정치위원회 지도자 조노구, 그리고 경비대 내의 세포 지도자 문상길 중위가 참석한 회의에서 무장을 하기로 결정한 것으로 보인다.[70] 이 당시 남한 전 지역의 당지부에 제시된 남로당의 지령문은 훨씬 더 조심스러운 선거반대운동을 할 것을 지시하고 있었다. 지령문은 선거를 방해하고 무기를 모으되 사고에 대한 남로당의 책임을 최소화하라는 내용을 담고 있었다.[71] 평양회담에 남로당 지도자들을 초대한 것은 공격을 통제하는 계기가 되었다.

4월 3일 이른 아침 시각 게릴라들은 사전 경고 없이 공격을 개시했다. 게릴라 부대들은 대부분 북쪽 해안에 집중해 있는 24개의 경찰지서 중 절반 이상을 습격했다.[72] 반란군의 주력은 500명 정도의 규모였다. 그 중 반수는 총으

69) 육군본부 《공비토벌사》(서울, 1954), p. 10.

70) Ibid., p. 10. 71) FEC, Intelligence Summary, April 22, 1948.

72) 《공비토벌사》, p. 10. Chorpening, "Police Situation on Cheju-do"

로 무장했고, 나머지는 칼, 낫, 죽창, '사제 수류탄과 폭발물, 곡괭이, 삽' 등으로 무장했다. 게릴라들이 하산하자 약 3천 명의 주민들이 이에 가세했다. 지원자들이 계속해서 해안 마을로 몰려들었다.[73] 제주도에 있던 정부군은 450명의 경찰과 경비연대, 수 백명의 우익 청년단으로 구성되어 있었다. 게릴라들은 경찰과 우익청년단에게만 일차적으로 맹렬한 공격을 퍼부었다. 섬에 있던 군정당국은 싸움에 끼이지 않았다. 지서와 관공서를 지키는데 급급한 경찰, 우익청년단은 게릴라의 공격에 효과적으로 대응하지 못했다. 북쪽 해안에 집중하고 신속하게 이동함으로써 게릴라들은 정부군을 압도할 수 있었다. 첫 공격에서 게릴라들은 큰 전과를 올렸다. 정부군 측에서는 30명이 죽었는데, 게릴라는 단지 4명이 죽었다.[74]

공산측 자료에 따르면, 게릴라는 그들의 공격의 이유를 다음과 같이 호소했다 : "존경하는 시민 여러분, 부모형제, 자매 여러분! 오늘, 4월 3일 여러분의 아들과 형제들이 총을 들고 일어섰습니다. 우리는 매국적인 단독선거에 결사반대하며, 인민의 해방과 조국의 통일과 독립을 이루기 위하여 일어섰습니다. 우리는 미제국주의 강도와 그 주구들을 제거하기 위해 무기를 들고 일어섰습니다. 우리는 여러분이 받아온 고통에 대해 복수하기 위해 일어섰습니다! 여러분, 최후의 승리를 위해 우리와 함께 싸웁시다!"[75] 게릴라들은 이와 비슷한 구호들로 경찰과 우익청년단 개개인에게도 게릴라 편으로 넘어오도록 호소했다.

게릴라들은 서전에서 승리했지만 정부 측의 강력한 반격을 예상하고 한라산으로 되돌아갔다. 게릴라 근거지는 아수순, 노가메, 타낙붕 마을 근처의 높은 산에 위치해 있었다. 많은 마을 주민들이 정부군의 보복을 두려워하고 있

73) FEC, History of U.S. Army Forces in Korea, part 3. pp.4, 17.
74) Chorpening, "Police Situation on Cheju-do"
75) 김봉현, 앞의 책, p. 85.

었다. 4월 공격, 2주일 후 제주도를 방문한 미국 경찰고문은, 섬 북쪽에 위치한 마을에 사는 남자들은 대부분 게릴라를 따라서 산으로 숨어 들어갔다고 기록했다.[76)]

군정당국은 신속히 제주도 병력을 보강했다. 남한의 각 지방에서 차출된 1700명의 경찰이 섬으로 파견되었다. 800명 규모로 추산되는 경비대대가 현지 연대를 강화하기 위해 파견되었다. 경찰이 섬 내륙에서 대게릴라작전을 수행하도록 하기 위해서 경비대는 해안지대 경계를 맡았다. 4월 17일 삼양 부근에서 경비대가 150명 가량의 게릴라를 공격하기 전까지는 큰 전투가 없었다. 그 전투에서 다수의 게릴라가 죽거나 사로잡혔다. 같은 날 게릴라들은 함덕 부근에서 경찰 순찰대를 매복, 습격해서 몇 명을 사로잡았다. '인민재판'이 열린 후 포로들은 "그들이 가장 괴롭혔던" 마을의 부녀자들의 손에 넘겨져 처형되었다.[77)]

4월 달 내내 제주도에서는 간헐적은 전투가 계속되었다. 월말이 가까워지면서 정부군은 주요 읍에서 반란분자를 뿌리 뽑기 위한 색출작전을 시작했다. 이 작전의 일환으로 경찰이 공산주의 동조자들을 색출하기 위해 시내의 가택수색을 하는 동안 경비대가 제주시 외곽을 봉쇄하기도 했다. 이 작전의 결과는 대부분의 시골에서의 작전과 마찬가지로 분명하지 않았다. 이 작전의 책임을 맡고 있던 경찰은 경비대의 지원 없이는 게릴라 근거지를 공격할 만큼의 힘을 갖고 있지 못했다. 게릴라들은 경비대와 경찰을 뚜렷이 구별해서 경비대와는 교전을 피하고 경찰에 대해서는 기회 있을 때마다 무자비한 공격을 가했다. 경비대로서도 전투에 개입되는 것을 피하려고 노력했다. 경비대의 많은 병사들은 섬 주민들의 불만은 정당한 것이며 반란은 주민과 경찰 간의

76) Chorpening, "Police Situation" 아수순은 아마도 어성생오름인 듯하다 ; 나는 다른 지명들을 찾아낼 수 없었다.

77) 《한국전쟁사》, p. 489 ; 《공비토벌사》, p. 87 ; 김봉현, 앞의 책, pp.90-91.

싸움이라고 생각했다. 경찰의 도덕성은 특히 외곽 지역에서는 극단적으로 낮았다. 한 미국인 관찰자는, 이해할 수 있다는 듯이 많은 경찰이 "대단히 신경질적이다"라고 기록했다.[78)]

보안군 내의 이와 같은 갈등은 마침내 4월 29일, 400명에서 1천명 사이의 경비대 병사들이 탈출하여 게릴라에 가담하는 데까지 이르렀다. 충성스러운 정부군이 이들을 추격했지만 수가 두 배로 늘어난 반군은 되돌아서서 무기를 빼앗고 더 많은 사병들을 자기들에게 가담하게 했다. 탈출한 부대는 서귀포까지 가면서 몇몇 남쪽 해안의 마을을 의기양양하게 행진했다. 대정면에 이르러서 탈출병들은 몇 명의 경찰과 우익을 지서 정문에 잡아놓고 그들의 반동적 죄행을 비난한 다음 총살했다. 그 직후 탈출병들을 추격해온 충성심이 강한 경비대가 그들을 포위했다. 이어진 전투에서 200명의 탈출병이 사살되었고 수 십명이 생포되었으며 그 나머지는 도망쳐서 게릴라들과 합류했다.[79)]

섬의 상황이 악화되어감에 따라 서울의 신문들은 질서를 회복하기 위해서는 미군전술부대가 파견되어야 할지도 모른다고 추측하기 시작했다. 신문들은 무장한 게릴라들이 약 3천 명 규모로 되어 있으며 그들은 한라산에 있는 일본군이 만든 요새를 점령하고 있는데 식량과 탄약 보급이 잘 되고 있다고 보도했다. 게릴라들은 낮에는 농부로 위장하고 밤이 되면 정부군을 공격한다는 말도 있었다. 점점 더 자주 끔찍한 이야기들이 신문 지면에 실리기 시작했다.[80)] 제주도는 통제불능의 상태로 되고 있었으며 섬의 정부군은 반란을 진

---

78) Chorpening, "Police Situation."

79) 이 사건에 관해 《한국전쟁사》, p.440.와 김봉현, 앞의 책, p.103의 설명은 대체로 일치되고 있다. 그러나 김봉현은 4월 27일 봉기를 문상현이 주도했다고 주장하는 반면에 전자는 441페이지에서, 문상길의 남로당 당적은 1948년 6월까지 발견되지 않는다고 말한다. Lee and Scalapino, Communism in Korea, p.308는 4·3반란이 "문상길 지휘하의 일단의 군대"에 의해 주도되었다고 말한다. 분명히 이 사건에서 문상길의 역할은 결코 명확하지 않다.

80) USAFIK, South Korean Intrim Government Activites, May 1948, pp. 156-57, and April, p. 179.

압할 능력을 상실하고 있었다.

경비대 탈출 사건 이틀 후, 미군정장관 윌리엄 F.딘 소장이 여론을 확인하고 섬의 상황을 직접 알아보기 위해서 제주도로 날아갔다. '제주도의 메이데이'란 제목의 무성영화를 보면 당시의 상황을 생생히 알 수 있다.[81] 그 영화는 불타는 마을에서 치솟는 연기를 배경으로 섬의 상공을 날으며 사격하는 비행기 장면으로 시작된다. 그 다음 장면은 경찰이 게릴라에 대한 가상 공격을 하며 들판을 가로지르는 모습을 보여준다. 군정청 건물과 항구시설을 둘러보는 딘 장군의 얼굴이 잠깐 나타난다. 그때 카메라가 아래 위로 흔들리면서 불타는 가옥을 비추고 어떤 여자가 경비대에게 게릴라들이 어떻게 마을을 공격했는지를 미친듯이 설명하는 장면이 나온다. 공산주의자들이 살해한 사람들의 시체가 잠깐 보였다가 관을 짜는 장의사의 모습이 클로즈업 된다. 장의사의 일이 바쁜 것이 틀림없다. 이번에는 오라리의 불타는 마을과 그곳으로 향하는 경비대의 모습이 겹쳐지다가 경찰의 도로방책과 요새가 클로즈업 된다.

딘 소장의 방문 결과 5월 5일 현지의 연대를 보강하기 위해 또 다른 1개 대대가 증파되었다. 딘은 또 제주도 출신을 제주도 경찰의 총수로 임명하여 반란진압에 장애가 되어온, 경비대와 경찰의 갈등을 해소하려고 시도했다. 게다가 도지사가 인민투쟁위원장으로 게릴라 측으로 넘어가버린 민간 행정조직을 정리할 필요가 있었다. 마지막으로 딘은 보강된 연대의 신임 연대장으로 박진경을 임명하고 그에게 더 적극적으로 반란을 진압하라고 명령했다.[82] 5월 10일, 예정대로 제주도에서 선거를 치르기 위해서는 이 모든 조치들이 필요했다.

81) Film and "shot sheet.", May Day in Korea : Cheju-do, 31 April 1948. RG-111, National Archives.
82) 《한국전쟁사》 p.440.

6. 5·10 선거

제주도에서 무사히 선거를 치르기 위한 딘 장군의 막바지 조치에도 불구하고 상황은 점점 더 나빠져 갔다. 공개되지 않은 미군정사에 따르면, "선거일(5월 1일)이 가까워짐에 따라 공산주의자들의 공격이 늘어갔다." 선거일 바로 전 2주일 사이에 1개의 경찰통신대와 5개의 지서가 공격받았다. 이로 인해 1명의 경찰과 21명의 우익과 경찰의 가족들이 살해되었다.[83] 투표소를 보호하기 위한 여러가지 조치가 취해졌다. 남한의 다른 지역과 마찬가지로 제주도에서도 우익청년들로 구성된 자경단이 조직되었다. 관공서와 투표소 주위에는 바리게이트가 설치되었고 섬에는 통행금지가 실시되었으며 도로에는 유격대의 이동을 막기 위한 방책이 쳐졌다.

본토의 투표 상황에 대한 미국측 보고서를 보면 당시의 살벌한 투표소 분위기를 알 수 있다. 투표의 '진행'에 관한 주된 책임은 경찰과 자경단이 맡았다. 민간인 복장에 완전무장을 한 3~4명의 우익청년들이 각 투표소 정문에 배치되었다. 비슷한 수의 경찰도 대개 같이 배치됐다. 투표인들은 무기소지 여부에 대해 철저한 검색을 받은 후, 한번 1~2인 씩 투표소로 들어가 투표했다. 대략 50명 정도의 자경단원이 10~20명의 경찰과 경비대로 구성된 예비병력이 부근의 "눈에 띄지 않는 골목과 건물 속에서" 항상 대기하고 있었다.[84]

제주도에는 이런 조치가 모두 필요했다. 많은 선거인명부와 투표함이 게릴라의 습격으로 소실되었고, 선거공무원들은 피습되거나 납치되었으며, 심지어 투표소를 개설하지 못한 곳도 있었다. 게릴라들은 통신을 두절하기 위해

83) FEC, History of U.S. Army Forces in Korea, part 3, p.18.
84) FEC, Intelligence Summary, 1948년 5월 30일 한국선거에 관한 특별판.
85) 김봉현, 앞의 책, p.106.

전화선을 자르고 교량을 파괴했으며 돌을 쌓아 도로를 차단했다.[85)]

공무원들은 제주도 내의 많은 지역에서 투표용지와 투표함을 수송하기 위해서 미군정청 병력에 군소송을 요청해야 했다. 결국 "선거주간 동안 50회의 계획적인 시위, 소요, 방화사건, 우익단체 사무실과 가옥파괴가 있었다. 63개의 마을과 3개의 관공서가 공격받았다. 공산주의자와 우익이 각각 14명씩 살해되었으며, 20여 명씩의 우익가족과 경찰가족이 살해되었다."[86)] 5.10 이후 전투는 뜸해졌지만 '소규모의 게릴라 별동부대'가 계속해서 정부군을 쉴새없이 공격하고 마을을 습격했다.

잔학행위가 양측에 의해 저질러졌다. 정부군은 물론 게릴라들도 종종 무차별한 폭력을 행사했다. "여자들의 목이 매달리고 어린아이까지 창에 꿰뚫려 죽은 피습된 마을에 대한 소문이 나돌았다. 어떤 마을은 주민들이 몰살됐다는 얘기가 계속 들어왔다. 수많은 우익과 경찰이 납치되어 목이 매달리거나 잘렸다."[87)]

이같은 극단적인 행위로 여론이 게릴라들에게 불리하게 돌아가는 것처럼 보였다. 공산주의자들도 이 시기에 게릴라들이 저지른 실책을 정부가 이용하고 있음을 인정했다. "가끔 게릴라들은 반미투쟁 중에 무모한 공격으로 실수를 저질렀다. 예를 들면, 게릴라들은 한림에서 경찰을 죽인다는 것이 엉뚱하게 농부를 살해했고, 구좌지역에서는 광민회 두목을 납치하려고 공격했는데 결과는 그의 아버지가 자결하는 것으로 되고 말았다. 정부 측은 이와 같은 실수를 이용하여 주민들의 단결을 깨고, 게릴라와 주민의 관계를 파괴하려고 했다."[88)]

비슷한 사례들이 위의 인용문의 저자가 인정하는 것보다 더 많이 있었다는

86) FEC, History of U.S. Army Forces in Korea, part 3, p. 18.

87) Ibid., p.18.

88) 김봉현, 앞의 책, p.112.

것이 분명하다. 이 폭동 기간에 발생한 정확한 사상자의 숫자는 거의 파악되지 않고 있다. 앞에서 인용한 군정당국의 통계는 '완전히 몰살된 마을에 관한 소문'과 맞아떨어지지 않는다. 분명히 정부는 광범한 게릴라 통제 지역에서 무슨 일이 벌어지는지 제대로 알지도 못했고 폭력사례를 축소하려 하지도 않았다. 어쨌든 공식적인 통계는 이 기간 동안 제주도에서 발생한 사상자의 숫자를 과소평가한 것으로 생각된다. 선거일 바로 다음 날 제주도군정장관이 "제주도는 소규모 게릴라 전투 상태였다"라고 서울로 보고한 전신 메시지를 보면 당시의 사태의 심각성을 잘 알 수 있다. 그는 계속해서 섬을 고립시키기 위해 구축함 2척을 즉각 파견할 것과 게릴라들에게 위협을 가하기 위해 전투기를 비행시킬 것을 요구하는 타전을 보냈다. 그 이튿날 미해군 크레이그함이 제주도로 파견되어, 반란군에게 무기가 들어가는 것을 막기 위해 북쪽 해안에 정박했다.

요구된 병력을 보낼 것인가가 '고려'되었지만 더 이상의 병력이 파견되었다는 기록은 없다.[89)]

게릴라의 공격은 제주도의 선거를 방해하는데 성공했다. 선거구 중 3분의 2에서 투표율이 절반도 되지 못했고, 20%에서는 전혀 투표가 실시되지도 못했다. 이 숫자는 투표율이 90%에 이른 남한의 다른 지역과는 현격한 대조를 보여준다. 군정장관은 투표율이 50%에 미달한 두 곳의 선거구에서 선거무효를 선언했다.[90)] 처음에는 이 지역에서 7월 말에 재선거를 실시하기로 예정했으나 더 이상의 유혈사태를 피하기 위해 이를 무기한 연기했다. 국회의 두 제주도의석은 일 년 간 공석으로 남아 있다가 1949년 봄에 가서야 채워졌다.

---

89) FEC, Intelligence Summary, May 13, 1948.

90) Ibid., May 20, 1948.

7. 최초의 게릴라 토벌작전과 9월 지하선거

5.10 선거 후, 군정청은 질서회복을 시도하던 중 제주도 경비대의 충성심에 심각한 문제가 있음을 재빨리 간파했다. 이 문제는 제주도에서 가장 먼저 나타났지만, 제주에만 국한된 것은 아니었다. 경비대 내에 광범하게 퍼져 있던 불만에는 몇 가지 이유가 있었다. 경비대와 경찰은 항상 갈등관계에 있었다. 경찰은 자기들이야말로 가장 우수한 보안군이며, 경비대는 좌익분자들이 심각할 정도로 침투해 있기 때문에 믿을 수가 없다는 건방진 경쟁상대로 간주되었다.

일본군에서 전력을 쌓은 친일 협력자들의 지휘하에 있던 경찰은 이념상으로 우익적 성향이 뚜렷했다. 경찰은 시민권을 거의 무시하고 고문을 빈번하게 사용하는 옛날 방식을 즐겨 따르고 있었다. 경찰과 대등해지려고 생각한 사람들이 경비대에 들어갔는데, 두 집단 사이에 싸움이 자주 일어났다. 초기에는 경비대의 신병을 선발하는 프로그램이 없었기 때문에 많은 좌익들이 침투할 수 있었다.[91)]

제주도 경비대는 1946년 가을 모슬포에서 제 9연대가 조직될 때 그 지역에서 모집되었다. 경비대의 요원은 약간씩 교체되었지만 장교와 사병들은 섬 주민과 많은 유대를 가지고 있었다. 반란이 일어나자 그들은 반란을 남한정부의 합법성에 대한 투쟁이라기보다는 섬 주민과 경찰의 싸움으로 보는 경향이 있었다. 그들은 거기에 말려들고 싶지 않았다. 그래서 반란군과 싸우라는 압력이 경비대에 가해지자 연대 내에 탈출과 암살과 소동이 일어났다. 이 사건들은 10월의 여수경비대의 폭동을 예고하는 것이었지만, 군정은 이를 눈여겨보지 않았다.

---

91) Henderson, Korea : Politics of the Vortex, pp.143-44.

제주도 경비대에는 공산주의자들도 상당히 침투해 있었다. 연대 내의 남로당조직의 우두머리는 문상길 중위였다. 일본군에서 하사로 근무한 적이 있던 문상길은 한국군사학교(이 학교는 많은 용공인자로 유명하게 되었다)의 3학년을 졸업하기 전에 제주도에서 사병으로 복무한 적이 있었다.

또 연대의 통신과 정보 분야의 많은 병사들도 남로당 활동과 연관되어 있었다. 4.3폭동 이후 연대를 강화하기 위해 부산에서 파견된 대대장 오일건 소령도 당원이었다.[92)]

연대 내에서 조만간 분쟁이 일어나려 하고 있었다. 1947년 문상길은 독약으로 연대장을 암살하려 했으나 실패했다. 그는 또 4.3봉기 계획을 세우기 위한 제주지역 남로당지도자회의에 참가하기도 했다.[93)] 반란이 일어나자 남로당은 연대의 병사들을 자기편으로 끌어들이기 위해 백방으로 노력했다. 한 공산측 자료는 게릴라와 연대의 관계를 다음과 같이 서술하고 있다.

> 문상길 중위와 그의 동지들은 게릴라를 돕기 위해 정보를 제공했고, 동시에 인민의 생명과 재산을 지키기 위해 혼신의 노력을 다했다. 그래서 인민과 게릴라와 연대의 병사들 사이에는 연합전선이 확립되어 있었다. 거의 매일 "병사들은 그들의 부모형제와 처자를 탄압하고 살해하는 미제국주의자와 그 하수인들을 지지하지 말 것"을 호소하는 전단과 호소문을 받았다.[94)]

공산주의 선전대는 경비대에서 총구를 미제국주의자에게로 돌리고 정부와 경찰에 대항하여 봉기할 것을 호소했다. 게릴라 통제지역의 마을 입구에는 경비대를 환영하고 인민의 투쟁을 지지할 것을 촉구하는 게시문이 붙어 있었

92) 《한국전쟁사》, p.438.
93) 《공비토벌사》, p.10.
94) 김봉현, 앞의 책, P.101.

다.[95]

경비대의 최초의 반응은 반란상태를 끝내기 위해 게릴라들과 비밀회담을 갖는 것이었다. 이것이 반드시 연대장에 대한 충성심의 부족을 나타내는 것은 아니었지만, 대체로 게릴라에 대한 주민들의 지지와 순수한 동정심에서, 그리고 섬에서의 반란을 해결하는 전통적 방식을 따르려는 시도에서 비롯된 것이었다.

선거직전인 4월 말, 연대 내의 남로당원이 주선한 첫 번째 회담이 열렸다. 경비대 측의 대표는 연대장 김익렬, 오일건 소령, 정보부관이 나왔고, 게릴라 측 대표로는 김달삼이 나왔다. 김달삼은 경찰의 항복, 경찰의 무장해제, 잔학행위를 한 경찰과 우익의 처벌, 우익청년단의 제주도 철수, 5.10 선거의 무효확인 등의 5가지 요구사항을 제시했다. 연대장은 이 요구사항을 거부하고 그와 동창생임을 내세워 항복하도록 설득하려했다. 회담은 아무런 성과 없이 끝났다.[96]

두 번째 회담은 딘 장군의 방문에 뒤 이은 박진경 대령의 연대장 부임 후에 열렸다. 박진경은 일본군 시절 제주도에서 근무했던 관계로 그곳 지리와 요충지를 잘 알고 있었기 때문에 경비대본부 인사과에서 제주도 연대장으로 발령받았다. 그가 제주도로 출발하기에 앞서 딘 소장은 반란을 진압하는데 무력사용을 최대한 억제하라고 지시했다. 회담이 직접 대면으로 진행되었는지 중개자를 통해 이루어졌는지는 분명하지 않다. 어쨌든 게릴라를 항복하도록 설득하려던 박진경의 노력은 실패했다. 게릴라는 회담을 연장시키려 했지만, 박진경은 이를 결렬시키고 게릴라 토벌작전을 시작하기로 결정했다.[97]

5월 말, 최초의 위무공작이 시작됐다. 경찰은 해안 마을의 순찰임무를 맡

95) 《한국전쟁사》, P.440.

96) Ibid., pp.438-39.

97) Ibid., pp.440.

고 있었기 때문에 한라산의 게릴라 토벌전의 주된 책임은 경비대가 맡게 되었다. 박진경 중령은 신중하게 세운 3단계 작전을 구사했다.[98] 첫 단계는 높은 석벽을 쌓아 마을을 요새화하고 지역 민병대를 훈련시켜 전략촌을 세우는 것이었다. 경비대가 주둔지를 떠나서 한라산 주위의 공격전진기지로 이동해 갔기 때문에 해안지역의 경비는 경찰이 맡고 있었다.

두 번째 단계에서는 경비대가 경찰과 우익청년단의 지원을 받아 섬 내륙을 완전히 휩쓸었다. 정부군이 50야드씩 간격을 두고 산기슭을 올라갈 때, 게릴라들이 집결하는 지역을 찾기 위해 정찰기가 이용되었다. 산기슭의 마을은 불태웠고 그곳의 주민은 강제로 해안의 수용소로 이주시켰다. 작전의 마지막 단계에서는 수용소 내에 게릴라 용의자를 찾아내기 위한 심사센터를 설치했다.

수용소를 방문했던 한 미국인에 따르면, 이곳의 가장 놀라운 특징은 포로들의 나이가 어리다는 것이었다. 경비대가 고지대에서 발견된 남자들은 무조건 공산주의 용의자로 간주하여 잡아왔기 때문에 수용소에서 10~12살 먹은 소년들을 보는 것은 드문 일이 아니었다.[99] 이 작전의 결과 600명 이상이 남로당원으로 간주되어 여름이 지날 때까지 투옥되어 있었다. 그러나 이 작전이 충분히 결과를 거두기도 전에 박 중령이 암살되었다. 6월 18일 밤, 자신의 대령진급을 축하하는 파티를 마치고 숙소로 돌아온 박진경은 침대에서 사살되었다. 암살사건은 서울의 일간지들의 첫 면을 장식했고, 범인을 찾기 위한 철저한 수사가 시작되었다. 수사결과 문상길과 몇 몇 공산주의자들의 활동이 드러났지만 연대에 침투해 있던 남로당의 전모를 밝히지는 못했다. 최경록이

98) Ibid.

99) Letter with enclosures, HQ, Twenty-fourth Corps G-2 to Intelligence Division, Department of the Army, "Transmittal of Photographs of Cheju-do Island," dated Aug. 31, 1948. In G-2 Intelligence Document File, ID No. 492-629, Washington National Records Center.

연대장으로 임명되었고, 송요찬이 그의 부관으로 임명되었다. 7월 중순 동안 게릴라에 대한 제한된 공격이 계속되었지만, 주된 노력은 연대의 내부 상황을 안정시키는 데 기울어졌다.[100)]

7월 말로 접어들면서 게릴라의 공격도 느슨해졌다. 정부군의 작전은 일시적으로 게릴라를 수세로 몰아넣었고, 여름장마가 "게릴라의 기를 먹는다"라는 말도 있었다.[101)] 그러나 게릴라의 활동이 위축된 주된 이유는 남로당의 내부 사정에 있었다. 여름 내내 남로당은 내부 조직정비와 8월 지하선거의 2가지 과제에 몰두해 있었다. 여름을 거치면서 남로당은 내륙의 당 조직을 대폭적으로 정비했고, 제주도 당 조직도 정비한 것으로 보인다. 당 중앙은 5·10선거 반대투쟁에서 지방위원회의 활동을 충분히 지도하지 못했다. 실패의 원인이 지령의 수행을 당 하급조직의 재량권에 맡긴 데 있다고 규정한 남로당은 많은 간부를 경질하고, 조직을 한층 중앙집권화했다. 선거반대투쟁에서 부족했던 당의 군사력을 증가하기 위하여 게릴라 '유격대'를 조직하고 내륙의 깊숙한 지역에서 훈련시키기 시작했다.[102)]

조선민주주의 인민공화국을 수립하기 위한 8월 선거에 남한의 참여를 조직하기 위해서도 비교적 평온한 기간이 요구되었다. 이 새로운 문제는 평양방송이 북반구에서의 '민주주의 건설'의 완수와 최고인민회의 설립준비를 강조하는 데에서도 반영되었다. 8.25 선거는 북반부에서 210명의 대표를 선출하게 되어 있었다. 남쪽을 위해 마련된 360석은 보다 복잡한 두 과정을 거치게 되었다.

---

100) 박진경의 암살과 여수반란이 경찰에 대한 대중의 신뢰에 준 충격에 관해서는, 『국제신문』, Nov. 9, 1948 ; 《한국전쟁사》, p.441.

101) FEC, History of U.S. Army Forces in Korea, part 3. p.18.

102) FEC, Intelligence Summary, Sept. 27, 1948. ; CG, USAFIK Weekly Report, Sept. 6, 1948. Copy in SCAP Adjutant General's file, Washington National Records Center ; 또한 Intelligence Summary, Aug. 10, 1948을 보라.

그 과정은 '전국적 선거'를 지지하는 서명운동으로 시작되었다.[103] 청원서를 돌리고 이를 북으로 보내는데 상당한 시간이 소요되기 때문에 이 운동은 7월에 시작되었다. 남한의 각 군마다 5-7명의 대표가, 당시 남로당의 지도부가 있던 해주에서 열리는 '남조선 인민대표자회의'에 참가하도록 되어 있었다. 누가 청원서를 가지고 북으로 갈지 알 수 없었기 때문에, 서명인들은 특정한 대표자에 대한 찬성투표를 하지 않았다. 그들이 서명에 참여한 것은 조선민주주의 인민공화국 수립을 지지하는 국민투표의 성격을 강화하기 위한 것이었다. 결과는 북반부의 선거 5일 전인 8월 20일, 남쪽 의원을 선출하는 대회에 거의 90%의 남쪽 대표가 참석했다.[104]

남한에서 '지하선거'가 실시되었다는 북측의 주장에 대해 새빨간 거짓말은 아니라 하더라도 상당한 회의를 해왔다. 그러나 남로당이 조선민주주의 인민공화국의 선거를 남한에서 치르기 위해 무진 애를 썼다는 것을 나타내는 많은 증거가 미국측 정보자료에 있다.[105] 남한에서의 투표율이 77%나 되었다는 북측의 주장은 분명히 과장된 것이다.[106] 그럼에도 불구하고 미국 측 정보 보고서도 거의 25%의 지방인구가 투표했다고 인정하고 있다. 보고서는 이 중 5%는 북쪽에서의 정부수립을 알고서 이를 지지하는 투표를 했고 나머지는 '다른 이유'-예를 들면 토지 개혁이나 통일이나 아니면 단순히 게릴라가 두려

---

103) 선거의 조직에 관한 상세한 내용으로는, FEC, Intelligence Summary, Aug. 3, 24, 25, 27과 Sept. 14, 15를 보라.

104) 1978년 5월 23일, 서울에서의 김남식과의 면담. 경계선은 1949년 봄까지는 상대적으로 통행이 자유로웠다. 따라서 이처럼 높은 수치는 결코 놀라운 것이 아니다.

105) 일례로, Scalapino and Lee, Communism in Korea, p.373을 보라. 이후의 논의는 하지장군에게 선거에 관한 일련의 질의를 담은, 1948년 9월 10일자 육군성의 전보와 1948년 9월 30일자로 된 그의 회신에 의거한다. SCAP Adjutant General's File, Records Group 331, National Archives.

106) 북한의 주장에 관해서는 A Chronicle of Principal Events Relating to the Korean Question : 1945-1954(Pecking : World Culture, 1954), p. 17과 박헌영, 〈조국의 통일과 독립을 위한 남한 인민의 영웅적인 투쟁〉, For A Lasting Peace, for a People's Democracy(Bucharest), March 24, 1950을 보라.

워서–로 투표했다고 기록하고 있다. 공산측의 자료에는 제주도의 투표율이 85%였다고 주장한다.[107] 실상이 어떻든 간에 투표율이 '알고서' 투표한 사람의 비율이 본토의 경우보다 모두 높았다고 추정된다.

두말할 필요없이 정상적인 선거 진행이 언제나 가능했던 것은 아니다. 중요한 선거지침이 체포된 남로당 간부로부터 입수되었는데 그 내용은 이러하다. "선거 지지자를 많이 확보하기 위해 모든 노력을 다 하라. 대리투표도 인정된다. 그러나 대리투표는 경찰의 감시가 극심해서 정상적인 투표가 불가능한 지역에서만 인정된다."[108]

서울 근교의 한 지역에서 압수된 투표지의 한 표본을 보고 하지 장군은 "투표 제조업자들이 코미디를 연출하고 있군"이라고 논평했다. 청원서의 명단에는 우익 정치가, 언론인, 공무원, 국회의원, 유명인사, 그리고 춘(春) · 하(夏) · 추(秋) · 근(近) · 원(遠) 등의 한문 성(姓)에다 아주 흔한 이름을 갖다 붙인 이름들이 들어 있었다. 그러나 남로당은 이 일을 계속 추진했다. 8월 20일 당 지도부는 "선거를 진행하는데 불법적인 방법을 쓰는 경향이 있다. 이것은 즉시 중지돼야 한다. 유권자는 자기자신이 직접 서명해야 한다."[109] 라는 지령을 내렸다. 지령의 날짜를 보면 서명운동이 해주회의 이후 몇 주 동안 계속되었음을 알 수 있다. 부정적인 방법이 널리 퍼졌지만 남로당이 비교적 자유롭게 활동할 수 있었던 농촌지역에서는 적었던 것으로 생각된다.

서명운동은 정부가 닥치는 대로 서명지를 압수할 것이 예상되는 험악한 분위기 속에서 진행되었다. 서명이나 인장 혹은 지문을 찍도록 비어 있는 10만 장 이상의 투표용지가 압수되었다. 이렇듯 억압적인 상황에서 투표하는 많은 사람들이 자신의 본명을 쓰기를 꺼려했다는 것은 당연하다.

---

107) 김봉현, 앞의 책, p. 153.

108) CG, USAFIK message, Sept. 30, 1948.

109) Ibid.

5개월 전에 열렸던 평양회의에서 와는 전혀 달리 해주회의에서는 제주도 상황에 대해 많은 논의가 있었다. 김달삼, 강기찬 그리고 다른 4명의 제주도 지부 남로당 간부들이 제주도를 빠져 나와 회의에 참석했다. 이들이 소련 잠수함을 타고 왔다는 말이 있는데 이는 사실과 다르다.[110] 김달삼은 회의에서 제주도 빨치산 투쟁에 관한 특별보고를 했는데 '우레와 같은 박수'를 받았다. 연설은 무장투쟁과 통일전략의 관계를 분명히 하지 않은 채 주로 군사활동의 세세한 부분에 촛점이 맞추어져 있었다.[111] 김달삼과 다른 지도자들이 회의에 참석한 것이 제주도의 투쟁이 소강상태에 들어갔던 또 하나의 요인이었다.

8. 여수 반란과 추계진압작전

게릴라의 활동은 8월 선거 이후 절정으로 치닫기 시작했다. 8월 말, 게릴라 소규모 공격으로 2명의 경찰이 죽고 5명이 부상했다. 이 사건은 일종의 경고였다. 그러나 정부측은 대 게릴라작전을 중지하기 시작할 만큼 상황을 낙관하고 있었다. 딘 장군의 방문 이후 제주도에 파견되어 있던 본토의 경찰이 9월 초에 철수했다. 경비대 역시 반란으로 중지되었던 훈련을 계속하기 위해 작전을 종결했다. 게다가 신임 경찰총수는 공산주의 동조자로 의심받아 억류되어 있던 800명의 용의자를 석방하기로 결정했다.

김달삼이 제주도로 돌아온 것도 이 시기로 추정된다. 결과적으로 반란의 불길이 다시 일어나기 시작했다. 9월 중순 이후, 남로당이 자신의 위력을 과시하고 실추된 명예를 다시 찾으려 하면서 게릴라들이 경찰지서와 마을을 습

110) 김봉현, 앞의 책, p.153.

111) 사사키, 《한국전 비사》, p.280에는 회의에 참석한 고준석을 인용하고 있다.

112) FEC, History of U.S. Army Forces in Korea, part 3, pp.18-19 ; 그레고리 헨더슨에 의해 제공된 반란에 대한 비망록.

격, 15명을 살해했다.[112]

10월에 들어서 해안 마을을 게릴라가 습격, 7명 이상의 경찰이 죽게 되자 전투는 점점 격회되어 갔다. 게릴라의 공격이 계속되자 경비대에 반 게릴라 작전 수행 임무가 다시 주어졌다.[113] 상황은 심각했다. 10월 11일에는 게릴라 토벌작전을 지휘하기 위한 제주도야전사령부가 설치되었다. 여수항에 주둔하고 있던 제 14연대의 병력 중 1개 대대를 파견하여 제주도의 연대를 보강하려는 계획이 세워졌다. 그러나 그 대대의 첫 번째 분대가 배에 오르자마자 전 연대가 반란에 휩싸였다.

반란군이 여수를 장악하고 있던 기간에 발행된 『여순인민일보』에 실린 병사위원회의 선언문은 반란의 이유를 설명하고 있다. 미국측 정보보고서는 선언문의 내용을 다음과 같이 정리하고 있다.

> 병사위원회는 자신의 목표가 제국주의에 대항해서 나라를 지키는 것이라고 주장하며, 이승만 대통령과 이범석 국무총리가 단독정부를 수립하여 나라를 팔아먹었다고 비난했다. 병사위원회의 주장에 따르면, 제주도 인민이 4월에 제국주의 정책에 반대하는 투쟁을 시작했으며 조국을 수호하기 위해 목숨을 바치고 있다. 위원회는, 여수의 병사들은 제주도 인민을 죽이기를 거부하며 제주도로 파견되는 것을 반대할 것이라고 주장했다. 위원회에 따르면, 반란은 진정한 조선인민군을 창설하고 조국의 진정한 독립을 이루기 위해 계획되었다.[114]

이 정보보고서는 매우 솔직한 것이지만 반란의 원인에 대해서는 설명하고 있지 않다.

113) FEC, History of U.S. Army Forces in Korea, part 3, p.18.
114) FEC, Intelligence Summary. Nov. 17, 1948.

여순반란에 대해서, 제주도 반란과의 관계에 대한 서로 다른 의견을 전제로 하는 여러 가지 해석이 제시되어 왔다. 당시의 미군고문단이 제시하는 가장 일반적인 의견은, 연말로 계획되고 있던 반란이 갑작스러운 제주도로의 이동명령으로 미리 촉발되었다는 주장이다. 남한 측 자료가 제시하는 또 다른 견해는, 여순반란은 제주도 게릴라에게 가해지던 압박을 덜어주기 위해 남로당이 계획한 제 2의 전선이라는 것이다. 정치정세에 촛점을 맞춘 3번째 견해는, 여순반란은 미국의 반응을 시험하고 새로 수립된 남한정부의 합법성을 부정하기 위해 계획되었다고 주장한다.[115]

첫 번째 해석은 전혀 설득력이 없다. 2개의 미군전투사단이 한국에 주둔하고 있던 상황에서 반란으로 이승만 정권을 전복하는 것은 분명히 불가능했다. 비록 연대와 인근 소도시 내의 남로당 세포들이 폭동에 참가했지만, 통일적으로 계획된 것이 전혀 아니라는 것이 드러났다. 봉기는 남로당뿐만 아니라 북 측까지 깜짝 놀라게 했다. 당 서울지부는 뉴스보도에서 최초로 그 소식

115) 예를 들면, Robert K. Sawyer, Military Advisors in Korea : KMAG in Peace and War(Washington. D.C. : Government Printing Office, 1962), p.39. 《공비연혁》 pp.202, 218, U.N. 토의에의 상정에 관한 보고로는, FEC, Intelligence Summary Oct. 29. 1948을 보라. 또한 평양방송이 반란을 미리 알았는데 너무 일찍 뉴스로 내보냈다는 흥미로운 그러나 미확인의 설도 있다. 10월 17일, 이스베스챠는, 평양방송을 인용하여, 대구에서 무장봉기가 발생했다고 보도했다. 타스통신도 역시 내보내고 있던 그 보도에 반응하여, 서울로부터 나온 10월 18일자 연합통신의 보도는 미국의 공식적인 부인을 되풀이하였으며, "소위 '남한의 괴뢰정부'에 대항하는 반란에 관한 모스크바의 보도는 정부에 대한 남한사람들의 불만을 확산시키기 위한 일반적인 캠페인의 일부일 것"이라고 추정했다. 또한 Jhon N. Washbum, "The Soviet Press Views North Korea," Pacific Affairs, March 1949, p.58. 이러한 보도들이 소련이나 북한의 반란과의 관련을 입증할 수 있을지는 불확실하다. 그것들은 이러한 목적으로 남한이나 미국당국에 의해 한 번도 이용된 적이 없는데, 조금이라도 실체가 있었다면 그들은 그렇게 했을 것이다. 또한 불만은 경찰내에, 좌·우익의 모든 이승만 반대자들 사이에 널리 퍼져 있었다는 점은 비밀이 아니다. 실제로, 10월 18일 대통령 암살기도가 실패하고 이에 앞서 같은 단에 우익의 쿠테타음모가 발각되는 와중에서, 보안세력의 숙청은 단지 은밀한 방식으로만 이루어졌다. FEC, Inteelligence Summary, Oct. 21, 22, 1948. 조선 민주주의 인민공화국으로부터 친공산적인 재일 조총련으로 보내진 것을 가로챈 전문에 관한 이후의 보고—이는 '진실이 있다'고 평가되었다—는, 여수반란은 "완전히 모스크바의 지령에 따라서 그리고 봉기를 진압하기 위해 남한정부가 어떤 행동을 취할 것이며 미점령군은 어느 정도 가담할 것인지 시험하는 수단으로서" 실행되었다고 말한다. 전문은, 이어서 미군은 개입하기를 망설일 것이고, 결과에 따라서 다른 지방의 봉기가 감행될 것이라고 예견했다. CG. USAFIK, "Weekly Report," Nov. 19. 1948.

을 들었다. 평양방송이 사건이 발생한지 수 시간 만에 봉기 소식을 보도했지만, 북측이 그 상황을 조사할 수 있게 된 것은 그로부터 한 달 후 최초의 게릴라부대를 38선 너머로 침투시키면서 가능해졌다.[116]

다시 말하자면 관건은 지방 상황이었던 것 같다. 김구 추종자이던 연대장이 정부전복계획 음모로 체포된 후, 그 연대는 여전히 혼란에 빠져 있었다. 제주도 출동명령을 받은 대대는 신병기로 화력이 보강되었고, 다른 대대는 M-1 카빈총을 지급받았다. 구식 소총을 아직 반납하지 않고 있었기 때문에 당시 그 연대의 수중에는 정상적인 숫자의 그 2배에 달하는 약 6천의 병기가 있었다. 반란군은 여수를 장악할 의도가 전혀 없었으며, 단지 이 기회에 다량의 무기를 확보하고 부근의 지리산에 게릴라 하부조직을 구축하려고 했다.

그들은 지리산 밑에 위치한 구례로 가기 전에 탈취한 기차를 이용하여 철도로 재빨리 순천까지 진출했다. 반란군의 퇴각로를 봉쇄하기로 한 처음의 계획을 포기하고 그 대신 가능한한 신속히 여수를 탈환하기로 한 결정은 많은 병사들에게 좋은 탈출 기회를 제공했다. 좌익 청년들과 남아 있던 반란군의 완강한 저항 때문에 정부군이 여수를 탈환하는데는 거의 일주일이 걸렸다.[117]

이유가 무엇이었든 여순폭동은 즉각적인 연쇄반응을 불러 일으켰다. 가을에 열렸던 한국문제에 대한 UN회의에서 여순폭동은 한국측에 커다란 골칫거

116) 1977년 11월 30일, 서울에서 행한 '오랜동안의 한국의 보안업무 관찰자'와의 면담 ; USAFIK, G-2 Periodic Report, Dec. 16, 1948 ; 《공비연혁》 p.201 ; 1978년 5월 23일, 서울에서 행한 김남식과의 면담 ; 김점곤, 《한국전쟁》 (서울 : 광명출판사, 1973), p. 206. 보고들의 신속성에서 도출되는 주요한 결론은 연락원뿐만 아니라 은밀한 전달자들을 두었을 남로당의 통신망은 때때로 대단히 효율적일 수 있었을 것이란 점이다. FEC, Intelligence Summary, Nov.3, 1948.

117) "The Truth About the Yosu Incident, copy loaned by Major John p. Reed to Captain R.K.Sawyer, on file at U.S. Army Center of Military History ; Captain James H.Hausman, "History of Rebellion, 14th Constabulary Regiment," Manuscript, n.d. ; FEC, Intelligence Summarnym Oct. 29. 1948.

리가 되었을 뿐 아니라 남한 국민들 사이에서 엄청난 불안감을 조성했다. 상황은 수 주일 동안 여전히 불투명했다. 그 봉기가 더 광범한 일련 계획의 일부인지, 경찰에까지 파급될 것인지에 대해 아무도 예측할 수 없었다. 다른 지방에서 발생한 사건들 때문에 경찰의 신뢰성은 상당히 실추되고 있었다. 게다가 연말까지 자국군대를 철수시키겠다고 한 소련측 발표의 압력으로 미국이 남한에서 병력을 빼내갈 가능성이 생겼다. '대한민국의 생존에 대한 전망'이라는 정보평가서는 미국이 실질적인 경제, 군사원조를 하지 않으면 한국의 미래가 매우 어두울 것이라고 예상했다.[118]

그러나 여순반란이 정부에 미친 영향이 모두 부정적인 것은 아니었다. 반란으로 인해 군대 내에서 대대적인 폭동을 꾸미던 남로당의 계획이 좌절됐다. 이승만은 공산주의자들의 침투가 어디까지 이르렀는가를 폭로함으로써 경찰에 대한 광범한 숙청을 경고하고, 숙청의 정당성을 얻을 수 있었다. 여순반란을 시험에 비유하면, 그것은 성공적으로 치른 시험이었다. 이듬해 봄에는 "북에서 3월을 맞이하자"라고 호소하는 이승만의 독특한 허풍에서 정부 측의 자신감이 살아났다. 게다가 여순반란은 제주도에서 진행되던 반게릴라 작전에 큰 충격을 주었다. 정부가 본토의 늘어나는 게릴라와의 전투에서 패배함에 따라 그만큼 반공적인 태도가 굳어져 갔다. 제주도 사태 역시 정부의 합법성에 도전하는 심각한 문제로 되어갔다. 일단 여순반란이 진압되자 제주도폭동이 다음 표적이 되었다. 이제 정부는 제주도 게릴라 토벌전에서 더 이상 거리낄 것이 없었다.

그러나 여순반란이 제주도에 미친 직접적 결과는 게릴라들을 크게 고무하

---

118) Message from CG, USAFIK to CINCFE, dated Nov. 12, 1948. 예를 들면 대구의 제 6 경찰연대에서 일어난 11월 2일, 12월 6일, 그리고 1월 20일 세 차례의 소규모 봉기, 《공비연혁》, p.217 ; U.S. Central Intelligence Agency, Prospect for the Survival of the Republic of Korea (ORE 44-48), Oct. 28, 1948.

는 것이었다. 여순반란이 시작된 지 4일 후 남로당 군사위원 이덕구는 정부에 대해 선전포고문을 작성했다. 남로당이 출판한 『제주신문』의 비밀문서에 나타난 그 선언은 제주도의 군인들에게 제 14연대의 전례를 따라서 게릴라에 가담하라고 호소했다.

> 친애하는 군인, 경찰관 여러분. 여러분이 들고 있는 총이 어디서 오는가를 생각해 보십시오. 그 총들은 우리의 세금으로 산 것입니다. 여러분의 부모형제를 쏘지 마십시오. 그들을 보호하십시오. 여러분의 무기를 진정한 주인에게 돌려 주십시요. 제주도 인민은 연러분이 여러분의 동포를 희생시키지 않으리라고 믿고 있습니다. 미제국주의자와 그 하수인 이승만에 대항해 싸웁시다! 여러분은 인민의 편에 서야 합니다. 여러분의 나라와 가정과 부모형제를 지키는 게릴라와 함께 싸웁시다. 여러분의 애국심과 명예에 호소합니다.[119]

여순의 반란군들이 제주도의 게릴라를 보강하기 위해 곧 바다를 건너올 것이라는 소문이 돌았다. 학생들이 시위를 하며 북조선 깃발을 흔들어대자 제주도의 학교들은 휴교 상태에 들어갔다.[120]

남로당이 제주도에 새롭게 힘을 과시하자 정부는 일시적으로 수세로 몰리게 되었다. 게릴라들은 수 차례의 교전에서 경찰에 심각한 피해를 입혔다. 한 매복작전에서 14명의 군인이 사살되고 다수가 부상당했으며 다량의 무기-기관총을 포함한-가 탈취되었다. 임박한 작전계획에 관한 전화통화를 송요찬 대령이 우연히 엿듣게 되어 일단의 스파이들(conspirators)이 드러났다. 대부분 통신, 수송부에 속한 약 80명의 군인들이 남로당원으로 연루되었다. 그들

119) 김봉현, 앞의 책, p.166.
120) USAFIK, G-2 Periodic Report, Dec.2, 1948.

은 경찰의 움직임에 관한 정보를 유출시켰을 뿐만 아니라 게릴라에 보급품을 제공했으며 심지어 게릴라의 야간공격에 참가하는 일도 있었다.[121)]

게릴라에 대한 주요한 공격작전이 시작된 11월 초에 이르러 주도권이 연대로 돌아왔다. 작전이 진행됨에 따라 게릴라 편에 엄청난 사상자가 쌓여갔다. 정확한 통계는 아니지만, 연대는 작전을 재개했던 10월 6일부터 11월 20일 사이에, 1,625명의 게릴라를 사살하고 1,383명을 생포했다고 주장했다.[122)]이러한 게릴라측의 피해는 대체로 여순반란 이후에 생겨났다. 하루에 36명 꼴로 생겨난 게릴라들의 높은 사상율에 비추어 보면 반란은 이제 명백히 훨씬 더 피비린내 나는 국면으로 접어들었다. 섬 안에서 운이 나쁘게 군경에 발각된 사람은 누구나 반란군으로 간주되어 즉결처분 되었다.

연말이 가까워지자 정부에 유리한 태도변화가 일어났다고 전해진다. 내륙으로부터 주민을 강제이주시켜 정부는 대부분의 주민을 통제할 수 있게 됐다.

게릴라들은 이제 마을을 기습해서 식량과 신병을 보충하기 위해서 몇 개의 이동하는 커다란 집단으로 재구성하지 않으면 안 되었다. 식량공급이 이미 바닥나고 있었기 때문에 많은 해변가 마을에서 여론은 침입자에게 불리하게 돌고 있었다. 이런 이유로 또 모방을 통해서 이제 경찰도 게릴라에 대한 추격을 보강하기 위해 많은 주민들을 자위력으로 동원할 수 있게 되었다.[123)]

제 19연대가 연말에 본토로 교대될 계획이 있었는데 이것이 이 작전에 새

---

121) 《한국전쟁사》, p.444.

122) Headquarters, Provisional Military Group to the Republic of Korea(PMAG), History of the Korean Army, I July to 15 October 1948, p.2. Manuscript, copy on file at Center Military History.

123) 예를 들어 12월 7일 경찰은 3,000명의 민간인들의 지원을 받으며, 모슬포, 서귀포, 남원리 그리고 한라산 부근에서 동시 작전을 벌였는데, 여기서 105명의 '게릴라'들이 죽었다. USAFIK, G-2 Periodic Report, Dec. 16, 1948.

로운 자극이 되었다. 12월 초, 연대의 지휘관들은 그들의 재배치를 위한 공적을 세우기 위해 제주도로 떠나기 전에 게릴라들을 소탕하기 위한 최종적 공격을 하기로 결정했다.[124] 많은 무고한 양민이 이 기간에 살해되었다. 단 한 주간에 630명이 살해된 12월 중순에 살육은 절정에 달했다. 게릴라측 사상자와 경찰측 사상자의 불일치나 노획된 무기의 차이를 보면 엄청난 인원이 무고하게 살해되었다는 것을 알 수 있다. 남한이나 북의 정보가 300명 이상의 게릴라 주력이 이 시기에 있었다는데 동의하고 있다.[125]

9. 게릴라의 신년공세

제 2연대가 제주도의 경찰대를 구원하기 위해 12월 29일 제주도에 도착했다. 병력교대로 인한 혼란은 게릴라들에게 최후의 공격기회를 제공했다. 공격은 1월 1일 저녁 오동리에 주둔하고 있던 경찰대대에 대한 습격으로 시작됐다. 게릴라들은 어둠과 진눈깨비 속에서 1시간 가량 벌어진 치열한 전투 끝에 격퇴되었다. 그 전투에서 20명의 게릴라와 7명의 군인이 사살되었다. 몇 일 후 1월 3일 200명의 게릴라들이 제주시의 외곽을 공격한 중대한 사건이 발생했다. 시청은 완전히 파괴되었고 공격에 대응한 방화로 인해서 모든 문서가 소실되었다. 게릴라들은 또한 삼양파출소를 습격, 불태워 버렸다.[126] 게릴라의 공격으로 섬은 일시적으로 공포에 휩싸였다. 제주도 관구는 게릴라들에게

124) Ibid., Dec. 17, 1948.

125) 이 시기의 남한 신문보도에 따르면 단지 '60명의 무장반도들'이 남았을 뿐이라고 국방부 발표를 인용하고 있다. 『국제신문』, 12월 9일. 1948. 《한국전쟁사》에 따르면, 그 수치는 낮게 잡힌 것이고 '한 대대'만큼이나 있었다. p.445. 김봉현, 앞의 책, p.173은 게릴라의 숫자가 겨우 300명 정도로 줄었었다고 말한다.

126) 《한국전쟁사》, p.445. 또 다음을 보라. USAFIK, G-2 Periodic Report, Jan. 5 and 6, 1949 ; New York Times, Jan. 9, p. 15 ; 그리고 『평양방송』 1월 11일, 1949.

불빛 신호를 보내는 소련 잠수함을 목격하였으며 "그 후 이들은 곧 제주시를 공격했다"고 보고했다. 남한의 "신문들은 해변에서 뚜렷이 보이는" 깃발을 단 함정들이 낮에는 여러 곳에서 보였다고 보도했다. 해안 경비대 함정이 추격했지만 높은 파고 때문에 잠수함을 나포하기는 전혀 불가능했다. 신임 경찰대 사령관은 여순반란이 진압된 후 비상사태를 해제하기로 한 결정이 게릴라 토벌작전에 심각한 지장을 가져올 것이라고 서울 정부에 항의했다. 그 결과 제주도에서는 군법이 한 달 간 더 연장되었다.[127)]

제 2대는 1월 4일 공군과 해군의 지원을 받으며 반격을 개시했다. 해군이 '반란군을 위협하는' 함포사격을 퍼붓는 가운데 정찰 비행기가 전단을 뿌리면서 한라산 상공을 저공비행했다. 작전이 주로 이미 정부 통제하에 있던 해변가에서 수행되었기 때문에 작전의 유일한 효과는 1만 5천 명의 주민들을 포격을 피해 오지의 게릴라 근거지로 몰아내는 것이었다.[128)]

생각지도 않게 수 천명의 주민이 도망치게 되자 경찰대는 이제 그들을 산에서 내려오도록 설득해야 했다. 주민들에게 호소하고 게릴라를 비난하기 위한 군중집회가 개최되었다. 무장한 군인들이 게릴라들을 굴복시키기 위해 그들의 화력을 과시했다. 남한의 소식통에 따르면 재건과 구호사업이 다시 시

---

127) USAFIK, G-2 Periodic Report, Jan.5, 1949. 소련잠수함이 제주도 근해에서 작전중이라는 보도는 북한과 소련 모두로부터 날카로운 반응을 불러일으켰다. 평양방송은 소련신문『붉은 함대』에 실린 부인기사를 인용하고 나아가 그 주장은 "남조선 괴뢰정권이 남한인민의 민족해방투쟁을 지원·격려한다고 하여 특정한 외국세력을 비방함으로써 미군의 강점을 연장시키고 그들의 본성을 감추려는 간악한 책략"이라고 말했다. 유사한 보도들은 또한 4월 초에 있은 이승만의 제주도 방문시에, 남한에 의해 잘 이용되었다. 아무것도 확인되지 않았다. A USAFIK report, quoted in the FEC, Intelligence Summary of April 7, 1949는 단호하게 그 보도들은 근거가 없다고 말했다 : "소문은 반도세력이 수로를 통해 육지나 북한으로부터 병참지원을 받고 있다고 하나 그 보도를 입증할 어떠한 증거도 없다. 한국해군의 지속적인 순양항해, 공중정찰비행, 그리고 해안의 평지에 있는 촌락들에 대한 경찰의 빈틈없는 포위망은 외부지원의 가능성을 약회시키고 있다." 게릴라들은 어선을 이용하여 육지와 모종의 연락관계를 유지할 수도 있었을 것이다. 그러나 잠수함이 관련되었는지는 확실치 않다. USAFIK, G-2 Periodic Report, Jan. 5, 1949. 또 주 111과 관련본문을 보라.

128) 《한국전쟁사》, p.445.

작되었다.[129)]

정부는 섬에서 훨씬 더 야만적인 정책을 취했다. 이 기간에 보안군엔 의해 자행된 2가지의 잔학행위가 기록되어 있다. 1월 25일 미군인 고문들이 제주시 외곽의 오라리에서 어린이들을 포함한 97명의 남녀 시체를 발견했다. 희생자들은 M-1총으로 4~5차례 총격을 받았고, 탄약들이 그 주위에 버려져 있었다. 경비대와 경찰들은 자신들의 관련을 부인했지만 그들은 대부분이 병기로 무장하고 있었고, 게릴라들이 그런 일에 아까운 탄약을 소비했다는 것은 생각할 수 없었다. 두 번째 사건은 2월 20일 도두리에서 4명의 미국인 고문에 의해 목격되었다. 고문단들은 한국경찰의 통제를 받고 있던, 죽창으로 무장한 우익청년들에 의해 76명의 주민들이 대량학살되는 것을 우연히 보게 되었다. 희생자들 중에는 5명의 부녀자와 "수를 헤아릴 수도 없는 중학생 나이의 어린이"들이 포함되어 있었다. 고문들은 그들이 도착했을 때는 살육이 절반이나 진행되고 있었기 때문에 중지시킬 수 없었다고 보고했다. 그러나 그 사건을 조사하고 책임자를 처벌하기 위한 어떠한 후속조치도 취해졌다는 증거가 없다.[130)]

2월 1일 평양방송은 제주도에서 점점 늘어가는 전투에 대해 다음과 같이 길게 보도했다.

인민의 무장게릴라들은 제주도에서 이전 어느 때보다도 격렬하게 활동하고 있다. 최근에 평양에 도착한 믿을 수 없는 정보에 따르면 1월 16일과 17일 표선지역에서 게릴라들이 가한 공격으로 치열한 전투의 불길이 타올랐다. 1월 12일과 13일 게릴라들은 경찰과 군대와 지원군으로 구성된 혼성부대를 산으로 유인, 포위

129) Ibid., pp.445-46.
130) USAFIK, G-2 Periodic Report, Feb. 4 and March 3, 1949.

해서 공격했다. 한편 중면 근처의 게릴라들은 1월 17일 경찰과 민보단(민간 경비대)으로 구성된 혼성부대를 유인하는데 성공, 그들을 포위한 뒤 치열한 공격을 퍼부었다. 1월 16일 한 경찰부대가 대청읍의 산으로 원정임무를 띠고 출동했는데, 매복해 있던 무장게릴라들에게 참패했다. 한편 이날 무장게릴라들이 모슬포 부근에 나타나서 악질적인 관료들과 테러리스트들을 처형했으며, 다른 부대는 1월 24일 한 무장 게릴라 부대가 각치리, 애월읍을 공격, 마을의 악질지주 4명과 테러분자 5명을 처형했다. 계속되는 전투에서 그들은 3명의 경찰을 생포하고 9명에게 부상을 입힌 끝에 경찰을 격퇴했다. 동시에 대동청년단과 민보단 사무실이 잿더미로 변했다. 같은 소식통에 따르면 또 다른 게릴라 부대가 같은 날 하귀리와 애월읍에 출현, 여러 명의 악질분자를 처형했다. 게릴라들에 호응해서 마을 주민들이 남조선 민주당사를 불태웠다. 이와 같은 상황에 당황한 경찰들은 무기를 버리고 도주했다고 한다.[131]

비록 보도에서 언급된 모든 지명들이 지도에서 확인될 수 있는 것은 아니지만 전반적인 사건의 유형들이 미국 측 자료와 모순되지는 않는다. 게릴라의 승리와 주민의 지지 정도, 그리고 보안군의 낮은 도덕성은 분명히 과장되어 있다. 전투에 관한 많은 묘사는 다듬어진 것처럼 보인다. 그러나 북측은 이 시기의 제주도 반란의 전개에 대해 대체로 잘 알고 있었던 것 같다. 봄이 되자 이 상황이 달라졌다. 이제 평양방송은 제주에 대해 보도할 때면, 서두에 그들이 '단편적 보고'에 근거하고 있다고 놀랄 만큼 솔직히 시인하기 시작했다.[132]

늘어가는 피해에도 불구하고 게릴라들은 산발적인 공격을 계속했다. 정부

131) 『평양방송』, 2월 1일, 1949.
132) Ibid., 4월 3일, 7월 11일, 1949.

군은 때때로 적절한 주의를 하지 못하고 매복에 걸려들었다. 예를 들어 2월 4일 교체된 일제 소총을 싣고 가던 트럭이 금녕 부근에서 공격받았다. 100정 이상의 소총이 탈취되었고 17명의 군인이 죽었다. 미국의 보고서에 따르면, "현재까지 군대가 게릴라 집중지역으로 투입된 것이 적은 것에 비하면 정부군측의 피해가 상대적으로 심각하다. 그러나 많은 병력 손실은 특히 행군보안에 관한 미국 고문의 전술적 지침을 따르지 못한 데에 그 원인이 있다."[133] 정부군의 피해는 계속 늘어갔다. 3월의 첫 주에 28명의 군인이 죽었다.[134] 게릴라들은 봉쇄되었지만 패배하지 않았다. 섬의 상황은 교착상태로 발전하는 것처럼 보였다.

10. 이승만의 방문과 최후의 진압작전

1949년 봄에 이르기까지 제주도 유격대의 놀랄 만큼 끈질긴 움직임은 대한민국에 커다란 골칫거리가 되고 있었다. 반란을 종식시키기 위해 남한의 내각은 제주도에 관한 일련의 조치를 결정했다. 유재흥 대령이 지휘하는 특전사가 창설되었고 제주도로 보충병력이 파견되었다. 내각과 대통령의 개인적인 사절들이 제주도 게릴라를 소탕하기 위한 춘계공세를 감시하기 위해 분주하게 움직였다. 동시에 게릴라에 대한 정부의 입장을 전달하기 위한 공보작업이 시작되었다. 이와 같은 행동의 결정은 봉기가 시작된 지 1년이 되던 4월 초, 이 지역에 대한 정부의 통제력 회복을 과시하기 위해 이루어진 이승만의 방문이었다. 반란을 종식시키기 위한 마지막 조치는 국회에 공식적으로 남아있는 2석의 제주도 지역구 의원을 뽑기 위한 5월 10일 선거 실시였다.

133) USAFIK, G-2 Periodic Report, Feb. 8, 1949.

134) FEC, Intelligence Summary, March 25, 1949. 게릴라의 새로운 인명손실은 183명으로 같은 기간 동안에 살해되었다.

제주도에 관한 여론을 조성하고 사건들에 대한 정부의 설명을 제시하기 위해 제주도 사태에 대한 군 · 경 · 민간조직으로 구성된 대표단이 3월의 첫 2주 사이에 서울에서 작업을 시작했다.[135] 그들은 구호물품과 재건원조를 호소하기 위해 경제협력부의 우두머리인 아더 번스 박사를 초대했다.

대표단은 국회의원을 만나고 일련의 기자회견을 가졌다. 이 공보활동이 전개되면서 비로소 제주도 참화의 전모가 알려지기 시작했다. 1만 5천여 명이 "공산주의자에 의해 살해"되었다. 제주도의 400개 마을 중 4분의 3이 파괴되었고 2천 채 이상의 가옥이 소실되었다. 34개 학교와 14개의 읍사무소가 역시 파괴되었다. 주민의 거의 3분의 1이 제주시에 몰려있는데, 그 곳의 6만 5천의 난민들은 식량과 주거를 긴급히 요구하고 있다. 식량문제는 위기상황으로 치닫고 있었다. 치열한 전투로 섬의 고구마를 거둬들이지 못해 땅 속에서 썩고 있었다. 그리고 가을보리는 아직 추수하지 못하고 있었다. 굶주리고 있는 많은 사람들을 구호하기 위해서는 5월 말까지 6만 가마의 구호식량이 요구되고 있었다.[136]

이승만은 게릴라 토벌전을 감독하기 위해서 그의 개인적인 대리인으로 몇몇 고위관리를 파견했다. 3월 초, 맨 처음 도착한 사람이 국무총리 겸 국방부장관인 이범석과 내무부 장관 신성모였다. 그들이 3월 중순 서울로 돌아오자 이승만은 기자회견을 했는데 그 자리에서 제주도에서 "정부측의 적지 않은 실수"가 저질러졌다는 것을 시인했다. 국무총리는 가장 심각한 전투가 여순반란 이후에 있었다는 것을 무시하고서는 잘못의 원인을 "미군정청이 채택한 무력에 의한 사태해결"방침으로 돌렸다. 그는 앞으로는 정부가 반란을 진압하는데 무력과 행정을 병행하는 전술을 쓰겠다고 말했다. 새 정책의 수행을

135) 『한국일보』, 4월 3일, 1949.

136) 다음의 기사들을 보라. 『동아일보』, 3월 4일과 12일, 1949. ; 『자유신문』, 3월 12일, 1949 ; 『연합신문』, 3월 16일, 1949 ; 그리고 New York Times, March 15, 1949.

감독하고 4월에 있을 이승만의 제주도 방문에 대비한 최종점검을 하기 위해 3월 17일 손원일 해군소장이 제주도로 파견되었다.[137)]

3월 초 전 일본군 장교이며 한국군사학교(Korea Military Academy)의 선임장교인 유재흥 대령이 "4월 까지 500명으로 추산되는 잔존게릴라들을 완전소탕하라"라는 명령을 받고 새로운 제주도 진압부대의 지휘자로 임명되었다. 제 2경비연대, 제주도 경찰, 마을의 방위병력, 우익청년들이 그의 지휘를 받게 되었다. 1개 대대 규모의 독립적인 특수부대, 철도경찰 분견대, 충청도 지방의 경찰이 보강되었다. 또 예비군들이 게릴라에 대한 공격을 지원하기 위해 동원되었다. 교사와 공무원, 청년단원들이 군사훈련과정을 받고 전투부대로 배치되었다.[138)]

작전의 제 1단계는 해안마을 주둔 정부군을 확대된 한라산 게릴라 소탕작전지역으로 이동 배치시키는 것이었다. 유대령은 또한 투항을 유도하는 사면계획을 시도하여, "산간마을 주민에 대한 무차별 살해의 중지"를 명령하였다. 유 대령은 사면계획의 시한을 3월 25일로 정하고는 그 때까지 투항하지 않은 게릴라에 대해서는 전면적인 소탕전이 전개될 것임을 경고하였다. 사면계획은 그 실시기간 동안 하루 100명 이상의 투항자를 내는 상당한 성공을 거두었다.[139)]

시한이 지나자, 토벌대는 섬에서 게릴라를 일소하기 위해 최종적인 공격을 개시하였다. 비록 상대적으로 짧은 기간이었지만 폭동 전 기간에 걸쳐서 아마도 이 공세만큼 피비린내 나는 기간도 없었을 것이다. 유엔 위원회에 제출

137) 『서울신문』, 3월 15일, 1949. 이범석은, 그러나 구호사업의 필요성에 관한 질문들을 무시하여 분명히 그의 노선의 뒤죽박죽으로 만들었다. 그는 섬 주민들은 '너무 자립적이어서 그들은 아무런 도움도 필요 하지 않으며 게릴라로부터 노획된 곡식은 반드시 그들에게 되돌아오는 '진짜 문제'는 섬내의 정부군에게 어떻게 식량공급을 할 것인가 하는 것이다라고 말했다. USAFIK, G-2 Periodic Report, March 23, 1949.

138) New York Times, March 17, 1949 ; 《공비토벌사》, p. 12 ; 《한국전쟁사》, p.447.

139) USAFIK, G-2 Periodic Report, March 17, 1949 ; FEC, Intelligence Summary, April 2, 1949.

된 자료에 따르면, 3월 초에 시작되어 4월 12일로 종결된 소탕작전으로 발생된 사상자 수는 반군 2,345명과 민간인 1,668명에 이르고 있다. 아울러 동 기간에 걸쳐서 3,600명에 달하는 게릴라 동조자들이 투항해왔다.[140] 이 수치들은 재조정될 필요가 있다. 민간인 사상자 중 다수는 아마도 정부군 작전으로 인하여 살해된 무고한 산지 부락민이었을 것이다. 그리고 또한 '게릴라' 사상자 중 다수도 민간인 범주에 포함되어야 마땅할 것이다. 게릴라 사상자의 거의 전부와 민간인 사상자의 대부분은 사망한 것으로 추정되는 실정에 비추어 볼 때, 동 기간에 걸쳐서 난무하였을 폭력의 가열성은 가히 짐작하고 남음이 있다. 전 기간 하루 평균 100명이 살해되고 있었다고 하지만, 실제 수치는 사면계획이 시행되고 있던 기간에는 훨씬 낮았을 것이며, 3월 25일 공세 이후로는 훨씬 더 높았을 것이다. 폭동 전 기간에 걸쳐서 피살자 수가 이 정도 까지 달하였던 시기로는 제 9연대가 최종 작전을 폈던 1948년 12월을 유일하게 꼽을 수 있다.

사면계획과 소탕작전을 통한 양면 공격으로 산지 부락민이 소개되게 됨에 따라 게릴라의 대중적 기반은 파괴되어 버렸다. 게릴라들은 또한 날로 약화되는 병참문제에 직면하기 시작하였다. 정부군에 따르면, 적발된 이들 무기 저장소 중 가장 큰 곳에는 300정이 넘는 소총과 수천 발에 달하는 탄약이 숨겨져 있었다고 한다.[141] 이러한 손실들로 말미암아 게릴라들의 보급상황은 위기에 봉착하고 있었다.

> 탄약 부족은 게릴라들이 당면한 가장 절박한 문제점이다. 식량은 노획이나 징발로 충분하며, 일본군이 남기고 간 동굴들로 안전과 거처 상에는 별 문제가 없

140) Report of Unitecl Nations Commission on Korea, p.27.
141) 《한국전쟁사》, p.447.

다. 하지만 탄약 공급원은 전혀 확보하고 있지 못하다. 폭도들이 갖고 있는 미제 탄약은 1,500발이 채 못 되는 것이 확실하며 그들에게 있어 미제무기의 유일한 공급원은 국방군으로부터의 노획물뿐이다. 아울러 그들은 일제 소총용 탄약으로는 2,000발을 재장전 시키기에 충분한 물량을 확보하고 있는 듯하다.[142)]

정부군의 포위망이 좁혀져옴에 따라서 포로나 탈주자가 심문에서 털어놓는 (무기 은닉처 등에 대한-역자)정보량의 증대 또한 이 같은 무기손실을 초래하는 중요한 원인이었다.

소모전으로 인하여 남로당의 지도력 또한 심각한 타격을 입기 시작하였다. 당 조직책인 김민성은 체포되어 참수되었다. 그의 머리는 이후 "주민들에게 반란자의 종말이 어떤 것인가를 보여주기 위하여" 서귀포 거리에 내걸려졌다. 남로당 제주총책인 김영관 및 3명의 여타 지도자들도 4월 20일에 있었던 당 본부 습격으로 살해되었다. 이즈음 길달삼은 잔존 게릴라들의 지휘권을 이덕구에게 넘겨주고 재차 섬을 빠져 나갔다.[143)]

놀랍게도 그는 월북하였다가는 그 해 8월 강동정치학원에서 훈련된 대규모 게릴라들을 이끌고 남하했다. 김은 게릴라들을 이끌고, 1950년 3월 국방군의 대공세에 밀려서 분계선 이북으로 퇴각하게 되기까지의 6개월 동안, 동해안에 연한 태백산맥 지역을 오르내리며 작전을 전개해 왔다.

김의 게릴라 부대는 한국전쟁이 발발하자 '766'부대로 재조직되어 동해안에 상륙하였다. 김 자신은 이후 바다를 통해 부산 지역에 침투하려다 사살되었다고 한다.[144)]

---

142) FEC, Intelligence Summary, April 7, 1949.

143) 《한국전쟁사》, p.447 ; 김봉현, 앞의 책, pp.235-36 ; 《공비토벌사》, pp.8-9. 《한국전쟁사》는, 그러나, 김이 12월의 제 9사단 교체시에 섬을 떠났다고 주장한다. p. 445.

144) 김점곤, 《한국전쟁》, pp.197-211 ; 1978년 5월 22일 서울에서 행한 김남식과의 인터뷰.

4월 중순에 끝난 정부군의 진압작전 이후에 잔존한 게릴라는 100명이 못 되었다. 그들은 보안대에 걸려 소탕되지 않기 위해서는 끊임없이 이동해야만 하였다. 폭동의 최후의 조직 지도자였던 이덕구는 6월 7일에 있는 경찰의 공격으로 사살되었다. 그의 시체는 십자가에 매달려져서는 제주시 관청 건물 앞에서 죽창으로 난도질당하였다. 잔존 게릴라들의 지휘권은 이후 제 9연대로부터 합류해 온 두 명의 탈주병에게 옮겨갔다. 6월 말에 남로당으로부터 두 명의 조직책이 파견되어 왔으나 게릴라들은 너무나 허약하고 대중들로부터 고립되어 있어서 더 이상의 공격을 수행하는 것은 불가능하다는 결론을 내렸다.[145)]

4월 9일 이 대통령이 제주도로 날아 왔다. 공보관에 따르면 그의 방문 목적은 두 가지였다고 한다. 그는 "직접 소탕상태를 시찰"해보고 싶었고, 아울러 "(도민들에게) 그들이 반란분자들과 맞서 보여 주었던 단호하고도 충성스러운 자세에 감사와 그들의 고통에 대한 동정을 표하고"싶어 하였다. 그는 제주시 광장에서 대규모 군중들에게 연설을 한 다음 근처 피난민촌도 방문하였다. 그곳에서 그는 약 2,500명에 달하는 "포로가 된 반공주의자 게릴라"들에게 (원문 그대로임) "과거는 잊고 공화국의 충성스러운 시민이 되라"는 내용의 훈시를 하였다. 본토로 되돌아 온 후 그는 일주일에 걸쳐 남한 남부지역을 순회하면서 연인원 100만명이 넘는 청중들에게 스무 차례에 걸친 연설을 행하였다.[146)]

대통령의 순회여행을 국내외 신문에서 대서특필되었다. 로버츠(W.R.Roberts) 장군에 따르면, 이승만은 '대중관계상 홈런'을 쳤던 것이다.[147)] 그의 방문

145) 《한국전쟁사》, p.447. 이덕구의 사진이 김봉현, 앞의 책, p. 238에 나온다 ; 또한 p.239를 보라.

146) New York Times, April 10(p.10), and Aril 12, 1949 ; FEC, Intelligence Summary, May 9, 1949.

147) Letter from General Roberts to General Wedemeyer, May 2, 1949. In G-3 Plans and Operations File, National Archives.

은 반란에 대한 정부 통제력과 진압의 회복을 과시하였다. 섬의 상황이 알려졌을 때 예상되었던 정부의 공식적인 거부반응은 나타나지 않았다. 이승만은 사건에 대한 정부측 견해를 상당히 효과적인 방식으로 속여 넘길 수 있었다. 제주도 사태에 관한 보도는 진압에 있어 정부에 의한 무차별적이고 과도한 무력 사용에 대해서는 거의 아무런 언급도 없었다. 남한의 이러한 보도자세에 대항하여, 북한이 취할 수 있었던 최선의 행동은 4.3봉기 1주년을 맞이하여 그 '의의'를 평가해 보는 것이었다. 하지만 폭동은 본토에서의 보다 대규모적으로 전개될 게릴라 투쟁의 '선구자'였으며, 인민 저항의 '꺼지지 않는 횃불'이었다는 평양방송의 주장은 거의 아무런 반향도 불러일으키지 못하였다.[148]

선거 미실시로 공석 중이던 2명의 제주도 국회의원을 뽑기 위해 1949년 5월 10일 치루어질 선거 또한 특기할 만한 사건이었다. 투표에는 연기되었던 제주도 방문을 한국 정부의 초청으로 다시 하게 된 유엔위원단이 참관하였다. 전년과는 사뭇 대조적으로 선거는 "평온하기 그지 없었다." 유권자는 96%라는 놀라운 숫자가 선거에 참여하였지만, 절대적 투표자 수는 적었다. 제주도 두 개 선거구 중 하나인 을 선거구에서 기표한 자는 5,766명에 불과하였다.[149] 절대적 측면에서 선거인 수가 줄어든 것은 아마도 폭동으로 인한 섬 인구의 감소, 투옥된 수많은 게릴라 용의자 및 여타 공산주의 동조자에 대한 공민권 정지의 사정을 반영해 주는 것일 것이다.

유엔위원단 위원들은 제주도를 널리 여행하였으나, 항시 경호원이 미리 정해진 항로를 따라 동행하였다. 위원단은 그 보고서에 주민의 친절함, 평온의 유지 및 섬이 당한 파괴의 심각성이 인상적이었다고 적고 있다. "감시단은 소요지역에 평온과 질서가 회복되었고, 농촌과 도시의 생활이 정상으로 돌아간

148) 『평양방송』, 4월 3일과 5일, 1949.

149) Intelligence Summary, May 19, 1949. ; 1949년 5월 13일 서울에서의 한국어 방송.

사실을 확인하였다. 여전히 산악지대에는 소수의 반군이 숨어 있기는 하지만 지역 안보에 아무런 즉각적이고도 심각한 위협이 되지 못하며 정부 권위에 어떠한 도전적 요소도 되지 못했다."[150]라는 결론이 남한정부의 입장에서는 가장 핵심적인 구절이이 될 것이다. 개선된 안보 상황에 따라서 5월 15일에 제주도 전투 사령부가 해체되었고, 1개 대대를 제외한 전병력이 섬으로부터 철수하였다.[151]

공식상으로는 폭동은 종결된 것이지만, 그 이후의 이에 대해 몇 가지 언급해 둘 것이 있다. 봉기에 관계하였던 '미전향 공산주의자'에 대한 재판이 7월 초에 열렸다. 1650명에 대해서는 7년에서 무기징역에 이르는 판결이 내려졌고 350명은 사형선고를 받았다. 그들 중 250명이 이승만의 형량검토를 거친 후 10월에 처형되었다. 징역형을 받은 이들 중 많은 사람들은 본토 형무소로 보내졌으며 그들은 그곳에서도 공산주의 활동을 계속하였다. 9월 14일에는 목포 형무소에 수감 중이던 440명의 죄수들–그들 중 절대다수가 제주도 출신자–이 대대적인 탈옥을 감행하였다.

간수 몇 명이 살해되기도 하였는데 이는 그 후 며칠 동안 대다수의 탈옥자들이 당하였던 운명과 같은 것이었다.[152] 특히 소름끼치는 보복행위로, 체포된 수 십명의 탈옥자들이 경찰에 의해 살해되었는데, 경찰들은 경각심을 불러 일으킨다고 그 시체들을 시 유지들 집 앞에 실어다 버렸다. 이것이 이른바 '인육(人肉)배달사건'이다. 많은 제주도 출신 수감자들이 인민군의 진격으로 해방될 소지가 있자 한국전쟁 발발 초기 몇 주 동안 남한 당국에 의해 살해되

150) Report of United Nations Commission on Korea, p.29. 그 문장은 전라남도에도 역시 적용되는데 위원단은 이곳을 역시 방문했다.

151) 《한국전쟁사》, p.447.

152) U.S. Military Attache Korea, "Weekly Attache Report,"July 15, 1948. Copy in SCAP Adjutant General's File, Washington National Records Center ; 1949년 10월 7일과 9월 16일자를 보라.

었던 수천 명의 공산주의자들 사이에 끼여 있었다.

전쟁 기간 동안 제주도에서는 게릴라 활동의 불길이 다시 타올랐다. 날이 저문 후에는 아무도 감히 외출을 할 수 없었던 기간이 수 개월 동안 계속 되었었으며 정부의 통제력은 주요 도시에 국한되었다.[153] 계속 활동 중이던 수백명의 게릴라들은 1952년 늦가을 제주도 방송국과 서귀포 발전소를 공격하였다. 1953년 말경이 되어서야 게릴라를 전멸시킬 수 있었다.[154]

결 론

봉기의 배경과 과정에 대한 검토를 끝낸 지금은, 해석상 제기되는 보다 폭넓은 문제를 고려해 볼 필요가 있다. 봉기에 있어서 자연발생성과 조직성 중 주도적 역할을 차지한 것은? 왜 그것은 그렇게도 피비린내나는 것이었던가? 1948년에 있었던 폭동은 제주도에 있었던 전통적 농민봉기와 어떻게 다른가? 폭동의 의의는 무엇인가? 제기될 수 있는 문제가 이것으로 끝났다거나 아래 제시된 답변이 결정적이라고는 결코 생각하지 않는다. 하지만 폭동에 관계된 연구 업적이 거의 없는 실정에다가 그것이 제기하는 문제의 삼각성에 비추어 볼 때 최소한 시론적인 답변이나마 시도되어야 할 필요가 있다고 생각한다.

첫 번째 문제에 대해서 살펴보면 거의 모든 증거들은 이 역사적 폭동이 남로당에 의해서 처음부터 계획된 것은 아니었다는 사실을 지적해 주고 있다. 2월 저항운동은 비록 얼마간의 폭력이 수반되기는 하지만, 반미군정 무장봉기 요청이 아니라 본질적으로 유엔 감시단에 영향력을 행사하려고 했던 운동이었다. 4.3공격은 제한된 범위에서 수행되었을 뿐만 아니라 심지어 제주도

153) Edgar S. Kennedy, Mission to Korea(London : Derek Verschoyle, 1952), p.122.
154) 《한국전쟁사》, p.448.

에서는 미처 전개되지 못하였던 2월 폭동의 때늦은 시도였을지도 모른다. 어쨌든 봉기는 평양 연석회의에서 반이승만 남조선통일전선 건설을 목적으로 하고 있던 남로당의 전략에서 볼 때는 거북스러운 일이었다. 일단 폭동이 터지자 사태는 섬 주민들의 폭발 직전에 있던 불만–특히 지역적 상황에 대한–과 5월 10일 총선을 둘러싸고 가열되어 있던 정치적 분위기에 편승하여 통제 불능의 상태로 치달았다.

남로당에서 '8월 지하총선'을 시도하려고 했던 여름 동안의 소강상태가 지나고 나자 투쟁의 불길은 가을을 맞이하여 재차 타오르기 시작했다. 제주도 사태가 해주 연석회의에서 받았던 관심도는 폭동의 성격이 이미 변화되었음을 말해 주고 있다. 남북 양측은 모두가 제주도 사태는 남북 양 정부의 정통성과 관계있다는 사실을 깨달았다. 하지만 남로당의 노선이 무장 게릴라 투쟁으로 이동해 간 것은 여순봉기 이후가 되어서였다.

이러한 국면에 접어들게 되자 남한 측에서는 폭동은 남한을 궁지로 몰고 본토 전담 병략을 분산시키려는 의도가 숨겨져 있다고 비난을 퍼붓기 시작하였다. 신년공세와 평양방송으로부터 폭동이 받았던 관심도는 이즈음에 있어 북한의 정책 또한 남한의 위신을 실추시키기 위해서는 폭동을 가능한 오랫동안 지속시키는 것이라는 사실을 말해 주고 있다. 이승만의 방문에 앞서 반군 소탕을 서둘러 끝내려고 한 모습에서 남한 정부로서는 봉기가 갖는 정치적 상징성이 지대한 것이었음을 엿볼 수 있게 해준다. 한 마디로 말해서 자연발생적인 인민봉기로 시작되었던 사건은 두 개의 적대적인 정부 사이의 경쟁이 국가 권력간의 대립으로 발전함에 따라서 점차적으로 조직화된 빨치산 운동의 성격을 띠어가게 되었다는 것이다.

정확한 사상자 숫자는 입수할 수 없지만, 폭동 기간에 걸쳐서 제주도민의 약 10%에 달하는 최소한 30,000명이 살해된 것으로 추정된다. 많은 학살에 대해 게릴라 측도, 특히 봉기의 초기 단계에서는 책임이 크지만, 대부분의 살상은 가을과 이듬해 봄에 걸친 진압작전 기간 동안 정부군에 의해 저질러졌다. 폭동진압이 왜 그렇게까지도 피비린내나는 유혈참사였던가에 대해서는 몇 가지 이유가 있다. 게릴라가 자행한 학살에 대한 보복, 좌익이 도내에서 누리고 있던 명성, 본토에서 이월되어 간 원한(서북 청년단 단원이 좌익에 대해 품고 있던 원한–역자) 등이 일단의 요인으로 작용하였으며, 미군정이 테러를 일삼았으며 조직 규율이 방만한 우익 청년단을 활용한 것은 또 다른 요인으로 작용하였다. 지휘관들이 누가 많은 게릴라들을 사살하였는가를 과시하려고 서로 경쟁하는 베트남 증후군 역시 수많은 사상자가 생기게 한 요인 중의 하나이다.

더우기, 폭동 진압에 대한 과도한 정치적 압력과 정부군이 사용한 초토화 전술은 민간인과 게릴라 사이의 구별조차 흐리게 만들고 있었다. 가장 중요한 요인으로, 지리적으로 고립된 섬이라는 특수한 환경은 보안군으로 하여금 여론을 의식하지 않고 제멋대로 행동할 수 있게 하였다. 섬에서는 부락 전체가 무자비하게 초토화되던 실정과 유사한 사건이라도 본토에서는 정치적 역효과를 극소화시키기 위해 신중하게 처리하던 실태는 좋은 비교가 된다.[155)]

제주도 폭동진압은 공산주의자 봉기의 격퇴방법으로서는 모범적 사례가 될 수 없다. 정부군은 모든 면에서 유리한 상황에 있었다. 섬이라는 지리적 조건에서 폭동은 도저히 성공할 가능성이 없었다. 공산주의자의 국방경비대에의 광범함 침투, 보안군 사이의 알력 및 저열한 지역 행정은 폭동이 존립할 수 있는 조건을 조성해 주었다. 1948년 여름 동안 게릴라에 대한 압력을 때 이르게 늦추어 주었던 것은 봉기에 활력을 회복할 수 있는 시간을 제공해 주었다.

155) FEC, Intelligence Summary, Jan. 16 and 24, 1950, 석탈대학살과 이에 이은 사령부 인사이동에 관하여.

남로당의 신년공세에 뒤따른 혼란기에 해안 부락에 퍼부어진 폭격은 많은 사람들을 게릴라의 품속으로 달려 가게 하였다. 가을과 이듬해 봄에 걸쳐 진행된 진압작전은 과도한 폭력으로 수 천명의 사상자를 발생케 하였다. 군사작전을 보완하기 위한 사면계획과 정치적 활동의 필요성이 인식되게 된 것은 이미 폭동이 최종 단계에 달하고 나서였다.

결국, 게릴라들은 월등히 우월한 권력의 기동성에 압도되었던 것이다. 4.3 폭동의 진압은 남한 정부에 있어 성공이자 실패이기도 하다.

4.3폭동은 일종의 농민봉기에 불과한 것은 아니었다. 섬이라는 지역적 조건, 정부의 무관심, 파행적 경제상황 및 급작스런 외부 권위의 침투에 대한 전통적 저항심 등은 과거의 반란과 흡사하였다. 그러나 세기가 바뀜에 따라 많은 변화가 일어났다. 1948년 폭동은 일본에서 교육받은 지식인의 지도하에 고도로 발전된 조직을 배경으로 오랜 해외거주로 근대사상과 접할 수 있었던 주민들의 지지를 받고 있었다. 1901년 봉기 때 보여주었던 것과 같은 제주도 고유의 지방성은 전혀 찾아볼 수가 없었다. 문제는 한국에 있어서의 분리선거 반대와 공산주의 정부의 지지란 명백히 정치적인 것이었다.

게릴라들은 고립되어 있던 것이 아니라 라디오 방송, 제한적이나마 조직 중앙과의 연락 관계의 유지 및 북한에 대한 연대감으로부터 크게 고무되고 있었다. 많은 섬주민들은 게릴라와 정부 양측의 요구 사이에 끼여 양측의 역학관계의 변화에 따라 힘 센 쪽을 지원하고 있기는 하였지만, 당의 헌신성으로 무장된 남로당 조직 핵심들은 최후까지 폭동과 함께 행동을 같이 하였다. 문제는 바로 다름 아닌 두 개의 대립하는 정부 중 어느 쪽을 정당하다고 인정할 것인가에 있었기 때문에 제주도 소요에 대한 전통적 해결방식은 거의 아무런 효력도 발휘할 수 없었다. 이 모든 요인들이 1901년과 1948년 폭동 사이의 차이점, 즉 엄청난 권력의 격차에도 불구하고 놀라울 만큼 끈질기게 버틴 저항력은 후자의 특성을 명확하게 드러내 보여주고 있다.

폭동에 있어 미국의 책임과 역할에 대한 문제 또한 언급되어야 한다. 폭동의 발발 자체가 한국에 생명력 있는 정치제도를 발전시키고 현실에 맞는 민주주의를 수립하겠다던 미국 점령정책이 실패하였음을 웅변으로 말해 주고 있다. 전후 점령군에게 대하여 제주도에서와 같은 격렬한 대중적 저항은 지구상 어디에서도 찾아볼 수 없었다.

미 점령군은 맨 먼저 긴밀한 관계를 맺을 수도 있었을 인민 위원회와 대립하게 되고부터는 우익테러의 만연을 묵인하였다. 한국으로부터의 철수 및 유엔에서의 주도권을 믿고 소련과 쌍무적 협상을 포기하기로 한 결정은 우경화 조류를 강화시켰으며, 4.3봉기에 이르는 사태의 진전을 재촉하였던 것이다. 딘 장군이 채택한 '최소무력'의 정책은 비록 그 의도는 대한민국 정부 수립시까지 여름 한 철을 참고 기다려야 하는 대중들의 당혹감을 경감시키는 데 있었지만, 그 정책이 시종일관되게 적용되기만 하였더라고 폭동종식에 성공하였을 것이다. 여순 이후의 반란진압을 본질적으로 남한 정부가 주도한 작전이었던 것은 사실이다. 적용된 전술은 어떤 특별한 미국식 기술도 요하지 않는 정형 그대로의 폭동진압 방식이었다.

하지만 미국은 진압과정 전과정을 통해서 고문관으로 참석하고 있었으며, 흔히 작전에 수반되었던 과도한 잔혹성을 개선시키도록 노력했어야만 했다. 이러한 과도한 행위들은 여하튼 불가피한 것이라든지 반란진압이란 주 임무를 수행하기 위해서는 어쩔 수 없었다는 변명은 설득력이 없다.

마지막으로 제주도 폭동의 의의는 섬이란 협소한 장소에 국한되는 것이 아니다. 4 · 3폭동은 제 2차 대전 이후 식민지적 구조를 다시 부과하려는 시도들에 대해서 공산주의자 주도의 민족운동이 행하였던 것과 마찬가지로 여타의 아시아 국가에서 일어난 많은 봉기 중의 하나에 속하는 것이다. 이러한 기본적 유사성에도 불구하고 어떤 직접적 연관성을 나타내 주는 증거는 거의 찾아 볼 수 없다.[156] 반대로 봉기는 남한 공산주의운동에 만연되어 있던 통신과 조정상의 제문제점을 드러내 주고 있다. 봉기는 남로당을 승산 없는 무장투쟁으로 성급하게 내오는 데 일조를 하였다. 국방경비대의 게릴라 전향은 또한 그렇지 않았더라면 훨씬 더 심각한 사태로 발전하였을지도 모르는 공산주의자 침투문제에 대해 미군정으로 하여금 조기에 경각심을 갖게 하였다. 10월에 들어 제주도에서 재연되는 전투는 여순반란을 재촉하여 남로당의 보안군 내부에서의 총봉기 계획을 엉망으로 만들어 버렸다. 끝으로 1949년 봄 기간에 걸친 반란의 패퇴는 다가오는 겨울철 동안, 비슷한 전술을 사용하는 정부군에 의한 본토 게릴라 운동의 괴멸의 전조가 되었다.

제주도 폭동은 한국에 있어 좌 · 우익 간의 대립을 격화시키는 계기가 되어, 여타 지역의 사태를 급변시켰으며, 이는 다시 전면전에 이르기까지 정치적 폭력사태가 연속적으로 격화되어 가게 하였다. 다른 그 무엇보다도 4.3폭동은 또한 당시대의 한국정치의 난맥상을 여실히 드러내 보여주고 있다. 이 사태는 지역차원에 반영된 한국분쟁의 중요한 하나의 측면이었으며, 폭동의 전 과정은 한국 정치의 냉엄한 현실을 보여주고 있다. 제주폭동을 회상할 때, 그와 같은 격렬한 사건이 이 평화로운 관광지를 휩쓸고 지나갔었던 적이 있었을 것이라고는 상상할 수가 없다. 그러나 또한 지금같이 적대적인 분단국가가 지속되는 한 옛날과 같은 폭력의 가능성이 존속될 것이란 느낌을 떨쳐 버릴 수 없다.

156) 캘커타회의와 관련하여 이러한 면에서 흔히 제기되는 주장의 철저한 해부를 위해서는 Charles B. Mclane, Soviet Strategies in Southeast Asia(Prinston ; N.J : Prinston University Press, 1966), pp.357 ff를 보라.

제2부

제주도 4·3항쟁의 현장기록

—김봉현

《濟州島 血の歷史》

1977년, 동경

서문

제주도 민중의 4·3무장투쟁 그리고 거기에서 드러나지 않은 "피의 역사"를 세상에 광범하게 알기 위하여 참고가 될만한 것이기에 우선 섬의 풍토에 관해서 짚고 넘어가도록 하겠다.

1. 섬의 산하와 인심

한라산

제주도는 한국 본토의 남단 목포에서 141.6km 떨어진 해상에 위치하고 있으며 동서가 약 70km, 남북이 약 40km인 계란형의 섬이다. 그 면적은 1,824.6km²이며 인구는 약 40여만 명의 땅으로 지금은 관광지로 각광을 받고 있다. 배편으로 부산발 연락선을 타면 약 14시간이 소요된다.

섬의 중앙에는 해발 1,950m의 한라산이 우뚝 솟아 있으며, 그 주위에는 360여 개에 달하는 크고 작은 기생화산(오름)이 흩어져 있다. 한라산은 소위 '운한라인'이라는 것에서 한라산이라 말하지게 되었으며 산정이 평탄하기 때문에 '두무악(頭無岳)', '원산(圓山)', '부악(釜岳)' 등의 별명을 갖고 있기도 하다. 이 산을 중심으로 해서 한 바퀴 돌면 제주도를 한 바퀴 돈 셈이 된다.

여성적인 둘레의 완만한 선으로 이루어진 정상이 푸른 하늘을 떠받치고 있다. 정상은 언제나 맑은 자색의 안개로 덮여 있어 초여름의 약간 뿌연 푸른 하늘에 우뚝 솟아 있다. 느긋하게 앉아있는 엄마의 넓은 치마자락과 같은 산정의 자운(慈雲)이 맑은 청색으로 변하고, 녹색이 섞이어 눈앞에 짙은 녹색으로 나타나 그 아름다움을 더해 간다.

한라산은 섬 전체가 마치 모상(母像)의 화신처럼 보이기 때문에, 한국의 삼신산의 하나로 여겨지고 있다. 또 산정에는 직경이 500m나 되는 화산호인 백록담이 있다. 제주읍지에 다음과 같은 사실이 기록되어 있다.

> 한라산정에는 인간의 손으로 빚은 것 같은 신묘한 바위들이 병풍을 이루고 있으며 그 아래에 사초(莎草)가 융단을 이루고 향기를 머금은 바람이 산을 넘나 든다. 바람 소리는 삼현육각을 연주하는 것 같아 전설에 따르면 그 곳은 신선이 놀고 가는 장소라고 한다. 그리고 그 신선이 바위 아래 있는 연못가로 내려올 때는 지금도 흰 사슴을 타고 온다고 여겨지기 때문에 '백록담'이라 한다.

한라산의 정상 부근에는 기암괴석이 용립하고 있는데, 그 모든 것들에도 신화나 전설이 깃들어 있다. 산 중턱은 원시림으로 덮여 있는데 거기에는 1,700종 이상의 아열대성에서 한대성에까지 걸쳐 나타나는 식물군이 있는 대자연의 정성어린 식물원이다. 그리고 아스피테 화산 특유의 크고 완만한 산기슭을 가진 들판은 고원모양의 광장을 만들며 그 끝은 바로 바다에 닿고 있다.

제주도는 또한 화산섬 특유의 아름다운 경관을 자랑하고 있다.

백록담의 용이 하늘로 승천하려는 모습의 용두암, 높이 300m가 넘는 바위산의 독립봉 산방산, 해마다 소녀를 바칠 것을 요구한 큰 뱀이 살았다는 종유동인 금녕사굴, 세계 최장의 용암굴 만장굴, 7명의 천사가 하늘에서 내려와 목욕하고 놀았다는 천연제폭포, 천연기념물인 큰 뱀장어가 서식하고 있다는 천지연폭포, 기암괴석의 서귀도 등등 이루 형용할 수 없이 기암절경이라 할 만한 것들이 산재해 있다.

섬의 풍물

고원지대는 목장이며 바다에 가까운 평야는 농지로 되어 있다. 한국 본토에서는 재배할 수 없는 밀감을 이 섬에서는 얻을 수가 있다. 가을에는 이끼가 낀 돌담 너머로 귤과 유자가 익고 있는 것이 보이고 섬 전체가 귤 향기로 가득 찬다.

옛부터 '귤림 추색(橘林秋色)'의 이국적인 가을정취를 노래한 시에 이런 것이 있다.

갈잎 무성한 샘물 근처
백설에 휘어져 세월은 가고
산성의 기슭에 귤은 익어
남국의 가을과도 흡사한데
돌담 아래 집에서는
섬사람들의 살림살이 수수하구나
다른 나라에 온 것 같은 풍속방언
나그네의 가슴으로 파고 드는구나

제주도는 또 말의 산지로도 유명하다. 옛부터 "산에 맹수가 없다"라고 말해져서 한라산록의 8만 5천 정보에 걸친 넓고 싱싱한 초지에 10만에 달하는 말이 방목되고 있는 모습은 정말로 제주도가 아니고서는 볼 수 없는 목가적인 풍경으로 한가로운 전원풍경에 색조를 더하고 있다. 삼별초의 난을 계기로 몽고가 이 섬을 병참기지화 하여 남송과 일본을 침략하기 위한 군마 조달을 여기에서 구했던 것도 목장으로 최적지였기 때문이다. 말의 종자는 몽고계인지 혹은 옛 부여계의 과하마, 즉 나무 아래에서 열매를 따먹기에 적당한 말인지는 정확하지 않다.

제주도에는 잠수(해녀)가 많다. 해녀는 이 섬의 상징이라고도 말해진다. 해녀의 역사는 한참 거슬러 올라 간다. 사계절 내내 파도치는 해변에서 해녀들이 적동색의 몸으로 거친 바다로 들어간다. 오만명에 달하는 해녀–"황천의 나라에 갔다가 돌아온다"라고 하는 '수궁'에 '혼백상자(사자의 의복을 넣은 종이로 만든 상자)를 등에 지고' 거친 파도와 싸우는 해녀들의 투혼은 참으로 볼만한 것이다.

그렇지만 김상헌의 《남양록》서문에는 송시열의 다음과 같은 기행문이 기록되어 있다.

> ……섬의 어민은 전복을 채취할 때 목숨을 걸고 백 장이나 되는 거친 파도에 뛰어드는데, 상어나 고래를 무릅쓰고서 좋으면 한두 개를 채취하지만 그렇지 않을 때는 빈손으로 나온다. 더욱더 나쁘면 물속에서 나오는 것조차 못한다.

김상헌도 같은 책에서 다음과 같이 적어 놓고 있다.

> 어부는 고기를 잡아서 생계를 꾸리는데 해마다 죽는 사람이 많다. 그 이유는 진상하는 복어량이 과중하고, 서리들이 관을 핑계 삼아 사리사욕을 추구하기 때

문에 어부는 그것을 참을 수 없어 도망치거나 익사하는 자가 속출하니 결국에는 열 명 중 두세 명밖에 살아 남지를 않는다. 그래도 조세나 뇌물은 줄지 않기 때문에 살아남은 자는 오랫동안 바다에 머물러야 하며, 그의 처도 세금을 바치지 않았기 때문에 감옥으로 들어가게 된다. 그 때문에 독신으로 죽을지언정 어부의 처는 아니되려고 한다……

해녀들도 다음과 같이 노래했다.

총각과 결혼하여 물속으로 들어갈까
식량을 안고 섬으로 갈까
비단 같은 바다 순풍이 불 제
칼같은 고기의 바다 남풍이 분다

빈궁한 생활

제주도는 옛부터 '삼다도'로 유명하다. 돌과 바람과 여자가 많기 때문에 그렇게 불리워진 것이다.

섬에는 바람이 많다. 봄 가을에는 특히 강한 바람이 분다. 《동국여지승람》에 의하면 제주도 사람들은 3월에 배타는 것이 금지되어 있다. 가을에는 가을대로 남쪽에서 무시무시한 태풍이 엄습해 온다. 그래서 제주도의 집들에는 이러한 태풍들을 피하기 위해 지붕을 돌담보다 낮게 하고 그 돌담에는 사람의 한 아름이나 되는 돌들을 쌓아 올린다. 집뿐만 아니라 밭이란 밭도 대부분 그 주위에 돌담을 쌓아 놓고 있다.

섬에는 돌이 많고 토지가 척박하여 예부터 농작물은 많지가 않다. 논은 거의 없고 주로 밭이다. 이 밖에 조, 보리, 메밀, 수수 콩 등의 잡곡류와 고구마가 있다. 전라도의 상인들이 도기나 쌀등의 생활필수품을 배에 싣고 이 섬으로 팔러 오기도 하나 그것은 아주 드물다.

가인(歌人) 김춘택 (1670~1717년)은 제주도에서 유형생활을 보내고 있을 때 섬 사람들의 생활을 다음과 같이 노래하고 있다.

빛 바랜
찢어진 치마자락 몸에 두르고
葵田의 여자들은
눈물로 세월을 보내기만 하는구나
이른 아침 죽순조차 없고
산으로 들로 향하여
나무뿌리를 캐는구나
가족들의 입에 풀칠하기 위하여

이것이 200년 전 도민의 생활이었다. 그러나 섬사람들이 가난한 것은 토지가 협소하고 척박하기 때문만이 아니다. 《동문감(東文鑑)》에 "땅에 돌이 많고…… 세도정치가 격심하여 포악한 자들이 남의 토지를 점차로 탈취하여 백성들을 곤궁으로 내몰았다"라고 되어 있듯이 섬의 호족인 성주나 왕자(신라나 백제에서 준 작위) 일족의 횡포와 약탈이 그 이유인 것이다.

당시 제주도는 관청소유 또는 개인소유의 소와 말이 들판에 방목되어 농민이 자영으로 개간할 토지가 없다. 본토의 중앙에서 고관이 빈번하게 이 섬으로 행차를 나온다. 그것이 마치 베틀의 북처럼 요란하다. 이 때문에 백성들의 생활고는 날로 힘들어 갈 뿐이다. 그래서 몇 번이고 그들은 민란을 일으킨다. 그러한 사정은 도민의 노동생활 내에서부터 발생된 민요에 무엇보다도 진솔하게 나타나 있다.

> 밤 늦도록 갈아 심은 메밀과 밭벼
> 밭벼를 산넘어 심고
> 물 넘어도 심었네
> 슬프구나 좁쌀 같은 내 팔자

장기간에 걸친 압정과 착취 하에서 돌과 바람에 지칠 대로 지친 섬의 여자들은 자기 자신의 운명을 좁쌀에 비유하여 슬픈 심정을 노래하고 있다.

이같이 섬사람들의 생활은 빈궁하지만 성품은 소박 근면하고 인정이 두터워 옛부터는 '도둑, 거지, 대문'이 없어 세상사람들은 이것을 제주도의 '삼무(三無)'라 이른다.

전설의 섬

제주도의 역사는 그 민속이나 풍습이 본토와는 다른 점이 많다.

삼국시대에는 '탐라국'이라는 하나의 부족국가로 때로는 백제에 부속되고, 또 신라에 복종했다는 기록이 있을 만큼 제주도의 역사는 아주 오래되었다. 그 고대사가 사실임을 증명하는 것은 용이한 일이 아니나 전설은 재미있는 것을 가르쳐 주고 있다.

본토에 있어서 '단군신화', '해모수 신화', '혁거세 신화' 등의 어느 것이나 간에 하늘과 자연신앙을 기본 대상으로 하고 있는 것에 비하여 제주도의 건국신화는 동굴에서 발생된 자신을 대상으로 하고 있는 점이 대조적이다.

그 옛날 이 섬에는 사람들이 왕래하지 않았다. 어느 날 한라산 북쪽에 있는 동굴에서 고을나, 양을나, 부을나 라는 세 신이 나왔는데 그들이 섬의 시조로 되어있다고 전해진다. 그리고 동쪽 나라에서 온 세 명의 여신과 각각 혼인하여 자손을 불려 나갔다는 것이다. 전설의 삼신인이 나왔다는 '삼성혈'은 제주시가에서 벗어난 곳에 있으며 관목림으로 둘러싸인 잔디밭 가운데 있는 작은 굴을 말한다.

또 일설에는 고 · 양 · 부는 진시황의 어명으로 불로초를 구하기 위해 이 섬에 당도한 세 명의 신하였는데 그대로 이 섬에 눌러 앉아 버렸다고도 한다. 확실히 한라산은 약초의 명산지인데 대개 백 여종의 약초가 생산된다. 동해에 떠 있는 불사의 나라, 신선이 머무는 나라, 한라산은 중국의 황제도 가보지 못한 꿈속의 나라였을 것이다.

오랜 항쟁의 섬

풍토가 인간의 정신에 미치는 영향은 정치적, 경제적, 문화적 측면에서의 규정만큼 현저하지는 않으나 이상에서 본 바와 같은 지리적 환경과 풍토에 의해 제주도민에게는 자립적인 생활관과 진취적인 정신이 북돋워진 반면 섬사람들에 공통되는 토속적인 내향성이 없었다고는 할 수 없다.

그러면서도 안팎의 압제에 대해서는 도민의 진취적 기상이 유감없이 발휘되곤 하였다.

지금으로부터 700여 년 전 몽고(원) 침략자와 결탁한 고려 귀족들에 반대하여 들고 일어섰던 김통정을 선두로 한 삼별초군이 전투의 근거지를 찾아 이 섬으로 건너오자 전 도민이 그들을 도와 여 · 몽 연합군을 상대로 용감히 싸웠다.

또한 계속해서 쳐들어 오는 왜구와도 잘 싸워서 도민의 인명과 재산을 지켜 나갔다. 그들의 약탈행위에 대항하는 도민의 기상은 다음의 섬 민요에서 그 일면을 엿볼 수 있겠다.

열리(예리, 猊里) 당케(당포에, 唐浦) 여배(왜선)가 든다
칠성같이 벌어진 괸당(권당, 眷黨, 친척 친지)
담월(뭉친 별무리)같이 모여나 보세

서귀포에 여배가 든다
먼나라 동무들도 다함께 모이세
성산망에 봉화를 올려라
지미망(只未望)에 봉화를 올려라

조선의 봉건지배 계급은 항상 제주도를 소요가 많은 '다스리기 힘든 섬'으로 규정하여 끊임없는 학정과 폭압을 가했으며, 계속적으로 괴롭혀 왔다. 굶주림에 지친 도민은 살기 위하여 지배자에 대해 저항하였으니, 제주도의 역사는 저항의 역사라고까지 말해질 정도이다. 예부터 정치범의 유형지로 알려졌으며 행정상으로는 분리된 섬으로 잊혀져 버린 것이 많은 비극의 섬이기도 하다.

2. 일제 통치 하의 섬의 상황

반일투쟁

일제가 한국정복을 마무리 짓자 즉시 섬의 해산물과 사냥감을 수탈하기 시작했다. 다음에 소개하는 노래는 일제가 섬에서의 수탈을 용이하게 하기 위하여 의도적으로 유포시킨 것이다.

1. 자갈을 굴리는 파도는 거칠긴 하나
   산에는 녹용 바다에는 고기
   이어지는 밭에는 조와 수수가
   가운데로 밀감은 맛이 좋아라

2. 목화에서 생긴 번영 200만
   기후 풍토에 잘 적응하고
   한라산 능선은 눈의 기쁨
   벌꿀로 기름지도다 4만가구

3. 축산조합 찾아 보니
   소가 7만 말이 2만
   돼지와 닭은 헤아릴 수 없고
   그 밖에도 벌꿀이 풍성하구나

섬사람들은 이러한 수탈정책에 대하여 강력히 반발하고 집요한 반일투쟁을 전개했다. 도민의 반일 투쟁은 헤아릴 수 없지만 그 중에서도 1932년에 있었던 해녀들의 투쟁은 그 대표적인 것이라 할 수 있다. 이 투쟁은 1930년대의 조선어업 노동자의 투쟁사에서 그 전형적인 것이다.

1932년 1월 7일 구좌면 하도리의 해녀 3백여 명은 일제와 그 앞잡이들의 가혹한 수탈행위에 반대하며 일제히 들고 일어났다. 여기에 호응하여 섬의 동부지역 해녀 1천여 명은 해녀조합(어용조합)에 반대하며 9월 12일 총궐기, 세화경찰서습격, 주재소 파괴 등 강력한 투쟁을 벌였다. 나아가 시찰 나갔다가 돌아온 도사(도의 최고관장)를 포위하고 약탈적인 착취제도를 폐지할 것을 요구하는 내용의 11개 조항을 그에게 들이밀어 이를 승인케 했다. 이 사태에 놀란 일제 당국은 항공대와 수 척의 경비정을 동원하여 바다에서부터 섬을 포위하는 한편 전라남도 경찰국 산하의 무장경찰까지 섬으로 보내 봉기한 군중을 수배, 점차로 검거 구속해 나갔다.

그래도 해녀들은 탄압에 굴하지 않았다. 1월 24일 구좌면 해녀 1천 5백여 명은 체포된 동료들의 석방을 요구하며 관청을 포위하고 자동차를 전소시켰다. 26일에 30여 명이 검거되었지만, 바로 그 날 8백여 명의 우도(구좌면 연평리) 해녀들은 그동안 고군분투하다 검거도니 동지들을 되찾아오기 위하여 관헌과 과감히 싸우면서 발동선이나 범섬을 타고 체포된 해녀들을 본토로 보내는 경비선을 추격하여 탈환투쟁을 과감하게 전개했다. 투쟁은 1개월에 걸쳐 계속되었다. 이 해녀투쟁은 구좌면 사회민중운동협회 및 제주도 농민투쟁요구동맹이 중심이 되어 일제와 싸운 것이다.

침략자의 군사기지

제주도는 남쪽해상의 요충지이자 일본 및 송나라의 상선 어선의 기항지였다. 이미 1271년 몽고(원)의 침입이 있었고 근대에 이르러서는 일본 미국 등 구미제구이 빈번하게 섬을 위협해 왔었다. 한때는 오끼나와의 미군기지가 제주도로 이전된다는 것이 화제로 대두리되기도 했다.

한국 정부는 몇 번이고 "오끼니와를 대신하여 제주도를 기지로 내줄 용의가 있다"라고 천명했으며 박대통령도 미지(誌)『유 에스 뉴스 엔드 월드 리포트』(US News and World REport, 1972년 8월 12일)에 "제주도를 미군기지로 제공하고 싶다. 핵무기 배치도 승인한다"라고 말한 바 있다.

결국 제주도는 베트남 이후의 미국 극동 전략의 요충지로 설정됐던 것이 확실하며 미군의 군사기지인 오끼나와를 반환할 때, 미군 정보기관과의 관계로 문제가 되었던 '극동 방송국(FEBC)'이 우선 제주도로 이전되어 공산권을 향하여 심리전을 전개하고 있는 것도 그 하나의 현상이다.

일본은 일찍부터 제주도의 중요성에 눈길을 돌리고 있었다. 그래서 제주도를 일본의 통치하에 두고 무선통신기지와 해군기지를 설치하여 중일전쟁이 일어났을 때 대륙 병참기지로서 군사활동을 강화했다. 돌이켜 보면 제주도는 세계전사에 유명한 1937년 8월의 중국대륙에 대한 도양(渡洋)폭격의 비밀기지였었다. 당시 제주도 해군 항공기지에서 발진했던 96식 육상 공격기 편대는 약 반년간에 걸쳐 매일 바다를 건너 중국 대륙의 중부, 남부의 깊숙한 곳까지 폭격했던 것이다. 즉 일본 해군은 대륙 항공작전의 기지로 제주도를 태평양 전쟁 이전에 이미 활용하였던 것이다. 또한 태평양 전쟁이 발발 하였을 때 일본은 즉각 제주도를 제일급의 대미 작전 수행을 위한 전초 기지로 삼았던 것이다.

확실히 제주도는 극동아시아 지도를 한 번만 보아도 전략적으로 중추적인 지위를 차지하고 있음을 누구나 알 수 있다. 더욱이 한반도의 남서양상 약 200km에 있는 동지나해의 정중앙이고 이따스에서 380km, 오끼나와에서 780km, 서울에서 530km, 평야에서 650km, 상해에서 550km, 북경에서 500km로 전략적 전진 기지로는 최적격의 장소이다.

일본군이 대연합군전투의 제일진으로 제주도에 투입한 부대는 1943년 3월경의 야하다 부대이다. 그리고 이듬해 말부터 각지에서 패배했던 관동군이나 남방군을 이 섬에서 증강했던 것이다. 그 병력을 보면 대강 다음과 같다.

제58군(皆)			
사령관	중 장		永津佐比重
참모장	소 장		木佐木久
제96사단	사단장	중장	飯 沼 守
보병제292연대	연대장	대좌	管 道 教
보병제293연대	연대장	대좌	越 知 鶴 吉
보병제294연대	연대장	대좌	菊 地 安 一
제191사단	사단장	중장	岩 崎 民 雄
보병제243연대	연대장	대좌	佐 藤 健 吉
보병제244연대	연대장	대좌	中 山 修
보병제245연대	연대장	대좌	坂 田 方 平
제121사단	사단장	중장	正 井 義 人
보병제262연대	연대장	대좌	中 西 熊 太
보병제263연대	연대장	대좌	井 野 八 郎
보병제264연대	연대장	대좌	森 永 清
야포병제121연대	연대장	대좌	今 井 建 己
공병제121연대	연대장	대좌	佐藤今日次郎
경중병제121연대	연대장	대좌	松田謹之助
독립혼성제108여단	여단장	대좌	平 岡 力

('최후의 관동군 편성표', 『주간 요미우리』 1977년)

그 병력은 오끼나와 수비대의 수효에 못미치나 일본군은 제주도를 오끼나와와 같은 종류의 참호작전에 투입하여 전도의 해안선에서 한라산 정상에 이르기까지 완벽하게 요새화했다. 즉 조선방비의 중점을 제주도에 둔 것이다.

도의 참상

이런 이유로 태평양전쟁 말기에 제주도는 한국의 다른 지역에 비해 가장 비참한 상태에 처해 있었다. 한국에 있던 일본군은 일본 본토결전에 대응하면서 양분된 작전을 수행하지 않을 수 없었던 결과, 대본영은 미군이 오끼나와 다음에 진격해 올 예정지의 하나로 제주도를 상정했던 것이다. 다시 말해 제주도를 확보하면 대한해협을 제압할 수 있고, 또 황해를 제압할 수 있을 것이라는 전제 하에 10여만의 대병력을 이 좁은 제주도에 투입하여 결전에 대비하고 있었던 것이다.

제 58군의 작전방침은 한라산을 매복진지로 장기적인 지구전을 전개하면서 제주 서귀포 모슬 등 여러 비행장의 사용을 저지 방해하는 데 있었다. 이를 위해 한라산의 주요 능선 주위에 도로를 건설하고 전 산을 갱도진지로 연결하는 요새로 만들어 목전에 임박한 미군의 공격에 단단히 대비하고 있었다.

그 때문에 밭이란 밭은 모조리 군사작전에 징발되어 농작물은 황폐해지고 농산물은 군수물자로 공출되어 버렸다. 더욱이 도민은 연일 군역에 내몰려서 비행장 건설, 토치카 조성, 갱도진지의 구축, 군용도로의 신설 · 보수, 특별공격의 항만시설, 참호파기 등등의 군사시설 공사에 혹사당해 종전전야의 도민생활은 이루 말할 수 없이 비참한 지경이었다.

한라산의 곧은 나무
전봇대로만 다 나가고
보리바리나 벨 밭은

신작로만 다 나가고
애깃배나 낳을 년은
보국대로만 다 나가고

소학교도 뺏기는데
일본 제국주의의 강제공출로
연락선이 大丸으로 싣고 가고
북해도로 끌려 나간 사람들은
무슨 말을 할까

이것은 전쟁말기에 유행했던 노래로 섬의 청년들 사이에서 저절로 생겨나 애창되던 것으로 사람들의 비애를 읊은 것이다.

제주도가 군사전략상 일본본토의 방어 및 반격공세의 기지로 되어 있는 이상 미군이 제주도에 있어서의 일본의 군사 활동을 묵인 할 수는 없었다. 그래서 제주도는 일찍부터 미군의 공격목표가 되고 도민은 폭격대상으로 전락되어 버린 것이다.

일본군이 최초로 제주도에 진주해 왔던 것은 43년 3월로 그들은 섬에 상륙하자 즉각 군대를 요소요소에 배치하여 민간인 보호라는 명목으로 소개령을 내렸다. 도에 잔류해 있던 일본 부녀자들은 육지로 나갔고, 남아있는 장년 남자는 미군의 상륙에 대비해 산 속으로 들어가 군인과 함께 옥쇄할 준비를 하고 있었다. 왜냐하면 45년 3월부터 제주도에 대한 미군의 군사 활동이 점차 첨예화되고 있었기 때문이다.

종전에 임박하여, 슬픈 운명을 지닌 도민들에게 닥친 최초의 참사는 부산-제주간의 정기운항선, 晃和丸이었다. 45년 5월 7일 많은 소개자를 태우고 제주도에서 본토(섬사람들은 육지를 본토라고 한다)로 향하던 晃和丸은 도중 진도(珍島) 근해에서 공중포격을 당해 280명이 고기밥이 되었고 5월 13일에는 비양도(한림읍 협재리) 근해에서 상해로 향하던 일본군의 수송선과 네 척의 호위함이 갑자기 나타난 미국의 잠수함에 피격되어 780명의 일본병이 바다에 빠져 죽었다.

또 산지항의 무기고와 군인들에 대해 수 일에 걸쳐 계속된 미 공군의 기총소사로 수많은 주민이 살상되고, 한림매립지의 무기고가 폭발하여 주변의 건물이 광범위하게 파괴되고 많은 사상자가 발생했다. 곧이어 모슬포 근해에 설치된 다이너마이트가 폭발하여 많은 민가가 파괴되었다. 이렇듯 미 · 일 양군에 의해 도민에게 가해진 타격은 엄청난 것이었다.

그런데 8월 6일 드디어 히로시마에 원자폭탄이 투하되고, 9일에 소련군이 대일전에 참전하자 그토록 강고하던 일본제국주의도 붕괴했다.

제1장 4 · 3 무장봉기의 전사

1. 8 · 15 해방과 자주독립을 위한 운동

새로운 나라를 만들자

1945년 8월 15일 일본정부는 '포츠담 선언'을 수락하고 무조건 항복을 함으로써 한민족은 36년간에 걸친 일제의 지배에서 마침내 해방되었다. 어느 시인은 이 날을 예찬하여 다음과 같이 노래했다.

아아! 얼마나 애타게 기다렸던가
이날이 오기를
얼마나 오래도록 기다렸던가
수많은 한국의 민중은

한민족은 이 역사적인 해방을 가슴 벅찬 감격과 환희로 맞이하였으며 즉각적인 조국의 독립과 민주국가의 수립에 착수했다. 8월 15일 일제의 무조건 항복이 발표되자 서울 시내의 각 헌병대 경찰서에서 일부 정치범이 출옥했고,

서울방송국에서는 건국준비위원회(이하 건준으로 약칭)가 결성되었으며 일시적인 과도기에 있어서의 치안은 학도대, 치안대가 맡을 것이라고 방송하였다. 다음 날은 전국 각지의 형무소에서 대부분의 정치·경제범이 석방되었다. 그 다음 날인 17일 공산주의자들을 필두로 한 진보적 민족주의자들은 광범한 대중적 혁명세력의 토대위에 정부수립까지 과도적인 준비기관인 조선건국준비위원회를 결성하였다.

이와 같이 아래로부터 광범하게 올라오는 민중들의 압력에 의해 '건준'은 그 조직을 점차 확대 강화시키지 않으면 안 되었다. 그리하여 8월 22일에는 건준중앙위원회가 열려 1국 12부제를 채택함과 동시에 그 부서를 새롭게 선임하였으며 28일에는 선언, 강령을 발표하여, 전민족의 정치적, 경제적, 사회적 기본 원리를 실현하려는 민주주의 정부수립이라는 기본적인 방향을 분명히 밝혔다. 그리고 8월말까지 145개소에 달하는 '건준' 지방조직을 건설함으로써 그 기본적인 골격을 갖추게 되었다.

그 선언에 명시된 바와 같이 "봉건적 잔재를 일소하고 자주발전의 길을 넓히기 위한 진보적인 투쟁이 전국적으로 광범하게 전개되고 있으며, 국내의 진보적인 민주세력은 통일전선의 결성을 갈망하고 있다"라는 민중적 요청에 부응하여, 건준은 모든 반민주세력을 배제한 '진정한 민주 정부수립을 위한 준비기관'으로서의 임무를 완수하고, 9월 6일에는 조속히 전국인민대표자 대회를 소집할 것을 추진하였다.

제주도민의 건설 활동

8월 15일을 분기점으로 한국의 역사는 급변하기 시작했따. 그러나 암흑과 굴욕의 역사를 청산하고 자신들의 손으로 자신들의 운명을 개척할 가능성이 주어진 생활, 창조적인 노동으로 기쁨이 넘치는 생동하는 역사가 이제 장차 전개되려 하고 있을 때, 제주도민은 아직 일본군대로부터 해방되지 못한 채 여전히 구속상태에 놓여 있었다. 그로 인해 도민은 자주적인 국가건설 운동에 참여하는데 적지 않은 지장을 받았다.

다시 말해, 일본 패잔병은 "민심을 교란하고, 치안을 방해하는 행위가 나타나면 단호히 대처한다"라는 내용의 「관내 일반 민중에게 고함」이라는 포고를 내걸고, 나아가 다가올 무장해제에 대비하여 군인을 경찰로 전속시키는 조치를 취하여, 총검을 가진 특설경비대가 그대로 경찰관으로 탈바꿈하여 도민의 건국사업을 탄압, 방해하였던 것이다.

여기에 그 실례를 하나 들어보면 패잔병들이 패배감에 사로잡혀 농민에 대해 불법공출을 요구하거나 공공시설을 파괴하는 등 총검으로 농민을 위협하였다.

마을의 젊은이들이 그 횡포에 항의하면 그들은 일본도를 휘두르며 "대권은 여전히 천황에게 엄존한다"라고 날뛰며 집단적인 테러행위를 자행했다. 그 기세는 도민에게 크나큰 위협요소가 되었으며 생각만 해도 혐오스런 악몽은 좀처럼 사라지지 않고 여전히 냉혹한 현실로 나타났다. 그뿐 아니라 종전시 제주비행장에 비축되어 있던 1천여 톤의 군량미와 엄청난 양의 군수물자를 여기저기 야산에서 불태워 바다에 던져 버리면서도 가난한 농민들에게는 쌀 한 톨조차 나누어 주지 않았다. 이러한 예는 구일본군이 이 섬에 남겨놓은 추잡한 흔적의 하나에 불과한 것이었다.

수없이 많은 괴로움을 참고 견디지 않으면 안 될 이와 같은 지독한 상황 속에서도 오로지 해방과 새나라로 향한 일념에 젖어 있었던 애국적 도민은 그들의 폭거와 만행에 대해 용감하게 싸워나가면서 건국사업을 적극적으로 추진해 나갔다.

우선 도민을 방어하기 위한 자위자치기관으로써 자주적으로 청년대나 보위대를 편성하였으며 관공서, 학교, 기업체 등에서는 '……관리위원회', '…복구위원회'를 만들어 도민들의 손으로 접수 · 관리 · 운영하였다. 옛 애국가가 열광적으로 연주되고, 조국의 국기가 섬의 구석구석에까지 자랑스럽게 게양되었다.

도민들은 이제 활기찬 기쁨으로 가슴을 두근거리고 있었다. 이와 같이 도내에 있어서 개별적으로 생겨난 사무적 과제나 민중의 생활에 필요한 제문제를 해결하기 위한 토대는 간신히 형성되고 있었으나 '민족자주'의 기치를 내걸고 전진하는 대중적 · 혁명적인 조직이 갖추어지지 못했기 때문에, 해방의 감격에 빠져있는 도민의 정치적 열광을 '신국가 건설'이라는 창조적인 역량으로 승화시키는 주체적인 정치이념이 제시될 수는 없었다. 그것은 당시 해상교통이 두절된 상태에 있었기 때문에 중앙의 정치정세가 즉각 반영되지 않았다는 것이 그 원인 중 하나이기도 하고 또한 도민들 사이에 이미 「동진회」, 「한라단」, 「백록회」, 「유림회」, 「불교회」 등의 각종 사상단체가 결성되어 각각의 정치이념이 산란스럽게 표출되었기 때문이기도 하였다.

도민의 팽창

9월이 되자 해상교통이 점차 정상화되어 중앙의 정치정세가 속속 전해졌다. 더욱이 오랜 기간 섬을 빠져 나가 있던 수많은 도민들이 속속 해외에서 돌아오기 시작했다. 그들은 이 아름다운 섬이 단지 향수의 산하여서가 아니라 이상향으로 만들기 위해 기쁨에 넘쳐 돌아왔던 것이다.

해방 직전 15만 정도의 인구에 지나지 않았던 제주도가 해방 후 1년 동안 30만에 가까운 인구로 팽창했다. 이 인구의 팽창률은 일제시대에 이 땅에서 얼마나 가혹한 수탈이 행해졌는가를 짐작케 해 준다.

〈표1〉 당시 도의 정세

분 류	내 역
총 인 구	266, 419명 남 114,758 여 151,661
총 호 구	4,001호 농가 43,302 비농가 10,739
행 정 구 역	2군 1읍 12면 167리
공 무 원 수	83인 (도 본청)
예 산	149만원(54년도분)
식량생산량	37,354t
경 제 작 물	고구마 55,080t, 귤 6t
축 산	소 25,193두, 면약 108두, 산약 63두, 돼지 33,313두
수 산	동력선 41척 어획고 5,796t
전 력	245KW 전기화가구 5,550호(10%)
학 교	국민학교 68 중학교 4 고교 1
교 통	영업용자동차 113대
항 공	제주, 모슬포에 군용비행장
의 료 기 관	3개소
공 연 장	1개소(제주극장)

(제남신문, 《해방30년사》)

"식민지 민족의 인구 유출률은 점령자의 수탈압력 계다"라고 말해진다. 1951년의 UN조사에 의하면 세계 최고의 인구유출국으로 인도의 경우는 1921~37년까지 유출률이 1%, 총수 400만이며 중국의 경우는 약 2%, 800만이며 조선의 경우는 1910~45년까지의 36년 사이에 330만의 인구가 해외로 빠져 나갔다. 1945년 당시의 인구비율로 하면 약 20~30%가 해외로 빠져 나간 것으로 된다. 이것으로 보아도 일제의 조선지배가 얼마나 가혹한 것이었던가는 추적할 수 있겠으나, 그 중에서도 제주도의 경우는 50%의 인구유출률을 기록되고 있다. 이 50%의 인구 유출률 중 70%가 일제의 강제 연행에 의한(김철, 《한국의 인구와 경제》) 것이었다.

해방 직후 전 한국은 귀환동포로 넘치고 있었다. 특히 제주도만큼 귀환동포로 넘쳐 흐른 곳은 없을 것이다. 더욱이 그들은 거의 대부분이 노동자였다. 종래 도민이 가진 농민적 요소는 절대다수의 귀환동포에 의해 노동자적 요소로 급격하게 변화하지 않을 수 없었다.

> ……1946년 농촌으로의 집단유입이 발생한 결과 문제는 더욱더 심각해졌다. 우선 도시의 공업이 침체하였으며 수십만의 재일 한국인이 귀국한 결과 많은 한국인이 친척을 찾아 농촌으로 흘러 들어갔는데 그것이 일반적인 혼란에 박차를 가했다.(《해방조선의 역사》)

이것을 계기로 해서 도의 모든 애국민주세력은 그들을 결집하는 조직 건설에 박차를 가했다.

애국적 민주 단체의 결성

점차 타오르는 도민대중의 열기 속에서 9월 초, 몇몇 독립운동가 그룹이 결집하여 '도건국준비 위원회'를 구성하고 다음의 3개 항목을 도사(대리 千田사무관)와 제58군 香川사령관에게 엄중히 전달했다.

1. 치안유지와 건국사업을 위한 정치활동에 절대 간섭하거나 방해하지 않을 것
2. 일본군과 경찰은 즉각 무장 해제할 것
3. 행정권을 도 · 읍 · 면의 건준 결성과 동시에 이양할 것

이들의 정당한 요구에 대하여 그들은 "제58군은 여전히 존재하며 지금 여기에 건재해 있다". "아직 상부에서의 지시가 없다", "미군정장관이 결정하지 않았다"라는 등의 이유를 들어 그것을 거절했을 뿐 아니라 한걸음 더 나아가 "명령에 따르지 않으면 군은 단호한 조치를 취한다"라고 하며 무력으로 위협했다.

그럼에도 불구하고 전 도민을 '민족통일전선'으로 결집시키기 위한 운동이 강력히 전개했다. 그 결과 무서운 속도로 조직이 확대되었다. 우선 '제주읍 인민위원회'(9 · 15)를 시작으로 각 지방 인민위원회가 조직되고 거기에서 선출된 대표의원에 의해 '제주도 인민위원회'(9 · 22)가 결성되었다. 대회에서는 민주적인 모든 도민을 결집하여 첫째, 자주 · 통일 · 독립이 우리 민족의 완전한 해방을 위한 투쟁과제라는 원칙과 둘째, 민주주의적 건국사업에 있어서 최대의 장애로 되고 있는 일제의 잔재세력과 국제파시스트의 주구를 청산하여 우리 민족의 민주주의적 발전엔 기여한다는 두 가지의 기본적인 정책노선이 채택되었다. 이것과 병행하여 청년 · 부녀 · 교육자 · 노동자 · 문화인의 운동도 활발히 진행되어 9월 하순 전도적인 통일기구로 '청년동맹 제주도위원회'가 결성되었다.

대회에서는 "우리들의 눈앞에 가로놓인 모든 난관을 극복하고 민중들의 기본적인 요구에 부응하여 일제 잔재세력을 구축함과 동시에 우리들의 자주 독립을 방해하는 외래세력과 반민주주의적인 모든 세력에 대한 투쟁을 전개한다. 우리 청년이 앞장서서 정치적, 경제적, 사회적 해방을 기약한다"라는 선언이 채택되었다.

이에 잇따라 도부녀동맹, 교육자동맹, 노동조합, 소비조합, 제주문화협회(귀환 학병이 중심)가 조직되었다. 이들 제단체들은 무엇보다도 한국의 독립과 민주적 국가건설을 목표로 적극적 활동을 전개하고 있었다.

이들 해방된 조국의 지방자치기관을 자신들의 손으로 장악했던 제주도 민중들은 치안을 유지하고 '적산'(구일본인 자산)을 방위하며 구일본군에게서 몰수한 군량을 빈민에게 무상 분배하는 등 애국적인 시책을 펴나갔기 때문에 거기에는 단 한 마디의 불평도 있을 수 없었다.

더우기 해방 전 교육기관으로는 사립을 포함한 46개의 국민학교(학생수 3,200명)와 4년제 농업학교, 서귀농업실습학교(양 학교 합하여 280명)가 있었을 뿐으로 그것만으로는 날로 증대되고 있는 교육수요를 도저히 충족시킬 수 없는 현실을 통감한 도민은, "미래는 청년의 것이다"라는 슬로건과 더불어 자신들의 손으로 시내에 오현중학(제주 문화협회), 제주중학(유림회), 제주여자중학을 비롯하여 하귀(下貴), 애월(涯月), 한림(翰林), 대정(大靜), 중문(中文), 서귀(西歸), 조천(朝天)지방에 잇달아 중학교를 설립했다. 그리고 학교나 부락에서 강습회가 개최되어 잃었던 모국어와 빼앗긴 역사를 되찾는 학습운동이 활발히 진행되었다. 나아가 문화인들의 자주적인 역량에 의해 『제주신보』(9 · 28)가 발간되었다.

해방후 약 2개월 남짓한 기간에 이루어낸 성과를 보면 도민이 이미 높은 정치적 수준을 지니고 있었으며, 자신들의 해방을 위한 혁명운동을 추진할 수 있는 능력을 지니고 있었음을 알 수 있다.

2. 한라단사건을 계기로 한미 군정의 탄압

정세의 변화

1945년 9월 9일 J.R.하지중장이 이끄는 미 제24군단이 서울에 진주하였으며 제주도에는 9월 28일에 상륙했다. 같은 날 제주주둔 사령관 라우엘 대령, 도군정장관 스튜어트 중령, 법무관 패트리치 대위, 재무관들 일행은 군용기로, 부대는 LST(상륙용 함정)로 진주해 왔다. 그와 동시에 제58군 香川중장이 항복문서에 조인하고 일본군은 곧바로 무장해제 되었다. 병기 · 탄약은 미군의 명령으롱 바다에 내다 버렸다. 또 일본으로 복귀할 때까지 숨기고 있던 무기 · 탄약 등의 일부는 동굴이나 산야에 묻어버렸다고 전해진다. 잔류군은 10월 10일 제주항에서 LST로 사세보(佐世保)로 복귀하기 시작하여 완전히 철수했던 것은 다음해 2월경이다.

미군의 서울진주와 함께 발표된 맥아더 서명의 포고령 제 1호는 38도선 이남의 지역에 군정을 실시한다는 것, 이전의 일본의 각종기관 및 직원을 그대로 존속한다는 것, 점령군에 반항하는 자는 엄벌에 처한다는 것, 공용어를 영어로 한다는 것 등을 선언했다.

하지는 남한에 상륙하여 "한국인은 일본인과 같은 야만족이다"라는 망언을 서슴지 않았으며 10월 17일 "미군정은 남한에 있어서 유일한 정부이다"라고 천명하여 한국 민중의 자주적인 창의성에 의해 조직되었던 인민위원회에 대하여 강제해산을 명령하고 공공연한 테러와 탄압을 가했다. 더욱이 미군정은 동년 9월 25일 군정법령 제 2호를 효시로 일련의 법령을 공포하여 한국인의 모든 민주주의적 권리를 짓밟았다.

이것을 계기로 한때 도민대중의 기세에 눌려 숨죽이던 민족반역자들은 새로운 주인을 맞이하여 또다시 미군정의 앞잡이가 되기 시작했다. 그리고 그들은 제주도를 전라남도에서 분리시켜 "도(島)를 도(道)로 승격시킨다"라는 미명 하에 미군정에 아부하여 오로지 자리 따내기 위한 싸움에 정신이 없었다.

도의 미군정은 군정을 지지하는 자들로서 도사대리 김문희(金文熙), 제주도 지방법원장에 최원순(崔元淳), 검찰청장에 박종훈(朴鐘勳), 검사에 양홍기(梁洪基)를 앉힘과 동시에 재판기구를 대폭 확대했다. 그뿐 아니라 도민의 애국적 운동을 압살하기 위하여 '감찰청'이라는 새로운 기구를 설치하고 청장에 김봉호(金鳳昊), 제주 경찰서장에 강동효(姜東孝)를 앉혔다. 그와 더불어 각지에 지서 출장소, 파견소를 신설하고 대량의 경찰이 증원되어 군정경찰제를 확립한 것이다. 마크 게인조차 "나는 번뇌와 부끄러움으로 인간의 기본적 권리를 탄압하는 데 있어서 단연 으뜸간다 할 수 있을 야만적인 경찰국가가 우리국기와 함께 탄생하고 있는 것을 보아 왔다"(《일본일기》하)라고 지적했을 정도이다. 말하자면 제주도의 미 군정청은 이러한 악명 높은 친일주구를 축으로 권력기구를 지배할 수 있는 기반을 구축하면서 그 통치기구를 확립해 나갔던 것이다.

또 군정법령 제 52호 '신한공사의 창립' (46.2.21)에 의해 남한 총자산의 약 80%에 달하는 공장, 기업소, 토지, 건물 등을 '적산'(후에 귀속재산)으로 처리하여 미군정에 접수시켜 버렸다. 따라서 46년 1월 15일 매튼 대위가 제주도 적산관리사무소장(관재청)으로 부임하자 도민의 손으로 관리 · 운영되어 오던 도민의 공공재산인 '적산'을 즉각 관재청으로 이전해 버렸다. 더우기 적산 및 일본군이 보유하고 있던 군수품을 특정의 친미 모리간상배에게 불하하였다. 이승만 정부가 스스로가 "해방 후의 무질서와 혼란한 경제 상태에서 미군정의 일부 무책임하고 소극적인 관리 · 보존 · 유지에 의해 귀속재산을 둘러싼 사회악의 조성과 난맥상은 참으로 건국초기의 일대 오점"(《재정금융의 회고-건국 10주년 업적》)이라고 지적하고 있는 것에서도 상상해 볼 수 있을 것이다.

그러한 미군정의 실정 하에서 제주와 모슬포(慕瑟浦) 비행장에 주둔하고 있던 미군병사의 부녀폭행, 테러행위가 각지에서 일어났다. 그 사실이 도민에게 알려지자 도민의 반미감정은 점차 고양되었다. 이때 이미 도의 애국적 민중은 "미군이 남한에서 완전히 철수하지 않고서는 한국의 평화통일도, 진정한 자유도 있을 수 없다"라는 긴급한 민족적 과제에 대하여 확고한 신념을 가지게 되었다.

역사는 말한다

미국의 한국침략은 8 · 15보다 이미 오래 전으로 거슬러 올라간다. 미국인 딜-댄포드는 그의 저서 《루즈벨트와 노일전쟁》 가운데서 미국이 1855~70년에 동아시아에 있어서의 해군 근거지 획득문제를 심의했을 때 미래의 미군 근거지의 하나로 조선을 예정하고 있었다고 쓰고 있다.

1866년의 셔먼호 사건, 1871년의 강화도 침범사건 등의 침략행위를 저질렀지만 당시 조선의 반격에 의해 실패로 돌아갔다.

그 후 군함을 파견하여 조선정부를 위협, 1882년에는 침략적인 「한미 통상조약」에 조인시켜 당시 굴지의 광산 채굴권과 철도, 전화, 수도 시설권 등을 약탈해 갔다.

1905년 러시아와 싸우고 있던 일본이 미국정부에 러 · 일강화조약 초안을 제시했을 때 루즈벨트는 육군장관 태프트에게 "러 · 일강화조약 가운데에 일본이 조선에 대한 통치권을 가진다. 라는 것에 대해 나는 진심으로 동의를 표한다"라고 언명했다. 미국은 육군장관 태프트를 동경에 파견하여 수상 카쓰라와 비밀협정을 맺었다. 이것은 일본이 필리핀에 대한 미국의 침략을 묵인해주는 대신에 조선에 대한 일본의 '종주권'을 인정한 것이었다. 이러한 사실에서 볼 때 미국은 조선에 대한 일본의 침략에 있어서 공범자라고 하지 않을 수 없다. 더욱이 미국은 표면상으로는 한국민에 대해 동정을 보내는 것처럼 치장하면서 교회나 병원, 학교시설을 거점으로 친미세력을 심어나가기 위해 심혈을 기울였다.

이제 조국의 분단, 민족분열의 근인(根因)을 이루고 있는 것은 다름 아닌 미소의 침략정책 때문인 것이다. 그것은 또 38도선이라는 분할점령의 명분이 일본의 항복을 처리하기 위한 것이었음에도 불구하고 38선을 행정단위에 있어서 분할선으로까지 해버린 데에 큰 원인을 찾을 수 있다. 라이샤워 박사조차 그의 저서《기로에 선 아시아정책》가운데서 "……조선이 침략을 받기 쉬운 지역이며 전후에 있어서 세계질서의 약점으로 된 것은 충분히 고려한다 하더라도 이것을 분할한 것은 미국정책의 오류이다"라고 지적하고 있다.

그것은 전후에 있어서 미국의 아시아 대륙의 '교두보'로서 군사적으로 '공산주의 봉쇄'를 위한 전략단위에 남한을 편입시키는 기본정책에 기초하고 있다고 말할 수 있겠다.

그리고 우리들이 중시하여야 할 것은『뉴욕 아메리칸』지 (1947년 10월 30일)의 서울 특파원 보도에서 "제주도는 전략적으로 극히 중요한 지역이기 때문에 오끼나와와 더불어 소련에 대항하는 진지로 확보하지 않으면 안 된다"라고 역설하고 있는 것이다.

미국은 제주도의 군사전략적 가치를 중시하여 소련과 중국에 대항하기 위한 극동전략체제의 틀내에 집어넣기 위하여 미군정이 진주하자마자 제주도를 군정법령 94호에 의해 전라남도에서 분리하여 하나의 '도(道)'로 승격(1946년 6월 1일)시켰다. 그리하여 일반군사시설을 증강시키면서 모슬포 비행장을 중심으로 수개의 비행장을 확장했다. 1947년 하반기에는 35만달러의 공군시설 설치자금을 투입하여 수원, 대구, 광주 및 제주도의 공군기지를 완성했다. 그와 동시에 군정 법령 86호에 의해 국방경비 제 9연대(연대장 張昌國중위)가 모슬포에 설치(46.11.6)되었다. 처음에는 광주 제 4연대에서 차출한 사병 50명에 지나지 않았지만 그 후 전도에 걸쳐 모집한 결과 다음 해 3월에는 대대의 편성을 끝마쳤다. 47년 12월 1일 연대는 제 3여단(부산)의 예하로 편입되어 제 9연대장으로 김익열(金益烈) 소령이 부임해 왔다.

이처럼 1946년 하반기에 들어오면 미국제 장비를 몸에 지닌 국방경비대나 해안경비대가 속속 제주도에 배치되었다. 이러한 상황이 미군정 정책의 불가피한 결과였다고 한다면 이에 대한 반대 투쟁이 이 시기 급격히 고양되지 않을 수 없었다는 것은 너무나 당여한 이치일 것이다.

'한라단' 사건

해방 직후 도민대중에 의해 규탄의 대상이 된 제주 시내의 친일파들이 비밀리에 '한라단'이란 조직을 결성하여 민주세력의조직을 파괴하기 위한 정면 도전을 감행해 왔다.

그들은 "전재민(戰災民)의 구제물자를 재일 제주동포로부터 구해 왔다"라는 간판을 치켜들고 밤낮없이 무리를 지어 시가를 배회하며 눈에 띄는 민주인사에 대해 때와 장소를 가리지 않고 날뛰었다. 민주진영에서는 이 사태를 우려하여 도민 대중을 보다 광범하게 조직하고 통일전선을 보다 확대시키기 위하여 그들에 대해 "폭력행위를 즉시 중지하고 인민위원회에 가입하라"라고 재삼 촉구했다. 그러나 그들은 그것에 따르기는커녕 그 횡포를 더해 갔으며 나중에는 치안대의 완장까지 차고는 백색 테러 행위를 서슴지 않고 자행했다.

45년 12월 12일 밤 도인민위원회(속칭 木村여관)사무실이 그들에게 갑자기 습격을 받았다. 보안대(대장 김한정)의 호출로 모인 주민에 의해 쫓겨갔으나 또다시 밤중에 기습하여 보안대원들을 집단폭행했다. 그리하여 그 사건으로 많은 부상자가 발생하였으며 여기에 격양된 젊은이들은 그 다음 날 다음과 같은 슬로건을 내걸고 '조선통일 독립만세'를 소리 높이 외치면서 도 군정청(GHQ)까지 시위를 진행하면서 강력히 항의했다.

1. 한라단을 선두로 하는 일체의 테러행위를 단호히 배격한다!
2. 일제의 통치방식을 조속히 청산하라!

3. 모든 애국민중은 주권침해에 대해 들고 일어서자!

그럼에도 불구하고 한라단 깡패들은 그날 밤 또 다시 인민위원회를 습격하여 폭력을 휘둘렀기 때문에 보안대는 어쩔 수 없이 자위조치를 취하여 힘으로 그들을 내쫓았다.

그러나 보안대의 자위조치 소식에 접한 미군과 경찰은 수십 대의 짚차와 트럭에 나누어 타고 기관총과 소총을 쏘아 대면서 인민위원회를 포위하고, 마침 그 자리에 모여 있던 사람들에게 곤봉을 휘둘러 댔으며, 선혈이 낭자한 가운데 모든 서류나 비품을 압수하고 50여명의 애국자를 검거, 투옥했다. 이 사건은 미군정과 친일파들이 작당하여 궁리한 것으로 바로 민주단체를 파괴하기 위한 음모였다는 것은 너무나 명백한 사실이었다. 왜냐하면 그때 가해자인 한라단원은 한 명도 검거되지 않고 일방적으로 민주진영의 사람들만 검거되었던 것에서 그것은 충분히 확인될 수 있기 때문이다.

그 다음 날 이 불법 탄압에 분개한 도민들은 관덕정(觀德亭)[1]관장에서 항의집회를 개최하여 미군의 간섭에 절대 반대한다! 피검거자를 즉각 석방하라! 테러당을 즉시 해산시켜라! 민주단체에 대한 일방적인 탄압을 중지하라! 라고 군정경찰에 강력히 항의한 후 일대 시위를 감행하여 도민의 단결력을 과시했

1) 관덕정은 성내 중앙광장에 오색창연한 건물이 세워져 있어 여행인의 눈을 끈다. 지금으로부터 460년 전 당시의 목사(지방관장) 신숙청이 상무정신을 발양시키기 위해 세운 것으로 주로 젊은이의 심신단련장으로 사용되어왔다.
전각은 이조의 전형적인 건축으로서 그 구조형식도 빼어나다. 「射以觀德」이라 하여 마음이 깨끗하고 자세가 올바르다면 弓矢의 정곡을 기할 수 있고 무술을 연마하는 것에 의해 덕을 쌓는다라는 의미로 「觀德」이라고 이름지워졌다.
정면의 편액은 이조전기 4대명필가의 한 사람인 안평대군의 친필이라 한다. 亭内에는 많은 명필, 명화가 걸려 있어 장엄한 분위기를 돋운다. 이조 5백년 사이에 압제에 신음하던 농민들이 지배자의 가혹한 수탈에 반대하여 싸웠던 것도 이 광장이며 죄없는 농민이 처형되었던 것도 또한 이 광장이다. 일제가 조선의 고대문화를 말살시키려고 이 건물을 헐려고 할 때 애국적인 도민은 이에 대한 반대투쟁을 전개하여 그것을 저지하였다. .해방 후 민주진영에서는 여기를 본거지로 하여 조국의 건설운동을 전개하였다. 그리하여 여기를 「관덕정인민광장」이라 불렀던 것이다.

다. 그러자 여기에 놀란 미군정은 '무허가 집회, 데모'로 규정하고 또다시 총검을 휘둘러 강제 해산시켰다. 또한 그것에 불만을 가진 자는 빨갱이나 폭도로 몰아 검거해 버렸다고 한다.

그리고 한라단의 테러에 의한 난투사건을 일방적으로 민주진영에 뒤집어씌울 목적으로 형식적인 군사재판이 법무관 패트리치 대위의 지휘하에 최원순, 박종훈, 양홍기 등의 사법관에 의해 개정되었다. 그들은 사건의 경위에 따라서 법적근거를 규명하지 못한 채 단지 경찰이나 MP(미군헌병)의 진술만을 듣고서 피고의 변론이나 증거신청까지도 일체 무시하여 포고령 제2호를 적용, 50여 명의 애국자에 대해 거액의 벌금형을 언도했다.

이것은 세상의 웃음거리가 되었을 뿐만 아니라 도의 심각한 반감을 샀다. 섬사람들은 이것을 보고 미국의 인도주의 민주주의라는 것의 본질이 이러한 것인가 하고 묻지 않을 수 없었던 것이다. 이러한 불법탄압은 자연히 도민의 광범위한 저항을 불러일으키지 않을 수 없었다.

3. 10월 인민항쟁과 남한 과도정부수립 반대투쟁

제주도민 조직의 강화, 발전

도민의 요구에 반하는 반동공세 속에서 노동자, 학생운동도 활발히 전개되었다. 우선, 46년 1월 제주버스회사의 노동자 50여 명은 중노동과 저임금에 반대하여 노동조합을 조직하고 8시간 노동제의 실시, 노동조건의 개선, 임금인상……등의 요구를 내걸고 일어섰다.

이것에 대하여 기업자측은 적자경영을 이유로 종업원의 요구를 받아들이기는커녕 경찰력에 의한 탄압을 준비하였다. 이에 격분한 노동자들은 스트라이크를 단행하고 "요구가 관철될 때까지 운영위원회를 설치하여 회사를 자주

운영한다"라는 비타협적인 조건을 제시하면서 수일간 농성, 대치 등의 다양한 전술로 싸워서 마침내 승리를 획득하였다.

이 쟁의의 승리는 곧바로 동일부문과 관련부문인 노동자에게 파급되어 이를 계기로 하여 전도적인 노동조합연합체가 결성되고 노동자의 연대투쟁이 급격히 강화되었다

당시 이 도의 노동자 수는 다음과 같다.

사업체수	148개소
사업체 종업원	3185명
운수통신	600명
교원	1500명
공무원	2500명

비고) 사업체라 해도 빈약한 중소기업이며 40%는 계절사업으로 해당하고 여기에 종사하는 노동자 1000(40%)은 계절실업자로 전락한다.

이어서 교육자동맹의 조직도 강화되고 학생들의 학원민주화운동도 활발하게 진행되기 시작했으며, 청년동맹도 발전적으로 해소되어 청년단일전선을 목표로 한 「제주도민주애국청년동맹」(약칭 민애청)으로 개편되었다. 연이어서 도부녀동맹도 「여성동맹」(약칭 여맹)으로 개편 · 강화되었으며 기타의 민주단체도 이와 나란히 정리되어 46년 말까지 투쟁체계는 완전히 정비 · 강화되었다. 이것에 의해 국가건설을 위한 투쟁은 새로운 전기를 맞이하게 되었다. 동년 2월 23일 「민주주의민족전선 제주도위원회」(약칭 도민전)가 결성된 것은 이러한 애국전열의 강화 · 발전에 기초한 것이다. 대의원 500여명이 모인 '조선임시민주주의정부수립 만세!', '민족통일전선결성 만세!' 등 도민의 절실한

요구를 결집하여 반동적인 우익진영을 놀라게 하였다.

이와 같이 새로운 정세에 대처하기 위한 조직의 강화활동은 실로 굉장한 성과를 거두었으며 민주세력은 도민전체의 95%를 점하는 거대한 전력으로 신장되었다. 이것은 통일된 민주적 국가건설에 대한 그들이 지향이 얼마나 컸던가를 단적으로 보여주는 것이라 하겠다.

학생들의 초보적인 반미운동

남한은 미군이 점령한 지 채 5개월도 안 되어서 미국이 남한 주식회사 총자본의 91.22%와 공업투자액 94%를 독점하고 이전의 일본소유의 적산, 각종 독점기관을 장악하여 남한 전경제의 90% 이상을 독점하였다. 이리하여 남한 민중은 다시금 식민지 노예생활을 강요받고 일제하보다 더욱 가혹한 수탈이 행해지게끔 되었다. 공업생산력은 8 · 15 이전의 반으로 격감하였으며 미국의 전쟁잉여물자가 시장에 범람했다.

물가는 8 · 15 해방 당시를 100으로 하여 10개월 후인 다음해 6월에는 미곡류 534.31%, 식료품 470.47%, 직물 973.29%, 총평균 543.91%의 비율로 폭등했다. 실로 800년 이래로 기록적인 물가고였으며 필설로 이루 말할 수 없는 생활고였다. 특히 제주도민의 생활고는 그 극에 달하고 있었다. 식량사정은 날로 악화되고 식량의 배급을 요구하는 제주시민의 데모는 매일같이 전개되었으며, 전재민이나 실업자는 가두에서 방황하고 농촌은 만성적인 핍폐 위에 미국의 농업파괴정책으로 인하여 심각한 사회불안에 시달리고 있었다. 평년작 수준이라 하여도 도민의 6할밖에 충당할 수 없는 상황에서 그해 6월에는 콜레라가 만연하여 350여 명의 인명을 빼앗아가는 대재앙으로 인하여 농작물의 생산량도 매우 악화되어 빈민은 기아와 생활고의 수렁 속에서 신음하지 않을 수 없었다. 거기서 도청당국은 어쩔 수 없이 식량난 해결책의 일환으로서 해방 전, 동척회사가 농민으로부터 빼앗아간 주정공장의 고구마나 녹말 방출을 시도하여 보았으나 그것은 아무런 도움도 되지 못하였다. 기아 직전의 상태에 놓인 도민들은 이러한 정치적 · 경제적 혼란을 하루라도 빨리 해소하기 위해서도, 또는 완전히 정지상태에 놓여진 한국의 단일경제를 연합국의 원조에 의해서 부흥시키기 위해서도 한국의 임시민주주의정부수립에 전력을 다하지 않으면 안 되었다.

한편, 도민의 생활상의 함께 체험하고 있던 제주 시내의 중고교생 1천여 명은 46년 5월 다음과 같은 슬로건을 내걸고 일어섰다.

1. 양과자는 조선을 좀먹는 독약이다.
2. 양담배를 사고팔지 말라.
3. 미군정과 결속하여 사리사욕을 채우는 데 급급한 모리간상배를 도에서 완전히 몰아내자.
4. 공책이나 연필을 학생에게 지급하라.
5. 학원이나 대한 관의 개입 절대 반대.
6. 교육시설을 완전히 보장하라.
7. 미군정에 빌붙어 아첨하는 친미노예를 단호히 배격하라.

이 슬로건은 당시의 제주도의 대중투쟁의 방향을 극히 잘 보여주고 있다. 1 및 2는 미국이 '원조'라는 명목으로 전쟁잉여물자를 남한에, 특히 소맥분, 유분, 통조림, 사탕, 과자류를 홍수처럼 흘려보냈기 때문에 농 · 어업과 민족산업이 전면적으로 파괴되었던 것에 대한 분노의 표현이다.

남한의 어느 엿집이 행정기구를 통하여 강제로 배급된 미국의 사탕과 과자 및 탈지분유를 높은 가격으로 산 후 깊은 탄식을 내쉬었다는 하나의 에피소

드는 어김없이 남한이 미국의 잉여물자가 지배하는 땅으로 전락했음을 단적으로 말해주는 것이다.

그리고 3 이하의 슬로건은 미국의 식민지정책과, 그 앞잡이가 되어 사리사욕을 채우거나 반동지배를 부활시키고 있는 세력에 반대하고 민주적 권리 특히 자유로이 교육을 받을 권리와 시설을 요구하는 것이다. 이것은 미국지배하의 정세 변화를 예리하게 반영하면서 독립과 민주주의와 생활향상을 쟁취하려는 운동이 보다 넓은 계층으로 확대되고, 보다 절실한 요구를 제기하게 되었던 것을 의미하고 있다.

학생들은 이상과 같은 슬로건을 내걸고 군정청까지 시위행진을 감행하여 당국자에게 애국적 · 혁명적 기개를 과시하였다. 데모는 거리거리로 이어져서 이번에야말로 '망국의 전철'을 밟지 않으려는 시민들에게 떨쳐 일어설 것을 촉구하였다. "드롭프스를 팔지 말라!", "양담배를 사지 말라!"라는 학생다운 솔직한 절규에 연도를 메운 군중으로 터져 나오는 박수와 환성이 온 거리에 들끓었다.

시내 학생들의 '양과자 · 양담배 반대' 운동은 순식간에 전도의 학생에게 파급되어 신작로(일주도로)주변의 국민학생과 중학생에 의해 강력하게 전개되었다. 그들 뒤에는 항상 부모형제들이 뒤따르고 있었으며 근로대중은 그들의 투쟁을 지원하는 연대투쟁을 적극적으로 행하였다. 나이 어린 중고생들의 애국운동은 커다란 반향을 불러일으켜 순식간에 미국상품은 전도의 시장이나 상점에서 자취를 감추었다.

학생운동은 줄기차게 전개되었다. 같은 해 2학기를 맞자마자 제주농중고생은 일제잔재교육과 파쇼적 교원에 반대하여 동맹휴교를 단행하였고, 오현중학생은 학원의 폭리화에 반대하여 일어섰다. 그들은 경찰당국의 무력간섭에도 굴하지 않고 끈질기게 싸워 학원의 자치를 지켜내었다. 이러한 민중의 자발저인 교육을 두려워 한 미군정은 46년 3월 「무허가학교 폐쇄령」을 발동하여 교육자와 학생들을 위협하였다.

미소공위, 단정수립획책, 입법의원 선거

제 1차 미소공동위원회(약칭 공위)는 46년 3월 20일 서울에서 개최되었다. 소련의 수석대표 슈티코프 장군은 개회 인사말에서 소련의 목적은 "한국이 장래 소련에 대한 공격기지가 되지 않는 우호적 민주국가"가 되는 것이라 말하였다. 그는 또 모스크바협정의 정확한 실행과 최단기간 내에 진정한 한국 민주주의 임시정부를 조직할 것을 주장하고 모스크바협정의 실행을 방해하는 비민주적 요소인 반탁집단을 제외하고 이 결정을 전면적으로 지지하는 민주적 정당 · 사회단체를 협의상대로 할 것을 요구하였다.

이에 대하여 미국대표 아놀드 소장은 '민주의원'을 협의 상대로 하고 거기에 북한 대표 약간을 참가시킨다는 제안을 내놓고 나아가 임시정부가 수립될 때까지 한국인의 불참 하에 남북경제를 통일할 중간기관의 설치도 제안하였다.

소련대표는 이에 반대하여 공동위원회의 과제는 조속히 한국임시정부를 수립하는 것이며 경제정책은 정부수립 후 조선민중의 자유의지에 의해 결정되어야 한다고 주장하였다. 그리고 반탁운동을 일으켰던 반탁단체에서도 그 잘못을 청산하고 모스크바협정의 지지를 밝히면 협의 상대에 참가시켜도 좋다는 양보까지 하면서 공위의 임무달성에 진력하였다. 그러나 미국 대표는 모스크바협정은 "한국인이 반대하면 실시하지 않아도 된다"라고 하면서 시종일관하여 공위의 파탄을 기도하고 어디까지나 식민지예속화정책의 강화와 확대를 위한 시간을 벌기에 급급하였다.

제1차 미소공위가 유회되자 미군정은 탄압정책을 보다 강화하여 민주진영에 대하여 전면적인 탄압을 가해왔다. 다른 한편 미군정은 '민주의원'의 간판만으로는 끝까지 민중들을 기만하는 것이 불가능하다고 판단하여 김규식을 우익대표로 표면에 내세워 소위 이승만을 중심으로 하는 좌우합작을 기도하였다. 그리하여 '민전'으로부터 좌우합작의 '5원칙'이 발표되자 곧바로 이에 대항하여 아무런 내용도 없는 '8원칙'이라는 것을 제시하여 민주진영의 분열을 꾀하였다. 또한 김규식은 '독립쟁취촉성국민대회'에서 "……2, 3주 내에 공위가 재개되지 않으면 우리가 정부를 수립하지 않으면 안 된다."라고 극언을 서슴치 않으며 남한단독정부수립의 계획을 한국민 앞에 공공연하게 드러내었다.

그들이 획책하는 단독정부수립에 반대하는 투쟁은 대구나 제주도에서 가장 치열하게 전개되었다. 미군정은 이와 같은 민주세력의 강력한 반대에 자신의 노골적인 식민지정책이 막다른 골목에 이르렀다는 것을 인식치 않을 수 없었다. 그래서 고안해낸 것이 '좌우합작'의 음모이기는 하지만 그것조차 민주진영으로부터 철저하게 그 반동성과 기만성이 폭로되자 이번에는 「민주의원」 대신에 「입법의원」이라는 것을 만들어 냈다. 이것은 말할 필요도 없이 미군정의 지배가 한국인의 의지 하에서 이루어지고 있는 것처럼 은폐하려고 하는 정치적 책략이었다. 이것에 대하여 민전의장단은 즉시 "한국민의 복리를 위해 이와같은 기관을 설치하려고 하는 성의에는 감사하지만 현재의 사법 · 행정기구를 근본적으로 개혁하지 않는 한 이 기관의 설치는 무의미하다"라고 언명하였다.

제주도의 민주세력에 대한 억압은 '한라단 사건' 이후에도 계속되었으나 미군정은 46년 9월 9일의 좌익체포령을 계기로 하여 더욱 탄압을 강화하고 애국민주단체의 본부를 공공건물인 관덕정에서 추방하였으며 더 나아가 지도간부들에게는 구일본군대로부터 양도받은 미곡을 제멋대로 처분했다라는 소위

'쌀사건'이라는 것을 날조하여 간부 중의 한 사람인 현호경(玄好憬)을 재판에 회부하여 체형을 가하는 동시에 나머지 사람들에게는 체포령을 내렸다. 이와 함께 미군정과 우익세력은 남한단독정부수립을 겨냥한 입법의원선거를 강행하였다. 이는 통일과 독립을 요구하는 민중의 의사와 반하는 것이었으며, 남한 민중의 격렬한 반대운동에 직면해야 했다.

선거의 결과는 미군정의 비토 하에 친일파와 우익인사를 중심으로 45명의 입법의회가 성립되었다. 그러나 유독 제주도에서는 인민당 소속의 좌익 인사가 반동적인 선거에서도 당선되었다. 이들 좌익인사들은 단정수립의 의도를 갖는 입법의회에 참여를 거부해했지만, 선거의 결과는 미군정과 우익 세력에게 충격적일 수밖에 없었다.

미군정은 이 실태에 놀라 우선 남한에서 가장 민주세력이 강한 제주도를 중시하여 새롭게 강인수를 감찰청장에 앉히고 남한 각도에서 차출한 경찰관 100여 명을 이 도에 파견하여 제주 · 서귀 양 경찰서와 각 지서에 배치하고 그 테러적 기동성을 한층 강화하였다.

30만 노동자의 제네스트

미군정의 압제는 남한민중들에게 점차 분노와 증오의 폭풍을 일으키기 시작했다. 남한민중은 자주독립을 보장할 미소공위의 재개를 요구하고 기아공출반대, 식량의 배급, 민주적 노동법령의 즉각 설치 등의 제요구를 내걸고 일대 자위투쟁에 나섰다. "가만히 앉아서 죽기보다는 일어서서 싸운다"라는 것이 당시 남한민중의 일치된 슬로건이었다.

해방후 미군정의 남한점령정책과 그 아래에서의 근로대중의 열악한 사회경제상태――저임금, 장시간노동, 기아――에 대하여 노동자계급은 군정법령을 공포하였다. 즉 제14호(45년 10월 10일) 「일반노동임금」, 제3호(같은 12월

8일) 「노동조정위원회설치에 관한 건」, 제14호(46년 7월 22일) 「노동문제에 관한 공공정책공포와 노동부설치」, 제112호 「아동노동법규」등에 의해, 전평(조선노동조합전국평의회), 전농(전국농민조합총연맹)을 비롯한 민주적 제단체의 활동을 제한 · 탄압하고, 46년 3월에는 미군정의 노동조합대책을 기본적으로 추진할 반공 · 노자협조적인 「대한독립노동총동맹」을 설립하고 전평의 파괴활동을 전개하였다.

또 미국은 남한에 군정을 하면서 "1일 1인당 배급량 2.5홉, 배급가격 석(石)당 50원 9전"이라 발표하였다. 그런데 그것이 1개월도 채 못 되어 군정법령 제1호(45년 10월 5일)에 의해 배급제를 폐지하고 미곡의 자유판매를 실시하여 모리간상배들이 폭리를 취하게 하였다. 그 후 미군정은 민중들의 반대에 직면하여 또다시 배급제를 실시하게 되었지만 대상자 1인당 1홉씩조차도 정상적으로 배급되지 않았다.

맥아더는 46년 2월 20일 본국 의회에 제출한 보고서에 다음과 같이 쓰고 있다.

> 근대전에서의 승리는 전쟁터에서 적을 쳐부수는 것만으로는 얻을 수 없다. 그것은 전쟁의 물질적인 토대와 더불어 전쟁을 일으키고자 하는 의지를 갖게 하는 인간의 본성을 파괴함으로써만 가능하다. 그를 위해서는 식량과 여타의 보급을 완전히 봉쇄하여 기아상태로 밀어 넣을 필요가 있다. 그 상태가 계속되면 사회불안, 무질서, 폭동 등이 일어나는 바 그 경우에는 긴급한 구제물자를 공급하여 그것으로 아사를 모면하였다고 인식시키는 완전한 정신적 개혁이 필요하며, 그 개혁은 나아가 전쟁에 직접적 타격을 입은 사람들을 지배할 뿐 아니라 그 다음 세대의 사람들에게도 결정적인 영향을 미치는 것이 되도록 해야 한다.
>
> (井上淸, 《현대일본의 역사》)

이와 같이 '기아의 철쇄'로 식민지 민중들의 목을 졸라매고 미국의 잉여농산물에 전적으로 의존케 하는 방식은 미국의 식민지정책의 기본골격이다.

그 정책 하에 있는 남한의 모든 근로대중은 기아와 테러의 전율로부터 전 민족을 구출하고 생존과 자유의 길을 열며 조국의 완전한 자주독립을 위해 결연히 떨쳐 일어섰다.

즉 삼척탄광(4000인), 46년 6월 화학공장(3000인), 서울 화물자동차공장 및 인천 동양방적공장노동자의 대우개선스트라이크(같은 해 7월), 전남 하의도 농민폭동, 전북 이리의 쟁의, 군산 부두노동자(1500인)의 투쟁(같은 해 9월), 광주민중과 화순노동자(1000인)의 8 · 15기념 투쟁에 있어서 30여 명의 노동자가 학살된 투쟁, 강진농민의 폭동, 경상북도 전매국의 스트라이크…… 등에서 보여지는 바와 같이 노동자, 농민, 각계각층 민중의 투쟁이 강력하게 전개되었다. 그 중에서도 남한노동자 투쟁의 일대 전기가 된 것은 46년 9월의 부산지구 철도노동자(7000인)의 스트라이크였다. 특히 9월 15일에는 전평산하(〈표2〉참조)의 철도노동자가 ① 노동자에게는 4홉, 가족에게는 3홉씩의 쌀을 배급할 것 ② 일급제 반대 ③ 임금인상 ④ 해고 · 감원 절대반대 ⑤ 급식을 종전대로 실시할 것, ⑥ 노동법령을 즉시 실시할 것 등의 요구를 내걸고 대중적 스트라이크를 단행하였다.

그것에 이어 24일에는 남한전역의 4만여 철도노동자가 일제히 스트라이크 태세에 돌입하였다. 이와 동시에 「남조선총스트라이크 투쟁의원회」가 조직되고 투쟁선언서가 발표되었다. 그것에 응답하여 9월 25일 각 산업부문 30여만 노동자도 떨쳐 일어섰다. 참가노동자의 증대에 수반하여 스트라이크노동자의 요구는 확대되어 임금인상, 대우개선에 그치지 않고 정치범의 석방, 테러행위의 배격, 학원의 반동화반대(그 후, 미군정이 48년 8월 이후의 국립대학안을 발표하자 이에 대해 남한의 대학교수, 학생이 반대운동에 궐기하였다) 등의 요구를 내건 광범위한 대중운동으로 발전하여 갔다.

당국은 이에 대해 거부의 회답을 했을 뿐 아니라 러어취 군정장관의 이름으로 9월 25일, "이번 스트라이크는 불법이다"라는 성명을 발표하고 탄압을 준비하고 있었다. 한 걸음 더 나아가 하지 중장은 9월 26일 철도노동자의 제네스트에 대한 방송 가운데서 이 제네스트는 '미주둔군의 고립화를 선동하는 자'에 의해 이루어진 것이라고 지적하고, "미군은 철도를 사용하지 않더라도 수송조직과 시설이 있고 식료품의 재고가 풍부하므로 하등의 어려움을 느끼지 않는다"라고 말하면서 이와 같은 소동은 "민심을 혼란시켜 세계열강으로 하여금 한국은 자치의 준비가 되어 있지 않다는 것을 믿게 하려는 결과가 된다"고 했다. 또한 "한국인은 백미만을 먹지 말고 과일이나 육류, 야채도 먹어라"라고까지 극언을 서슴지 않아 한국민의 조소와 분노를 자아내었다. 말하자면, 그들은 "빵을 달라!"라고 외치는 국민에게 돌을 던지고 "고기가 먹고 싶다!"라고 외치는 국민에게 뱀을 던지는 방식으로 회답했던 것이다.

남한 노동자의 제네스트는 미군정당국과 그 앞잡이들을 크게 당황하게 하였다. 그들은 마침내 무장탄압에 착수하였다. 경찰관 2천 명과 테러집단 2천 명으로 구성된 혼성부대는 미군 탱크를 앞세워 서울철도파업집단을 습격하여 많은 노동자를 사살하고 100명의 중상자를 내고 1천 7백여 명을 검거하였다. 그러나 이와 같은 유혈탄압은 민중의 분노를 한층 끓어오르게 하였다. 민주주의적 제권리, 기아로부터의 해방, 통일독립을 요구하는 남한민중의 투쟁은 10월 이후에도 잇달아서 전개되어 갔다.

〈표2〉 전평 산하조합과 조합원수 (45.11.6결성, 46.2.15현재)

산 업 별	지 부 수	분 회 수	조합원수
금 속	20	215	54,364名

화 학	18	167	49,015
섬 유	16	121	30,268
출 판	16	65	4,368
교 육	28	140	58,041
식 량	23	108	22,528
토 건	17	127	59,118
전 기	14	54	15,742
목 재	11	125	30,722
어 업	9	50	35,653
광 산	9	123	64,572
통 신	9	40	10,215
철 도	14	117	62,439
일 반	14	107	17,065
해 운	7	9	4,720
조 선	10	38	5,349
합 동	1	74	53,101
합 계	235	1,676	573,475

비고) 조합원남녀별 – 남 75% 여 25%

남자 연령별 – 청소년 60% 장년 40%

여자 연령별 – 청소년 80% 장년 20%

(《역사과학》 1963. 第5號)

10월 항쟁

1946년 9월 제네스트의 전개는 10월에 들어서 그 절정에 달하였다. '10월민중항쟁'이라 불려진 노동자 · 농민 · 시민 · 학생의 남한전역에서의 봉기는 10월 1일 대구에서 1만여 명의 "쌀을 달라!"라는 데모에 대한 경찰대의 발포에서 시작되었다. 이것을 계기로 '9월 23일부터 11월 중순까지 60여일의 장기간 투쟁에 참가한 인원의 총수는 227만 9천 338명'에 달하는 대규모의 '10월 민중항쟁'이 전개되었던 것이다.

말하자면 대구의 항쟁대중은 "미제의 식민지정책 반대!", "정권을 즉시 군정에서 인민위원회로 넘겨라!", "남한에서도 민주개혁을 실시하라!", "토지는 농민에게 주라!", "쌀을 달라!"라는 정치적, 경제적 요구의 슬로건을 내걸고 궐기했던 것이다.

대구지구 철도노동자와 남전(南電) 노동자, 40여개소의 공장노동자와 시내 각급학교의 학생 · 시민들은 자기들의 요구를 관철시키기 위해 역전광장에서 집회를 연 후 대중적 데모로 옮겨갔다. 그리하여 미군철수와 민족반역자의 처벌, 정권을 인민위원회에서 인수하여 국민주권을 수립하고 민주개혁을 실시할 것을 요구하며 기세를 올렸다. 권력은 이에 당황하여 수백 명의 경관을 투입하여 군중에게 폭압을 가하는 한편 데모대를 해산시키기 위해 선두에 선 데모대를 향해 발포하였다. 데모대에 참가하고 있던 대구의대의 학생 한명이 사살되고 수많은 시민이 부상을 당하였다. 광장은 선혈로 얼룩졌다. 데모대는 격분하여 투석으로 응전하였다. 대구시는 총탄과 돌이 서로 교차하는 결전장으로 화해 갔다.

다음 날인 2일 오전 10시 대구시의 노동자, 학생, 시민들은 전날 희생된 학생의 시신을 선두로 하여 데모를 결행하였다. 데모대는 보복의 기세를 올리면서 대구경찰서로 행진하였다. 경찰서를 포위하자 경관 가운데는 자발적으로 무장해제하고 도망가는 사람이 속출하였다. 다른 한편 학생들은 대표자를 보내어 서장에게 두 가지의 요구를 제시하였다. 그것은 경찰의 무장해제와 정치범의 석방이었다. 무기고가 점령되고 무장해제가 행해졌다. 이것과 동시에 대구경찰서 관내의 6개 지서와 9개의 파출소, 달성경찰서 관내의 8개의 자서와 3개의 파출소도 시위군중들에게 점령되어 대구시는 완전히 시민의 손에 들어갔다.

이에 대하여 미군은 기관총부대와 전차대를 출동시켰다. 정오 무렵 미군소령이 경찰서를 포위하고 있는 군중에 대하여 오후 3시까지 해산하지 않으면 발포한다고 선언하였다. 도대책위원회는 대표를 파견하여 항쟁군중과 함께 미국인 도지사 및 한국인 경찰청장과 회견하여 ① 파업단의 합법성을 인정할 것 ② 스트라이크에 따른 검거자를 전원 석방할 것 ③ 무장탄압을 일체하지 않을 것 등의 요구를 관철시키고 학생들은 무기를 반환하고 해산하였다.

마크 게인은《일본일기》속에서 이 시기의 격렬한 투쟁과정을 적고 있는데, 대구에서의 투쟁의 일부를 인용하는 것으로 그 치열한 투쟁의 모습을 확인하고자 한다.

> 그것은 수만의 대중 – 수백만은 아닐지라도 – 을 끌어들인 전면적인 혁명이었다. 대구에서만도 그 전인구 15만 중 3분의 1이 봉기에 참가하였다. 혁명에 대한 안전장치가 풀린 곳은 실로 대구였다. 우선 철도종업원이 스트라이크에 들어가고 전화, 금속, 방적, 전기의 종업원조합이 이것에 잇따랐다. 하나의 스트라이크가 경찰력으로 진압되자 다른 하나가 일어났다. 학생은 가두로 뛰어나가 시위행진을 행하였다. 그리하여 전시가가 들끓었다. 시내로부터 혁명은 농촌으로 옮겨가고 소작인의 손으로 옮겨갔다. 농민은 쌀을 경찰에 공출하는 것을 거부하고 지주의 집을 습격하고 그 후에는 경찰을 습격하였다. 검거된 소작인을 해방시키기 위해 유치장 문짝을 부수고, 서류를 불태우고 무기를 약탈하였다. 반혁명진영에 속했던 것은 경찰, 우익 단체, 미군이었다.

10월 4일 계엄령이 떨어지고 항쟁이 다른 지방으로 확대됨에 따라 공포정치는 대량체포와 무수한 살해에 의해 한층 강화되었다. 대구민중항쟁은 연쇄반응으로 순식간에 남한전역으로 파급되었다. 10월 2일부터 5일까지 항쟁의 폭풍은 달성, 성주, 왜관, 칠곡, 의성, 고령, 경산, 군위, 예천의 각 군을 휩쓸었다.

10월 1일에는 5천 5백명의 해원(海員)동맹이 제네스트에 돌입하고 같은 달 4일에는 각 대학교의 동맹휴교, 대구형무소 죄수 4백인의 탈옥, 같은 달 5일날에는 부산, 인천, 군산, 목포, 여수, 마산, 통영 등지에서 해원 1천 5백 명에 의한 소위 '동정파업'이 단행되었다. 같은 달 8일에는 밀양모직공장 노동자가 스트라이크에 들어가고 부산항에서는 해안경비대의 응원하에 100여 척의 선박데모가 행해졌다.

한편 9월 29일에는 개성경찰서원들이 10월 1일에는 인천경찰서원들이 제네스트에 들어가고 9월 30일에는 서울시청, 10월 1일에는 인천시청의 직원이 각각 떨쳐 일어섰다. 그리고 경남지방에서는 하동, 양산, 울산, 김해, 동래, 부산, 통영, 진주, 의령, 거제 등의 경찰서, 지 · 파출소가 항쟁 대중에 각각 습격당하였따.

영남 일대를 휩쓴 항쟁의 불길은 10월 하순에는 중부지방–경기도, 강원도, 충청남북도로 파급되었다. 10월 20일, 개성시내의 노동자 1천여 명은 "쌀을 달라!", "정권을 인민위원회로 넘겨라!"라고 절규하면서 강력한 데모를 단행하였다. 같은 날 아침, 수백 명의 항쟁군중은 봉동, 상로, 농덕지서를 덮쳐 악질경찰들을 처단하였다. 광주군 사람들도 같은날 아침 경찰서를 습격하여 구금되어 있던 애국자들을 구출한 후 건물을 깡그리 태워버렸다. 백천, 연안 경찰서도 군중에게 습격을 당했으며 옹천군 가천지서도 습격당했다. 또 같은 달 18일 아침 당진 경찰서 관내의 합덕, 승산 등의 각 지서, 홍천경찰서 및 관내의 구항, 갈산 등의 지서도 각각 항쟁군중에 습격당했으며 청주경찰서도 벌벌 떨고 있었다. 대구에서 시작된 10월 민중항쟁의 파도는 같은 달 말부터 호남지방 특히 전라남도에 파급되었다. 항쟁의 불길은 우선 화순 탄광노동자

속에서 솟아올랐으며 광주, 목포, 무안, 장성, 나주, 함평, 담양, 보성, 해남, 영광, 장흥, 영암, 광양, 강진 등 15개 시군의 민중들이 떨쳐있어섰다. 항쟁군중에 호응하여 형무소에 수감되어 있는 정치범도 궐기하였다. 대구, 전주, 광주, 대전, 공주 등의 형무소에서 탈옥, 또는 폭동투쟁이 전개되었다. 이와 같이 10월 민중항쟁은 남한의 각 도시, 농촌을 휩쓸어 "정권을 인민위원회의 손으로", "폭력단을 박멸하라", "미소공위를 재개하라", "통일한국을 위한 민주적 임시정부를 수립하자"라는 슬로건과 함께 피의 절규가 되어 하늘에 울려퍼졌던 것이다.

이 사건의 발생원인에 관해서는 인민당이 "생명옹호를 위한 민중의 궐기이다"라고 담화를 발표하였고, 법학자동맹은 "경찰의 반민주적 행위와 군정의 식량정책 실패, 그리고 파업에 대한 불법 탄압이 원인이다"라고 성명을 내고 있는 것처럼 남한민중의 잔혹한 통치에 대한 저항 그 자체이다.

9월 제주도에서도 소동이 일어났다는 정보가 있어 10월 10일, 전라남도 광주에서 미군부대가 파견되었다. 여하튼 남한민중의 역사적인 '10월 민중항쟁'은 9월 23일부터 11월 중순까지 60일간에 경상남도 18개군을 비롯하여 남한 전역의 73부, 시, 군에서 전민중적인 항쟁이 치열하게 전개되었던 것이다.

동원규모 및 민간 측의 피해상황은 다음과 같다.

동원상황		피해상황	
참가총인원 ………	340만명	피 살 자 ………	00명
노 동 ………	18만명	부 상 자 ………	36,600명
농 민 ………	160만명	행방불명자 ………	36,600명
학 생 ………	3만5천명	피 검 거 자 ………	15,000명
서 민 ………	160만명	노무자해고 ………	4,000명

『대구일보』(1946년 12월 4일)의 보도에 의한 경찰관 사망은 60명, 민간인 사망은 54명으로 되어 있다. 또 대검찰청수사국 《좌익사건실록 I》에 의하면 경찰관 사망자 39명, 부상자 31명, 민간인사망자 44명, 부상자 56명, 총검거 인원은 7,000명으로 되어 있다.

제2장 4 · 3 무장봉기의 서주곡

1. 3 · 1절의 행사와 경찰의 발포

1947년에 들어서자 전후의 국제정세는 새로운 긴장상태가 조성되었다. '공산주의 봉쇄'를 위한 트루만의 선언이 공표되어 미국은 '공산주의의 위협'을 방지한다는 명목 하에 군비를 증강하고 군사기지의 신설이나 확장에 경주하였다. 이러한 봉쇄정책의 적극화는 남한일대-제주도 남단에까지도-에도 확실히 보여졌다.

제주도민은 대구나 서울에서의 평화적인 시위에 대한 폭압이 자행됨에 따라 30만 전도민은 분노의 불길을 태우며 3 · 1 독립운동기념대회에 결집하려는 목표 하에 전조직력을 동원하여 격렬한 투쟁을 전개하였다.

우선 민전은 그 합법성을 쟁취하기 위해 당국과 끈질기게 교섭을 거듭하였다. 그러나 그들은 그것에 응하기는커녕 도리어 전라남도 각 경찰서에 경찰응원대의 급파를 요청하고 폭력으로 대응할 결의를 확고히 하고 있었다. 그리하여 그들은 3 · 1기념일 며칠 전부터 전도에 경계체제를 펴고 군정청, 감찰청, 경찰서나 기타의 요소에 바리케이트를 치며 무장경관을 비상경비에 들어가게 하는 한편, 새로이 기마대를 편성하여 진압훈련을 행하는 등 탄압조치에 만전을 기하였다. 그것에 불만을 가진 민중들로부터 “3 · 1대회는 어떠한 일이 있더라도 결행해야 한다”라는 소리가 높아갔던 것도 결코 이상한 것이 아니었다. 민중은 경찰의 계엄망을 교묘히 피하고 “3 · 1절 대회를 실력으로 쟁취하자!”, “부당탄압을 즉시 중지하라!”고 외치면서 가두로 진출하였다. 가는 곳마다 집회가 열리고 데모가 결행되어 ‘3 · 1절’ 전야에 이미 실행태세는 완전히 갖추어졌다.

이와 같은 험악한 정세 속에서 도민은 3 · 1독립기념일을 맞이했던 것이다. 3월 1일 아침 8시에는 이미 형형색색의 기를 세운 시내의 학생, 시민 2천여명이 오현중학 교정을 꽉 메웠다. 그들은 다음과 같은 슬로건이 쓰여진 기와 플랜카드를 높이 내걸고 강철같은 스크럼을 짜고 교가나 해방가를 목청껏 불렀다.

1. 3 · 1 혁명정신으로 한국의 통일독립을 쟁취하자.
2. 미국은 남한에서 물러가라.
3. 파쇼세력타도 만세.
4. 학원의 자유를 인정하라.
5. 남한과도정부수립 만세.

시내의 교직원들도 그 대열에 참가하여 학생들의 의거를 지원하였다. 집회가 열리려던 바로 그 순간에 패트리치 대위의 지휘 하에 제주경찰서장 강동효가 이끄는 기마대와 기동대가 갑자기 모여 있는 대중의 대열로 돌진하여 위협발포를 하면서 즉시 해산을 강요하였다. 그러나 학생 대열은 조금도 동요하지 않고 해산할 기미도 보이지 않았다. 오히려 그 횡포에 격분한 학생과 군중은 "미국놈은 물러가라"라고 외치면서 투석으로 맞서 일진일퇴의 대오를 유지하면서 파상데모를 감행하여 그들을 크게 당황하게 하였다. 이때 패트릿치 대위도 마침내 "집회를 10분 내에 끝내라"라고 인정하지 않을 수 없었다. 그것이야말로 '3 · 1혁명정신'을 이어받은 도민들의 투쟁의 산물이었다.

이에 당황한 군정경찰은 시내의 전무장력을 동문통, 남문통, 서문통, 칠성통의 각 요소요소에 배치하고 사방에서 밀려오는 데모대의 합류를 저지하려 하였으나 도민들의 격분은 점점 높아져서 마침내는 폭발점에 이르렀다. 우선 오현중학 교정의 학생, 시민이 억눌린 울분을 터뜨렸다. 3천여 군중은 강력한 스크럼을 짜고 기동대의 경비진을 돌파하여 한꺼번에 시가데모에 나섰다. 데모대의 파도는 '으샤', '으샤'하며 장단을 맞춘 소리를 지르면서 도민대회장(북국민학교)으로 향했다. 주변에서 숨을 죽이고 진척되는 상황을 지켜보고 있던 시민들도 돌파가 성공한 것을 보자 일제히 환성을 지르며 달려와서 데모대에 참가하였다.

이 데모대의 함성에 호응하여 성내의 시민은 물론이고 삼양(三陽), 화북(禾北), 함덕(咸德) 등의 주민은 동문통에서 하귀, 애월지방의 주민은 서문통에서, 광양의 주민은 남문통에서 각각 경찰의 무력을 밀어제치고 대회장에 우르르 몰려들었다. 인파는 순식간에 눈덩이처럼 불어나서 무릇 3만여 명이 대회장을 메웠다. 애국가, '3 · 1절' 노래 —— 기미년 3월 1일 정오 터지자 밀물 같은 조선독립 만세 —— 가 이날 또 다시 여기에서 울려퍼졌던 것이다.

태극기 곳곳마다 삼천만인 하나로
이 날은 우리의 의요, 생명이요, 교훈이다
한강물 다시 흐르고 백두산 높았다
선열아 이 나라를 보소서

동포여 이 날을 길이 빛내자

땅 속에서 솟아오르는 듯한 노랫소리로 3월의 창공을 제압하였다.

「3·1 독립기념 29주년 도민대회」는 미군과 경찰의 삼엄한 계엄체계 속에서 개최되었다. 도민전의장 안세훈(安世勳, 조전 출신)의 "……우리는 3·1 혁명정신을 이어받아 외세를 이 땅에서 몰아내고 조국의 자주통일을 쟁취하여 민주국가를 수립하자……"라는 개회사에 이어 "조선인은 자유로우며…… 최후의 일각, 최후의 일 인까지 독립의 완성에 노력하지 않으면 안 된다"라는 독립선언문을 낭독한 후, 각계각층의 대표가 결의를 표명하고 대회는 끝난 것처럼 보였다. 그런데 압제자에 대한 민중의 오래 전부터 쌓여온 분노가 일거에 폭발하여 군중은 곧바로 데모로 들어갔다. 데모대는 성내의 가두를 빽빽히 메운 채 이리저리로 흘러다녔다. '……만세'의 소리는 성난파도가 되어 전시가로 확산되었다.

행진은 끊임없이 이어지고 데모군중의 한 대열이 감찰청 앞에 이르자 미군과 경찰대는 기관총을 설치한 몇 대의 짚차로 거리에 바리케이트를 치고 칼빈총으로 위협사격을 가하면서 즉시 해산을 요구하였다. 이에 대하여 흥분한 데모대는 분노를 터트리며 "미국놈은 모두 물러가라!"라고 외쳤고 경관을 향해서는 "부모형제에게 총구를 겨누지 마라! 이 대열에 동참하라!"라고 되풀이하여 일제히 외쳤다.

마침내 선두의 노동자들이 주먹을 치켜들고 "자 나가자"하고 함성을 지르며 거리를 돌파하자 양심적인 경관은 그 애국적 정열에 사로잡혀 무장을 해제하고 데모대에 가담하는 경우도 있었다고 한다. 데모대가 군정장관의 관사에 이르자 거듭, 그들은 무력으로 해산을 강요하였다. 데모대는 예측할 수 없는 사태를 고려하여 해산했다.

그런데 다른 데모대에 의해 '관덕정 인민광장'에서는 밀고 밀리는 데모가 치열하게 벌어지고 마침내 그 데모대가 퇴각하려 했을 때, 갑자기 3두의 기마대가 뛰어나와 무차별 발포를 하여 소년 한 명의 목숨을 빼앗고 다수의 부상자를 낸 유혈참사를 야기하였다.

이 순진한 소년의 살상을 목격한 민중은 "미국놈들아 개새끼들아(경관을 말한다) 이 애를 살려내라 살인마들아"라고 절규하면서 시신을 선두에 세우고 압제자의 면전에서 항의데모를 단행하여 치열한 적의를 불태웠다. 그러나 데모대는 그들이 더욱 잔인하게 대응해 올 것을 예상하고 이 비극과 분노를 결코 잊지 않을 것이라고 서로 맹세하고 그곳에서 철수했다.

그뿐만 아니라 대정, 중문, 조천면에서는 경찰관이 상부의 명령을 거부하고 대회에 참가하여 축사를 한 사실이 있으며, 서귀읍대회에서는 해안경비대원들이 군악대로 참가하여 대회와 데모를 방위하는 임무를 맡으면서 스스로도 데모를 했다.

2. 전도민이 참가한 제네스트와 탄압의 바람

지배자는 경찰의 불법행위를 처벌하기는커녕 오히려 민중에 대항하여 부당한 탄압을 강행했다. 군정경찰은 다음날인 2일 전도에 걸쳐 검거선풍을 몰고와 민전간부를 시작으로 모든 활동가, 민주적 인사들을 속속들이 검거 투옥하였다. 사람들의 얼굴에는 불안의 그림자가 드리워지기 시작했다. 일제 시대와 같은 경찰권이 발동되어 자유를 매일매일 상실해가고 있었다. 그러나 그것은 독립의식이 강한 도민의 봉기를 재촉하는 것이었다. 도민은 민전의 "싸우면서 해결의 실마리를 찾자"라는 방침에 의거하여 여러가지 합법적인 조직을 만들어 맹렬한 반격투쟁으로 나아갔다. 대강 다음과 같은 요구를 가지고 당국자에 대해 과감한 투쟁을 전개한 것이다.

1. 3 · 1절 기념대회에서 발포를 명령한 자는 군정에서 추방 · 처단하라.
2. 동포를 학살한 경찰은 총살에 처하라.
3. 피살자와 부상자에 대해 군정은 사죄하고 물적보상을 실시하라.
4. 구속된 애국자들을 무조건 즉시 석방하라.
5. 불법 검거와 투옥을 즉시 중지하라.
6. 경찰요직에 동원된 민중의 적, 친일분자를 즉시 숙청하라.
7. 탄압을 즉시 중지하고 사후대책을 도민 앞에 제시하라.
8. 미 · 소 공동위원회를 즉시 재개하라.

이러한 요구 조건을 걸고 도민들은 "패트리치 대위(총지휘관), 강인수[2](부지휘관), 강동효(부지회관), 임영관(발표경관)을 단죄하라!"라는 슬로건을 전면에 내세우며 강력한 시위로 당국과 싸워 나갔다. 그것과 더불어 자발적인 저항조직으로 각 직장에 「3 · 1공동 투쟁위원회」가, 시민들 사이에는 「3 · 1사건 대책위원회」가 만들어져 행동통일이 이루어졌다. 이러한 조직은 전도로 파급, 확립되고 있었다. 이미 일부의 직장에서는 자발적으로 스트라이크가 단행되어 전도의 학생은 동맹휴교에 돌입했다.

그러나 군정당국은 도민의 정당한 요구에 귀를 기울이지 않을 뿐 아니라 치안유지를 핑계로 도민의 애국운동에 탄압을 가했다. 그리하여 대회나 시위에 참가했다는 이유만으로 체포되었고 어느 유치장이나 정치범으로 초만원을

2) 1947년 3 · 1 사건 직전에 제주도 감찰청장관으로 새로 부임해 온 강인수는 일제시대의 경찰경력자였고 해방 후 군정의 경찰직에서 일하며 본토의 경찰로 있을 때에는 좌익진영을 탄압 · 말살한 경찰간부였다. 그로 인해 여순국군폭동 때 순천에서 피살되었다.

이루었다. 그리고 다음에는 도의 민주세력을 일소하기 위하여 경무부에서 250명의 경찰을 파견하였고, 이들은 곧 테러집단화되었다.

"미군정당국은 도내 좌익세력의 저항을 분쇄하기 위해 본토에서 경관을 증파함과 더불어 국방경비대를 주둔시키고 해안경비대를 제주근해에 배치하여 치안유지태세를 강화시켰다" 더욱이 그들은 제주도민은 모두가 빨갱이라고 굳게 여기도록 교육받았던 자들인 것이다.

미군정의 이러한 강경한 태도에 격분되었던 민중은 3월 5일부터 스트라이크를 호소했다. 각 산별 노동조합과 농민, 시민이 여기에 호응했다. 3월 9일에는「제주도 총파업 투쟁위원회」가 결성되어 각 직장별로「……파업투쟁위원회」가 만들어졌다. 심지어 행정단위 말단에까지「3 · 1 총파업 대책위원회」가 만들어져 이제 전 도민의 강력한 투쟁태세가 갖춰졌다. 그것에 병행하여 '희생자 유가족 구원기금 모금운동'도 활발히 전개되었다.

이 제네스트는 미군청 직원까지도 참가했다. 3월 12일 전도의 관공서를 시작으로 모든 직원들이 "미군과 경찰이 죄없는 사람들을 살상한 책임은 마땅히 미군정이 져야한다. 도민의 정당한 요구를 일방적으로 거절하는 것은 부당한 조치이다. 이것을 원만히 해결하려고 생각한다면 즉각 불법탄압을 중지하고 도민의 요구를 전면적으로 용인하지 않으면 안 된다"라는 성명을 발표함과 동시에, 먼저 제시한 8개 항목의 요구조건을 제시하고 곧바로 제네스트에 돌입했다.

여기에 대하여 대정, 조천, 중문 등 각지의 경찰지서원들도 권력의 야수적인 탄압령에 반대하고 동정 스트라이크나 사보타지를 실행하게 예정되어 있던 탄압계획의 잔혹성을 민중에게 폭로했다. 상인들에 의한 상점, 음식점의 파업도 개시되어 요구가 관철될 때까지 단호히 투쟁한다는 결의가 표명되었다. 또한 제주도의 도청, 재판소, 학교, 관공서와 각 공공단체는 이날(9일) 발포경찰의 처단과 경찰 책임자의 인책사직을 요구하며 총파업에 돌입했다. 도내의 모든 업무가 마비될 만큼 총파업은 광대했고 12일에는 경부부장 조병옥이 직접 현장에 출두, 만일의 사태를 대비하여 전라남도의 무장경찰대를 투입시켜 파업해산을 종용하였다.

이러한 도민의 불굴의 투쟁에 놀란 군정장관 스튜어트와 도지사 박경훈은 시내의 각 직장대표를 소집하여 파업의 무조건적인 해제를 촉구했다. 그러나 직장측은 당국이 구체적인 해결안을 제시하지 않은 한 응할 수 없다고 하여 결국 교섭은 결렬되었다. 그 때문에 박경훈은 지사직을 사직하고 군정을 비난하며 민전에 가담하는 사태조차 발생했다. 그 상황에 대해서《한국 전쟁사 Ⅰ》에 "해방 후 제주도는 약 80%의 도민이 좌경화하여 사실상 인민공화국이 수립되었다. 도지사 박경훈은 인민투쟁위원장, 제주읍장은 부위원장, 각 면장은 투쟁위원장이었다"고 쓰여져 있는 것으로도 파업에 대한 호응도를 짐작할 수 있는 것이다.

전도의 제네스트 및 철시투쟁은 대정면 당위원회의 건의에 의한 것으로 제주도 역사상 전대미문의 최대 총파업이며 정당한 정치투쟁이었다.

미군 사령관도 이 사태에 유감의 뜻을 표명하지 않으면 안 되었다. "1919년 3월 1일 반일시위를 기념하는 제주도에서의 독립기념집회는 인민이 경찰당국의 집회금지를 거부하고 진행하였기 때문에 커다란 불상사가 발생되었다."라고 말했다.

미군은 기존의 부대만으로는 도민의 강력한 저항을 억누를 수 없다고 판단, 대량의 무장경찰관과 "우는 아이도 그친다"라고 할 만큼 무시무시한 「서북 청년회」[3), 「민족 청년단」[4)] 등의 반동적인 테러집단을 속속 급파하였다. 또

3) 6 · 25 전쟁 전 남한에는 북으로부터 이미 200만이 넘는 사람들이 38선을 넘어왔다. 이 사람들은 주로지주계급, 대일협력자였던 사람들로서, 남한에 와서 종사한 직업은 관공서, 군인, 그리고 반동청년단체였다.

한 경무부장 조병옥 자신이 몸소 제주도로 내려와 탄압을 지휘했다. 우선 「제주도 총파업 투쟁위원회」(식량운영단)을 급습하여 일체의 서류를 압수하고 동시에 수십명의 지도 간부를 검거 투옥했다.

그는 또 전도의 보안기관에 대하여 "파업을 선동했던 자, 취로를 방해했던 자, 직장에서 집회를 개최했던 자는 이유 여하를 막론하고 모두 검거하라"라고 지시하고 나아가 그것을 철저히 하기 위해 전 경찰을 독려하며 돌아다녔다. 더우기 경찰 주재소에서는 주민을 강제로 소집하여 본보기를 보여주기 위해 "이 개새끼들아 파업이 뭐냐", "이 빨갱이들아 공산당 정권이 가능하다면 도지사나 군수나 서장을 마음대로 해보라!"라고 욕지거리를 하면서 채찍을 들고 휘둘렀다.

테러선풍은 전도로 확산되어 갔다. 테러집단은 우익 경찰과 결합하여 '사람사냥'이나 '수풀사냥'을 시작했다. 군 · 경과 같은 잔혹행위를 했던 것은 「서북청년회」와 「대동청년회」이다. 어느 신문이 지적한 바와 같이 여기에는 "무법과 불법을 더한 팔법이 있다. 돈이나 힘이 있는 자, 권력을 끼고 있는 자만이 살아남으니 인민은 하늘을 우러러 불운을 개탄하는 바……" 그것이야말로 조금도 틀림이 없는 당시의 제주도 현실이었다.

「서북청년회」도 그 중 하나로 처음에 평북 정주 출생인 선우기성이 서울로 도주해 와 백남홍, 문제봉 등과 「평안청년회」를 만들은 데서 연원한다. 당시 서울에는 「평안청년회」를 비롯하여 「함북청년회」, 「대한혁신청년회」, 「황해청년회」, 「양호단(養虎團)」 등 5개의 청년단체가 있었다. 이것을 통합한 것이 「서북청년회」인 것이다. 그들은 20만의 회원을 가지고 나는 새도 떨어뜨리는 세를 과시하며 민중으로부터는 "우는 애도 그친다"는 공포의 대상이 되었다. 그리고 반공의 제일선에 서서 어제는 남로당본부, 오늘은 전평, 내일은 인민일보를 습격하는 식으로 남한의 좌익세력에 대하여 살인행위를 자행하였다. 그들이 제주도에 들어와 반공의 칼을 휘둘러 대었으므로 도민은 견디기 힘들었다.

4) 「민족청년단」은 해방 후 만주에서 돌아온 이범석(초대 국무총리)이 만들었던 것으로 마크 게인의 《일본일기》에 따르면 미군정부의 보조금으로 운영되고 히틀러 유겐트의 역사를 가르치는 조선인의 '지도자학교'라 한다. 제2차 대전 중 전략사무국(특무기구)의 국장이었던 육군소장 윌리엄 J. 도노반이 이범석을 한국에 불러들여 미국의 자금원조로 최초의 사병(私兵)을 만들게 하였다고 한다.

악명 높은 서북청년 회원은 4 · 3 당시까지 각면에 다음과 같이 배치되어 있었다.

제주읍 300명	한림읍 50명	안덕면 40명
중문면 50명	대정면 40명	성산면 40명
남월면 30명	표선면 30명	서귀면 70명
애월면 40명	구좌면 50명	조천면 20명
		합 계 760명

이 자들은 행정기관의 소재지에 있는 관사나 민가를 불법으로 점거하여 우리는 "제 2의 모스크바-제주도를 공격하러 온 멸공대다"라고 큰소리치며, 온순한 주민을 '빨갱이', '동조자'라고 몰아부쳐 위협했다. 이유도 없이 지나가는 행인을 짓밟아 집단폭행을 가하기도 하고 밀실에 감금하고는 잔인한 린치를 가하여 결국은 살상까지 자행하는 만행이 연일 그칠 날이 없었다. 말하자면 그들은 어떤 구실로도 곤봉을 휘두를 수 있도록 권력으로부터 허가를 받고 있었던 것이다. 이것에 힘을 얻은 도내의 우익세력들도 그들의 압잡이가 되어 대중탄압에 맹위를 떨쳤다. 이리하여 전도는 호랑이굴로 화하여 어느 사이엔가 '지옥의 섬'으로 불려지기까지 하였던 것이다.

미군정의 이러한 공포정치는 도민대중에게 한없는 분노와 반발을 가져왔다. 한국민중은 광풍 같은 테러와 탄압의 와중에서도 독립과 자유의 기치를 높이 내걸고 불굴의 의지로 투쟁을 전개해 나갔다. "무차별한 탄압을 즉시 중지하라!", "경찰 응원대와 서북 테러단을 즉시 철수시켜라!" 라는 슬로건을 외치면서 계엄망을 뚫고 광범한 대중운동이 활발히 전개되고 있었다. 군정 경무부에서도 사태의 발전에 대한 세론을 피하기 위해 "3 · 1절 기념대회 발포

사건에 관련한 제주경찰관을 심문, 파면했다"라고 발표(동 4월 3일)하지 않을 수 없었다. 그러나 그들은 피의 탄압과 테러를 중지하지 않고 지금까지 보다 더욱더 악랄하게 자행하였다. 여전히 변함없이 경찰, 테러집단에 의해 밤낮으로 이른바 '빨갱이 사냥'이 계속되어 눈에 띄는 자는 닥치는 대로 체포 구속하였다. 그리고 잔학한 고문에 의한 죄상이 차츰 폭로되고 있었다. 당시에 기합대(특별히 훈련된 고문 전문가)의 고문은 참으로 눈뜨고 보기 힘든, 치떨리는 것이었다. 그들은 용의사실이 있건 없건 기절할 때까지 구타하여 자신들의 편의에 맞게 모든 것을 자백케 한 후 그것으로 다른 동료를 줄줄이 검거하는 것이 그들의 수법이었다.

이리하여 3월 2일에서 다음날 초순까지 약 2천여 명의 죄없는 민중이 두평 남짓한 유치장이나 특설감방에 수용되어 형을 기다리고 있었다.

이러한 현상은 제주도에 그치지 않고 지옥과도 같은 참상이 남한 일대에 전개되었다. 그 실태에 관해서 단독 정부수립 후 회기 중(1948년 12월 14일) 어느 국회의원은 "우리들은 진실로 민주주의적인 경찰을 수립하지 않으면 안 된다. 우리들은 이것을 요구하여 왔지만 지금의 경찰에는 어떠한 변화도 보여지지 않는다. 모든 친일 경찰들은 그대로 있으며 지금까지 일본 경찰이 저질렀던 것과 똑같은 잔학한 행위를 자행하고 있다."라고 말하고, 또 어느 의원은 "그들은 사람들을 검거하면 덮어놓고 반죽음시킨 후 심문한다."라고 발언하여 당시 군정경찰의 잔혹성을 여실히 묘사하고 있다.

경찰관의 수에 있어서도 일제시대의 그것보다 훨씬 웃돌고 있다. 일제시대의 전 조선경찰의 총수는 2만 3천 559명(1941년 《총독부연보》)인데 비하여 1949년 남한의 경찰 총수는 6만 300명(「국제연합 임시 한국위원회」의 보고서)이다. 이것은 당시의 내무장관이었던 조병옥이 「국제연합 임시 한국위원회」에 대해 증언한 숫자로써 인구 1,000명당 1,526에 달한다.

경찰이나 그 관계기관의 역할이 과대하게 중시된 것은 미군정의 1946년 6월에 개시된 회계연도의 국가예산을 보면 명백해진다. 즉 총액 110억원에 이르는 예산 가운데 교육 예산이 고작 3억 8천만 원(약 3.5%)인데 비해 경찰사업 · 군사관계는 28억원의 예산이 책정되었던 것이다.

또 남한 형무소에 수용된 인원이 1947년 12월에는 2만 718명이며, 48년 8월에는 2만 141명이다. 49년 10월 5일 당시의 법무장관인 권승렬의 국회에서의 보고에 의하면 3만 7천 명으로 놀라우리만큼 증가하고 있다. 이것은 일제시대의 한반도 전체에서 1만 6천명, 1943년 전의 수형자 2만 3천 728명에 비하면 엄청나게 큰 숫자이다. 이 숫자로 보아도 미군정의 강권정치가 얼마나 남한민중으로부터 규탄되고, 이승만 정권이 얼마나 배격되었는가가 이해될 수 있을 것이다. 특히 제주도는 경찰의 유혈탄압과 그것을 능가하는 백색테러집단의 살인적인 테러에 의해서만 지배자는 통치체계를 유지할 수 있었던 것이다. 미군정은 지배체제를 보다 공고히 하기 위해 이번에는 한독당 농림부장 유해진(柳海辰)을 도지사로 임명(10월 10일)했다. 그는 취임하자마자 우익진영이나 테러집단에 대해 "수단과 방법을 가리지 말고 빨갱이나 빨갱이에 물든 사람을 잡아 들여라"라고 재촉함과 동시에 진보적인 교사, 학생을 학원에서 추방하고, 공산주의자 숙청을 명목으로 유능한 인재를 '좌익분자'로 몰아 모든 행정, 사법기관이나 공 · 사의 기업체에서 해고시켰다. 그리고 그 대신에 극우분자로 교체하여 체제를 강화하는 한편 300여 명의 경찰을 증원하여 비상계엄망을 빈틈없이 펴나갔다.

그 결과 가난한 도민을 전례없는 생활고와 무권리적 상태에 빠뜨렸으며 전도는 이제 테러와 폭력이 난무하는 암흑의 땅이 되었다. 게다가 주민은 '경찰비', '후원회비'(우익단체와 테러집단에 의한 강제 기부금) 등의 명목으로 착취당하고 불량품을 터무니없는 가격으로 사야만 했다. 여기에 한 번이라도 거절한다면 빨갱이라는 이유로 테러가 가해졌음은 물론이다. 여기에서 집재자의 폭정에 반대하는 폭동이 발생되지 않는다면 오히려 이상한 일일 것이었다.

이러한 경찰, 테러집단의 만행에 관하여 매퀸이 "한국 경찰이 불법행위를 저지름에도 불구하고, 미군정은 테러에 반대한다고 공언하면서 거의 분쟁에 개입하지 않고 있다"(《금일조선》)라고 지적하고 있는 것처럼, 이것이 한국민중에 대한 미국의 '해방', '원조', '자유', '인권'이라고 하는 것의 실태이었다. 마크 게인이 《일본일기》에서 "우리는 상륙한 바로 그 날부터 한국의 적으로서 행동하였다"고 정확하게 서술했던 것은 바로 그것의 반증이라 할 수 있겠다.

그들의 무자비한 억압, 수탈정책에 의해 도민의 경제생활은 파탄상태에 빠졌다. 농어촌에는 일할 사람이 없고 영세한 농어업마저 적시에 이루어지지 못했기 때문에 도민들은 또 다시 기아와 싸우지 않으면 안되었다.

3. 폭압에 항거하는 도민의 자위투쟁

격화되는 좌 · 우 대립

권력은 더 이상 사태를 악화시키지 않도록 하기 위해서도 도민에 대하여 유연한 정책을 취하지 않으면 안 되었다. 그럼에도 불구하고 그들은 오로지 강압책만을 취하여 소박한 주민을 공포에 떨게 하였다.

마침내 테러집단은 그 수를 증가하고 폭력은 점점 더 그 도를 더해갔다. 특히 우익의 청년행동대는 「대동청년단」의 완장을 두르고 곤봉과 죽창을 공공연하게 휘두르며 이리저리 몰려다니면서 선량한 시민을 붙잡아 폭행을 가하고 경찰에 넘기는 등 반민중적 행위를 공공연하게 자행하였다.

이와같은 권력의 부당한 탄압에 대하여 남한노동자는 동년 3월 22일, 24시간의 스트라이크를 결행하여 제주도 민중의 자위적인 대중투쟁을 지원하였다. 서울, 부산, 광주, 인천, 부평, 대구, 군산, 목포, 삼척, 춘천, 충주, 안동, 이리 등의 주요산업도시의 노동자 약 20여만 명은 아래와 같은 요구를 내걸면서 경찰과 테러집단의 탄압을 반대하는 제네스트에 참가하였다.

1. 3 · 1절 기념대회에 만행을 저질렀던 경찰관을 즉시 처벌하라.
2. 해고, 감원 절대 반대
3. 노동자의 권리를 보장하고 노동조합운동의 자유를 보장하라.
4. 남한 노동운동의 지도자와 민전가부를 즉시 석방하라.
5. 남한민중의 벗이며 애국자이신 박헌영 선생에 대한 체포령을 즉시 취소하라.
6. 경찰요직에 등용되어져 있는 민중의 적, 친일분자를 즉시 숙청하라.
7. 진보적 노동법령을 즉시 실시하라.
8. 토지를 무상몰수하고 무상으로 농민에게 배분하라.
9. 식량배급을 1인 4홉으로 하라.
10. 임금을 두 배로 인상하라.
11. 좌익신문의 정간을 취소하라.
12. 미소공동위원회를 속개하라.

노동자의 제네스트에 호응하여 16만여 명의 농민 및 시민, 8만여 명의 학생이 궐기하여 민주세력의 역량을 과시하였다. 10월 민중항쟁으로부터 3월 22일 제네스트 투쟁을 통하여 보여주었던 민중의 압력은 군정지배를 동요시켰다.

이렇듯 민중의 미군정에 대한 공공연한 반감에 직면하여 군정당국은 강화되는 물리력과 직접적인 탄압으로 일관하였다. 군정의 발표에 의하면 일련의 투쟁 중에 총 2,718명의 좌익인사가 체포되었다고 한다.

또 중앙의 민전으로부터 제주도의 '3 · 1사건'의 진상을 구명하기 위하여 조사부장 오영, 윤학기 변호사가 파견되었는데 이유없이 둘다 체포되어 조사활동은 이루어질 수 없었다. 권력의 이러한 부당한 처사는 도리어 도민의 군정경찰에 대한 반감도를 한층 더 강하게 만들었다.

제주도민은 이러한 공포정치를 하루라도 빨리 제거하기 위해서 자주독립을 보장하는 '미소공위' 재개를 요구하는 과감한 투쟁을 하였다. 이에 두려움을 느낀 지배자는 '3 · 1'사건을 전후로 하여 말단 행정구역까지 극비리에 뒷조사하여 만들어 놓은 '체포자 명부'를 근거로 하여 3월 15일 또다시 검거선풍을 야기시켰다. 결국 권력의 폭정에 분노한 애국적 대중은 조직과 인권을 방위하기 위하여 자위태세를 갖추게 되었다.

동년 3월 15일 중문면의 농민대중 약 3백여 명은 중문지서까지 데모를 하면서 피검자의 즉시 석방을 요구하고 경찰의 부당한 탄압을 규탄하였다. 이때 경찰의 불법적인 발포에 의하여 1명의 애국청년이 사살되었고, 그의 죽음은 다수 주민을 격분시켰다. 이에 유혈을 동반한 저항투쟁이 각지에서 활발하게 전개되었다. 그 반작용으로서 권력이 보여주었던 끊임없는 공격과 파괴는 '더럽과 잔학함'을 보여주기 시작했다.

동년 6월 6일, 구좌(舊左)면 종달(終達)리의 민주 「애국청년 대회」(회장 부옥만)를 급습하였던 경찰 · 테러법들의 중의 수 명이 피켓대원들에 의하여 붙잡혀 회의장으로 압송되어 왔다. 그들은 주민의 앞에 끌려나와 '민중에 반역'하였던 죄를 규탄받았지만 그간의 부정의하고 반민족적인 행동은 면죄받고 돌아가게 되었다. 그 이후에 있어서도 극히 반동적이지만 않으면 석방시켜주었다. 이러한 사태는 당국자에게 커다란 충격을 주었다. 바로 그 다음 날 아침 그들은 100여 명의 무장경찰을 현지에 급파하여 대탄압을 감행하고 무고한 종달부락민 70여 명을 체포하여 제주경찰서의 반감방(유도장)에 감금하였다. 그러나 억압받은 주민의 분노를 억누르는 것은 불가능하였다.

당국의 이러한 폭정과 무모한 탄압에 대한 민중의 저항의 불꽃은 요원의 불꽃처럼 타올라 순식간에 거대한 민족해방투쟁의 불꽃으로 되고 있었다. 농민들은 말할 것도 없이 10살 될까 말까 하는 소년부터 백발의 노인에 이르기까지 모든 사람이 일어나고 있었다. 폭정에 대한 방어는 일순간에 연대감을 창출하고 있었다. 농촌 부인들도 자신과 자녀를 보호하기 위하여 무장테러에 가위눌린 가슴을 안고 농기구를 머리 위로 번쩍들음으로써 저들의 총구에 분연히 대항하고 있었다. 아울러 검은 테러단에서는 "한 줌의 쌀도 취하지 못하게 하자", "한 방울의 물돌 마시지 못하게 하자"라고 외치면서 이러저러한 자위책을 구사하면서 증가하는 테러단과 싸웠다. 그들은 보 · 구엔 · 지압(베트남 민족해방운동의 지도자였으며 게릴라 전쟁의 이론가, 남 · 북 베트남 분단시에는 북베트남의 국방장관을 역임)이 이전에 "주민 모두가 병사이고 촌이란 촌은 모두 요새화 되어 있다"라고 말하는 것과 같은 주민 모두의 싸움이었다. 이때 주민의 가슴에는 국가의 통일 · 독립의 갈망이 강하게 결집되어 있었다.

군정당국은 어떠한 이유를 붙여서라도 온순한 도민을 차례차례로 체포하고 중세기적인 고문에 의하여 죄를 날조하고 "3인이 모이면 체포한다"라는 군사법령 72호(46년 5월 4일)을 적용하여 재판에 회부했다. 그리하여 중앙으로부터 다수의 법관과 통역관이 호출되고 지방법원을 경찰이 경비하는 가운데 '군사재판'이라는 심판극이 연출되었다. 또 한병택(韓秉澤)을 시초로 하여 민주제단체의 지도자, 활동가, 파업자, 직장이탈자, 데모참가자…… 등등, 천여 명의 애국자가 실형 또는 벌금형에 처해지고 차츰 본토의 형무소로 송치되었다.

이렇게 미군정은 파쇼적 테러정책을 강행하면서 한편으로는 이것이 마치

한국인의 관여 하에 이루어졌던 것처럼 생각되게 하기 위하여 제2차 미소공위가 열리는 3일전 5월 7일, 돌연 행정명령에 의하여 미군정청에 '남한 과도정부'라는 간판을 내걸었다. 이러한 기도는 2월 안재홍(安在鴻)[5]을 민정장관에 임명함으로 시작되고 있었다.

이것은 매퀸이 지적한 바와 같이 남한의 민주세력을 억제하는 정책에 역점을 두었을 뿐, 그것은 본질적으로 미군정의 연장이라는 것에는 변함이 없었지만, 곧 실현될 남한 단독정부의 모형임에는 의심할 여지가 없었다.

민정이 한국인에게 이관됨으로써 도지사 유해진은 즉시 행정권을 발동하여 조금이라도 좌익의 의견을 가진 자를 직장에서 추방하고 그 후임에 극우파를 채용하여 행정을 담당하게 하였다. 그들의 테러지배는 도민의 생활을 점점 더 궁지에 몰아넣었다. 그 때문에 정세는 점점 악화되고 그 긴박도는 심해지고 있었다.

이에 대하여 좌익진영은 남한민중의 요망을 미소공위에 반영시키기 위하여 '서명운동'을 전개함과 동시에 조직의 확대, 강화에 전력을 기울였다. 또 미소공위를 성공시키기 위하여 7월 27일 '미소공위 경축 임시정부수립 촉진인민대회'를 개최하고 외측면으로 공위의 성공을 지원하였다. 그러나 미국은 끝까지 남한 전국토를 군사기지화하여 '공산주의의 봉쇄'를 목표로 하는 트루만 독트린을 수행하기 위하여 우익세력을 끌어들여 '반탁운동'을 적극적으로 조장시키는 한편, 3만여의 경찰관을 동원하여 미제장비로 무장하고 폭동진압훈련을 대대적으로 실시함으로써 본격적인 민중탄압에 착수하였다.

또한 그들은 신탁지지세력을 배제하기 위하여 '8 · 15 폭동준비'라는 허위사

5) 안 재홍은 1891년 경기도에서 태어났다. 와세다대학 정경과졸업. 3 · 1운동에 참가하여 투옥되었다. 시대일보, 조선일보사장, 그 후에도 치안유지법 등으로 몇 차례 걸쳐 검거되었다. 해방 후에는 건준 부위원장, 국민당 당수를 거쳐 47년 2월부터 다음해 6월까지 미군정청의 민정장관, 50년 5월 민의원의원에 당선, 한국전쟁시 북한에서 사망.

건을 날조하여 남로당을 비롯한 민전산하의 민주정당 및 사회단체에 대대적인 탄압을 가하였다. 그들의 축소된 발표에 의해서도 피해자 1만 2천 7백 69명, 피살자 28명, 중상자 2천 100명, 경상자 510명, 가옥약탈 320 ……에 달하는 잔학한 폭압을 가하였다. 이날로부터 남한에 있어서 좌익세력은 완전히 비합법화되고 부득이 지하운동화하게 되었다.

한편 도민에 대한 압제자의 지속적인 가혹한 탄압은 이미 위험한 상황을 만들고 있었다. 일제히 행하여진 지하저항운동에 의하여 지방통치체제가 위험하게 됨으로써 그들은 통치체제를 다시 보강하고 미소공위가 결렬되면 필히 "제주도에 대폭동이 일어날 것"이라는 전제 하에 신탁지지 세력을 억누르려고 보다 조잡한 폭력적 탄압을 가하였다.

그들은 '8 · 15 해방일'을 기하여 체포의 파고를 높이고 '3 · 1사건' 이래 각지에서 발생하였던 제사건의 관련자를 예비검속하고, 좌익으로 지목되었던 사람들을 속속들이 검거 · 투옥하였다. 이에 세상은 다시 험난해지고 살벌하게 되었다. 그 결과 어느 곳의 경찰 감방도 연일 대만원을 이루고, 호흡도 제대로 못할 정도의 상황에서 죄없은 수인(囚人)들이 불만을 토로하면 즉시 경찰의 곤봉세례를 받곤 했다. 그뿐 아니란 테러리스트나 프락치를 감방에 잠입시켜 사소한 적대표현을 하는 자에 대해서도 무자비하고 참혹한 린치를 가하였다.

또 '李씨를 二씨', '吳씨를 五씨'로 잘못 표기할 만큼 아주 무식한 자들에게 관복을 입혀 이들로 하여금 세력을 휘두르게 했다. 이들은 조직에 아무런 관련도 없는 사람들에 대해서도 "비밀을 자백하라", "남로당 조직에 관하여 이야기하라", "만일 이야기 하지 않으면 네가 빨갱이가 될 때까지 때리겠다", "네가 빨갱이가 된다면 또 빨갱이가 되지 않을 때까지 때리겠다."라고 협박하였다.

고문 중에 최고로 전형적인 고문의 형식은 몇 가지가 있었다. 즉 "양다리와 무릎을 묶고, 그 사이에 막대기를 넣어 뼈가 부숴질 때까지 꺾어 휘는 고문", "불에 달군 인두를 몸에 대고 누르는 고문", "긴 로프로 손목을 묶고 도르레를 사용하여 로프의 한 끝을 천정에 매어단 후 로프를 잡아당기면, 죄인의 몸은 공중에 매달리는 '이륙 상태에서 무수히 구타당하고, 손목만으로 지탱되어진 몸은 이리저리 흔들리는 비행기고문", "양손과 양발을 묶고 석유관에 담그는 잠수함 고문", "통속에 머리를 집어넣어 호흡곤란에 빠뜨리는 고문", '전기고문' 등의 여러가지 고문이 자행되었다. 그들은 이것들을 '스탈린고문', '김일성고문'이라고 하면서 허위의 자백서가 완성될 때까지 계속 자행하였다. 소위 권력에 의한 밀실의 범죄가 이제는 다반사로 행해지고 있었던 것이다.

그들은 또 가택수사를 행할 때, 삐라나 팜플렛 등을 미리 가지고 있다가 그것을 물증으로 하여 입건하였다. 궁지에 몰린 야수와 같은 탄압의 조직은 -현재까지도 그러함과 같이- 오히려 불복종을 영웅적으로 보여주는 민중을 한층 더 많이 만들었다. 우익집단의 야만행위는 이 땅의 민중들을 누구라도 공산주의자나 그 동조자가 되게 하였다.

테러의 난폭함에 더 이상 참을 수 없었던 민중이 권력당국에 그 횡포를 규탄하고 즉시 규제를 요구했지만, 권력은 그 때마다 "당신들의 생각은 우리와는 다르다. 이 정도는 별 것도 아니다"라고 비웃으며 오히려 진정자들을 '빨갱이 소동'이라고 체포하였다. 이것이 '양키식'의 민주정치라는 것이었다. 그 결과 전도는 악명 높은 감옥으로 화하고 아비규환의 생지옥으로 되었다.

분노의 분출

'3 · 1사건' 이후 이 지역에는 반공 아니면 공산주의 혹 아니면 백이라는 흑백논리가 횡해하고 도민은 그 어느 쪽을 취할 것인가의 결단을 요구받게 되었다. 민중이 기본적 인권과 자유를 약탈당하고 굶주려 있으며 정치적 행위도 막혀 있었을 때 자위를 위한 무력항쟁에 의지하는 것은 불가피하게 된다.

클라우제비츠는 《전쟁론》중의 〈전략적 방어의 특질〉에서 다음과 같이 이야기한 바 있다.

> 군사행동은 침략자 측보다는 오히려 방어자 측에 있으며 침략자의 침입이 있어 비로소 방어가 발동되며, 이 방어와 더불어 전쟁이 발발한다. 침략자는 언제나 평화를 애호한다(나폴레옹마저도 이렇게 자칭했다). 그래서 피를 흘리지 않고 침입하기를 바란다. 그러나 침략자에게 그런 행위를 허용할 수 없기 때문에 방어자는 전쟁을 결의하고 또 준비를 갖추지 않을 수 없다. 다시 말하면 침략자의 기습을 예기하여 언제나 무장을 하고 있어야 하는 측은 약자, 즉 방어자 측이 하는 일이다. 병술이란 바로 그러한 것을 해야하는 것이다.

이와 같이 가혹한 투쟁 중에 단련된 '저항자'들은 민중의 피와 땀의 결정을 보전하기 위하여 대중적인 정치투쟁으로부터 점차로 자위적 무력저항으로 전화하고 있었다. 그리하여 남한민중은 '반미구국투쟁'의 기치 하에 보다 광범하고 보다 조직적인 역량을 결집하고 「7 · 27 진정서」운동, 「8 · 15 해방 2주년 기념」을 전개하면서 정세변화에 대응할 수 있는 투쟁태세를 적극적으로 만들어가고 있었다.

이러한 대중적인 자위투쟁은 조천면 일대에서 활발하게 진행되었다. 그 일례를 살펴보자.

47년 8월 13일, 하루종일 마을 입구를 망보던 소년선봉대가 검은 집단이 가까이 오는 발자국 소리를 듣고 미리 약속된 대로 개울음 소리로 마을에 알렸다. 마을사람들은 즉시 있는 그대로의 무기를 가지고 함성을 지르며 길가로 달려나갔다. 이에 간담이 서늘해진 그들은 부랴부랴 도망갔다. 그때 2명의 경찰이 마을사람에게 체포되어 무장해제되고 마을 사람들에게 추궁당하였다. 그것을 가능하게 하였던 것은 특히 소년단의 어린 단원들이 때때로 어른도 감히 할 수 없을 정도로 용감하게 싸웠던 힘도 컸었다.이제 제주도는 예전에 없던 괴로운 고통의 공기에 둘러싸여 있었다. 권력이 도민을 적대시하고 학대와 박해를 계속하는 한 도민들은 희망을 가질 수 없었던 것이다. 이리하여 궁지에 몰린 민중은 악정을 타파하기 위하여 무기를 들고 싸우는 길밖에는 다른 도리가 없었다.

4. UN 임시한국위원단의 입국에 반대하는 '2·7구국투쟁'

미·소 공위의 결렬

다시 열린 미소공위는 쌍방의 의견이 일치를 보지 못한 채 미국 측이 한국문제를 UN에 상정하려고 했던 반면, 소련은 48년 초에 미소양군의 동시 철수를 주장하였다. 미국은 이에 당황하여 라벳트 미국무장관으로 하여금 8월 26일, 몰로토프 소련외상에게 서한을 보내게 하고 공동위원회의 중단을 검토한다는 이유로 4국(미·영·중·소)회의 개최를 제안하였다. 이에 대하여 몰로토프 외상은 "미소공동위원회는 난국타개의 가능성을 상실하지 않았고 금번의 4국 회담제의는 미국정부의 일방적인 행위이며 조선을 2개로 분할하는 경향을 강하게 갖는 것이다"라고 비난하면서 미국의 제안에 반대하였다.

그런데 라벳트는 9월 17일 재차 소련외상에게 서한을 보내고 한국문제를 UN총회에 상정함을 통고하였다. 비신스키 소련대표는 다음날 18일의 UN총회에서 이에 반대하였지만, 동 21일 UN운영위원회는 한국문제의 상정에 관한 의제를 채택하였고 23일의 UN총회 본회의는 소련의 강한 반대를 누르고 한국문제의 총회의결을 결정하였다.

10월 17일, 오스틴 미UN대표는 UN사무총장에게 UN감시하에 남북한의 총선거를 실시하자는 결의안을 보냈다. 이 결의안은 10월 28일 UN총회 제1위원회에 상정되었다. 델레스 미국대표는 위 결의안 중에 소련의 「미소양군 동시철수안」에 반대하고 "UN감시하에 선거가 실시되며, 정부수립과 경찰력이 조직될 때까지는 양군의 주둔은 불가피하다"라고 주장했다.

그로미코 소련대표는 "UN은 한국문제에 간섭할 수 없고 민주적으로 선출된 한국민중대표의 참가 없이는 한국문제를 심의할 수 없다"라고 하여 한국인대표를 초청하자는 안을 제출하였다. 델레스 미국대표는 여기에 반대하여 UN임시위원회를 조선에 파견해야만 한다고 주장하였다. 11월 3일의 위원회에서 소련안이 부결되고 임시위원회 파견이라는 미국안이 가결되었다. 그리하여 동 12월 14일의 UN 총회 본회의에서 1948년 3월 31일까지 UN감시하에 남북한의 선거를 실시하는 것이 결정되었다.

2·7 구국투쟁 및 단정반대

미국은 자신들의 대리기관으로 'UN임시한국위원회' (UN Temporary Commission of Korea, 오스트레일리아, 캐나타, 중국, 엘사바도르, 프랑스, 필리핀, 시리아, 인도)를 급조하여 48년 1월 8일 서울에 파견하였다. 그러나 전한국민중은 그것을 받아들이지 않았다.

2월 7일 새벽녘, 서울, 대전, 대구, 전주, 광주 등 각지에서 노동자들의 스트라이크가 개시되었고 순식간에 전국 각 지방으로 확대되었다. 거기에 호응하는 농민들의 시위운동, 학생들의 동맹휴교는 하나의 커다란 구국투쟁의 화산이 되어 폭발하고 있었다. 같은 날 진주, 밀양, 합천, 함안, 목포, 인천, 강릉, 고성, 광주, 수원 등의 민중들은 탄압기관을 습격하고 관련자들을 처단하였다.

또한 계속되는 미국의 기만정책을 목격한 제주도민들은 전 한국민중과 함께 단독선거에 반대하여 싸웠다. "단독선고를 분쇄하자……", "미소양군은 즉시 철수하라……", "UN임시한국위원단은 즉시 돌아가라……" 등등의 슬로건하에 고조되었던 대중운동은 2 · 7구국투쟁[6]으로 결집되었다.

제주도의 민주세력은 피의 탄압과 테러의 와중에서도 도처에서 집회, 데모, 삐라, 포스타, 격문 등의 활발한 활동을 대중적으로 전개하고 있었다. 또 한편, 각급기관에서는 전조직력을 동원하여 호별방문, 가두선전, 강연회를 통하여 UN한국위원회의 반동성과 단독선거의 불법성을 철저히 폭로하였고, 전도민은 2 · 7 구국투쟁에 적극적으로 참가하였다. 그리하여 권력이 추진하고 있었던 다음과 같은 것, 즉, 남한민중의 총의가 담긴 것같이 날조하려는 연판장운동, 총선거 추진강연회, 선거운동의 실태조사, 유권자 등록 등을 모조리 거부하고 '5 · 10선거' 전에 이미 그들의 야망을 폭로, 규탄하였다.

---

6) 2 · 7구국투쟁규묘(전평발표)

① 서울지구 : 파업참가 1. 철도노조 60%이상
2. 용산, 수원 서기관구 전부
3. 경성방적, 종연방적, 용산공작창 등에서 3,200명
4. 용산구 17, 서대문구 5, 종로구 7개의 노조
5. 출판관계, 약간의 우익신문을 제외한 전부
시위 35회
봉화 53회

② 경 기 도 : 파주, 포천, 문산, 광주, 양평 각지에서 농민데모
개성–파업 32, 중학생데모, 전문 · 중학생의 동맹휴교, 55,000명의 가두데모

③ 전라북도 : 전주–종연방적 2,000명의 파업, 5,500명의 데모, 삐라 10만장 살포
완주–8,000명의 데모, 삐라 50,000장 살포
이라–기관차 5대 운휴, 삐라 30,000장 살포
고창–검거 47명

④ 경상남도 : 부산–철도노조 3,000명, 해운노조 1,450명, 부두노조 3,200명, 70여공장파업
포항–400명의 노동자 파업, 2,500명의 가두데모
진주–중학생데모, 동맹휴교

⑤ 충청남도 : 7일 오전 4시 철도, 체신 파업돌입
대전–반경찰데모, 기관차 14대 운휴, 2월 7, 8, 9 3일간 대중데모

그 때문에 우익진영의 김구까지도 "우리들은 자주통일정부를 원하는 것이며 어떠한 일이 있어도 단독정부에는 절대 반대한다"라는 태도를 명백히 하고, 48년 2월 10일에는 〈3천만 동포에 고함〉이라는 발언을 하면서 단독정부 수립에 정면으로 반대하고 나섰다.

민주독립당, 사회민주당 등의 중간파도 김구의 호소에 찬성하였다. 이에 당황한 이승만과 하지 중장은 김구와 김규식을 비판하고 "붉은 공산주의의 유혹에 넘어가는 장님들"이라고 욕을 퍼부었다.

북한의 각지에서도 남한문제에 관한 불법적인 UN의 결정과 침략적인 UN 한국위원회에 항의 규탄하는 민중대회와 시위운동이 광범위하게 전개되었다. 그 때문에 UN위원단은 북한에 한발도 내딛지 못하였다.

이러한 사태에 직면하여 미국은 동년 2월 26일 이 문제를 불법으로 중간위원회(소총회)에 넘겼다. 소총회에서는 한국의 '접근 가능한 부분' (in such part of Korea are succible to it)에서 총회결의를 실시하는 것이 임시위원

---

⑥ 전라남도 : 광주-미곡창고 등 3개의 노조파업, 3,000명 가두데모, 삐라 50만장 살포
목포-학생, 항만노조파업, 대중데모
여수-항만노조 5,000명 파업

⑦ 강 원 도 : 삼척부근의 공장지구 전평노조 파업돌입
춘천-대중데모, 16명 검거

⑧ 경상북도 : 대구-250명의 철도보선노조를 선두로 신문, 제철, 의료공장 등 4,500명의 데모
선박-23척 파업

⑨ 기 타 : 동래-학생 1만명 동맹휴교, 데모 3회, 봉화 22회
삼랑진-500명 데모 양산-72개의 공장파업
마산-1,200명 데모 함안-3,500명 데모
밀양-2명 사망

이 밖에 삼척, 화순, 인천, 목포, 강릉 등 각지의 관상측후소 종업원이 파업을 행하고 여수에서는 농민이 경찰을 습격하고 있다. 진주에서는 이 삼백여명의 군중이 진정지서를 습격하였으며 밀양에서는 3,000명의 군중이 오산, 초동양지서를 습격하여 1,000여명이 검거되고 4명이 사망, 10명의 중상자를 내었고 경관이 1명, 대동청년단원 2명이 사망하였다. 이어서 4,000명의 군중이 청덕, 봉산 양지서를 습격하여 110명이 검거되고 3명이 사망하였다. 그리고 함안에서는 4,000명의 군중이 산서출장소를 습격하여 50명이 검거되고 경관 1명이 사망하였다. 나아가 고성에서는 500명의 군중이 대가지서를 습격하고 5명이 검거되었다고 한다.

(《좌익사건실록》)

회의 임무로 간주하는 미국의 결의안이 31대 2(기권 11)로 가결되었다.

이리하여 5월 9일 남한만의 단독 선거를 실시하는 것으로 결정되고 메논 등의 UN위원회의 대표는 3월 6일, 다시 남한에 들어왔다. 그러나 동위원회의 의견은 완전히 일치하지 못하고 3월 12일의 회담에서 결국 단독선거에 찬성하였던 것은 9개국 중 반수도 안되는 4개국(인도, 자유중국, 필리핀, 엘살바도르)의 대표 뿐이었다. 또 한편으로는 선거실시의 연기 등이 제안되었지만 미국은 단 하루만을 연기한 5월 10일에 실시할 것을 제안 · 강행하였다. 말하자면 미국은 이승만 일파만의 지지와 힘만으로는 단독정부를 세우는 것이 불가능하기에, UN내의 종속국가까지도 동원시켜서 이를 강행하였던 것이다.

매퀸은 이 상황을 다음과 같이 묘사하고 있다. "중도파 및 좌파그룹은 모두 북한정권의 동의를 구하기 위한 적당한 노력이 이루어지지 않았음을 이유로 단독선거의 실시에 반대하였다. ……단독선거를 적극적으로 지지하였던 것은 오직 우파그룹의 이승만 조직 및 김성수가 지도하는 한국민주당 뿐이었다. 이박사는 오랫동안 단독선거의 실현을 위하여 운동해 오고 있었다"(《오늘의 한국》)라고 말하면서 과도입법의원들뿐 아니라 단독선거를 희망하는 이승만의 제안에 김규식과 안재홍도 "단독선거는 조국의 분단을 영구화하는 것"이라는 이유로 그 결의에 반대하였다.

여기에 놀라 당황한 조병옥과 장택상은 UN총회에 참가하는 메논(인도대표)에게 여류시인 모윤숙을 접근시켜 이승만을 지지하게 하려고 하였다. 메논은 UN소총회에의 보고서에 "이 박사라는 이름은 남한에서는 마술적 위력을 가지고 있다. 네루가 인도의 국민적 지도자인 것과 마찬가지로 이승만은 한국의 국민적 지도자인 것이다"라고 칭찬하였다. 후일 메논은 자서전 속에서 "이것이 나의 업무 수행상에 있어서 감정이 이성에 지배된 유일한 경우이다"라고 고백하고 있다.

동년 3월 23일, 단독선거의 준비가 남한 전역에서 공공연하게 착수되고 있었다. 군정청은 법령 제75호 57조의 선거법을 널리 알리고 그 다음 날 각 시 · 도 선거위원장을 임명하였다. 제주도에는 대일협력자로 악명 높은 최원순(崔元淳)이 임명되고 UN감시반의 제1반이 파견되었다.

남한민중의 거대한 저항의 불꽃이 타오르자 군정과 경찰수뇌들은 5 · 10선거에 대비하기 위한 치안유지라는 이름을 빌어 우익테러집단을 비상 동원시켰을 뿐 아니라 자경단의 재판인 「향보단」을 각 지역까지 구성하였다.

이민족 지배자들은 한국민족에게 비극을 초래하는 단독정부를 날조하기 위하여 계속 제주도에 대한 테러지배를 강행하는 한편, "3월 중에 제주도에 대폭동이 일어날 것이다"라는 말을 유포하면서 무고한 사람들을 대량으로 검거, 투옥하고 도민을 공포의 도가니로 몰아넣었다.

제주도의 단독선거 반대세력을 압살하기 위하여 검거선풍이 불어오고 있었다. 48년 1월 3, 4일에 걸쳐서 중문면, 대정읍, 제주시의 민주세력에 대한 대탄압, 또한 동월 23일, 전도 활동가에 대한 체포령, 잇따라서 조천면 신촌을 중심으로 하는 인접부락에 대한 집중탄압의 맹위가 떨쳐졌다.

5. 4 · 3 전야에 있어서 도의 정세

무장봉기에 이르는 내 · 외 요인

미군이 점령한 지 2년 반, 압제와의 투쟁 속에서 단련된 도민들은 민족분열을 초래한 단독선거를 실력으로 분쇄하기 위하여 각지에서 헌신적인 투쟁을 전개하였다. 반권력의 제 1선에 선 혁명대열은 이제 조국의 위기를 타개하느냐, 그렇지 않으면 다시 식민지로 전락하느냐, 앉아서 죽느냐, 싸워서 사느냐의 두 가지 갈림길에서 어느 것을 선택해야만 했다. 그들은 소박하게 살 권리와 민족의 독립을 원하였고, 결국 후자를 선택하였던 것이다. 그것이 무장투쟁의 내적요인이라면 외적요인도 무시할 수 없는 것이다.

즉, 전후 소련의 국제적 권위, 중구 및 동남구의 여러 국가에 있어서 민중권력의 성립, 북한에서의 사회주의적인 발전, 중국 인민해방군의 결정적 승리, 코민포름의 결성대회(47년 9월 폴란드의 바르샤바)에서의 소련대표 쥬다노프(Zhdanov)가 행하였던 '반제 · 반미 무력투쟁'의 연설, 또 아시아 일대에 있어서 민족해방전쟁 등에 자극되어 영향을 받은 것도 경시할 수 없다.

2 · 7 투쟁의 전에 서귀포 지방의 근로대중은 검은 집단과의 투쟁에서 대성과를 거두었고, 고산(한경면) 청년 2백여 명은 고산지서를 포위하고 애국자의 석방을 주장하며 가두데모에 나감으로써 경찰과 격렬하게 맞부딪치게 되었다. 이에 당황한 경찰대는 맨주먹의 데모대에 무차별 총격을 가하여 다수의 사상자를 야기시켰다. 구좌면의 근로대중도 또한 테러지배에 반대하여 금녕, 세화지서까지 데모를 하며 단결된 민중의 위력을 보여주고 있었다. 밤이 깊을 수록 수많은 농민대중이 한라산 중턱에 결집하여 5 · 10 단선 반대의 횃불을 높이높이 올렸다. 이러한 2 · 7 구국투쟁을 전기로 하여 5 · 10 단독선거를 실력으로 막기 위한 조직체계는 완전히 조직되었다.

그에 따라서 남로당 제주도위원회 내에서는 새로이 군사부가 설치되고 극좌경향의 김달삼(대정면 당조직책임자)을 군사부장으로 임명하였으며 게릴라 근거지를 한란산의 밀림지대로 설정하였다. 전투를 유리하게 전개하기 위하여 도민대중을 민족해방운동에 끌어 들이는 조직적 활동을 강력하게 전개하고 권력기구와 우익단체에까지 민중의 편에 서도록 강력하게 선동했다.

그럼에도 불구하고 압제자는 전도민에게 "일제시대의 무기와 그에 유사한 것은 하나도 남김없이 경찰에 반환하라. 이를 위반하는 자는 총도법 위반범으로 엄벌에 처한다"라고 포고하고 '3월 폭동설'을 유포하면서 폭정을 정당화하고 있었으며, 2 · 7 투쟁을 계기로 하여 단독선거반대자의 가족까지 '빨갱이와 한패'라고 하여 심한 학대와 박해를 가하였다. "학정은 야수보다도 포악했다"라고 말할 정도로 그들의 옥석도 구분 못하는 완전무지한 탄압은 말로 표현할 수 없는 정도였다. 그들의 탄압이 미치지 못하는 산악지대에 들어간 자들만도 이미 수천이 넘었다고 말하여진다. 그렇게 쌓인 도민의 분노가 일단 어떠한 형태로 폭발하게 될지 전혀 예측할 수 없는 상황이었다.

이제 도민들은 침략자의 파쇼적 폭압에는 민족해방만이 유일한 해결이라고 확신을 깊게 갖고 있었다.

전진하는 해방투쟁

각지에서의 여러 무력적 저항투쟁은 활발히 전개되었다. 48년 2월 중순에는 광범한 근로대중이 안덕(安德)면 사계(砂溪)의 모래벌판에서 집회를 가졌다. 그런데 의외로 거기에 안덕지서의 경찰대와 테러집단이 갑자기 습격을 가해 왔다. 결국 대중의 분노가 폭발하여 돌맹이와 몽둥이를 가지고 그들을 포위공격하였다. 도망가는 지서장을 잡아 무장해제하고 민중재판에 부쳐 민중의 고혈을 빨아 먹던 잔학함을 심판하였다. 또 서광리(동면)에서는 2월 7일 경찰이 선량한 마을사람을 생매장하였음에도 이 만행이 남로당의 지령에 의한 것이라고 날조하여 동지구당원을 체포하고 잔학한 고문을 행하여 이양호를 교살하여 민중의 분노를 일으켰다.

동월 13일, 수십 명의 도지(한경면)지서 경찰대가 금악(今岳) 마을(한림면)을 탄압하였다. 마을 청년들은 38식 보병총, 수류탄, 일본도 등을 사용하여 반격하여 마을사람들이 한치의 두려움도 갖지 않도록 하였다. 그들은 다음날 수십 명의 테러리스트를 시켜서 마을사람들을 공격하게 하였다. 이것을 본 마을청년들은 유리한 지형을 교묘히 이용하여 맹공격을 가하여 어려움 없이 몰아낼 수 있었다.

권력도 또한 이러한 불온한 사태에 대비하기 위하여 충남 · 전남지방으로부터 응원경찰관을 계속하여 제주도로 증파하면서 테러집단에 의한 토벌작전의 모의훈련을 실시하고 있었다. 그와 동시에 전도를 첩보망으로 둘러싸고 여기에 걸린 사람은 '빨갱이'니, '동조자'니 하는 무분별한 레테르를 붙여 체포하고 잔학한 고문을 하여 죽였다. 그 하나하나가 무엇보다도 많은 '저항자'를 만들어 내고 있었다.

동년 1월 1일, 검은 공포가 가시리(표선면)에서는 연초부터 다수의 주민을 이유없이 체포, 투옥할 뿐 아니라 강모라는 경찰의 날조에 의한 삐라사건을 도화선으로 표선면 전체에 잔학한 대탄압이 가해지고 전주민이 비참한 상태에 직면하게 되었다. 그 후 2 · 7 투쟁을 도화선으로 하여, 조천면 일대에 집중적인 탄압이 가해지고 다수의 주민이 체포되었다. 그리하여 남녀 구분 없이 감방에 섞어 놓고, 부녀의 면전에서 남자를 발가벗겨 생식기를 흔들어 돌리게 하는 등 실로 비인간적인 만행을 강요했을 뿐 아니라 잔혹한 고문에 의하여 전도유망한 청년 김용철(金用喆)의 생명을 빼앗았다.

잇따라서 대정면 일대에 유혈의 대탄압을 전개하고 몸서리치는 테러를 가하고 양운하(梁雲河)를 고문하여 이윽고 살해하였다. 또 주민 중에서도 스파이가 있어서 많은 희생자를 내었다. 일례를 들자면 금릉리의 박행구(朴行九)도 양모의 '남로당원'이라는 밀고에 의하여 검은 손에 의해 처참히 살해되었다. 이러한 예는 수도 없이 많으며 고문에 의한 학살은 더할 나위 없이 많았다. 이제 전도의 근로대중은 눈물로 나날을 보내고 들을 수 있는 것은 오직 절규, 비명, 신음소리와 둔탁한 채찍소리뿐이었다.

이러한 폭정에 대한 민중의 반감은 점점 높아지고 그 분노가 폭발하는 것은 시간 문제였다.

우선 무장봉기의 준비는 인민대중의 저항자위투쟁의 강화와 중핵자위대를 조직하고, 그 기초 위에 비밀리에 조직되었다. 그리하여 인민대중에게 애국적인 혁명사상을 높이는 정치교육을 보급 · 침투시킴과 동시에 권력의 무력탄압을 적시에 분쇄하고 생명을 위협받고 있는 주민을 방위하기 위하여 대체로 행정의 말단지구까지 중핵자위대가 만들어졌다. 또한 거점 진지를 제 1선, 제 2선, 제 3선으로 전선을 설정하고 전투가 격화됨에 따라 한라산의 9합목(1천 3백개의 동굴이 있음)까지 활용하는 작전계획이 비밀리에 작성되었다.

즉 최초에는 평지의 용암터널, 그리고 전쟁 중 일본군에 의하여 파여진 방공호, 기생화산, 덤불고지 등을 요새로 하여 싸우지만, 전황이 불리해지면 점차 이동하여 최후에는 일본군이 한라산에 파 놓았던 갱도진지를 근거지로 했다. 그 경우 반드시 식수를 갖춘 천연의 요지가 선정되었다. 그리하여 민중측에 호의적인 군경으로부터 제공되는 무기와 손으로 만든 무기 등으로 무장하였다고 한다. 전력은 산에 있는 전투, 비전투원을 합하면 상당한 수가 되었지만 주력은 무장게릴라 500명과 각 지구의 자위대 천여 명이 되는 것으로 추정되었다. 군인 출신자가 게릴라전의 훈련을 맡아 훈련의 사기는 매우 충전하였다. 게릴라전법[7]은 항일 빨치산과 모택동의 전술이 취해지고 있었다. 게릴라의 생존은 주민의 보호를 절대조건으로 하기 때문에 게릴라의 규율과 대중규칙은 특히 세밀한 주의가 기울여지고 '3대규율'[8], '8항주의'[9], '자유주의 배격 11조'[10]를 채태갛여 엄격하게 지켜졌다.

각지의 자위대는 민중의 강력한 지원하에 활발히 움직이기 시작했다. 우선

7) 「게릴라」라는 단어는 1808년 리베리아 반도에서 활약하였던 스페인의 농민 게릴라(스페인어로 「토비식의 소전투」라는 뜻)가 유행하고 그 후 세계적으로 확장되어 사용되게 되었다. '비정규적인 무장단체가 행하는 기능, 매복 등의 변칙적인 전투행위' 또는 '그러한 전투를 행하는 멤버'

'빨치산'은 불어로서 중세의 종교전쟁 때 생겨났다고 말하여지지만 이것은 '멤버'라는 뜻이다.

8) 3대 규율-① 모든 행동은 지휘에 따라서 ② 대중의 것은 사소한 것이라도 취하지 말라 ③ 지주로부터 몰수한 것은 공공의 것으로 한다.

5 · 10 단독선거 분쇄와 인권옹호투쟁을 통하여 무장력을 강화하기 위한 대중운동을 다시금 진전시켰다.

48년 2월 말, 우연히 5명의 경비대원을 태운 해안경비함이 협재(한림읍)의 앞바다에 다다랐다. 곧 한림읍 자위대는 그들에 대하여 대담하고 과감하게 동참하기를 권했다. 다행히 그들은 도민의 애국적 투쟁을 전적으로 지지하고 총과 신호포 10정을 제공하고 1명은 자위대에 참가하고 다른 자들은 해안경비를 담당하였다. 물샐틈없는 경계망 속에서 무기와 군량미를 획득하는 것은 보통이 아니었다. 그러나 권력의 포악함을 증오하고 조국의 통일과 민족의 독립을 갈망하는 애국적인 장병, 경찰관, 공무원들은 학정에 대한 저항행동을 비로소 시작하였다.

그것은 "이사건(4 · 3봉기)에 선행하여 3월 말경 남로당 제주도위원회의 군사부 책임자 김달삼 · 조몽구(趙夢九)를 중심으로 하는 당수뇌와 제주도에 주둔하고 있는 국방경비대 제9연대의 문상길 중위와의 비밀협의 결과, 4월 3일 오전 2시를 기하여 전도를 장악하는 것을 결정하였다"라고 《한국 전쟁사 I》에 쓰여져 있는 것으로부터도 당시의 상황을 추정해 볼 수 있을 것이다. 그리하여 도민의 결속은 확실하게 노인, 부녀, 아동까지 서서히 전열에 참가하여 게릴라의 손이 되기도 하고 눈과 귀가 되기도 하여 해방세력을 격려하고 도

---

9) 8항 주의 – ① 말은 온화하게 ② 물건을 살 때는 공정하게 ③ 빌린 것은 반드시 반납할 것 ④ 파손시킨 것은 변상할 것 ⑤ 사람을 함부로 매도하지 말 것 ⑥ 농작물을 황폐시키지 말 것 ⑦ 부녀자를 희롱하지 말 것 ⑧ 포로를 학대하지 말 것.

10) 자유주의 배격 11조 – ① 어떤 사람이 분명히 잘못 가고 있어도 화평과 친구관계 때문에 내버려 두는 것 ② 무책임한 비판을 하는 것 ③ 어떤 사태로 인해 개인적인 피해가 없다면 그냥 추세에 맡기는 것 ④ 명령에 복종하지 않고 자기의 의견을 제일로 삼는 것과 조직규율을 요하지 않는 것 ⑤ 인신공격을 하고 말싸움을 걸며 개인적인 원한을 내뱉고 보복을 하려는 것 ⑥ 잘못된 견해를 듣고 반박하지 않거나 반혁명적인 이야기를 듣고 보고하지 않는 것 ⑦ 군중을 보고 선전선동 하지 않는 것 ⑧ 군중의 이익에 손해가 끼쳐지는 행위를 보고 분개하지 않는 것 ⑨ 일정한 계획이 없고 일정한 방향이 없는 것 ⑩ 큰일만 하려고 작은 일은 인정하지 않으며 학습을 게을리 하는 것 ⑪ 자신의 잘못을 알면서도 고치려고 하지 않는 것.

왔다.

이렇듯 애국세력의 지원에 의하여 저항운동그룹을 결집하였던 게릴라부대는 애월지구에서는 녹고악(애월면), 한림지구에서는 신성악에 편성되고 전도는 지구별로 각각 편성되었다.

권력측도 예전에 없던 규모로 경계망을 넓히고, 집요한 '빨갱이 소탕' 작전을 전개하면서 점점 더 쌍방의 힘에 의한 대결은 불가피한 것이 되었다. 일례를 들면, 3월초에 한림 · 애월지구의 자위대가 신성악에서 '대권수호투쟁회의'를 하고 있을 때 애월지구를 지배하는 경찰 토벌대가(대장 좌문규) 2패롤 나뉘어 포위 공격하였다. 자위대는 즉시 천연의 요새로 흩어져서 원시적 무기와 몇 정의 소총만을 가지고 필사적으로 응전하였다.

그러나 중과부적으로 1명이 체포되고 1명이 부상하는 등 위기일발의 직전이었다. 다행히 그때 설악(한림읍), 발이악, 매달봉에 결집하고 있었던 무장대가 맹렬한 총성을 듣고 즉각 합류, 적진으로 돌진하여 육탄공격을 가함으로써 검은 무리로부터 동료를 탈환하고 다량의 무기를 빼앗았다. 그들은 또한 집중적 탄압을 받고 있던 외도(제주시), 구엄(애월면), 도지(한경면)지서를 기습하여 잡혀있던 도민들을 구출하고 주민들에게 생기를 불어 넣었다. 이러한 일련의 무력투쟁의 승리에 중립적이었던 사람들도 속속 반미구국통일전선으로 모여 들었다.

이 피어린 항쟁은 결코 도민의 해방만을 목표로 하는 고립된 투쟁이 아니라 남한민중의 반미구국투쟁의 일환으로써, 더 나아가서는 한민족 앞에 놓여져 있는 급박한 민족적 과제를 해결하기 위한 구체적인 실천의 제일보를 내딛었음을 의미한다.

제3장 제주도 민중의 4·3 무장봉기

1. 무장대의 대공세

봉기의 포문은 열리다

1948년 4월 3일(토) 오전 2시! 어둠을 가르는 한 발의 총성은 순식간에 전도를 흔들고 전화의 소용돌이 속에 밀어 넣었다. 한라산의 봉우리마다 붉은 봉화가 올려지고 이상한 공기가 전도를 감돌았다. 그것은 오랫동안 억압되어 해결되지 않고 있었던 것이 결국 화산의 형태로 폭발하였던 것이다.

'탕'하는 총성은 5·10 망국선거를 실력으로 제지하기 위한 전 무장세력에 대한 공격개시의 신호임과 동시에 전 도민의 궐기를 촉구하는 호소였다. 그것은 또 폭력에 의하여 단독정권을 수립하려고 하는 자들에 대한 일대 철퇴이며 제주도민의 궐기를 예고하는 신호였던 것이다.

2일 밤, 무장그룹은 항거의 횃불을 가슴에 품고 여러 거점에서 행동개시의 신호를 기다리고 있었다. 전열은 자위대를 중핵으로 민애청, 농민동맹, 여맹원, 학생동맹, 아동단원까지 참가하고 있었다. 3천여의 무장·비무장원은 각지의 산봉우리로부터 일제히 올려진 봉화와 총성에 동서남북으로 호응하여 결국 봉기의 포문은 열려졌던 것이다.

① 미군은 즉시 철수하라 ② 망국단독선거 절대반대 ③ 투옥 중인 애국자를 무조건 즉각 석방하라 ④ UN한국위원단은 즉각 돌아가라 ⑤ 이승만 매국도당을 타도하자 ⑥ 경찰대와 테러집단은 즉시 철수시켜라 ⑦ 한국통일독립만세

위와 같은 슬로건을 내걸고 은밀하게 산에서 내려온 여러 무장대는 적절한 전법으로 적의 선봉을 향하여 전격적인 공격을 가하여 순식간에 전도를 완전하게 제압하였다.

그것은 이제까지 절망이 지배하고 있던 제주도에 회생의 희망을 주는 것이었다. 바다와 같이 많은 군중의 거대한 함성이 거리거리를 메웠다. 이 공격은 도의 권력기관을 완전히 마비시켰으며 그들의 심장을 서늘하게 하였다. 당시 각 경찰서 관내의 피해상황 및 성과는 다음과 같다.

1. 제주 경찰서 관하

화북지서-지서전소, 경찰관 전사 1명, 급사 1명 피살

신암지서-양민피살 5명, 부상 27명, 민가전소 4채, 민중측 사살 23명

외도지서-경찰관 전사 1명

함덕지서-경찰관 납치 2명

삼양지서-무장대 20명 습격, 피해 없음

2. 서귀포 경찰서 관하

남원지서-경찰관 전사 1명

3. 모슬포 경찰서 관하

한림지서-경찰관 전사 1명, 부상 1명, 양민피살 1명, 부상 6명

도지지서-한청원 피살 1명, 부상 6명

4. 성산포 경찰서 관하

세화지서-경찰관 부상 6명

(대한경찰전사 제 1집, 《민족의 선봉》)

날이 밝자 마을사람들은 도착한 대원들을 격려하고 환성을 올렸다. 어제까지 잔학함이 극에 달했던 경찰과 테러리스트, 밀고자들은 일순간에 자취를 감추고 압제에 고통 받던 사람들은 생기를 찾아 활발히 움직였다. 경찰지서와 파출소는 인민위원회에 의하여 검거되고 정말로 '제2의 해방'을 쟁취하여 가는 것같이 민중은 해방가와 민중항쟁가를 소리 높여 불렀다. 혁명의 3일은 평시의 1년에 필적하는 것이었다. 혁명을 행하고 있는 민중 자신까지도 놀랄 정도의 성과가 승리의 우렁찬 함성 중에 확인되고 있었다. 그러나 투쟁은 이제부터였고 섬 전체가 파란을 예고하고 있었다. 한 번 활시위를 떠난 화살은 다시 돌아올 수 없다.

해방세력은 제1차 작전을 끝낸 즉시 이에 대한 총괄, 점검을 엄격하게 행하고, 흥분의 와중에서 조직과 전열의 정비, 강화를 위해 노력하면서 "항일 빨치산의 혁명정신을 계승하자"라는 슬로건 하에 곧바로 제2차 작전에 돌입하였다. 그리하여 무장대는 모든 권력기관과 우익 제 단체 및 전 도민에 대하여 다음과 같이 호소하였다.

(1) 친애하는 경찰관 여러분

탄압하면 항쟁할 뿐이다. 제주도 빨치산은 민중을 수호하고 민중과 함께 한다. 항쟁을 원하지 않는다면 민중의 편에 서라.

양심적인 공무원 여러분.

하루라도 빨리 선(조직선)을 찾아가서 부여된 임무를 완수하고, 직장을 수호하며, 악질동료와 최후까지 용감하게 투쟁하라.

양심적인 경찰, 장병 여러분.

여러분은 누구를 위하여 피를 흘리고 있는가? 한국민중이라면 조국과 민중을 유린하는 외적을 내쫓는 투쟁에 서지 않으면 안 된다.

조국과 민족을 팔아먹고 애국자를 학살하는 반역자를 타도하지 않으면 안 된다.

총구는 놈들에게 향하라. 결단코 여러분의 부모형제에게 향해서는 안 된다.

(2) 경애하는 부모 · 형제 여러분!

4 · 3 금일, 여러분의 아들, 딸과 형제들은 무기를 손에 들고 일어섰습니다. 매국적 단독선거에 반대하여 조국의 통일과 민족의 독립을 찾기 위해! 여러분에게 고난과 불행을 강요한 압제자와 그 하수인의 압제의 사슬을 풀기 위해! 여러분의 골수에 사무치는 원한을 풀기 위해! 저희들은 오늘 분연히 떨쳐 일어섰습니다!

여러분들의 자유와 행복을 위하여 몸을 던져 싸우는 저희들에게 협조하시고, 저희들과 함께 조국과 민중이 인도하는 길로 결연코 일어서기를 바랍니다!

무장대의 공격은 계속된다.

3일 무장대의 기습에 의하여 전도의 보안기관에 갇혀 있었던 애국자는 거의가 구출되었고 경찰의 수사체계를 완전히 마비시킬 정도는 아니었지만, 그들의 내부에 대립, 모순을 격화시켰다. 그렇지만 무장대 측에도 조천, 남원, 구암, 한림 등 각지의 전투에서 5명의 게릴라가 생명을 빼앗겼다. 주변의 도민은 “이 귀중한 피를 헛되이 하지말자!”라는 구호 아래 상복데모를 행하고 그 조의 전쟁은 다음 날 아침에 수행하였다. 이에 관하여 당시의 지사 유해진은 아래와 같이 보고하였다.

> 제주도에 있어서 최근의 폭동은 4월 3일, 4일의 새벽녘에 일어났다. 경찰은 8차례 습격당하고, 어떤 경찰서는 방화되어 6명이 사망하고 7명이 부상당하고 2명이 납치되었다. 또 대동청년 그룹의 멤버도 습격되어 그 중의 9명이 살해되고 39명이 부상하고 5명이 납치되었다. 대동청년단의 멤버에 속해 있는 자의 집 3채가 불탔다(〈UN한국위원단의 제 1보〉).

또한 미육군의 보도에 의하면 “계속되는 24일 간에 51명-경찰관 8명, 폭도 15명, 우익 28명 등이 사망하였다”라고 한다.

드디어 무장게릴라 부대는 한라산을 무대로 하여 본격적인 게릴라전을 전개하게 되었다. 게릴라부대는 진압대로부터 탈취한 미제무기와 구일본군의 무기를 이용하여 낮에는 토벌하러 온 경찰대를 유리한 지형, 지물로 유인하여 공격하고, 밤에는 권력기관과 민족배반자들을 습격하여 타격을 가하고 있었다. 그리고 토벌과 탄압에 이용되어질 만한 것은 어떤 사소한 것이라도 파괴시켜 버렸다. 주민들도 또한 무장대원들의 용감한 행동에 호응하여 적극적인 지원체제가 구축되고 있었다. 이러한 상황에 관하여 미국의 고문 밴즈 대위는 “대충 1,250명이 폭동에 참가하고 전도에 점점 확장되고 있다”라고 보고하고 있다.

전투가 격화함에 따라 노동자와 학생도 호응하여 투쟁에 동참하였다. 이제 전도는 총이 불을 뿜어대고 피뿌리는 항쟁의 도가니로 화했다. 잇따라 봉개리(제주시)에 살던 30여명의 노인도 “이거, 젊은이에게 질 것인가”라고 하면서 죽창을 들고 전열에 참가하여 젊은이들을 격려하였다.

《한국일보 실기 30년》에 의하면 "4월 3일을 기하여 제주도 전역에서 일어났던 조직적인 무장폭동 사건은 규모가 대단히 컸다. 7일까지 사망자 22명, 중상자 30명, 경상자 30명, 행방불명 12명, 가옥파괴 17건, 방화 7건이 발생하였다"라고 전하고 있다.

제주도 민중의 4 · 3무장봉기에 놀란 미군정 경무부는 바로 이틀 후(5일)에 「제주도지방 경비사령부」를 설치하고 '통행증명제'를 실시하였다. 그리하여 최치환(崔致煥, 당시 경무부경비과 작전계장)을 총지휘자로, 김태일(金泰日, 제3대 경찰학교 교장)을 작전참모로 하고, 이형석(李亨錫)의 지휘로 행동하는 전투부대로 진압을 담당하게 하는 한편, 4월 24일 각도 경찰청으로부터 총 1,700여명의 토벌경찰대를 제주도에 급파하였다. 그러나 본도 출신의 경찰은 게릴라와의 연고가 깊어서 토벌작전으로부터는 물러나 있었다. 또한 그보다 앞선 4월 10일에는 5연대(부산)의 1개대대(대대장 吳一均 소령)가 제9연대(모슬포)에 증파, 배속되었다.

이는 앞에서 인용한 『실기 30년』에 "지난 3일에 발생하였던 제주도 폭동 사건은 점점 확대되고 있다. 13일 이를 진압하기 위한 국방경비대 제9연대와 특별부대가 제주도에 파견된 경찰대와 합동하여 게릴라 토벌작전을 개시하였다"라고 쓰여져 있는 것으로 확인할 수 있다.

「제주도지방 경비사령부」는 도민의 외부와의 접촉을 차단하기 위하여 해안을 봉쇄하고 계엄령을 선포하였다. 48년 4월 17일자 『합동통신』에 의하면 "제주도의 선박출입을 일체 금지하고 외부와의 교통을 완전히 차단하였다"라고 전하고 있다.

권력의 압정과 잔학이 만들어낸 4 · 3봉기에 의하여 제주도에 있어서 지배자의 통치체제는 근저로부터 흔들리고 탄압기구도 결정적인 타격을 받았다.

그러나 그들은 사건의 책임을 스스로 가려내어 밝히고 도민으로부터 신뢰를 회복하려고 하지 않고 끝까지 무력으로 억누르려고 하였다. 그 강경책에 기초하여 전 기관원에 '직장이탈금지령'이 내려지고, 전 기관에는 견고한 바리게이트가 설치되었다. 경찰관은 거기에 틀어박혀 총구를 밖으로 향하고 사격자세를 취하고 응원조가 오기를 기다리고 있었다. 지금까지 그들이 휘둘러왔던 폭력이 더 이상 가능하지 않게 된다면 그들에게 어떠한 행동의 자유도 허락될 수 없었던 것이다. 왜냐하면 출격할 때마다 기습을 당하여 역으로 무기와 탄약을 빼앗기고 게릴라부대를 강화시켜주는 결과가 되었기 때문이다.

무장 게릴라부대는 도처에 매복해 있다가 트럭의 호송부대를 저격하고 도로를 파괴하여 기동대의 이동을 곤란하게 하였다. 또 포위공격을 감행하여 많은 전과를 올리는 한편 경찰토벌대를 노리는 기습전을 계속 되풀이하였다.

게릴라의 활동이 그 열기를 더해감으로써 반게릴라전도 격화하였다. 토벌대는 또한 기아와 공포에 떠는 주민을 총검으로 모이게 하여 도로를 복구하게 하고 도로변의 초목을 남김없이 자르게 하였다. 흡사 후일의 베트남에 있어서 고엽작전이 이곳에서 이미 시작되고 있었던 것이다. 그리고 그들은 '산적토벌', '멸공빨치산' 등의 명분을 대면서 군 · 경 토벌대를 속속 제주도로 보내어 끝없는 '동족상잔'의 참상을 자행하고 있었다.

제주도의 4 · 3무장봉기는 _미군정의 포학함의 반작용으로 일어났던 것이고 이승만으로 하여금 군경을 동원하여 좌익세력을 탄압하게 함으로써 친미정권을 세우려고 했다는 점은 식민지주의의 일관된 정책에서 기인하는 것이었다. 권력은 게릴라와 주민과의 연계를 끊으려고 도의 각지에 있는 학교건물, 창고, 공공건물 등을 폭압기구로 변조하였다. 그러나 5 · 10망국단독선거에 반대하고 민족의 독립과 자유를 쟁취하기 위한 정의의 투쟁을 제압할 수는 없었다.

무장대는 게릴라전술을 기본으로 하여 항상 공격을 조직화하였다. 반게릴라전(우익테러)이 심히 증강되고 있는 상태에 있어서는 그에 대결하는 투쟁태세를 서둘러 조직하지 않으면 안 되었다. 그리하여 동년 4월 15일, 항쟁의 불꽃 중에 도당대회가 열렸다. 또한 무장봉기에 관한 총괄이 엄격하게 이루어지고 구체적인 검토가 이루어졌다. 내외정세의 판단, 피아의 역량분석, 민중의 동향, 입지조건, 장래의 전망 등에 관하여 격렬한 논의가 이루어졌다. 그리고 군사적 전략과 투쟁과정에서의 전술상 오류 등 부정적인 면도 지적되었지만, 그것은 당시의 정세발전에 따른 주관적 · 객관적 요청에 의한 불가피적인 봉기였기 때문에 한시라도 빨리 그 오류를 시정, 극복하고 이제까지의 귀중한 경험과 교훈을 살리려는 것이었고, 5 · 10 단독선거를 분쇄하려던 시점에 다시 검토를 가하여 투쟁을 진전시키려고 하는 확고한 태도가 취해졌던 것이다.

거기에 군사지도부는 도당대회에서 새로이 수립된 기본방침에 입각해서 우세한 토벌대의 집중공격에 대적하는 강력한 전투대를 만들기 위하여 종전의 자위대를 발전적으로 해체하고 전투적으로 유능한 전사를 중심으로 각 지구로부터 30명씩을 선발하여 '인민유격대'를 편성하여 여기에 기동성과 민첩성을 보장하고 지휘체계의 일원화를 꾀하기 위하여 연대와 지대로 구분 편성하였다.

1연대–조천면, 제주읍, 구좌면…… 3 · 1지대 (대장 李德九)

2연대–애월면, 한림면, 대정면, 안덕면, 중문면…… 2 · 7지대 (대장 김홍춘)

3연대–서귀면, 남월면, 성산면, 표선면…… 4 · 3지대

이밖에 독립대로서 정찰임무를 맡는 '특공대'와 우익 제단체들의 움직임과

각 지방의 자위대의 행동을 감시하는 '별동대'가 조직되고 각 지대와 소대에 '정치소조원'을 배치하여 정치교육을 실시하였다. 이로써 우선 게릴라의 전략 체계가 가능할 수 있었다.

본격적인 게릴라전

이리하여 새로이 편성된 민중의 게릴라 부대는 조만간 도래할 토벌작전에 대비하기 위하여 일부의 대원과 의거자를 각 지방으로 돌려 보내고, 대중투쟁에 전념하기로 했다. 모택동이 "전쟁의 위대한 힘의 가장 깊은 근원은 인민대중 속에 있다"라고 말한 것과 같이 지방조직을 보다 강화시키고, 민중의 총력전을 위해 각 읍, 면, 리에 각각 10여 명으로 이루어진 무장자위대가 재조직되었다. 그들 무장자위대는 게릴라부대와 민중과의 유기적인 연대를 강화하면서 지역의 우파와 투쟁하고, 농민위원회를 시작으로 제지하조직을 확대강화시키고 게릴라 기지를 튼튼하게 하는 한편 게릴라 활동을 측면으로부터 지원하였다.

남로당 제주도위원회가 결성된 이후의 지도부각부는 대략 다음과 같다.

도당위원장－안세훈, 조몽구, 김유환, 강규찬, 김용관

군사부장－김달삼,[11] 김성규(代理), 이덕구[12]

총무부장－이좌구, 김두봉

11) 김달삼의 본명은 이승진이다. 대정면 하모리에서 출생하였다. 4 · 3사건 당시 25,6세, 경도성봉중학, 중앙대학 전문부에 진학, 중퇴하다. 해방 후 대구시 노동운동에 참가 「10월 인민항쟁」에 적극 가담, 대정중학 교사가 됨. 남로당 대정면 조직부, 도당군사부 책임자가 되어 4 · 3무장투쟁을 지도하다. 일시 비판받아 평단원으로 격하되었지만 「8 · 25최고인민회의」에 참가, 국가훈장2급을 받았다. 50년 4월 28일, 삼척전투에서 전사하였다.

12) 이덕구는 1920년 조천면 신촌리에서 출생하였다. 오오사카일신 상업학교를 졸업하고 立命館대학 재학 중 학도병으로 일본군에 입대, 소위로서 귀국, 조천중학 교사가 됨, 김달삼의 뒤를 이어 인민유격대의 총지휘자가 됨. 49년 6월 화북전투 중 전사.

조직부장–조몽구, 이준우, 고칠종, 김민생, 김양군

농민부장–김완배

선전부장–김운한, 김석환

부녀부장–고진희

청년부장–강대석

보급부장–고 모(某)

게릴라의 성장과 민중과의 결합강화는 목전에 임박했던 단독선거 반대투쟁을 유리하게 이끈 커다란 힘이었다. 4월 16일 제주도 인민 유격대장(김달삼)의 이름으로 5 · 10단독선거 반대성명을 내외에 당당히 발표하고 무장대의 단호한 태로르 보였다. 이를 계기로 도민의 선거 보이코트 투쟁은 급속한 진전을 보였다.

인민유격대가 최초로 경찰도벌대와 충돌했던 것은 4월 17일 애월, 한림, 대정지구의 대표자 15인이 각 지대의 작전참모회의로부터 돌아오는 도중 우연히 150명의 토벌대와 조우했던 때였다. 사방으로부터 빗발치는 총탄 사이로 게릴라들은 교묘한 전법으로 겨우 위기를 벗어났는데, 이모(某)는 관통상을 입고 포로가 되었다. 그는 제주 경찰서에 연행되어 인민군 사령부의 아지트를 밝혀내려는 토벌대의 무자비한 고문을 당했다. 다음날 아침 토벌대가 3대의 트럭에 분승하여 선흘(조천면)가까이에 있는 밀림에 도착하자 그는 암호로 토벌대의 위치를 유격대에게 알려주었다. 물론 그는 그 자리에서 사살되었다. 가까이에 집결해 있던 게릴라부대는 즉시 산개전을 개시하여 사방에서 맹공격을 가함으로써 2대에 타고 있던 토벌대에게 치명적인 타격을 가했다. 그 여세를 몰아 게릴라부대는 각지에서 이동전을 펼쳐 경찰대 내에 일대혼란을 일으켰다.

그것에 의해 양심적인 경찰을 유격대 측으로 끌어당기는 것이 가능했다.

이러한 귀순 현상은 누구에 대한 특별한 원한도 없이 동포에게 잔학을 가하는 것을 보고 참을 수 없어서 생겨난 것이라고 할 수 있을 것이다. 그 중에는 총을 가지고 직접 예전의 직장동료와 싸웠던 자도 있었지만 경찰에 계속 남아 몰래 주어진 임무를 수행하는 중에 비밀이 발각되고 잔혹하게 처형되는 자도 있었다.

전황이 유리한 방향으로 전개되어 가면서 양심적인 국민회회원, 독촉회원, 대동청년단원, 심지어 군정직원까지 차츰 애국전열에 들어왔다. 농촌 부녀자들도 식량과 피복을 지고 밤길을 멀다 않고 소정의 장소에 운반했다. 나이어린 여성은 자발적으로 게릴라 부대에 들어와 남자대원 이상의 열의를 가지고 정찰, 정보, 구호활동을 수행했다. 그 중 대원 간에 서로 부부였던 경우도 있다. 확실히 게릴라들은 전투지역 민중의 전면적인 원조를 필요로 한다. 그것은 필수불가결한 조건이다. 그런 의미에 있어서 제주도의 게릴라부대는 그 위대한 힘을 완전하게 민중으로부터 끌어내고 있었다.

2. 권력의 살인적 탄압과 애국적 장병의 의거

게릴라의 역사는 게릴라의 활동이 고양되면 될수록 게릴라를 보호하는 주민을 게릴라로부터 분리시키려고 가지가지의 모략을 자행하고, 주민에게 살육을 자행한다는 것을 가르치고 있다. 말하자면 게릴라전은 반은 정치전이고 반은 고문(拷問)전이다. 게릴라부대는 경찰 토벌대의 포위공격을 당하면서도 주민과 지형에 보호되어 점점 그들의 세력을 넓힐 수 있었다. 그래서 최대의 기동성과 순응성을 가진 교묘한 전법을 구사하여 미군과 경찰에게 깊은 상처를 안겨주었다.

4 · 3무장폭동 직후 치한의 최고책임자 브라운 대령도 약 2주간 만에 평정할 수 있다고 언명하고 치안당국자들도 커다란 사태는 일어나지 않으리라고 보았다. 그러나 그 계산은 빗나가고 싸움은 멈춰지지 않았다.(『신천지』 48년 9월호)

사태의 비상한 발전에 직면한 군정은 4월 24일 각 도의 경찰청으로부터 1개 중대씩을 동원하여 합계 8개 중대 1,700명을 급파, '빨갱이 초토화작전'을 전개했다. 그리고 경무부는 곧 제주도의 감찰청을 경찰국으로, 대정 · 성산지서를 각각 경찰서로 승격시켜 제주서, 서귀서, 대정서, 성산서의 4개의 경찰서로 편성함과 동시에 새로운 토벌대가 편성되었다. 그 위에 기동력을 발휘하기 위해 분대, 소대, 중대, 대대로 구분하고 그 외 '별동대'라는 것을 설치했다. 그리고 성내(제주시)에는 '제주도 비상경비사령부'가, 각 경찰서와 지서에는 각각 '작전명령소, ……지휘소, ……연락소' 등이 설치되고, 그것들을 통제, 지휘하는 체계적인 장치가 마련되었다. 더욱이 게릴라의 거점이 되는 마을마을마다에 경찰 출장소, 주재소 등을 무수히 신설하고 거기에 다수의 경찰과 테러리스트를 배치하여 주민을 엄하게 단속하였다. 게다가 수천의 국방경비대를 투입하여 전면적인 '진압작전'이 행해지고 있었다. 그러나 게릴라를 주민으로부터 끌어내기 위하여 우선 단기작전을 세워 '지구별 토벌대'에 중점을 두고 게릴라와 접촉하기 쉬운 중 · 산간 농촌지대에 토벌대를 집중시켰다.

또 주민의 원망의 표적이 되고 있던 조병옥, 강인수, 유해진 등은 제주도 출신경찰과 공무원은 심정적으로 게릴라토벌 의향이 없을 것으로 판단하여 전면적인 교체를 행하고 변절자 투항자로 하여금 강제로 '특무대'를 만들어서 밀고와 파괴공작에 종사하게 하고 유격대로부터 피해를 받은 가족에게는 '4 · 3 피해자 동맹'이라는 것을 만들게 하여 반게릴라전에 강제 동원시켰다.

그러나 게릴라 전사들은 "자유는 막대한 희생 없이 획득되지 않는다."라는 말을 알고 있었다. 그리고 그들은 모택동의 게릴라 전술, 소위 "적이 공격해 오면 피하고, 적이 멈추어 있으면 교란시키고, 적이 피곤해 있으면 공격하고, 적이 도망가면 쫓아간다. 그리고 적은 수로 많은 수를 이기고, 작은 승리를 가지고 큰 승리를 유도한다."라는 지구전적인 전술을 사용하여 토벌대를 이르는 곳마다 쳐서 깨뜨렸다.

그 때문에 지배권력은 무고한 민중에 대하여 가차없는 보복을 가하여 수상하다고 생각되는 이는 모두 살육하기 시작했다. 반공주의자들은 "제2의 모스크바를 폭파한다"라고 소란스럽게 외치면서 밤낮없이 한집 한집 이 잡듯 수색하는 '빨갱이 사냥'을 벌이고 남로당 지령문서, 삐라 등을 미리 숨겨두고 그것을 핑계로 남로당원 도피자가족, 게릴라가족, 통비분자의 명목으로 체포했다. 그리고는 재판 없이 죽이는 것이다. 그 때문에 많은 부락에서는 매일 장례의 비참한 행렬이 계속되었다. 현재에도 제주에는 4, 5월경의 같은 날에 제사가 많다.

4 · 3무장투쟁이 시작되었을 때 CIC(미중앙정보부)도 활발하게 움직였다. 각 면의 간부급은 경찰과 CIC에 조종되었다. 제주도에 있어서 사상문제에 몰리게 되면 '패가망신'이라는 운명이 기다리고 있다. 이것은 자기 자신만이 몸을 망치는 것이 아니라 일족의 멸망을 의미한다. 소위 연좌제이다. 그 때문에 도민은 극우분자 이외에는 모두 '위험분자'라고 낙인찍히는 것이다. 그것은 5 · 10 단독선거 반대자를 근절시키려는 권력 측의 작전이었다.

그렇지만 이러한 테러학살은 날이 갈수록 민중의 저항을 더욱 강하게 하였다. 민중은 이를 악물고 완강히 투쟁하여, 조직과 게릴라부대를 측면 지원하였다. 역사상 민중이 스스로를 무장하면–그 무장은 물론 군대의 수준은 아니지만– 어떠한 힘을 발휘하여, 강한 조직력과 장비로 무장된 군대에 대항하였는가를 엥겔스는 「유격전론」에서 이렇게 쓰고 있다.

임무를 완수하면, 각자는 다시 자기의 길을 가고, 무장한 사람들이 온갖 방향으로 흩어져 간다. 동시에 지금까지 모여 있던 농민도 게릴라보호의 임무를 떠나 다시 본래의 임무로 조용히 돌아간다. …그러나… 정보원을 보내면 반드시 잡히며, 식량을 운반하다간 반드시 약탈되어 버린다. 결국 행동하기만 하면 수백의 눈에 감시받는 것이다.

그렇지만 이러한 조직의 뿌리를 뽑아버리는 것은 불가능하다. 출동하면 곧 도망가 버리고 또 즉시 다른 곳에 나타나며, 산을 집 삼아 활약함으로써 발견되지는 않지만 어디에서나 출몰하는 게릴라에 대하여 프랑스군은 즉시 무장을 강화하지 않으면 안 되었다. 브라트 신부는 말하고 있다. "프랑스군을 소모시키는 것은 전쟁도 충돌도 아니며 다만 게릴라의 교묘한 전법이다. 추적되면 곧 민중 속으로 숨어버린다. 이윽고 또 민중 사이에서 새로운 힘을 뽑아낸다. 눈에 보이지 않는 적과 부단한 소전투가 계속 된다."

이것은 스페인에 침범한 프랑스군의 처지를 말하고 있는 것이다.

권력의 잔학행위에 겹쳐서 "너의 아내와 자식들이 우리에게 잡혀서 지금 처형되려 한다. 10만~50만 원을 내면 석방시켜 준다"라는 교묘한 말로 굶주림에 우는 농민으로부터 금품을 갈취하는 자들도 많았다. 예를 들어 일본에 망명한 R군은 제주도 빨치산 출신이었는데 체포되어 사형선고를 받았는 바, 어머니가 보초를 8만 원에 매수하여 일본으로 달아나게 했고, 고오베(神戶)의 M씨는 부산 형무소에 있는 동생을 큰돈에 매수하여 석방되게 하는 등 뇌물이 횡행하였다.

말하자면 주민에 대한 생사여탈권을 권력이 쥐고 있었던 것이다.

그러나 이러한 토벌대의 비인간적인 무차별 학살에 대한 세론도 심하게 일고 있었다. 그래서 딘 군정장관은 여기에 대하여 해명하지 않을 수 없었다.

그는 5월 초순 그의 통제하의 경찰이 “극단적이었을 수도 있다”라고 인정하고, 제주도에서의 잔학행위를 이유로 조병옥 휘하의 2명의 간부가 군사법정에서 재판받고 있다고 말했다. 섬으로 보내진 2천 명의 병력에 언급하여 딘은 “그중 5%는 단지 5일 간의 훈련을 받았고, 그것이 이러한 극단적인 상황을 초래한 요인이었는지 모른다.”라고 완곡하게 그 잘못을 인정하였다.

그러나 당시 미국으로부터 나온 보고는 “이 폭력의 책임을 오직 혼란의 확대만을 의도하는 좌파에 덮어 씌웠다”라고 지적하고 있다.

심지어 미국의 침략도구인 「UN한국위원단」조차 UN 제 3회 총회에의 보고 중에 “제주도 민중에 대한 경찰과 서북청년동맹의 폭력적 압박이 원인이었다.”라고 인정하고 있다.

제4장 '피의 탄압'과 민중의 무장저항

1. 4·3 봉기 이후 5·10 선거를 앞둔 군·경·게릴라

탄압과 항쟁, 그리고 군대

권력의 무력적 압살은 끝이 없었다. 4월 4일 성산경찰서장(강기청)은 경찰서 앞마당에 버려진 한 개의 모자를 게릴라의 것이라고 날조하여 성산면 일대의 탄압에 나서서 무고한 농민을 검거하고 집단학살을 자행하였다.

4월 6일 서귀 국방경비대(김병홍)과 테러집단은 관하에 대중적 탄압을 강행하여 저항조직자뿐만 아니라 임신부를 포함한 그 가족 30여 명을 감옥(서귀국교)에 집어넣고, 잔인하기 이를 데 없는 고문을 가하였다. 그리고 그 중 15명을 '빨갱이의 가족'이라 하여 학교 동쪽의 소나무숲으로 끌고 가 참살한 후, 개천에 던져버리는 비도덕적 만행을 거리낌 없이 자행하였다. 권력 측은 토벌대를 더욱 보강하기 위해 강성건(서귀읍 대동청년단장)과 같은 충실한 테러리스트를 이용, 효과적인 '죽음의 부대'를 편성하여 흡사 '살인 대회'와 같이 현상금까지 걸면서, 전문적인 테러집단을 대량으로 양성하였다. 말하자면 이것이 '특수부대'의 모습인 것이다.

이렇게 권력은 제주도 민중의 무력항쟁 탄압에 있어서 도무지 인간이 생각할 수 없는 극악무도한 방안들을 만들어 낸 것이다. 정과 바늘이 박힌 의자에 앉혀져 양다리에 무거운 것을 달아 놓고 손으로 때리고 발로 차댔다. 노끈으로 수족을 묶고 거꾸로 매달아서 펄펄 끓는 물을 콧구멍에 부어 넣었다. 그리고 새빨갛게 달구어진 인두로 살을 도려내기도 하였다. 서귀포 임시감방에서는 혀까지 뽑혀졌다는 소문도 있었다. 이러한 고문이 늘 계속 된 것은 "이놈, 어느 조직에 소속해 있어?", "거기에는 누구누구가 있는가?", "남로당 지도멤버를 말하라", "아지트는 어디에 있는가?", "거점의 연락장소는?" 등등에 대한 답을 얻어내기 위한 것이었음은 말할 필요도 없을 것이다.

이러한 법적 제재 이외의 린치는 미국의 식민지정책과 이승만 일당의 매국행위에 대한 항쟁이 전 민중적인 대중운동으로 확대됨에 따라 그 제재방법의 잔학함이 극에 다다르게 됨을 의미했다.

제주도 민중항쟁을 계기로 하여 남한 민중의 반미구국투쟁은 전면적으로 빨치산 투쟁 형태를 띠게 되었다. 맥퀸은 "1949년 9월까지 7만 7천여 명의 빨치산이 행동하고 있었다. 형무소는 초만원이 되었다. 어떤 사람은 48년 4월로부터 49년 3월 사이에 8만 9천여 명의 인민이 체포되었다고 말한다."(『금일의 조선』)라고 쓰고 있다. 그러나 이 숫자도 한국민중의 눈으로 보면 빙산의 일각에 지나지 않는다. 당시 남한민중 사이에는 "경찰에 유치되어 있으면 아직 희망이 있다"라고 말이 유행될 정도였다. 이것은 폭력집단에 납치되어 행방불명이 되거나 린치에 의해 살해되어 시체를 알아볼 수 없는 사건이 너무나도 많이 발생했기 때문이다.

토벌대는 또 도내의 전 학교를 감옥으로, 교정을 처형장으로 삼았다. 더욱이 토벌작전에 필요하다고 생각되는 것은 무조건 점령, 파괴하여 농민의 활동분야를 전면적으로 봉쇄하는 동시에 섬의 해안선으로부터 한라산의 초입까지 물샐틈없는 첩보, 경비망을 펼쳐 '도민증, 양민증, 통행증, 석방증' 등으로 도민의 수족을 묶고 행동의 자유를 빼앗았다.

그들의 이러한 격리작전은 피비린내 나는 증오를 불러일으킬 뿐이었다. 도민의 분노의 불꽃은 점점 활활 타오르고 있었다. 한라산의 산림에 근거를 둔 게릴라부대도 완강히 싸움을 계속하였고, 일반 민중도 살벌한 감시망을 뚫고 유격대를 지원하며, 스스로도 칼과 곤봉을 휴대하여 백색테러에 대비하였다. 그리고 "군정은 학살정책을 즉시 중지하라", "5 · 10 망국선거를 단호히 배격한다"라는 함성의 대중투쟁은 반무장한 자위대에 보호되면서 강력히 추진되었다. 모든 권력기관과 국방경비대 내에는 매일 삐라와 호소문이 배달되었다. 그것을 본 사람 사이에는 "빨갱이 중에 날개달린 사람이 있다"라고까지 말이 오갔던 것이다.

이러한 일련의 싸움에는 아동들까지 가세하여 소년들은 주간에 감시소로부터 연막과 종소리를 사용하여 토벌대의 움직임을 마을에 알려 백색 테러가 기습하기 전에 마을사람들을 피난시켰다. 게릴라부대는 이러한 주민 모두의 지원에 의해 이제까지 수많은 전투에서 빼앗은 라이플, 카빈총, M1소총 등 각종 무기로 무장하여 권력기구에 끊임없는 타격을 가하고 있었다.

1948년 5월 17일 미군정 경무부가 서울방송을 통하여 발표한 통계에 의해서도 당시 제주도 민중의 무력공세가 얼마나 맹위를 떨치고, 또 이에 따라 미군정당국이 얼마나 큰 피해를 입었는가는 다음의 숫자가 그것을 여실히 보여주고 있다.

(1) 제주도 인민의 4 · 3 무장봉기에 의한 피해상황

(48년 4월 3일~4월 말까지의 일개월 간의 통계)

1) 습격건수-경찰서 23, 경관 24, 관공서 6

2) 테러건수-경관 13, 경찰가족 24, 관공무원 6, 민간(우익)84

3) 납치인원-경관 3, 경찰가족 1, 관공무원1, 민간(우익)3

4) 사상인원-경찰측 사망 13, 부상 62, 민간측 사망 27, 부상 31,

관공무원 사망 2, 부상 5

5) 방화건수-경찰서3, 경찰관사6, 민간14

6) 파괴건수-경찰서7, 경찰관사6, 민간3

7) 전주절단-78, 전선절단-27

8) 봉화시위-84

9) 검거인원-292

(2) 48년 5월 3일 현재의 피해

1) 경찰관 피살자-12명

2) 경찰관가족 피살자-6명

3) 경찰관 중경상자-21명

4) 경찰관가족 중경상자-3명

5) 관공무원 피살자-5명

6) 관공무원 부상자-9명

7) 민간(우익)피살자-37명

8) 방화-45건

9) 경찰관 피납자-2명

10) 양민(우익)피납자-19명

미국과 이승만 일파가 기도하는 5 · 10 단독선거를 실력으로 저지하여 끝까지 조국의 자주통일과 생존권을 지키려는 제주도 민중의 항쟁을 진압하려온 국방경비대 장병들은 대부분 농촌출신이기 때문에 도민의 격한 열기에 부딪히자 전의를 상실하고, 도민에 동정하여 오히려 협력하는 자세를 보이기 시작했다.

4 · 3봉기 후 도민의 급격한 혁명열기의 고양과 특히 국군 내부에 도사리고 있는 모순 대립의 격화, 특히 국군 내부에서 양심파의 증가와 '반미, 반이승만'감정의 증대는 단독정부수립에 열중한 미국과 그 추종자들에게 커다란 위협이 되었다. 제 9연대장 김익렬 소령은 4 · 3투쟁의 결과를 우려하여 "동족상잔은 어떤 일이 있어도 피하지 않으면 안 된다"라고 하여 쌍방에 화해교섭을 하라고 호소하였다. 우선 "게릴라부대는 신속히 하산하여 질서유지에 협력하라"라는 요지의 권고 유인물을 공중 살포하였다. 그는 자신의 수기에 사건의 원인을 이렇게 지적하고 있다.

> 사건의 발단은 3 · 1 기념대회와 3 · 9 총파업사건 관계로 도내 약 500여 명의 청년이 경찰에 구금되고 3명의 고문치사자를 낸 뒤 3월 15일 그 사체를 하천에 던져버린 것이 가족의 한 사람에게 발견되고 민심에 강한 충격을 주어 도민 사이에 큰 파문을 불러일으킨 바에 기인한다. 그리고 주민이 낮에는 농부로서 들에서 일하고 밤에는 반란군에 가담함으로 게릴라와의 구별이 잘되지 않는다. 그런데 본토로부터 보내진 경찰대의 무차별 살육 때문에 그것이 또 게릴라의 궐기를 초래하는 악순환이 되풀이됨으로써 무력으로는 도저히 사태의 원만한 해결을 바랄 수도 없다는 것을 알 수 있다.(『신천지』 48년 8월호)

그 무렵 미군정의 식민지 정책과 압제와 잔학에 불만을 가진 일부의 장병은 민족의 분열을 항구화하는 5 · 10 선거에 반대하여 조국의 통일을 위하여 무력항쟁을 전개한 해방세력을 지원하기 위하여 과감히 떨쳐 일어섰다. 그들은 제주, 서귀, 대정 등의 요소요소에 정보수집 조직을 설치하였다. 특히 문상길 중위는 당의 군사부 지도멤버와 비밀리에 접촉하여 정보를 제공해 올 뿐만 아니라 주민의 생명과 재산을 보호해 왔다. 또 4월 10일 제 5연대(부산)의 제 2대대도 9연대의 지휘 하에 들어왔는데 오일균[13]대대장도 공공연하게 경찰토벌대의 횡포와 테러집단의 무자비함을 비난하고 경찰과 민간인과의 충돌에 있어서 경비대는 엄정한 중립을 지켜야 한다고 강조하고 약 일 개월에 걸쳐 훈련과 교육만을 실시하며 경찰의 출동요청에 응하지 않았다.

이렇게 4 · 3 이후 무력항쟁이 격화의 일로를 걸었음에도 불구하고 국방 경비대로서는 이렇다 할 움직임을 보이지 않았다. 그것은 경비대의 수뇌부의 사건에 임하는 태도가 아직 결정되지 않았다는 점에서도 원인은 있지만 경비대 내에 상당수의 진보적, 좌익 장병이 있었다는 것과 더욱이 경찰과의 반목이 크게 작용했다는 것은 간과할 수 없다.

어쨌든 좌익계 장병은 가는 곳마다 경찰토벌대의 잔학상을 견제하여 5 · 10 선거 분쇄의 협동작전이 폭발적인 분노를 가지고 조작될 수 있는 기반을 마련한 것이었다. 따라서 9연대 주둔지(모슬포) 속에는 매일같이 다음과 같은 삐라가 뿌려졌다고 한다.

> 당신의 부모, 형제를 살해하는 미국의 용병이 될 것인가?
>
> 애국적인 인민대중을 테러, 학살하는 도구가 될 것인가?
>
> 조국의 통일과 민족의 해방을 위하여 용감하게 싸우고 있는 제주도민중을 방위하고, 검은 공포에 총구를 겨누자!
>
> 친애하는 장병 여러분! 조국과 민족을 우리와 함께 지키자!

---

13) 오 일균 충북 청원 생, 일본육사 61기, 재학 중 종전, 소령으로 대대장시 제주도 게릴라 토벌 중 통비분자로 처형됨

애국적 장병은 제주도 민중의 게릴라투쟁을 음으로 양으로 지원하였다. 그 결과 경찰대와 국방경비대와의 대립은 날이 갈수록 심해졌다. 그들의 내부적 대립의 격화는 토벌대의 전의와 전력을 약화시키는 결과를 초래했을 뿐 아니라 그들 상호간에 무력충돌까지 야기하는 사태로 발전했다.

3자회담제의와 군 · 게릴라간의 회담

5 · 10 선거를 수일 앞두고 도민의 반대운동은 한층 고양되었다. 정세발전을 지켜보던 김익렬 연대장은 사건해결의 실마리로 그들이 말하는 인민해방군과 경찰대 사이에 정전협상을 가지기 위한 3자회담을 제안하였다. 그는 경찰 측에 "골육상잔의 행위를 즉각 중지하고 회담에 응하시오"라고 재삼 호소하였지만 경무부장 조병옥은 무제한의 권력을 가진 경찰기구를 뒤로 빼돌린 책 그 합리적인 해결 제안을 거절하여 사태를 한층 악화시켰다. 이 점에 관하여 김익렬은 "미군정장관의 지시에 의한 3자 비밀회의를 가지려 하였다. 인민해방군은 무장해제에 동의하여 4월 30일 오후 5시경, 나와 미국 고문관의 입회하에 그것이 실시되려고 할 때, 경찰 측이 불의의 습격을 가했기 때문에 실패하였다"라고 주장하였다. 그것이 원인이 되어 군 · 경간의 상호불신은 더욱 심화되었던 것이다. 거기에서 양자 간의 대립을 조정하기 위하여 미군정장관과 안재홍, 조병옥, 김익렬 4인이 제주도에서 회담을 가졌다. 그때 조병옥은 김익렬을 공산주의자라고 격렬히 비난하여 회담은 결국 양자의 침 뱉음으로 끝나게 되었다고 김익렬은 증언하고 있다. 이 점에서 판단해 보아도 경찰의 의도가 딴 곳에 있지 않았는가 생각된다. 그것은 다름 아닌 조병옥의 절대 조기무력진압인 것이다.

3자회담은 조병옥의 난폭한 파괴공작에 의해 결렬되었지만, 동포의 피투성이의 희생을 피하여 사건을 어디까지나 평화적으로 해결하려고 노력한 오일균은 김익렬 연대장에게 인민해방군과의 회담을 권하였다. 그에 따라 김익렬은 오일균 소령고가 연대 정보참모 이윤락 중위를 대동하여 대정면 구억리 국민학교에서 유격대 대표 김달삼과 회견하여 협상에 들어갔다. 그때, 학교문의 좌우에는 소년선봉대 2명이 보초를 섰는데 김 연대장 일행을 정중히 모셨다. 경비대에서는 일찍이 보여지지 않았던 그 어린 게릴라들의 진지함에 감복한 김 연대장은 2명의 소년보초에게 격려를 보내 주었다는 이야기도 전해진다.

회담에서 김달삼은 "제주도민중의 타도목표는 경찰이고, 경비대가 아니다. 그러므로 서로 적대시하는 것을 그만두고 피아가 함께 공격하지 않겠다는 협약을 맺자"라는 뜻을 강조하며 다음 4개의 요구조건을 제시했다.

1) 단독선거, 단독정부수립 반대
2) 경찰의 완전 무장해제, 경찰토벌대의 즉시 철수
3) 반동테러단체의 즉시 해산, 서북청년회의 즉시 철거
4) 피검자의 무조건 즉시 석방, 부당한 검거, 투옥, 학살의 즉시 중지

이것은 전 도민의 절박한 요구이며 전 한국민중 앞에 제기된 초유의 민족적 과제를 수행하는 가장 긴급하고 또 타당한 제인이었다. 그럼에도 불구하고 포악하기 그지없는 조병옥과 경찰 측의 방해에 의해 그 결실은 맺어지지 못했다. 그 때문에 군 · 경간의 반목과 갈등은 이전보다 한층 격화되었을 뿐 아니라 도민의 경찰에 대한 반감도 최고조에 달했다.

군 · 경의 대립

3자회담이 실패하자 경찰 측의 움직임을 불쾌하게 보고 있던 문상길[14] 중

위 등은 곧바로 실력행사에 들어갔다. 그들은 게릴라들과 밀접한 연계를 가지면서 4월 27일 수하의 약 100여 명이 9연대의 무기고에서 다량의 무기, 탄약을 훔쳐내어 트럭에 싣고 동, 서 둘로 나누어 진격을 개시하였다. 일대는 도중의 모슬포, 보성, 안덕, 중문, 서호, 신효, 법환 등 각지의 경찰토벌대대를 차례차례로 제압하고 계속하여 서귀포 경찰토벌대에 일격을 가한 후 권력의 아성인 성내(제주시)에 돌입하여 완전 무장한 상태로 방향을 돌려 산에 들어가 게릴라와 합류하여 버렸다. 이러한 병사들의 의거는 9연대 전체에는 곧 파급되지 않았지만 그 동조자는 잇따랐다. 그것은 무장 게릴라부대에게는 새로운 전력이 되었을 뿐 아니라 도민들을 들끓게 하는 활력이 되었다.

한편 제9연대는 수 회 걸쳐 토벌에 출동했다. 그러나 거의 대부분 게릴라를 포착할 수가 없었다. 오일균 대대장과 문상길 중위 지휘 아래 하사관들은 사전에 토벌계획을 통보하였기 때문이었다. 또 간혹 계획의 반대행동을 취하여 게릴라와 조우하여도 게릴라는 재빨리 접전을 피했다. 당시 9연대와 경찰대는 협동작전을 취하여, 경비대가 해안평지를 경비하고 경찰토벌대가 게릴라의 근거지 한라산을 토벌하였다. 4 · 3봉기 당초에 있어서는 국방경비대는 농민대중에게 환영받고 그들은 또한 도민의 무력항전을 성원하여 경찰 테러의 불법행위에 강하게 반대하였다. 그 때문에 4 · 3 투쟁 초기에는 경찰토벌대는 게릴라부대에 용이하게 접근할 수 없었다.

우리가 이제 회고해 볼 때 군 · 경 간의 알력은 제주도 게릴라의 토벌에서 비롯된 것은 아니었다. 그것은 45년 말 맥아더가 경찰을 미국병기로 강력히 무장시키려고 지시한 것이 창설된 경비대와 경찰 사이에 이해하기 어려울 정도의 분쟁의 씨앗을 뿌린 것이다.

14) 문 상길 중위는 충남출신, 일본하사관 3기 졸업, 9연대의 조직책임자. 제 11연대장 박진경(제주도 게릴라 토벌사령관)을 사살했다는 죄목으로 처형됨.

당초 경비대는 일본의 38식과 99식 소총으로 무장하고 있었다. 그러나 경찰에는 M1라이플과 칼빈총이 지급되었다. 경비대는 경찰의 보조기관이고 그 밑에 위치한다는 이미지를 강하게 풍겼다. 그것이 경찰이 경비대를 경시하는 풍조를 낳게 되고 그것이 반목으로 되어 종말은 군경간의 충돌로까지 발전하여 결국은 반란의 한 도화선이 되었던 것이다.

5월 14일 애월면 신엄경찰지서 앞을 통과하는 국방경비대원 수십 명이 트럭에서 지서를 향해 집중포화를 가하여 많은 피해를 주었다고 한다. 군·경간에 있어서 불온한 움직임은 미군정의 걱정거리로 되었다. “딘 군정장관은 보안, 경찰의 양 수뇌를 대동하여 현지에 급히 내려와 내부의 반목을 진정시켰다”고 5월 4일 서울발 UP통신은 보도했다. 이것에서도 그들사 이의 내부적 모순과 반목 대립이 얼마나 심각한 것이었던가를 알 수 있다.

미군정의 타협에 의해 양자 간의 타협은 이루어졌다고는 하지만 경비대의 일부장병들은 여전히 게릴라부대에 호의적인 태도를 보이고 있었다. 때로는 총성과 연기를 통해 경찰토벌대의 위치, 수, 공격 목표를 사전에 통보하여 왔을 뿐만 아니라 모슬포지대에서는 무기가 민중에게 양도되었다. 그래서 게릴라부대는 국방경비대와의 적대행위를 가능한 한 피하고 그들을 ‘환영한다’라는 슬로건을 내걸어, 우리의 적은 경찰과 서북청년이기 때문에 경비대는 중립을 지키라고 요구했다. 그에 따라 게릴라부대는 커다란 전략적 가치를 지니지 않는 한, 정치적 공작으로 그들을 포섭하는 전력을 기울였다. 그렇기 때문에 6월까지는 쌍방 사이에 한 번의 교전도 없었다.

전황은 유리한 방향으로 바뀌었다. 게릴라의 최초무기는 가장 원시적인 것, 즉, 목검, 죽창, 피스톤, 화승총, 신호포 등의 수제무기와 민중으로부터 제공받은 일본도, 소총 38식, 99식 보병총 등으로 그나마 4·3직전까지는 30정에도 미치지 못했다. 그러나 경비대의 투항에 의한 최신병기 300여 정과 전투

과정에서 탈취한 무기로 경찰의 무장력을 여러 곳에서 연파하고 공격의 주도권을 잡아나갔다.

5 · 10 선거를 목전엔 두고 무장게릴라의 세찬 공격과 대중운동의 격화는 권력을 초조하게 하였다. 여기에 당황한 미군정 측은 비행기를 띄워 그 힘을 과시하여 게릴라의 무조건 항복을 호소하는 삐라를 전도에 투하하고 해군을 출동시켜 육해공에서 도민을 위협하였다. 그러나 제주도의 애국민중은 죽음의 협박에도 굴하지 않고 전 한국민중이 갈망하는 자유와 독립을 위하여 한 달음질 진격의 걸음을 내딛었다.

2. 5·10 단독선거 반대투쟁

우익테러 속에서의 선거

남한민중 5 · 10 선거 반대투쟁은 국토의 분단과 민족분열의 위기를 극복하고 남한민중 스스로의 손으로 통일적 민주주의 정부를 수립하기 위한 전민중적 구국투쟁이었다. 하지 중장은 선거가 가까워오면서 남한민중의 반대투쟁이 격화되고 선거위원회의 준비태세가 곤란에 처하게 되자 선거 일자를 5월 10일에서 24일로 연기하는 것을 UN한국위원단에 요구하였다. 이러한 곤란의 원인 중 하나는 미군정이 제주도에서의 반란을 진압하는 데 실패한 때문이었다.

미군정과 이승만 등은 "5 · 10 선거를 앞두고 특별경비사령부를 설치하고 미군부대, 국방경비대, 경찰, 테러단 등의 무력을 2주 사이에 약 5% 증강하였다"(UP통신 5월 30일) 그리고 만일의 경우에 대비하여 미군함이 부산, 인천항에 대기하고 비행기, 전차, 기동부대를 출동시킬 준비를 완료하였다. 또한 미군정의 지시에 의해 이미 4월 1일 수도경찰청의 호랑이 장택상은 준비상계엄령을 선포하고, 대중집회와 야간통행을 엄금하였다. 또한 그는 4월 19일 "경찰관 이외는 누구라도 도로에 서 있어서는 안 된다.(유보금지-돌아다니는 것 금지) 만일 이를 위반하는 자는 누구든 사살한다."라는 포고를 하였다.

그 전에도 경무부장 조병옥은 "총선거가 국가정책인 한 그에 반대하는 자는 국가정책위반으로 처벌한다."라고 경고(3월 1일) 한 바 있다. 이렇게 미국과 우익세력들은 당초부터 피의 테러에 의해 선거를 강행하기 위하여 남한전역에 무력을 대대적으로 증강한 것이다. 이것이 그들이 말하는 '자유로운 분위기'이다. 그러나 그럴지라도 남한민중의 격렬한 반대를 제압하는 것은 불가능하였다.

5월 1일의 『서울신문』에 의하면 "보행하는 사람들은 가만히 서 있기만 하여도 경찰에 붙잡혀 갔다. 한 곳에 2, 3인의 사람이 모여 있어도 무조건 총살하였다. 제주도에서는 미국의 군대와 소위 국방경비대, 반동경찰이 민중을 대량학살하고 있다"라고 보도하고 있는 것처럼, 이승만의 테러단이 투표자의 등록을 강제하기 위해 제주도에 파견되었다. 이승만과 미군정 측에 의하면 도민이 선거를 보이콧할지라도 억지로 5 · 10 선거에 이 도에서 2명의 우파 후보선출을 확보파는 것이 바람직하다고 생각하고 있었음이 틀림없다. 그러나 단결한 제주도 민중은 그것을 허락하지 않았다.

5 · 10 선거의 투표일이 가까워 오자 미군정은 전섬에 특별비상경계령을 실시하고 선거를 강행하려고 비행기, 해군을 출동시켰다. 뿐만 아니라 미군부대와 5천여명의 국방경비대, 3천여 명의 경찰대, 서북청년, 대동청년, 민족청년단, 학연, 향보단 등의 테러집단까지 동원하여 게릴라토벌전을 전개하는 한편 '야간통행금지', '불필요한 외출금지', '최단거리에의 통행금지' 등의 여러가지 파쇼적 규제를 통해 도민의 활동자유를 탈취하고 투표를 장려하는 '인간사냥

작전'이 공공연히 행해졌다.

그러나 도민의 항쟁전열은 아래와 같은 슬로건 아래 미국에 의해 연출된 선거조작극에 대해 반대하기 위하여 거의 매일 데모를 조직했다.

1) 단독선거를 실력으로 분쇄하여 단독정부에 반대하자!

2) 단독선거에 참가한 민족반역자를 단죄하자!

3) 투표하면 인민의 적이다!

이에 각 지구의 자위대와 주민은 협력하여 토벌대의 습격을 방지하기 위하여 교량과 통신망을 파괴 절단하였는데 주로 도로에 바위를 놓아두든가 구덩이를 파서 기동대의 이동을 차단하였다. 또한 선거사무소와 투표소를 습격하여 선거인 명부를 탈취함과 함께 선거위원회를 기습하여 선거위원과 입후보자를 사퇴시켰다.

무장 게릴라부대도 게릴라전술에 의거하여 항상 기동력 있는 공격을 조직했다. 5월 7일 애월면 장전과 수산 간의 경계에 있는 소나무숲에서의 전투는 실로 격렬한 것이었다. 이날 게릴라부대는 우연히도 60명으로 이루어진 경찰토벌대와 조우하여 5시간에 걸친 격전이 행해졌다. 게릴라는 토벌대장 이하 32명을 살상하고 다량의 무기를 포획하는 대전과를 올렸다. 무장대는 권력의 무력을 도처에서 격파하고 선거진행을 혼란으로 빠뜨렸다. 그 결과 5월 10일 투표를 기다리지 않고서도 선거의 결과를 예견할 수 있었다.

당시의 위원수와 선거구는 다음과 같다.

북제주군-2구 의원 2, 남제주군-1구 의원 1

북제주군 갑구 1구 … 1, 2, 3도 건인 화북, 삼양, 도련, 회천 등

2구 … 오동, 아라, 영평, 월평, 봉개, 용남동

3구 … 용남, 외도, 내도, 이호, 도두, 도평, 해안, 노충, 봉동, 오라동

북제주군 을구 1구 … 애월면

2구 … 한라면

3구 … 추자면, 한경면

4구 … 초천면

5구 … 구좌면

남제주군 1구 … 대정면

2구 … 안덕면

3구 … 중문면

4구 … 서귀면

5구 … 남원면

6구 … 표선면

7구 … 성산면

제주도에서 5 · 10 단독선거의 파탄

권력이 만들어 놓은 이들 선거는 5 · 10 전야에 이미 유혈의 아수라장이 되었다. 도민대중의 격렬한 공격에 맞부딪힌 정치모리배들은 이 오염된 선거극에 이름조차 올리지 못했다. 단지 테러집단의 보스로 악명 높은 양병식(한림면), 박창희(애월면), 오용국(서귀포), 고권삼(성산면)의 4인이 이승만의 거수기로서 입후보했다. 게릴라들은 5월 8, 9일에 걸쳐 조천면을 시초로 중문, 안덕, 대정, 한림, 애월 등 각지의 선거사무소를 습격하여 투표함을 배치할 수

없게 하였다. 각 지구의 자위대도 또한 활발히 움직여 선거위원과 입후보자의 선거활동을 전면적으로 봉쇄하였다. 이에 호응하여 노동자는 스트라이크를, 군정청직원은 사보타지를, 학생은 동맹휴교를, 상인은 철시를, 일반 근로대중은 수일분의 식량을 휴대하여 근처 산과 고지(늪지)에 들어가 집회 데모를 하고 선거 보이콧을 목표로 하여 항쟁의 봉화를 불태웠다.

마침내 투표일이 되었다. 읍사무소, 신한공사, 경찰숙소 등이 습격되고 투표거부의 삐라가 가두를 뒤덮었다. 많은 시민과 학생이 교묘하게 탄압을 피하면서 길모퉁이에 서서 투표하러 가는 사람들에게 보이콧을 호소하는 등 외출금지의 상태에서 눈물겨운 투쟁이 전개되었다. 게릴라부대도 또한 민중 대의의 기수로서 신속히 행동하였다. 5월 10일, 60명으로 이루어진 전투대는 삼양지서를 습격하고 악질경찰관 3명을 처단하였다. 그때 경찰기동대가 그곳을 통과한다는 정보를 입수하였다. 전투대는 즉시 유리한 지형지물로 철병하고, 매복하여 공격태세를 갖추었다. 얼마 안 있어 그곳을 통과하는 경찰대에 괴멸적인 일제사격을 가하여 수십 명을 살상하고 다수의 무기를 노획하였다. 그 위에 여러 전투그룹은 외도, 화북, 고산, 도지, 화순, 도순, 아리, 중문, 덕천, 남원, 위민, 금녕, 세화, 함덕 등지의 지서 및 출장소로 강습하여 파괴하고 악질경찰관을 인질로 하여 구속자를 석방시켰다.

막강한 무장대는 각지의 자위대와 협동하여 평대, 덕수, 안덕, 조천, 무릉, 서광, 인성, 하도, 금악 등 각지의 선거사무소의 투표소를 습격하여 선거인명부, 투표용지, 투표함 등을 불태우고, 계속하여 토벌대의 주둔소, 입후보자 서북청년단의 사무소와 주요 멤버의 집을 습격하여 그들의 반민중적인 행위를 규탄하여 단죄하였다. 일련의 무장단체들의 과감한 공세는 우익진영에 막대한 충격을 주었다. 그 결과 일부의 선거위원장과 선거위원은 선거사업을 방기하고 자진해서 애국전열에 가담하는 자가 속출하였다. 이리하여 제주도에서의 5 · 10 단독선거는 완전히 분쇄되었다.

이에 대하여 당시의 UP통신조차도 "제주도에서는 치열한 전투가 벌어지고 있었기 때문에 선거위원의 반수가 사임해버렸다. 그래서 3개의 선거구 모두에서 선거가 불가능하다고 6월 23일로 연기되었다"라고 비명을 질렀다. 이것은 확실히 투표전야에 이미 선거사업이 파탄되었던 것을 솔직하게 인정하는 것이었다.

당시 제주도 선거위원장 홍 모라는 자는 중앙선거관리위원회에 투표 결과를 다음과 같이 보고 하고 있다.

북제주군 : 134개소 중 투표함을 수거한 곳이 64개, 뿐만 아니라 수거된 투표함의 대부분은 몇 표밖에 들어 있지 않고 더구나 2개는 비어 있었다.

남제주군 : 71개소의 투표소에 전혀 투표가 이뤄지지 않았다.

이것은 선거결과가 참담한 것이었음을 말하는 것이다.

권력이 대리투표, 이중투표 등 허다한 사기투표를 자행하였지만 거의 전도민이 철저히 보이콧한 이상 아무리 속일지라도 법정표수에 도달할 리가 없었다. 사태가 이정도로 되자, 미군정장관조차 3선거구 중 2개구는 무효라고 성명을 발표했다.

이처럼 제주도 민중은 선거 보이콧 투쟁에 있어서 전례 없는 애국적 정렬을 유감없이 발휘하였다. 그것은 또 다음의 통계가 여실히 보여주고 있다.

제주도민중항쟁통계(1948년 3월 ~ 5월 25일까지)

① 습격-경찰관서 35개소, 경찰관 8명, 관공무원 3명, 선거사무소 18개소

② 납치–경찰관 4명, 경찰가족 4명, 관공무원 2명, 양민 (우익) 289명

③ 행방불명–경찰 2명

④ 사망–경찰관 23명, 경찰가족 13명, 관공무원 3명, 폭도 119명

⑤ 인민재판–관공무원 2명, 우익 2명

⑥ 부상–경찰관 29명, 경찰관가족 2명, 우익 65명, 관공무원 6명, 폭도 8명

⑦ 파괴–동리 3, 교량 149

⑧ 무기피탈–총기 20개, 탄환 231발

⑨ 무기회수–총기 8개, 탄환 149발

⑩ 방화–경찰관서 4, 경찰관사 4, 경찰관집 4, 관공서 4, 관민가옥 4, 양공리 집 3, 경찰관옥 3

(이상 통계는 제주도 비상경비사령부 발표)

선거의 제경과를 목격하였던 시리아의 마길은 "선거 후에 희망이라고 할만한 것은 남한에 없었다"(기드 · 리치 · 《한국–UN에 있어서 미국연구》)라고 말하고 있다. 남한민중의 이러한 반대투쟁에 의하여 거의가 보이콧트 되었음에도 불구하고 「중앙선거위원회」는 선거 참가율이 93%, 제주도에도 70%의 참가가 있었다고 발표하였다. 이것은 명백히 선거문서와 투표율을 날조하고 위조하였던 것은 말할 나위도 없다.

제주도 3개의 선거구 중, 전개되었던 게릴라전 때문에 선거를 치루지 못한 2지구(제주갑, 을구)만을 제외한 기타 선거구의 당선자가 발표되었다. 민족의 변절자, 양병식(제주 2구)과 오용국은 상경하여 당선을 축하하였지만 군정장관의 당선무효가 되자 곧장 귀향하였다.

한편 5 · 10선거의 당선자 중 거의가 남한민중들로부터 배척받은 원인은 정원(214)에 미치지 않는 188명 중 지주가 83명으로 약 반수를 점하고 있고 자

본가가 32명, 친일관리가 23명, 그 외도 사대주의자 미국의 앞잡이들이 대부분이었기 때문이다.

남한 경찰의 발표에 의하면 2월 7일로부터 5월 24일까지 사이에 각지에서의 투쟁건수는 8,393건에 달하고 그 중 폭력적 형태의 투쟁건수는 667건이었으며 경북지구의 구속 인원수는 4,016에 달하였다. 그리고 수천 명의 민중이 사살되었다.

5월 31일 국회의 개원식이 행해지고 의장에 선출된 이승만은 즉시 미국의 식민지 정책을 대변하여 남한에 '국군'이 조직되기까지 미군의 주둔을 요구하였다. 하지 중장은 이 개원식에 임하여서는 일단 미군의 '국회 불간섭'을 언명하였지만 다음 6월 1일에는 일찍 서한을 보내 국회운영방침을 지시하고 간섭하였다. 의원들은 이와 같은 미국의 국회간섭에 불만이 있을 수 없었다. 이렇듯 이승만 정권이 미군정의 대행기관이었다는 것은 곧 명확하게 되었던 것이다. 참고로 여기에 남한민중의 5 · 10 선거 반대투쟁에 관계된 제사건의 통계(48.2.7~5.24)를 보면 다음과 같다.

1. 방 화	선거 사무소	36
	선거 시설	5
	경찰 관서	20
	양민 가옥	308
2. 파 괴	선거 시설	41
	경찰 관서	22
	양민 가옥	80
	도로 · 교량	50
3. 무기피탈	총기 230정(미회수 4정)	

		사망	부상
	탄환 1,860발(미회수 909발)		
4. 선거서류	피탈	116	
5. 살 상	선거공무원	사망 18	부상 64
	의원후보	2	4
	경찰관	4	64
	일반공무원	145	52
	경찰가족	9	16
	양민	150	420
	폭도	330	131

(대검찰청 수사록, 《좌익사건실록》)

제주도의 재선거와 UN위원단

그런데 6월 23일로 연기된 제주도(갑, 을구)의 선거도 게릴라부대의 강력한 무장활동과 민중의 반대투쟁에 의해 또다시 연기될 수밖에 없었다. 연기된 선거는 다음해 봄에야 가능했던 바, 그것은 피투성이의 잔학한 지배가 성공을 거둔 것인가는 몰라도 UN위원단이 제주도에서의 선거를 감시할 수 있을 정도로까지는 그 이후 무력항쟁이 약화됨에 따라 가능할 수 있을 뿐이었다. 그럼에도 정부는 북으로부터의 침략이라는 유언비어와 제주도 및 여수 순천 국군의 폭동사건을 구실로 하여, 남한민중의 자유를 하나도 남김없이 박탈하였다. 49년 2월 18일의 신문보도에 의하면 34명의 게릴라가 제주에서 살해되었다는 것이다. 그리고 동월의 16일, 국무총리인 이범석은 “소련제 기관총을 제주도 게릴라의 손으로부터 포획하였다”라는 성명을 발표하였다. 그리고 3주일 후 이승만은 이 지역에 남아 있는 것은 “기껏해야 5명의 공산주의자와 2, 3명의 추종자뿐”이라고 언명하였지만 이는 그의 후안무치의 소산인가는 몰라도 엉터리가 심하였다. 만일 소련이 제주도의 게릴라를 지원했다면 사태는 어떻게 되었겠는가? 또한 2, 3명의 게릴라는커녕 의연하게 이승만 정권을 뒤흔들 수 있는 많은 게릴라들이 활동하고 있었다는 것도 엄연한 사실이었다.

UN위원단은 5 · 10 선거보다 1년 늦은 49년 5월 10일 제주도에서 행해질 선거에 관한 감시를 시작하는 토의를 벌였다. 그것은 매우 주의 깊은 토의였다. 이때의 토의에는 48년 봄에 이승만의 충실한 군 · 경에 의하여 행해졌던 피의 탄압에 관하여는 어느 것도 다루어지지 않았던 것이다. '대량학살'의 뉴스가 엄격히 검열됨에도 불구하고 한반도 내에 널리 퍼졌다. 그러나 그 문제는 필리핀의 대표 류사의 동의에 의하여 위원회의 토의로부터 제외되고 회피되었다. 그는 항상 그러해왔던 것처럼 이승만 정권을 옹호하는 듯한 행동을 하면서 위원회는 현장에 접근할 필요가 없다고 주장하였다. 이렇게 말하는 것은 그러한 문제를 토의하는 것이 위법이고 UN헌장을 침범하기 때문이라고 말하였다. 실제로는 국제법에 '비전투원에의 무차별 대량살육'은 금지되어 있음에도 불구하고 미국대변자들은 그것을 무시하였던 것이다.

프랑스의 대표는 제주도의 선거 감시를 거절하였다. 그것은 인도지나에서 당시의 프랑스 행동을 고려한다면 이해될 수 있는 상투적인 수법이었다. 장개석을 대신하여 위원회 의장대리 유모는 "선거의 정당성이 문제인 것은 아니고 감시가 문제이다"라고 지적하였다. 인도의 신서는 감시에 대하여 약간 흥미를 보였지만 위원회는 이승만 정부의 초대가 없다면 제주도에는 행하지 않을 것을 최종적으로 결정하였다. 이승만 정부는 그들을 초대하는 것으로 결단을 내렸다. 그러나 그것은 대만, 엘사바도르, 프랑스 및 인도대표 등 참석한 약간의 위원들에 의하여 토의된 것도 없이 수락되었다. 그러나 봄의 선거를 보호하기 위하여 그들은 선거감시에 할당된 위원회에 "단순히 참가할 뿐이고 결과적으로 선거에 대한 책임을 지지 않는다"라고 지시하였다. 실제 소위원회가 참가하였던 것은 이승만에 의한 민주주의의 파괴에 승인을 부여하기 위하여 요청되었던 것이었다. 이렇게 말하는 것은 선거결과는 탄압에 저항하여 죽었던 산람들의 묘에 의해 확인되어졌기 때문이다.

어쨌든 제주도에는 1949년 5월 10일에야 겨우 재선거가 실시되었다. 제주 갑구에는 7명의 입후보자가 있었지만 대일협력자로 평가되는 홍순녕이 9,646표로 당선되었고 을구에서는 8명이 출마했지만 테러단의 지원에 의해 양병식(한라면 대동청년단장)이 5,776표로 가까스로 당선되었다. 북제주군의 유권자 3만 7천 40명 중 투표자는 3만 2천 62명이었다. 이 시기까지 제주도의 무력항쟁은 1년 이상 계속되어 8만 6천 명의 주민을 연루시켜 2천 명 이상을 죽이고 도의 가옥 반 수 이상이 파괴되었다. 어떤 마을에서는 경찰이 160명의 남자와 부녀자를 우물에 던져넣어 익사시켰다. 그들의 죄목은 그들이 게릴라부대에 먹을 것을 주었다는 것이었다.

UN위원회의 방문직전 3월 2일까지 이승만의 군대는 옥에 갇힌 수인을 한 사람도 수용하지 않고 있었다. 그러나 위원회가 도착하였던 때는 5천 명의 반란수인을 수용하는 포로수용소가 1개 있었다. 이 수용소에 있었던 어떤 80세 된 노인은 경찰의 강제징수에 견디다 못해 산속으로 도주하여 반란에 가담하였다고 UN위원회에 말하고 있다.

3. 토벌대의 대증강과 민중의 항쟁

진압부대의 대량 투입

제주도에서의 5·10 선거 좌절은 지배자 미국에게 정치적인 대타격을 안겨주었다. 이에 미국은 남한을 아시아 침략의 전초기지로 구축하기 위해서도 또 이제 막 출범한 이승만 정권을 육성시키기 위해서도 하루 속히 제주도 민중항쟁을 진압하지 않으면 안 되었다.

한편 우익정권이 출현함에 따라 당장 해결될 것 같지 않은 암울한 전망 속에서 도의 게릴라들은 또한 새로운 국면에 대한 대항책을 강구하지 않으면 안 되었다.

이리하여 항쟁은 날로 치열해져 갔으며 쌍방이 진퇴양난의 피비린내 나는 양상을 보이게 되었다. 게릴라들은 즉각 장기전의 태세를 갖추고 전 조직력을 동원하여 식량이나 무리규를 비롯한 모든 전투물자를 비축하는 작업에 박차를 가하여 시시각각 다가오는 토벌에 대비하였다. 도당위원회도 조직을 보위하기 위해 제일선에서 제이선으로 이동시켜 조직을 견고히 하는 한편『혈화』,『인민통신』등의 기관지를 발간하여 민중의 저항 의식을 고취시키고 있었다.

여기에 놀란 군정당국은 머지않아 일어날지도 모를 내란 도발시 후방의 안전을 확보하기 위해서도 또 전도를 군사기지로 활용하기 위해서도 도의 좌익세력을 일소하는 것이 무엇보다도 급선무로 대두되었다. 그래서 재한 미군사고문단장인 윌리엄, R.로버트 준장은 현지에 도착하여 대규모의 증강 부대를 LST(미군의 상륙주정)로 섬의 해안선에 상륙시키자마자 곧바로 미국식 '빨갱이' 토벌전을 개시했다. 그 때문에 섬의 주민들은 가축보다도 간단히 살해되었으며 그 피로 섬은 온통 붉게 물들어 갔다.

당시 토벌에 참가했던 국군의 연대장과 그들이 섬에 들어온 날짜는 다음과 같다.

제9연대 46년 11월 16일 모슬포 비행장에서 창설. 연대장에 정창국 소령(47.5), 이치영 소령, 그리고 김익렬 소령(47.12)—김소령은 인민해방군과의 협상에 실패하였기 때문에 5 월 6일 해임되고 연대는 새로 창설된 제 11연대에 흡수되었다.

제5연대 (부산, 1개대대, 제2대대) 오일균 소령, 47년 5월.

제6연대 (대구, 1개대대, 2차에 걸쳐 약 1만 명) 48년 7월 10일.

제11연대 (본부와 1개대대) 연대장에 박진경[15] 중령, 48년 5월 5일–작전참모 · 임부택 대위(일본군조장출신) · 6월 21일–후임 최경록[16] 중령 부연대장 송요찬 소령

제주도경비사령부를 특설(48.10.11) 사령관에게는 제5여단장 김상겸 대령을 선출했다.

신9연대 송요찬[17] 소령 48년 7월.

제2연대 함병선[18] 중령 48년 11월.

당시의 계엄사령관은 유재홍[19] 대령.

(한국전쟁 당시의 제주도 계엄사령관은 신현준[20]해군대령, 참모장 · 김성은 중령, 1 · 4 후퇴시는 남상징 대령)

이밖에도 대유격, 대심리, 대첩보의 특수부대와 '독립 중 · 대대', '백골대',

---

15) 박 진경 중령은 일본대 영문학과를 졸업, 학도병출신으로 종전시에는 일본군의 제주사단에 근무하고 있었다. 제주도 지형과 일본군이 구축한 진지에 대해 통달하고 있던 그는 딘소장에게 발탁되어 전 도민을 몰살시키는 작전을 취하였다. 부하에게 원한을 사 제주농업학교에 있던 본부의 숙사에서 저격되었다.

16) 최 경록은 1920년 충북 음성에서 태어났다. 일본지원병 1기이며 豊僑 예비사관학교졸업, 48년 6월 제 11연대장으로 되었다. 74년 교통부장관, 그 후 주일대사 역임.

17) 송 요찬은 1918년 충남 청양에서 태어났다. 지원병 2기, 일본군 준위, 48년 7월 제9연대장이 되다. 50년 4월 헌병사령관, 「4 · 19」학생 혁명시 서울지역 계엄사령관

18) 함 병선은 1920년 평양에서 출생, 특별지원병으로 일본군 준위, 48년 11월 제2연대장으로 제주도 토벌, 중장, 61년 국가재건최고회의 기획위원장.

19) 유 재흥은 1921년 나고야에서 출생, 일본육사 55기, 종전시 대위, 49년 3월 제주도지구 전투사령관, 60년 예비역 중장.

20) 신 현준은 1916년 경북 금릉에서 출생, 만주군관학교 졸, 49년 해병대사령관 49년 11월부터 게릴라 토벌에 참가.

'철경대', '아리랑부대', '솔개부대', '호림부대' (월남자로 편성) '보국대대'(북에서 귀순한 자로 편성), '군기대', '헌병대', '특무대' 등의 수만여 군대와 수천여 경찰대, 수만여 무장테러 집단이 게릴라 토벌전에 계속 투입되었으며 나중에는 그 보조기관으로서의 '향보단'까지도 투입되었다. 게다가 이들 연대의 대대, 중대, 소대에는 미군장교가 배속되어 그자가 직접 게릴라 토벌작전을 지휘하고 있었다.

그리고 「서북청년단」, 「대동청년단」 등의 테러집단은 제2연대가 작전을 개시하자 정규군에 편입되어 게릴라토벌과 도민학살의 충실한 앞잡이가 되었다.

이번에는 경찰토벌대의 배치상황을 보도록 하자.

제주도감찰청-후에 제주도경찰국으로 승격.

1. 제주경찰서(1지구서)관할.

제주시-도두, 이호, 해안, 용담, 건입. 삼양, 외도, 화북, 봉개, 오라(이상 지서)

애월면-애월, 신엄, 구엄, 고성, 하귀(이상 지서)

조천면-조천, 신촌, 함덕, 선걸(이상 지서)

2. 서귀포경찰서(2지구서)관할.

서귀읍-서귀, 서홍, 하예, 신효, 서효(이상 지서), 동홍(파견소), 법환(출장소).

남월면-남원, 위미(이상 지서), 태흥, 신예, 하례(이상 파견소), 의귀(출장소).

중문면-중문, 강정, 도순(이상 지서), 장달, 회수(이상 파견소), 예리(출장소).

3. 대정경찰서(3지구서)관할.

대정읍-하모, 무릉, 동일, 인성(이상 지서), 보성, 안성(이상 분견소)

안덕면-화순, 서광(이상 지서)

한경면–반포, 두모, 고산, 고지(이상 지서)

한림읍–귀덕, 수원, 한림, 협재(이상 지서)

4. 성산경찰서(4지구서)관할.

성산면–성산, 신산, 수산, 고성(이상 지서)

표선면–표선, 토산, 성읍(이상 지서)

구좌면–종달, 하도, 세화, 평대, 월정, 금녕, 한동(이상 지서)

게다가 5월부터는 전도의 가는 곳마다 감시망이 쳐지고 탄압장치가 급조되어 거기에 '비상경비사령부', '……사령부', '·……주둔소', '……취조소', '……·수용소', '·……연락소'의 간판이 내걸렸다. 바야흐로 피의 토벌작전이 차곡차곡 준비되고 있었던 것이다.

권력이 '힘의 논리' 하나만으로 대응한 이상 대화를 통한 해결은 점점 멀어졌으며, 마침내 동족간의 유혈살육전이 전개되지 않을 수 없었다.

5월 15일 박진경 중령은 연대를 새로이 편성하자마자 각 대대 중대를 제주, 한림, 서귀, 성산포에 분산 주둔시키며 피비린내 나는 '빨갱이 사냥' 작전을 강행함과 동시에 게릴라부대와 주민을 분리시키기 위해 무차별 학살을 자행하기 시작했다.

일본군이 본토결전에 대비해 구축해 놓은 한라산의 갱도에 거점을 확보한 게릴라들은 탄압에 굴하지 않고 야음을 틈타 동서로 신출귀몰하게 군·경토벌대와 피어린 전투를 계속하였다. 토벌대는 전략상의 요충지를 상실하는 등 진압이 처음부터 실패로 돌아가자 군·경간의 알력도 커져 작전수행상에 대혼란을 불러 일으켰다. 그리하여 권력당군은 내외의 여론을 무마하고, 탄압과 학살을 정당화하기 위해 "일본군 무장병 200여 명이 게릴라부대에 섞여있다"든가 "북한이나 팔로군으로부터 원조·지도를 받고 있다", "제주도 근해에 소련잠수함이 출몰하고 있다", "소련의 기관총이 제공되어 있다"라는 등등의 흑색선전을 계속적으로 유포시키고 있었다. 그 근거도 없는 소문이 너무나도 그럴듯하게 유포되자 신문기자들에게 그 진위여부를 밝히라고 요구하는 사태로까지 발전했다.(《한국일보 실기 36년》)고 전한다.

그래서 통위부와 경찰당국자들은 제주도 사태의 진전과 남로당의 형태 및 사태의 수습책에 관해 엄밀히 검토한 뒤 각각 그 대책을 발표하였다. 그것에 따르면 우선 검찰총장 이인은 현지의 보고를 정리하여 "제주도 사태가 악화된 최대의 원인은 시정방침에 신축성이 없고, 관공리의 고질적인 부패가 공산당에게 이용되었기 때문이다"라고 지적하였으며 관공리의 개편이 시급한 과제임을 강조했다. 또 현지를 시찰하고 서울로 돌아온 최란수(崔蘭洙) 경감은 동월 21일 "해방직후 경찰행정책임자들의 부정부패가 섬의 좌익세력이 계획적인 조직을 만들 수 있는 여건을 조성해 주었다. 결국 폭동의 근본 원인은 경찰의 부패에 있기 때문에 우선 경찰의 신뢰회복이 가장 중요하다"라고 역설하고 있다. 이처럼 '4 · 3' 민중항쟁의 근본원인이 군정경찰의 잔혹행위에 있었다는 것은 두말할 필요도 없는 것이다.

이러한 자기반성적인 사태수습이 나오고 있음에도 불구하고 조병옥(경무부장)은 같은 달 23일 「제주도의 치안수습에 관하여」라는 담화를 발표했따. 그는 "제주도의 역사적 특수성과 도민의 배타심, 그리고 경찰의 비민주적인 관행은 폭동의 부차적인 요인이었으며 그 근본원인은 한국의 소연방화 내지 위성국화를 획책하는 공산당의 남한 파괴책동이자 선거방해 공작이다"라고 공언하고, 금후 파괴의 선동자는 엄벌에 처해 양민(우익)을 보호하겠다라는 무력 진압책을 내세웠다. 그러한 강경책으로 인해 사태는 점점 더 악화되어 간 것이다.

어떻든 낮에는 군 · 경토벌대가, 밤에는 게릴라가 지배하는 악순환이 밤낮으로 되풀이 교체되면서 무고한 주민은 게릴라와의 내통을 의심받아 차례차례 학살되어 갔다. 제주도는 피할 장소도 없는 외딴 섬이다. 살육은 보다 격렬하게 보다 은밀하게 진행되어 갔을 뿐이다.

전면적인 토벌작전과 자위적인 무력항쟁

전도는 군 · 경토벌로 뒤덮혀 이제는 죽음의 섬, 암흑의 섬, 굶주림의 섬으로 완전히 변모해 버렸으며 섬사람들은 벌레처럼 짓밟혔고 주민들의 목은 풀잎처럼 베어 넘어졌다. '아이고 아이고'의 통곡소리가 천지를 울렸고, 시체에서 나는 악취가 전도에 진동했다. 바로 생지옥 그 자체였다.

> 로버트 준장이 호언한 백전백승의 미군장병을 중점적으로 그리고 현명하게 활용한다면 그들 대신에 총포를 쏘아주는 수십만의 군대를 양성시킬 수 있다. 재한 군사고문단은 그 살아있는 증거이다. …중략 · …미국의 납세자는 한국에 투하된 자본에 대한 충실한 감시자의 역할을 수행하는 군대……최소한의 경비로 최대한의 효과를 거두는 군대를 가지고 있다.(『뉴욕 헤럴드 트리뷴』 50.8)
>
> 한국군은 병사 1인당 미군 병사유지비의 약 40분의 1이다. 이것은 세계의 어떠한 군대보다도 더 값싼 것이다(『서울신문』)

로버트는 한국군을 미국의 충견으로 삼기 위하여 철저하고 노골적인 야수성을 키웠으며 듣기만 하여도 치가 떨리는 잔혹한 살인극을 자행하도록 하였다. 제주도에서는 당시 조병옥, 최경록, 송요찬, 함병선, 이 네명을 세칭 '제주사간'이라 불렀다. 이자들이 미군과 일본인에게서 배운 철저한 반게릴라전을 제주도에서 실천했기 때문에 도민은 비참한 운명을 맞이할 수밖에 없었다. 그러나 그들이 일반주민에 대한 무차별적인 공격과 대량학살을 자행하며,

토벌대를 앞세워 농촌지대에서 피비린내 나는 탄압작전을 자행하자 은인자중하고 있던 무장세력은 저항의 뜨거운 불길을 당겼다.

5월 11일에 토벌대가 안덕면 창천리를 공격한다는 정보를 입수한 게릴라는 그 지대의 마을 사람들을 구출해 내기 위해 즉시 전투태세를 갖추어 유리한 지형에 매복하여 기회를 노리고 있었다. 토벌대가 이윽고 진지로 가까이 왔다. 즉시 사방에서부터 맹렬한 사격을 퍼부어 적을 패주시켰다. 주민들은 그 훌륭한 전투모습에 감격하여 큰 함성을 지르며 게릴라 대원들을 환영하였다고 한다.

그에 앞서 게릴라들은 5월 10일부터 그 다음날에 걸쳐 대정면의 무릉지서를 강타하였다. 그러나 예상 외의 완강한 저항에 부딪힌 게릴라 부대는 곧 유도전을 펼쳐 경찰대를 '고린다리' 계곡까지 교묘히 유인한 후 집중포위공격을 가했다. 장시간에 걸친 총격전 끝에 3명의 경관을 사살하고 다수의 무기를 포획했다. 이 전투에서 게릴라 전사 1명이 전사했다. 그런데 게릴라 부대가 철수해 버리자마자 경찰토벌대는 마을 사람들에게 욕지거리를 해대면서 산사람(게릴라)과 내통했다고 억지를 쓰며 9명의 주민을 사기수(무령리)로 강제로 끌고가 사살한 다음 시체를 토막내어 들판에 갖다 버리는 만행을 저질렀다.

5월 11일 한림면 귀덕군민학교에 주둔한 토벌대는 조대진이라는 자의 밀고를 받고 출동하여 다수의 마을사람들을 통비분자라는 혐의로 체포했다. 그 중 5명이 세칭 '관악온덕구'(귀덕과 납읍의 경계)에서 사살되었다.

이렇듯 권력의 스파이나 배신자로 인해 죄없는 마을사람들이 도처에서 무자비하게 살해되었다. 밀고는 장려되었으며, 그 밀고는 진위를 묻지 않았고, 밀고된 자는 아무런 조사도 없이 간단히 처형되었다. 여기에 다음과 같은 일화가 있다.

남제주군의 어느 마을에 고두종이라는 남자가 있었다. 그는 8 · 15해방 전에는 일본경찰의 첩보원을 지냈다. '4 · 3'사건 이후에는 마을사람들이 빨치산에 들어가 투쟁에 나서자 빨치산의 아내를 만나면 누구보다도 더 굽실거리며 다녔다. 하지만 게릴라가 토벌되기 시작하자 이번에는 경찰의 앞잡이가 되어 일본도를 차고 다니며 여기저기서 자기가 아는 사람들을 지목하여 많은 사람을 죽게 하였다. 그런 식으로 해서 인구 1500명의 마을에서 200여 명이 살해되었다고 한다.

그는 얼굴을 쳐들고 거만하게 행동했다. 그 무렵 그의 어머니가 죽었다. 마을사람들은 모두 모여 부조를 하고 장례식을 지냈다. 그는 마을에서 제일 가는 집을 짓고 자기 집 뜰에 두 그루의 포플라 나무까지 심었다. 그렇지만 얼마 후 그는 병에 걸리게 되었다. 그러자 자기가 심은 포플러가 모두 사람으로 보이게 되었다. 그는 저놈이 나를 죽이려고 한다고 소리 지르면서 포플러를 모두 잘라버리고 나서 그도 죽었다. 마을사람들 누구하나 장례를 치러주지 않았다. 시체가 썩기 시작하자 친척들은 하는 수 없이 공동묘지로 운반하려 했다. 그러나 멀어서 귀찮아지자 가까운 개울가에 묻어 버렸다. 그리고 그 위에 잔디를 심고 있을 때 한 노인이 젊은이들에게 큰 돌을 하나 날라다 놓으라고 말했다. 젊은이들은 이리저리 찾아다니다가 큰 돌을 하나 가지고 와서 그가 묻힌 무덤 위에 그 돌을 얹어 놓았다. "이놈이 또 일어서면 큰일이다. 두 번 다시 태어나지 못하도록 돌을 놓아둔다"라고 노인이 말했다고 한다.

이 이야기는 당시의 상황에서 밀고가 얼마나 원망의 표적이었던가를 말해주고 있다.

5월 10일 전후해서이다. 게릴라 진압대는 상 · 하예리(중문면)로 쳐들어와 '빨갱이'를 색출한다는 명목으로 한 집 한 집을 샅샅이 쓸어버리는 로울러작전을 전개하여 일순간에 마을사람들을 공포의 도가니로 몰아넣었다. 어떤 집의 노인과 어린이 2명은 탄압작전을 두려워하여 대숲 속으로 숨었다. 토벌대는 그들을 보자마자 한 명은 그 자리에서 나머지 두 명은 산속으로 끌고 가서 때려 죽였다. 그 시간 조천, 대정, 금녕지방에서도 무자비한 대학살이 자행되고 있었고, 많은 민주적인 지도자와 일반주민들이 죽임을 당했다. 마침내 조병옥과 최천(崔天, 제주도 경찰국장)에 대한 도민의 원성은 하늘을 찌를 듯했다. 미군정은 그것을 무마하기 위해 '예리 학살 사건'을 처리한다는 이름 하에 최천 이하 2명의 경관을 파면하였다. 그 때 미군정이 불법적인 제재 탄압행위를 멈추게 하고 유연한 자세로 민중을 대했다면 무장세력의 전의를 약화시켜 무언가 해결의 실마리를 찾을 수 있었을 것임에도 불구하고 오히려 더욱 더 잔인한 탄압을 강행함으로써 당국의 무능과 잔학상을 다시 한번 만천하에 드러내었다.

5월 12일 게릴라들은 한림면 동명리를 습격하여 악질경찰 양준봉을 비롯한 극우파인사들을 처단 또는 납치하였다. 5월 13일 무장부대는 한림 경찰 토벌대에 일격을 가하기 위해 자위대와 공동전선을 취했다.

5월 13일 게릴라의 어느 부대는 남원면 위미지서를 기습하여 경찰전원을 해치우고 피의 탄압에서 한숨 짓고 있던 부락민들을 해방시켰다. 5월 15일에는 구좌면 금녕지서를 습격하는 등, 게릴라 부대는 끊임없이 폭력기구에 야습을 감행하여 그 지역 부락민들을 검은 공포로부터 해방시켰다.

무장대는 비밀리에 행동을 개시하여 한림동을 몇 겹으로 포위했다. 게릴라들은 우선 서북청년단원을 창으로 찔러 죽인 후 다리와 전신주를 파괴 절단하여 공격준비를 마쳤다. 곧이어 선봉대가 은밀히 작전을 개시했다. 한 명의 명사수가 소방소 감시대 위에서 파수를 보고 있던 경관을 단 한 발에 쏘아 떨어뜨렸다. 그 여세를 몰아 본대가 지서로 돌입하였다. 그러나 경관들은 이미 섬의 해안 깊숙이 준비해 둔 소함정으로 도망해 버린 후였다. 여하튼 억압으로부터 해방된 민중의 기쁨은 너무나도 큰 것이었다. 그때 동으로부터 트럭을 타고 이동해 온 50여 명의 병사들은 민중의 승리를 찬양하고, 정치적 활동을 보장해 주었다. 이에 다급해진 토벌대 사령부는 즉시 1개 소대의 기동대를 현지로 출동시켰다. 그것을 미리 눈치챈 게릴라부대는 곧 장기일대에서 되받아칠 태세를 갖추고 완벽하게 진을 치고 있었다. 관연 기동대를 실은 트럭이 맹렬한 속도로 질주해 왔다. 무장대는 일제히 사격을 가했다. 그들은 질겁을 하고는 혼비백산이 되어 패주하였다. 게릴라들은 그들을 추격하여 최대의 손실을 안겨 주었다. 게릴라 측에서도 2명의 전사자가 나왔다. 이 전투에는 많은 주민과 국군 병사가 가세하였으며 당시까지의 전투 중에서 가장 대대적이며 대중적인 싸움이었다.

이날 한림의 거리는 어느 곳이나 활기에 넘쳐 있었다. 군중은 대회를 개최하여 "게릴라들을 위한 구원활동을 한층 더 강화하자!", "전사자를 민중장으로 모시자!"라고 입모아 외쳤다. 거기에는 해방의 기쁨을 만끽하고 그것은 지키고자 하는 대중의 결의가 숨어 있었다. 어제까지만 해도 거드름을 피우며 거리를 활보하던 우익 테러분자는 어느 사이엔가 자취를 감추었다.

한림지방의 해방은 오래 가지 못하였다. 그러나 이 싸움을 통해 얻은 것은 섬의 마을들을 뒤덮고 있던 절망의 먹구름이 사라져 버렸다라는 사실이다. 민중은 그들이 보다 단결하여 강력하게 행동을 개시한다면 적은 뒤도 돌아보지 않고 물러간다는 사실을 알았던 것이다. 이것을 계기로 하여 일부의 동요된 사람까지도 전투대열에 적극적으로 가담하여 게릴라를 지원하였다.

박진경 연대장의 지휘에 따르는 제11연대는 각지에서 쓰라린 참패를 맛보아야 했다. 그는 각지에 주둔하고 있는 대대, 중대에 분산전진공격, 철저소탕, 추격에 또 추격을 호령했지만 게릴라는 회피전술을 사용하여 대응하지를 않았다. 게다가 소규모로 분산되어 있었기 때문에 주민들을 학살하고 게릴라들을 토벌하는데 대한 내부로부터의 동요가 생겨나 반란이 잇따랐다. 제1중대의 모 대위는 구일본군 하사관 출신이었지만 중대의 세포와 40여 명의 동조자를 데리고 탈주하였다. 그리고 그들을 체포하러 출병한 2개 중대의 진지를 습격하여 탄약고를 파괴하고 잔류대원에게 동조를 호소한 후 한라산에 들어가 게릴라 부대에 합류했다. 또 대정지서의 관할지구에 출동한 국군부대는 지서원을 속여 우익단체의 간부를 집합시키고는 반동불순분자라고 준엄하게 꾸짖으며 사살한 후 도주해 버렸다. 추격부대는 반란부대를 포위하고 약 20여 명을 사살하였지만 나머지는 끝까지 귀순요구에 응하지 않았던 것이다.

참패의 대가는 비전투원에 대한 대량학살로 나타났다. 5월 19일 한림과 저지(상경면) 토벌대는 상명리(한림면)를 공격하여 마을이장 이하 21명을 집단 사살하였다. 그 경위는 이러하다. 즉 홍남봉이라는 마을의 밀고자가 "지금 자위대가 집회를 열고 있다"라고 경찰에 통보하였다. 토벌대는 즉시 마을을 봉쇄하고 부락민들을 한 곳에 모이게 한 후 마구잡이로 몽둥이질을 퍼부었다. 그리고는 그 중의 22명을 '빨갱이 공범자'로 몰아 저지지서로 연행하던 도중 음부동의 어느 보리밭에 일렬로 나란히 세워 사살한 후 그대로 들판에 대버려 두었다는 것이다. 또 이날을 전후하여 그들은 한경면 청수리에서 유혈탄압을 자행하여 김도규를 포함한 10여 명을 연하동에서 학살하였다. 이들은 그저 "막연한 혐의가 있어 보인다"라는 것 외에는 어떠한 잘못도 없었던 사람들이었다. 이러한 잔학행위에 격노한 자위대는 곧바로 보복작전을 전개하여 권력의 앞잡이들을 희생자의 이름으로 단죄하였다. 권력의 기관총에 게릴라들은 정복되지도 전멸되지도 않았다. 그들은 자리를 박차고 일어나 몸의 핏덩이를 씻어내며 동지의 죽음을 장례지내고 분노를 씹으며 다음의 싸움을 준비했다. 이와 같이 쌍방에 의한 보복의 악순환은 일반 도민을 여지없이 말려들게 하고 있었다.

조병옥은 전국의 열세를 만회하기 위해 현장에 출두하여 빨갱이 토벌작전을 진두 지휘했다. 5월 22일 그는 제주경찰서 관하의 경찰토벌대를 동원하여 우선 애월면 하귀를 급습하였다. 주민들에게 본보기를 보여주기 위하여 일곱 살난 한 명의 어린이를 살해하고 이것을 신호로 '사람 사냥 작전'을 개시했다. 그때, 게릴라의 1개 소대는 자위대와 주민의 협력을 얻어 수 시간에 걸쳐 격렬히 저항하여 그들의 행동을 저지하였다. 주변에 대기하고 있던 다른 소대는 그 총소리를 듣고 전격적인 구원작전을 취해 집중 포화를 퍼부으면서 마을로 일제히 들이닥쳤다. 이에 기선을 제압당한 경찰토벌대는 전투태세를 흩트리고 앞을 다투어 패주하였다. 거기에 기세를 올린 게릴라들은 입을 모아 "조병옥이 놈을 붙잡아라"라고 소리치면서 패주하는 적에게 맹렬한 사격을 가해 40여 명을 살상하고 다수의 무기를 노획하였다. 이 대 전과는 게릴라에게는 용기를 북돋아 준 데 반해 경찰대에게는 굴욕감과 패배감을 맛보게 했다. 더욱이 조병옥이 자신이 직접 지휘한 백주의 전투인 만큼 한층 더 그러했다. 그 때문에 토벌대의 보복은 상상을 초월할 만큼 가혹해졌으며 마을을 재삼 습격하여 주민들을 닥치는 대로 학살하였다. 이리하여 경찰토벌대는 2백여 명의 하귀주민의 목숨을 여러가지 방법으로 빼앗아 간 것이다.

유격대는 국면의 전환을 꾀하기 위해 각지에서 전면공세에 나섰다. 게릴라의 '히트 앤드 런(hit and run)' 즉 '치고 빠지는' 전법에 토벌대는 속수무책이었다. 5월 26일 어떤 게릴라 지대는 대정면 신평지대를 지배하는 토벌 기동대를 급습하여 치명적인 타격을 안겨주고 또 28일에는 구자면의 저항조직을 정비하고 각 마을에 정치거점을 재구축하기 위하여 금녕지방으로 진출하여 우익인사를 처단하고 이 지구를 지배하는 토벌대를 쫓아내었다. 또 이날을 전후하여 그 지대는 신중히 입안된 작전계획에 입각하여 조천면 함덕지서를 급습하여 건물을 불태우고 경찰 및 그들과 한패인 청년단원들을 처단했다.

고양되는 대중투쟁

토벌대는 게릴라의 전술에 의해 이리저리 끌려다녔다. 토벌대와 권력기구 안에 구축되어 있는 조직의 뿌리도 여전히 강했다. 물론 지구의 주민은 가족이 전부 게릴라부대를 지원하고 있었다. “적을 알고 나를 알면 백전백승이다”라는 손자의 격언은 이들 게릴라에게 있어서 성서의 성구만큼 중요한 것이었다. 그들의 첩보망은 조금도 흔들림이 없었다. 그래서 게릴라는 강하고 토벌대의 성과는 보잘 것 없었다. 그에 초조해진 토벌대는 차차 정도를 벗어나기 시작하여 모든 민중을 적으로 삼은 것이다. 그것은 토벌을 더욱더 더럽고 잔혹한 것으로 만들었다.

5월말 토벌대는 구자면 일대에 대대적인 탄압을 가하여 이상하다고 생각되는 자는 모조리, 무조건 검거 · 투옥하고 주민들의 집을 불태워 없애는 등 모든 것을 파괴하였다. 그들은 또 6월 5일 고기화(구좌면 당책)를 포함한 수십 명의 활동가를 종달과 시흥의 경계에서 살해한 후 머리와 팔다리를 토막내고 배를 갈라 내장을 도려내어 들판에 그냥 내버려 두었다. 더욱이 토벌대는 하도(구좌면) 공회당에서의 모임에서 이 사실을 말했다는 이유 하나로 윤갑출이라는 청년을 부락민들이 보는 앞에서 살해하고 끝내는 국부까지 잘라내는 잔혹성을 서슴없이 발휘했다.

거의 같은 시간 무장 게릴라대는 한경면 저지 토벌대에 선제 공격을 펼쳐 지서와 공회당을 태워버리고 죄없이 고통받던 무고한 주민들을 해방시켰다. 경찰대는 게릴라의 격렬한 도전에 상대도 안 되었다. 빨치산이 떨쳐 일어서 버리면 배고픔에 흐느끼던 농민들에게 그들의 복수를 해주는 것이 된다. 특히 명리동(저지 3구) 부락민 약 250여 명(약 70세대)은 ‘빨갱이 소굴’이라든가 ‘게릴라의 거점’이라고 지목되어 전 마을이 불태워지고 주민은 길가로 쫓겨났다. 그뿐만 아니라 주변부락까지 탄압을 확대하여 순식간에 6백여호를 전소시켰다. 명리동 주민은 하는 수 없이 속칭 '알곡 잣밭'(저지와 금악과의 경계)이라는 곳에 임시로 쓸 조그마한 초가집을 만들고 풀뿌리와 나무껍질로 서러운 생명을 부지하였다. 배고픔을 호소하는 젖먹이는 사살된 어머니의 젖가슴을 붙들고 울었고, 의지할 곳 없는 고아들의 울음과 눈물은 지나가는 사람들의 폐부를 저미었다. 그래서 게릴라부대는 자위대와 공동전선을 펴 강력한 전투태세를 조직하여 토벌대의 진지를 공격하고 경찰과 그에 빌붙어 사는 2십여 명의 프락치들을 살상함과 동시에 그들의 숙소를 파괴 소각하였다.

이 전투에서 패배의 아픔을 맛본 토벌대는 재빨리 응원대를 요청하여 피비린내 나는 보복전에 나섰다. 조주, 낙천, 청수, 상명, 금악등 각지의 민가에 불을 지르고 값이 될 만한 것들은 모조리 약탈하였다. 또 마을 사람들을 닥치는 대로 체포하여 경찰이나 학교, 창고, 세무서 등에 주민들을 감금하고는 유혈 테러를 가해 죽이거나 아사시켰다. 게다가 게릴라를 배출한 가족은 사촌까지 연좌 처형시켰다. 그것은 좌익 전열에 가담한 친척이 있는 모든 가족을 몰살시켜 버리겠다는 '빨갱이 씨말리기' 운동의 첫 포문이기도 했다. "명리동의 주민을 구하자!"라는 분노의 외침이 팽배하여 민중 속에서부터 투쟁의 열기가 끓어올랐다. 테러 격멸의 일선에 나선 무장게릴라의 제2지대는 자위대와 함께 주도면밀한 구원 작전을 펼쳤다. 5월 말일의 새벽녘, 전투대는 신속하고도 은밀한 기동력을 발휘하여 적진을 포위하고 유리한 전략거점을 근거지로 삼아 공격 태세를 취했다. 이윽고 전투지휘자의 피리소리를 신호로 일제히 불을 뿜어 매복, 우회, 유도, 돌격 등이 배합된 게릴라전법을 교묘하게 구사하면서 그들에게 치명적인 타격을 안겨 준 후 주변 부락에 숨어 있던 모든 적대자를 적발해 내어 억압으로부터 주민을 해방시켰다. 무장세력은 이와 같이 농·산촌을 무대로 신출귀몰한 게릴라전을 전개하여 권력의 무장력을 제압하고 지방의 인민위원회와 농민위원회 등의 좌익세력의 강화, 발전에 전력투구하였다.

파렴치한 살육자들

제주도의 해방세력은 당시 보수계의 기업가와 본토 및 일본 거주 도민의 지원을 받고 있었다. 도민에 대하여 잔학의 정도를 넘어선 경찰과 테러집단은 소위 빨갱이뿐만 아니라 비교적 온건한 사람까지도 불순분자라고 하여 죄를 뒤집어 씌우고, 부녀를 그 가족이라 하여 능욕하고, 금품을 우려내는 등 실로 이루 말할 수 없는 포학성을 드러내었다. 그들은 입만 뻥긋하면 정해진 대로 '폭도', '빨치산', '통비분자'라는 명목으로 주민을 심문하고 살해하였다. 뚜렷한 이유가 없음에도 불구하고 기분에 맞지 않는다고 하여 심정 차원의 개인적인 이유로 벌레 죽이듯이 신경질적으로 죽여 버렸다. 그들은 죽인 이후에야 이유를 만들어 붙였다. '공산주의자였다'라고, 그것이 '빨갱이를 전멸하겠다는 작전'이었다.

해방과 자유의 이름으로 물건을 팔아먹기 위해 떼를 지어 몰려온 미국은 입버릇처럼 법치주의, 자유민주주의라고 외쳤지만 그들 스스로 그것을 짓밟았다. 그들이 입으로 말하는 자유 그 자체가 우리민족에게는 얼마나 참을 수 없는 것인가는 제주도에서 저질러진 작태에서 극명하게 드러났던 것이다. 되풀이하게 되지만 이러한 비극은 미군정이 로버트의 지휘 하에 있는 이승만의 군경 및 우익테러집단이 저지르는 '법외적 제재'를 공공연히 묵인하고, 나아가 그것을 조장시켰던 것에 기인하며, 또한 미군의 한국인에 대한 인종적 차별감과 이승만 권력의 지역적 차별-'섬놈'이라는 멸시와 편견-도 크게 작용했음을 우리는 쉽게 확인할 수 있다.

그것은 이승만이 "제주 놈들을 모조리 죽이시오"라고 한 것, 조병옥이 "대한민국을 위해 전도에 휘발유를 부어 30만 도민을 모두 죽이고, 모든 것을 태워 버리자"라고 한 것, 신성모가 "제주도의 30만 도민이 없어지더라도 대한민국의 존립에는 아무렇지도 않다"라고 한 것 등 한민족으로서는 결코 용납할 수 없는 이 폭언이 그것을 입증하고 있다. 이자들은 남한에서의 살인을 집대성한 자들이며, 특히 제주도 민중을 보다 잔인하게, 보다 야만적으로, 보다 대량으로 죽였던 자들이다. 그러나 저항의 불길을 끌 수는 없었으며 더구나 도민들의 마음을 정복하는 것은 상상도 할 수 없었다.

권력은 더욱 더 철저한 '몰살, 초토작전'을 수행하기 시작했다. 그 때문에 전도는 점차 황량한 백골묘지로 변해갔다. 만일 그 때 대량학살을 합리화하기 위해 체포자 가운데 정식 기소되는 사람이 있었다고 한다면 그는 아마도 운 좋게 혜택받은 편인 것이다. 그렇다고 해도 결국 그들에게는 살인, 살인미수, 방화, 방화교사, 통행방해-포고령 2호 위반, 즉 게릴라의 공범자-로 간주되어 처형되어 버리는 운명이 기다리고 있었을 뿐이었다.

다시 말해 군사재판이라는 속이 뻔한 짓거리가 연출되면 대개의 사람들은 '대석방'이라는 선고가 내려진다. 그 선고가 내려지면 대기하고 있던 트럭에 태워져 처형장으로 끌려간다. 당시의 '대석방'은 '집단 사형선고'를 의미하는 것이었다. 군사재판은 모두 최고 지휘관 브라운 대령의 명령 하에 수행되었다.

레닌은 짜르의 재판에 관해 말하면서 "그들이 재판의 절차를 밟으면 그것이 노동자에 대한 재판이 아니라 오히려 반동정부 스스로에 대한 재판이 되므로 재판이 공정하다거나, 자기와는 무관한 것이다라는 가면을 아예 벗어던져 버리고 그의 하수인인 경찰 · 헌병 및 코사크인들에게 뒤처리를 맡겨 버린다"라고 쓰고 있다.

제주도에서의 재판 역시 처음부터 공정한 절차나 상식적인 규범과는 거리가 먼 '계엄행위'의 하나였으며, 짜르지배 하의 러시아에서 행해진 재판의 묘사와 동일한 것이었다.

게릴라의 생활

제주도의 상공에는 미군용기가 굉음을 내고 있고, 해상에서는 미순양함이 파도를 가르고 있고, 육지에서는 미군이 말이나 지프에 타고서 어수선하게 전선을 지휘하고 있다. 완전한 전쟁터 그 자체이자, 내란의 상황을 노정하고 있었다. 이에 대하여 "동족상잔의 전쟁은 어떻게 해서라도 피해야 한다"라는 여론도 급격히 고양되어 갔다. 각계 · 각층은 "경비대가 동족에 대해 총구를 들이대는 것은 정상적인 인간의 머리로는 생각할 수 없다"라고 엄중히 항의했다. 제외동포도 또한 각지에서 여론을 불러일으켜 도민의 학살을 즉각 중지하도록 강력하게 호소하고 전 민중의 봉기를 촉구했다. 그것에 의해 많은 사람들이 실태를 알고 분노를 금치 못하였고 파문은 전국적으로 확대되었다.

그러나 권력은 불리한 전세에 초조한 나머지 여론을 무시하고 잔인한 살육전을 한층 격렬하게 전개하였다. 게릴라들도 또한 차례차례로 대응책을 취하여 여러가지의 전술에서 '진지 사수작전'으로전환하였으며 민중들은 곤경스런 생활 속에도 몰래 외부와 연락을 취해 게릴라를 지원 격려해 주고 있었다.

그러나 모든 게릴라들은 반게릴라 포위공격이 강화됨에 따라 이제까지의 동굴이나 무덤 속의 노숙생활을 유지할 수 없게 되었다. 왜냐하면 토벌대의 집중공격에 무방비 상태로 방치되든가 아니면 적이 동굴의 입구를 밀폐하여 질식사를 노릴 위험성이 있었기 때문이다.

그래서 게릴라들은 구일본군이 본토 결전에 대비하여 한라산에 구축해 놓았던 갱도와 하천의 수풀 속에서 창공을 벗삼아 기아와 갈증, 비와 바람을 견뎌냈다. 식량은 적으나마 3, 4개월분이 확보되어 있었지만 어느덧 그것도 얼마 안 남게 되고 주민들로부터의 원조도 서서히 줄어들게 되어 드디어 게릴라 전사들에게 시련의 날이 다가왔다. 게릴라들은 주로 나무뿌리나 풀뿌리, 곡류, 주민들로부터 보내져온 '찰떡', '고구마', '감자' 등으로 허기를 달래었고, 간혹 잡히는 동물의 고기가 그렇게 달콤할 수 없었다. 연료로는 연기가 나지 않는 감나무, 싸리나무 등이 사용되었다. "궁하면 통한다"라는 말은 이런 뜻인가 보다. 그들은 험난한 게릴라전에 견디기 위하여 어떤 지혜든지 짜내었다.

그러나 가을 수확기가 되자마자 미군에 의해 '낙엽을 만드는 약제'가 광범위하게 살포되고 토벌대에 의해 수확은 모조리 없어졌다. 토벌대의 작전의 기본방침은 우선 모든 작물의 파괴로 나타났다. 게다가 부녀자의 빨래와 물 긷는 것까지도 시간적으로 제한되고 이웃에 볼일이 있어 왕래하는 것조차도 엄중한 감시를 받았다. 그것들에 조금이라도 저촉되면 통금령 위반이라는 죄명으로 주민을 체포하는 등 바로 다음 해 월남에서 보여진 '콩손섬의 감옥'의 선구적 사례라고 해야할 상황이 전개된 것이다. 하지만 총탄에 의해 단련되고 길러진 게릴라들은 달팽이같이 자기의 집을 짊어지고 적시에 소재지를 옮겨가며 적의 공격을 피하면서 다음의 공격을 조직하고 준비해 나갔던 것이다.

4. 게릴라의 전술변화와 무차별한 탄압

전진하는 항쟁의 대오

모택동이 〈지구전론〉에서 "병력을 분산시켜 유격전을 펼치는 것을 주로 하고 병력을 집중하여 총력전을 펼치는 것을 종으로 한다"라는 작전을 강력히 내세운 것과 같이 게릴라부대도 토벌이 격해짐에 따라 예측할 수 없는 사태에 대비하기 위해 한라산의 산림지대로 이동하였다. 요컨대 동쪽으로부터는 신촌–당악–관음사–한라산에 이르는 길, 또 한 부대는 노형–연동–월평–봉개–산천당–어승생악–한라산에 이르는 길, 서쪽으로는 남송악–모록전–습부날곶–창천–불이악–영슬악–한라산에 이르는 길로 전진하면서 방어진지를 구축하였다. 말하자면 모택동이 말한 "제군은 제군 나름대로 싸우고 우리는 우리 방식대로 싸운다. 승리할 것 같으면 싸우고 그렇지 못할 것 같으면 이동한다"라는 전법이 취해진 것이다.

그리고 게릴라는 경비대의 중립을 보장하고 전력을 소모시키기 위해 계속적으로 회피전술을 취하여 토벌대를 한층 더 궁지로 몰아 넣었다.

이에 애가 탄 토벌대는 게릴라를 철저하게 섬멸하는 전술을 구사함과 동시에 게릴라가 행동하는 중 · 산촌지구와 한라산 지대에 대하여 3광정책–모두 태워버리고, 모두 죽여버리며, 모두 빼앗아 버리는–을 스스럼없이 자행하기 시작했다. 그들은 들의 논밭에서조차 사람이 보이기만 하면 "네놈도 게릴라일 것이다"라고 대들고, 거기에 '아닙니다'라고 대답하면 "누굴 놀리느냐, 네놈들은 게릴라에 협력하고 있잖아"라고 욕지거리를 하고 발로 걷어찬 후 등 뒤에서 저격해 버렸다. 그러한 일은 길거리나 집 안에서도 마찬가지였다. 그뿐만 아니었다. 항상 마을 사람들을 감시하고 '빨갱이의 협력자'라고 위협하며 날강도처럼 눈에 띄는 것은 모조리 빼앗아 갔다. 바로 인간의 이성은 어디엔가 두고 잊어버린 살인 · 강도집단 그 자체였다.

6월 1일 토벌대는 한림면 귀덕을 습격하여 80여 명의 농민을 체포하고는 그들을 마을의 학교에 감금시켰다. 그리고 이루 말할 수 없는 잔인한 짓거리를 한 후 그 중 일부는 제1지구서로 연행하고 나머지 10여 명은 어디론가 끌고가 총살하든가 생매장해 버렸다고 전한다.

이 날을 전후하여 이호, 도두, 외도, 화북(이상 현 제주시), 남원, 태흥, 신흥(이상 남원면)등 각지의 마을들도 대탄압을 받아 다수의 주민이 살상되었다. 특히 남원, 화북의 주민은 교량과 도로 전신주를 파괴했다고 하여 그것들의 복구에 강제동원시켰을 뿐만 아니라 작업 중 "거동이 수상하다"라고 지목된 자는 현장에서 살해되었다. 그리고 마을의 주변일대를 벌거숭이로 만들기 위해 마을 사람들을 시켜 나무등걸과 대나무 숲을 모두 베어 버려 푸른 땅을 황토로 바꾸어 버렸다.

피에 굶주린 이들은 남원면 전체에 피의 탄압을 자행하여 게릴라에 소속되었다고 의심이 가는 사람은 무조건 체포하고 남원, 태흥 위미지서의 지하에 감금시켰다. 그리고는 알몸 상태에서 손과 발을 각목으로 붙들어 매고는 피부가 벗겨질 때까지 두드리고, 고춧가루를 탄 끓는 물을 코에 들이붓는 등 잔인한 고문을 가하여 반죽음 상태에 빠뜨린 후 어디론가 끌고가 죽여 버렸다고 전해진다.

당시 도민들 사이에는 "오늘도 사람 한 쌍, 돌덩어리 한 쌍을 날라 바다에 버렸다네!"라는 말이 몰래 속삭여졌다. 그것은 다름 아니라 사람에 돌멩이 추를 매달아 매일 매일 익사시키는 것을 말하는 것이다. 인간도살로 악명 높은 히틀러는 기계와 화학물질로 집단적 살해하였지만 이들은 보다 잔인한 원시적인 수법을 다 동원하여 인간으로서는 견디기 어려운 고통을 주면서 동포를 살해하였던 것이다. 즉 그들이 도민에 대해 저질렀던 죄상은 양적인 규모 뿐만 아니라 범행수법의 방법과 동기가 인간으로서, 그리고 동족으로서 결코 있을 수 없는 비열함과 잔학함을 보여 주었다는 데 그 심각성이 있는 것이다.

이리하여 미국의 반게릴라전에 의해 전도가 암흑의 무법지대로 되어 게릴라의 피로 바다가 물드는 참극이 일어났다. 그렇지만 이러한 테러와 학살은 도리어 민중의 저항을 더욱 더 부채질하는 결과가 되었다. 죽느냐 사느냐에 허덕이는 민중들이 생존의 권리와 민족의 독립을 찾기 위해 억압권력에 칼날을 들이대는 것은 오히려 당연한 일이라 할 수 있을 것이다. 게다가 그것은 민중들이 고귀한 피를 흘리면서 제기한 것이기 때문에 그 근본적인 호구조건이 실현되지 않았을 때는 그것을 관철시키기 위한 투쟁이 점점 더 확대, 심화되어 간다는 것은 자명하다.

따라서 테러 · 학살에 의해 분노로 몸서리를 치던 게릴라들은 각 지구의 자위대와 모든 주민들의 지원을 받으며 교묘한 게릴라 전법을 구사, 적의 후방을 교란시키는 탁월한 민중의 전투력을 유감없이 발휘했던 것이다.

6월에 접어들자 게릴라의 세력은 더욱더 확대되었다. 유격대의 편성 당시는 그나마 조금이라도 병기를 다룰 줄 아는 사람은 3백여 명에 불과하였고, 병기도 원시적인 것들 뿐이었다. 모두가 아무 준비도 없는 상태에서 출발하여 전형적인 게릴라 발생과정을 그대로 밟아 나갔다. 그런데 전후과정에서 노획된 전리품이 눈에 띄게 늘고, 토벌대에서 반란을 일으키고 도주해 온 군 · 경찰원이 전투대로 조직되어 대원도 꽤 증강될 수 있었다. 여기에서 전력은 질적으로도 양적으로도 강력하게 성장하여 게릴라 대원은 1천여 명에 달하였고, 장비도 근대무기로 갖추게 되었다. 이것은 항쟁이 장기화된 상황에서 충분한 정도는 못되었다. 그러나 그것이 게릴라전의 기초가 된 것만은 사실이다.

토벌대의 전력이 전례없이 대폭 증강되고 개미 한 마리 남기지 않을 만큼 철저한 토벌작전이 착착 진행되어 가고 있을 때 게릴라들의 세력도 신속하고 단호하게 대응할 수 있는 제반조치를 취하지 않으면 안 되었다. 그리하여 그들은 ① 대중에 의존할 것 ② 끊임없이 확대해 나갈 것 ③ 최대의 기동성을 발휘할 것 ④ 적응력을 키울 것 등의 게릴라투쟁 4대원칙에 입각하여 식량확보, 무기 탈취, 생산향상, 행동통일, 민주부락 유지를 위한 투쟁을 보다 효율적이고 보다 적극적으로 전개하기 위해 전투기술이 부족한 일부대원을 조직력이 약한 농촌으로 내보내 농민을 도와 생산성을 향상시키는 운동을 하게 하였으며 그것을 통하여 주민의 게릴라에 대한 지원을 조직화하였다. 그리고 게릴라부대는 그러한 전투 잠재력을 배경으로 하여 "토벌대의 주둔지를 강타하고 증원부대를 분산시킨다"라는 새로운 전법을 사용하여 강력하고도 분산적인 게릴라전을 전개하였다. 그위에 전투테세를 더욱더 강화하기 위하여 각 지구의 자위대를 전면적으로 재편하였다.

이를 계기로 자위대가 활발한 움직임을 보여 각 마을의 경비대 거점을 붕괴시켜 버리자 토벌대는 앞뒤에서 위협받게 되었다. 이리하여 산지는 점차 게릴라의 마을로 변해 갔다. 그결과 토벌대는 게릴라의 습격을 두려워하며 기가 죽은 채 사태가 진전되어 가는 것을 바라보고만 있을 뿐이었다.

특히 조천, 북천, 함덕, 신흥지방에서는 「대동청년」, 「민보단」까지도 동포의 학살에 분노하여 복수의 용사가 되었다. 북천에서는 잔인한 탄압을 저지하기 위하여 다리와 도로를 파괴하여 기동대의 이동을 저지하였다. 어떤 노인은 마을로 잠입한 우도(구좌면 연평리)지서원 2명을 처단하였다고 한다. 또 6월 어느날 경찰 정보원을 태운 무정함정을 발견한 북촌의 어민들은 그 배를 나포하여 3명의 정찰원들을 처벌하였다고 한다.

잠시 활동을 자제하고 있던 게릴라부대도 자위대와 민중의 강력한 투쟁에 힘입어 함덕, 조천지서를 기습하여 경찰들을 처단하고 죄없이 흐느끼던 사람들을 구해 내었다. 그 여세를 몰아 조천 · 대청 · 안덕 · 구좌면 사무소를 습격하여 호적부를 빼앗아 행정 업무를 마비시켜 버리기도 했다. 또 조천면의 어느 청년은 경찰이 세수하는 틈을 타 지서에 잠입하여 총구를 들이 밀고 많은 무기를 탈취하여 유유히 철수했다는 이야기도 있다. 그뿐만 아니라 젊은이들은 권력의 앞잡이가 되어 민중을 도탄에 빠지게 한 자의 아지트를 차례차례 습격함으로써 그들의 간담을 서늘하게 했다. 권력의 폭압에 신음하고 있던 주민은 그들의 정의의 사자로서 '용감한 저항투쟁'이라고 칭찬하고 '광신적인 경찰, 테러리스트의 죽음'에 기뻐했다고 한다.

토벌대 사령관 암살되다

애국적 도민의 혁명적 열의는 활화산처럼 타올랐다. 토벌부대 내의 일부 장병들의 마음 속에 브라운 대령과 조병옥에 의해 지휘받고 있는 군·경찰의 무자비한 주민 학살과 파괴에 대해 동족으로서의 격한 분노의 감정이 차츰 쌓여갔다. 그 결과 빨치산의 지도자와 일부 국군 장병 사이에서 '6·10만세' 기념일을 기해 전도에 무력 해방을 이루려는 작업이 비밀리에 준비되었다. 당을 모든 좌익계열들은 원시적 무기를 들고 지정된 위치에 도착하고 무장대도 또한 만전의 태세를 갖추어 행동 개시의 신호를 기다리고 있었다. 그러나 어처구니 없게도 대원들의 무모한 독단행위로 인해 6·10 해방작전은 수포로 돌아갔다. 어떻게 된 일인가 하면 폭동 병사가 무기고에서 무기, 탄약을 훔쳐내어 세대의 트럭에 싣고 동서 2개 부대로 나뉘어 진격을 개시하였다. 그러나 한 부대에는 애월에서 대규모 토벌 기동대의 반격을 받아 산속으로 후퇴하지 않을 수 없었다. 또 다른 한 부대도 보정지서원 3명을 처치한 후 서귀토벌대를 공격하였지만 곧 반격을 받아 산속으로 후퇴해 버린 것이다. 그렇지만 비록 이 해방투쟁이 실패로 끝나긴 하였으나 백여 명의 군인과 다량의 무기가 게릴라 손으로 들어 왔기 때문에 그것이 게릴라 부대의 사기를 드높히고 전투력을 강화시킨 점은 두말할 필요도 없다. 이에 따라 '국군'과 '경찰대'와의 대립, 암투는 매우 심각해졌다. 사태를 우려한 딘 군정장관은 안재홍(민정장관), 장경근(내무장관), 송호성(본명 : 송호, 국방경비사령관)을 대동하고 또다시 현지로 날아와 현지의 양책임자를 참석시키고 회의를 열었다. 그러나 양자(중앙의 인사와 현지 책임자)는 토벌 부진의 책임을 서로 전가하려 할 뿐더러 서로 의견이 정면으로 대립했다.

그래서 딘은 “지금은 서로가 싸울 때가 아니다. 지금은 화해할 때이며 협력하여 하루 속히 폭동을 진압할 때이다”라고 호통치면서 새롭게 작성한 토벌작전을 제시했다. 그렇지만 평정작전은 그들이 생각했던 만큼 쉽지는 않았다. 왜냐하면 게릴라 부대의 전력은 토벌대와는 비교가 안 되었지만 민족의 독립을 위해 싸우는 그들은 탄압을 받으면 받을수록 그 세력이 확장되어갔기 때문이다.

미국 최신식 근대장비로 무장한 군 · 경토벌대는 게릴라와의 전투에서 많은 피해를 입었을 뿐만 아니라 이제는 사령부까지도 위험한 지경에 이르렀다. 그래서 제주도 토벌대장 박진경 중령(제11연대장)은 그들이 말하는 해방군대표 김달삼에게 무모한 항쟁을 그만두고 속히 투항하라는 최후통첩을 보냈다.

이에 대해 게릴라측은 “우리가 적으로 삼고 있는 것은 경찰과 서북청년뿐이다. 경비대는 중립을 지키기 바란다”라고 강력히 요구하고, 게릴라에 대해서는 경비대와 적대하지 말라고 엄명을 내렸다. 그리하여 섬의 곳곳에 경비대 환영포스터를 붙이는 등 대원을 환대하기 위해 노력했다고 한다. 이에 신경이 날카로와진 토벌대장 박진경은 모든 무장력을 동원하여 한라산 주위에 50보 정도마다 한 명씩 배치하여 ‘게릴라 소개작전’을 전개하였다. 그것에 앞서 그는 6월 11일부터 14일에 걸쳐 다수의 시민을 제주농업 고교에 강제 집합시켜 놓은 자리에서 “한라산 일대에 휘발유를 붓고 비행기로 소이탄을 전도에 투하하여 빨갱이를 전멸시켜 버리겠다”라고 호언하며 “금후 빨갱이에게 잠자리를 제공하거나 정보를 제공하고 또 식량을 대주는 자는 물론이고, 조금이라도 의심이 가는 자는 즉시 사살하겠다”라고 천명했다.그는 또 장병에 대해서도 ① 작전구역의 통행자는 전원 사살하라. ② 공비의 거점인 가옥은 전부 소각하라. ③ 식량은 안전지대로 운반하여 확보하라. ④ 반드시 명령대로 작전을 실시하라고 엄명했다.

그의 작전명령을 수행하는 군 · 경토벌대에 의해 죄없는 주민의 귀중한 피와 생명이 시시각각 침탈되고 마을이란 마을은 모두 불태워져 없어져 갔다. 이에 격양된 도민들은 이구동성으로 "30만 도민을 구하기 위해서는 우선 이 놈을 장사 지내지 않고서는……"라는 분노의 함성이 일제히 터져 나왔다.

마침내 박진경의 비도덕적이고 잔인한 행위에 의분을 참기 못한 제9연대 제3대대장 문상일 중위와 제2대대 정보계 하사관 최모 조장은 '30만 도민을 위하여' 비장한 결의를 다졌다. 6월 18일 박진경은 대령승진 축하회가 끝나고 숙사(경비사령부의 위치는 제주농고교)에 돌아와 잠자리에 들었다. 그들은 그 틈을 노려 심복인 위생병에게 명령하여 미제 M1소총으로 그를 사살했다. 그는 도민의 엄정한 심판을 받은 것이다. 곧 비상소집을 내리고 범인을 수배하였으나 허사였다.

그의 후임으로 최경록 중령이 부연대장에 송요찬 소령이 임명되어 6월 21일 부임해 왔다. 부임하자마자 즉시 범인 수사에 들어갔다. 연대장이 대대내에서 사살되었다라는 사실은 미군정청을 크게 자극하였다. 사태의 심각함을 우려한 딘 군정장관도 직접 현지로 와서 CIC(미 중앙정보부)를 동원해 그 수사에 협력하였다.

미국의 CIC는 도내에 있는 M1 소총을 일주일에 걸쳐 전부 감정했다. 그럼에도 단서는 나오지 않았다. 그러나 모하사관의 배신으로 인해 사건의 전모가 드러났다. 즉시 문상길 중위와 그의 처, 4명의 하사관이 체포되었다.

그들은 서울국군의 제1여단 사령부의 영창에 넣어져 2개월 간 무자비한 고문을 받은 끝에 동년 9월 23일 미군 장교의 입회하에 총살되었다. 두 명의 총살 현장을 끝까지 지켜본『서울신문』현장보도의 한 줄을 소개하겠다.

> 22살의 나이를 마지막으로 나 문상길은 저 세상으로 떠나갑니다. 여러분은 한

국의 군대입니다. 매국노의 단독정부 아래서 미국의 지휘하에 한국민족을 학살하는 한국군대가 되지 말라는 것이 저의 마지막 염원입니다. 이제 여러분과 헤어져 떠나갈 사람의 마지막 바램을 잊지 말아 주십시오.

이것은 절규한 것도 아니며 호소한 것도 아니다. 단지 마지막 유언으로 남긴 것일 뿐이다.

뒤이어 손 하사관이 형장으로 향하면서 사람들에게 웃는 얼굴로 목례를 하였다. 집행장이 낭독되자 유언으로 "여러분 훌륭한 한국국민의 군대가 되어 주십시오"라는 말을 남기는 순간 "겨누어 총!"하는 구령이 떨어졌다. 이때 손 사하관의 입에서 "오오! 삼천만 민족이여!"라는 말이 터져나왔다. 그러자 "쏘아"하는 구령이 떨어졌다. (『서울신문』 48년 9월 25일)

이제 들어도 눈물이 복받치는 이야기이다.

이후 권력은 미육군전시법을 적용한 군정법령 「국방 정비법」, 「치안 경비법」을 포함한 불과 50여 조항을 가지고 재판 검찰기관을 구성하였다. 그리고 그 기관들을 내세워 군법회의를 운영하여 혁명적 한국민중의 애국장병 8천여명을 처형했다. 그들은 젊어서 형장의 이슬로 사라졌지만 정의에 불타는 그들의 혼은 도민의 항전의식을 한층 더 고무하는 저력이 되었던 것이다.

토벌작전의 강화

권력은 6월 20일을 전후하여 도내의 전 무장력을 동원하여 서쪽의 애월, 한림, 서경면 지대에서 한라산 꼭대기까지 총공격을 가하고 거기에서 부터 동쪽의 구좌, 성산, 표선, 남원에 이르기까지 실로 가공할만한 '게릴라 섬멸작전'을 전개했다. 하지만 게릴라의 교묘한 회피전술과 이에 동조하는 병사들의 암약으로 조그만 성과도 얻지 못하였다.

한라산을 토벌함에 있어서 어느 정도의 병력이 투입되어야 하는가? 전문가는 적어도 10만의 군대가 필요하다고 말한다. 혹자는 100만의 군대가 필요하다고 말한다. 이 숫자는 세계의 4분의 1을 지배하고 있는 대영제국이 평시에 그 영토를 지배하기 위해 필요로 하는 공식 상주군의 2배를 상회하는 것이다.

이것이 불과 1천 명 정도의 반란군을 토벌하기 위한 숫자라고 한다면 놀라지 않는 사람이 없을 것이다. 게다가 제주도는 남해의 외딴 섬으로 보통의 경비로도 충분할 뿐만 아니라 반란이 다른 곳으로 파급될 우려도 없다. 정치가 진실로 민중의 것이라고 한다면 우선 제주도는 도민에 맡겨야 한다. 도민은 그 정도를 바랄 뿐인데 왜 막대한 비용까지 들여가며 다량의 군 · 경찰을 섬으로 투입할 필요가 어디에 있겠는가?(『신천지』 48년 7월호)

이런 의문을 제기하는 바와 같이 현지에 대한 배려가 전무했다는 것이 불행의 요인이었다고 할 것이다.

권력의 명령에 따라 토벌대는 '게릴라 잠복 방지', 조기 발견의 명목으로 철저하게 초토 전술 '바비큐 작전'을 개시하여, 수만 정보(본도 총면적의 약 50%)에 달하는 임야, 초원지대를 태워 없애고 한라산의 중턱까지 모조리 초토화시키면서 삼림에 숨어 있는 게릴라를 집요하게 찾아내려고 애썼지만 어느 누구도 모습을 나타내지 않았다. 이 작전을 직접 지휘한 딘 군정장관은 전선을 시찰하기 위해 한림면 금악상동에 지프를 타고 도착했다. 그 순간에 무고하게 토벌대에 살해당한 아들(박두옥)의 모친으로부터 강력한 항의를 받게 되었다. 그때 돌연 정수악(한림면 금악 지경) 방향으로부터 게릴라부대가 "딘을 잡아라"고 외치면서 비호처럼 날아들었다. 이에 혼비백산한 그들 일행은 재빨리 지프에 타고는 초스피드로 동쪽 방향으로 도주하였다 한다.

박진경의 뒤를 이은 최경록 제11연대장은 우선 게릴라와 주민을 갈라 놓기 위해 피난민 수용소를 설치하여, 작전에 의해 초토화된 지역의 주민과, 게릴라에 가담하여 입산했던 주민을 잡아 그곳에 수용했다. 그리고 주민을 게릴라의 가족과 일반인으로 선별하여 용의자와 가족에 대해서는 잔학함을 더하여 게릴라와 연락을 끊는 것에 전력을 다하였다.

또 그들은 이제까지 주로 경찰이 기동 타격을 맡고, 경비대가 경비를 책임지는 방식을 고쳐 반대로 경찰이 해안지대의 인구조밀지역을 경비시키고, 경비대는 적극적으로 내륙 산악지대의 게릴라를 찾아 토벌하는 작전으로 전환하였다. 이로 인해 게릴라부대 세력은 장기작전의 전술에 입각하여, 조직의 강화와 자급자족의 체제를 구축할 필요가 있었기 때문에 전투는 일시 교착상태에 들어갔다. 그들은 그것을 게릴라가 소멸되었다는 징조로 보아 동년 7월 15일, "게릴라 토벌작전은 성공리에 끝났다"라고 공표하고, 타도로부터 지원온 경찰의 일부를 철수시켰다. 그러나 그것은 후에 토벌대가 참패당한 직접적인 원인이 되었으며 게릴라부대는 여전히 전력을 지키면서 공세의 기회를 노리고 있었던 것이다.

광기어린 무차별 살육

게릴라의 역사는 게릴라의 활동이 맹렬해지면 게릴라를 보호하는 주민을 게릴라로부터 격리시키려는 시도가 행해지며 그 직접적인 방식으로 주민에게 살육이 가해진다는 것을 가르쳐준다. 군 · 경토벌대는 맹렬한 기세로 게릴라의 전투능력이 확대됨에 따라서 그 잔학함을 보다 노골적으로 드러내었다. 그들은 무고한 민중을 게릴라의 가족 친척, 협력자로 막무가내로 몰아부쳐 재판없이 무차별 학살을 자행하여 전도를 피빛으로 물들게 했다.

48년 7월 5일, 애월주둔 토벌대는 주민의 대부분을 몰살시키기 위해 학교에 시국강연회가 있다고 속이고 주변부락민(약 1천여 명 정도라고 한다)을 총검으로 잡아 모아왔다. 그들은 욕설과 모욕적인 말을 내뱉으면서 무자비한 집단고문을 가한 후, 그중에서 80여 명의 주민을 게릴라 또는 그 협력자로 선별해 내어 군용트럭에 태워 제주비행장(흔히 정평동 비행장이라 한다)으로 끌고가 일제사격을 가하여 죽였다. 이시행(李時行, 농고 교사)은 빨갱이 선생이라고 하여 토벌대에게 돌에 맞아 죽었다고도 한다. 또 7, 8월 어느날 김두봉(金斗奉)의 부인을 포함한 17명은 산지시장에서 공개 총살된 후, 바다에 빠뜨려졌다고 한다. 어떤 사람은 애월의 해안 가까이에서 눈알이 빠진 시체가 흘러 다니는 것을 보았다고 하고, 또 어떤 사람은 산지, 응답, 세원 등의 물가에서 얼굴을 맞아 으깨어진 시체가 해안으로 밀려오는 것을 보았다고 한다. 이 몇 가지 예만 들어보아도 당시 수장이 얼마나 많이 자행되었는지를 추정할 수 있다.

이러한 학살과 만행은 영국병사 쥬리안 토스들이 그의 저서《나는 한국에서 싸웠다》에서 다음과 같이 말한 것에서도 볼 수 있듯이 제주도에서의 무자비한 살육이 미국의 지시에 의한 군 · 경의 계획적 · 조직적인 행위였음은 두말할 나위도 없다.

> 미군에게는 적을 증오하는 사상을 고취하기 위하여 다음과 같이 가르친다. "아시아인은 미국인과 동등하지 않다. 아시아인은 인간이 아니며, 인간 이하의 존재이다." 그렇기 때문에 물건과 같이 취급할 수 있다. 그들은 동물과 그다지 다르지 않다. 우리는 동물을 죽이는 것과 같은 이유로 그들을 죽이는 것이며, 동물을 죽일 대 마음을 움직이지 않는 것과 마찬가지로 불쌍하다고 생각되지 않는다.

운이 좋아 살아남은 사람들도 그들의 '몰살정책'에 하룻밤 사이 가족과 재산을 잃어버렸고, 비참한 생활이 그들을 기다리고 있었을 뿐이다. 그러나 민중은 항상 게릴라에게 병참보급, 정찰경보, 연락업무를 지원하고 게릴라도 또 민중의 격려에 의해 장기항전을 갖추고, 부단히 전역을 긴장시키면서 파상적·분산적인 공격을 가해 토벌대를 괴롭혔던 것이다.

같은달의 어느날, 게릴라부대는 주민의 학살을 제지하기 위하여 한경면 고산에 주둔하는 토벌대를 기습하여 경찰과 테러분자를 처단하였다. 그러나 이 전투에서는 게릴라 측에서도 10여 명의 희생자를 내는 일찍이 없었던 아픔을 맛보았다. 이 사건 이후, 이완우(고산 대동청년단장)는 인접부락민을 '빨갱이', 또는 '통비분자'라고 토벌대에 밀고했고, 이로 인해 고산, 신도 부락민들이 속칭 '농깍'이라는 곳에서 학살되었다. 때를 같이하여 조수리에 사는 변절자 김문균이 마을의 '빨갱이'들이 집에 방화했다고 토벌대에 거짓 통보를 했기 때문에, 6명의 주민들이 학살되고, 나머지 마을사람들은 혹독하게 구타당하였다. 이와 같은 우익세력들의 광기어린 살육놀음이 도민에게 계속되었던 것이다.

당시 대동청년당장이라면 속칭 '숙청 대장'으로 불리워져 서북청년과 함께 모두가 증오의 대상이었다. 그들 또한 민중의 생사여탈권을 손아귀에 쥐고서 주민들에게 이루 말할 수 없는 방자한 난폭행위를 저지르고 다녔다. 그와 같은 예를 두 가지만 들어 보겠다.

제주읍 도두리 대동청년 부단장은 마을사람들을 모함하기 위해 '빨갱이' 또는 그 '동조자'라고 몰아붙이고는 토벌대로 하여금 마을사람들을 검거 학살케 한 후 그 피살자의 부인들을 찾아가 남편을 구해 주겠다고 속여 집 안으로 들어가 그 부인들을 능욕하였다. 그 후 후환이 두렵자 그는 일본으로 도망쳐 버렸다고 한다.

또 애월면에 사는 이두일은 마을의 이하댁을 남로당원이라고 밀고하여 그를 살해시키고는 가족들에게 3만 원을 주면 석방시켜 주겠다며 속이며 금품을 갈취하려 들었다. 가족들이 재촉하자 이번에는 사체가 제주비행장에 방치되어 있기 때문에 또 다시 3만 원을 내면 사체를 인도해 주겠다고 함으로 가족이 현장에 가서 보니 그가 보여준 것은 다른 사람의 시신이었던 것이다. 이러한 악랄한 사기행각은 정세가 악화될수록 더욱 더 노골화되었다.

거기에 더하여 해방 후 거대한 민주세력에 위축되어 있던 친일파들도 이승만정권이 출범하자마자 이내 토벌대의 장기주둔을 바라고, 뇌물로 관직을 사서 간접지원을 보냈으며 주민의 고혈을 짜낸 공금을 유용하기도 했다. 중문, 추자면장은 공금을 착복한 사실에 제발이 저려 일본으로 도망가 버렸다고 한다. 요컨데 관권의 남용, 행운의 뇌물, 민폐를 끼치던 강제 잡부금, 사바사바 등이 유행어가 되었다는 것은 당시의 사회상을 단적으로 보여주는 것이다. 이러한 정치에 대하여 민중들이 “이상한 것이 세 가지가 있다. 지폐는 종이보다 많고, 술이 물보다 많고, 창녀가 양가집 부녀보다 많다.”라는 식으로 묘사하고 있었던 바, 이들이 거세게 들고 일어날 경우 과연 어떠한 사태가 유발되었을 것인가?

권력이 이 지경이었으므로 민족의 독립을 목표로 하는 해방세력의 집중적인 반격은 결사적일 수밖에 없었다. 게릴라들은 무장한 지배권력을 쳐부수기 위하여 6월 10일 직후 대정면 무릉지서에 기습을 가하여 7명의 경찰을 사살한 후에 중문면 토벌대와 면사무소를 습격하여 대타격을 안겨주었다. 이에 간담이 서늘해진 중문면 토벌대는 즉시 모슬포 주둔부대로부터 지원군을 요청함과 동시에 경찰에 구금되어 있던 교원과 대포주변의 주민들을 지서 앞으로 끌어내어 집단학살해 버리는 보기만 해도 소름이 끼치는 만행을 저질렀다.

권력은 수천년에 걸친 우리나라의 역사상 유례없는 야만적인 살육을 광범위하게 저질렀음에도 불구하고 구국투쟁의 불길을 꺼뜨릴 수는 없었다. 그리고 그들은 또 게릴라와 주민들을 격리시키기 위해 집으로부터 100m이상 외출금지, 어업금지, 영농허가제등의 대반란작전을 펼쳐 전도민을 아사 직전까지 몰고 갔다. 섬의 전체가 이제는 온통 선혈로 물들여져 풍성한 자연은 완전히 아비규환으로 변해 버렸다.

제5장 여순 국군의 폭동과 게릴라전의 재연

1. 이승만정권의 탄생과 여 · 순 증원군

남한 단독정부의 탄생

미국은 한국민중 정부의 거국적인 반대에도 불구하고 단선을 강행하여 48년 8월 15일 이승만정권을 만들어 내었다. 그러나 이승만 정권은 본질적으로 미군정의 연장이며 미국의 사실상의 식민지통치기관에 지나지 않았다.

월터 리프만은 "한국은 미국의 무력으로 만들어지고 미국의 힘으로 보호되고 미국의 보조금에 의해 지탱될 수 있는 국가이다"(『뉴욕 헤럴드 트리뷴』 60. 4. 28)고 강조하고 있고, 또 미국의 진보적 평론지 『월간 리뷰』에서는 한국에서 1년간 정치학을 가르치고 귀국했던 미국인이 F.L.모멘트(Moment)라는 이름으로 "남한 정부는 보다 정확히 말하면 미국 원조자금의 보호에서 벗어날 수 없다. 따라서 정부는 다만 새로운 운영자의 등장을 의미할 뿐이다"고도 말하고 있다.

이승만 정권의 정치, 경제의 실권을 장악하고 이것을 지배하고 있는 기관은 「한미합동위원회」이며 정부는 이 기관의 지시 없이는 아무 일도 할 수 없다.

결국 이후의 남한정권은 다음에 예시한 바와 같이 몇 개의 협정, 조약, 의사록에 의해 국정의 모든 것이 얽매여 꼼짝없이 구속되고 있었다.

1. 한미재정 및 재산에 관한 협정(48.9.11)
2. 한미 경제원조협정(48.12.10)
3. 경제조정에 관한 협정교환각서 및 합의 각서(52.5.24)
4. 경제재건과 재정안전계획에 관한 합동경제위원회 협정(53.12.4)
5. 한미 잉여농산물 구매협정(56.3.13)
6. 한미 우호통상 및 항해협정(60.2.19)
7. 한미 경제 및 기술협정(61.2.8)

이것은 한국의 국가적 기능을 제한하고 있는 조약과 협정이며 이것들에 의해 한국의 정치, 경제는 미국의 의향을 무시하고서는 어떠한 일도 할 수 없게 되었다. 다음은 한국군을 지배하는 협정과 조약이다.

1. 한미 잠정군사협정(48.9.10)
2. 한미 상호방위 원조협정(50.1.26)
3. 통수, 지휘권의 이양에 관한 대전(大田)협정(50.8.15)
4. 한미 상호방위조약(52.8.8)
5. 한미 상호안전보장조약(53.10.1)
6. 한국에 대한 군사 및 경제원조에 관한 한미 합의 기사록(54.11.7)

외국인 기자 존 레테인씨는 『조선일보』(57.5.27)에 다음과 같이 썼다. "미국의 원조가 중단된다면 어떤 사태가 일어날 것인가는 아무도 예측할 수 없다. 최선의 예측을 하더라도 한국인의 마음 속에 공포를 불러일으킨다…."

또한 미국의 한 고급관리는 다음과 같이 말하고 있다.

우리의 문명은 세계공산주의에 의해 포위되고 있다. 그와 같은 포위 속에서 대한민국은 중요한 전선이다. 여기서 철수한다면 중요한 전선을 잃게 될 것이다. 우리는 대한민국을 기억해야 한다. 우리는 그들을 자유롭도록 보호하지 않으면 안된다.

이와 같이 미국은 남한을 어디까지나 아시아의 반공의 보루로 활용하기 위해 종속체제를 공고히 하였던 것이다. 미국은 한국민중의 요구를 받아들이려고 하기는커녕 이승만 정권과 잠정군사협정을 체결하고 '공산주의의 포위', '인민군의 남하'를 이유로 들며 장기주둔을 합리화하였다. 한걸음 더 나아가 미국은 한국의 헌법제정에까지 간섭하여 이승만을 꼭두각시 인형으로 만들기 위해 '대통령중심제'를 강요하였다. 그 결과 이승만에게는 전제폭군을 능가할 정도의 광범한 권한이 집중되게 되고 대통령을 우두머리로 하는 행정부의 전횡에 의해 소위 삼권분립의 원칙조차 발밑에 내팽겨쳐지고 국회, 법원은 행정부의 예속적 부속물에 불과하게 되었다.

이것은 이승만의 지배체제가 미국에 의해 지도, 통제, 관리되고 또 그 기구의 최고책임자가 미국에 의해 직접 조종되는 인형에 불과하다는 것을 의미하였다. 말하자면 한국의 주권이 국민에게 있는 것이 아니라 미국의 힘에 좌우되고 있는 것을 의미함과 동시에 이승만 정권이 미국의 힘에 지탱되고 있는 관료폭력에 의해서만 유지될 수 있다는 것을 여실히 말해주는 것이다. 그뿐만 아니라 그는 반공반소사상을 맹렬하게 고취시키고 있었다. 그리고 '후방안전'을 기하기 위해 애국민중에 대한 압살정책을 더욱 강화하였다. 여기에서 주민의 말을 빌리자면 "우체통이 빨간 것도 그것은 모두 공산당 때문이다"라고 몰아붙이고 완전히 깡패를 방불케 하는 공포정치를 전개하였다. 그리고 군정경찰 및 정치기구, 점령군의 포고 및 군정법령을 그대로 받아들이고 민중탄압과 남침에 대비하기 위해 8개사단 10만여 명의 육해공군으로 구성되는 소위 '국군'을 편성하였으며 일반철도의 동경찰 등 6만여 공개경찰 외에 수만 명의 비밀경찰을 조직, 강화하였다. 이어서 테러단을 규합하여 「대한청년단」(48.12.21)과 민보단을 만들어 내고, 49년 하반기에 들어서면 그와 유사한 단체를 해산시키며 새로이 20여만으로 구성되는 「호국단」을 조직하였다. 거기에 그치지 않고 이승만 정권은 「병역법, 징발법, 계엄법, 국세법」(49.7.12) 등을 공포하고 '군사동원계획'을 세웠다.

게다가 그들은 '물동계획'에 의해 민중의 재산을 '군사상의 필요'라는 명목하에 징발하고 「계엄법」으로써 민중에 대한 탄압, 학살을 합리화하였다. 그러나 그들의 폭압은 남한민중의 강력한 반격에 부딪히지 않을 수 없었다. 그것은 외세의 지배와 분단의 고착화로 향하는 조국의 현실 앞에서 조국통일과 민족독립을 지향하는 전민중적 투쟁이 급격히 고양되었기 때문이었다.

게릴라전의 재연

제주도의 새로운 제9연대장에는 송요찬 소령이 임명되었다. 그는 1개월에 걸쳐 맹훈련을 시킨 후 한라산의 게릴라토벌을 1주간 시도하였으나 게릴라의 교묘한 전법에 말려들어 조금도 전과를 올리지 못했다. 또 빨치산은 자급자족을 위해 거의 농민을 가장하고 농업에 종사하고 있다가 필요한 때에만 총을 잡았다. 그리고 빨치산들은 한라산의 정글을 공격을 필하기 위한 방패막이로 삼고 산악의 복잡한 지형지물을 방어진지로 이용하였다. 그뿐만 아니라 산중턱의 동굴이나 묘지를 가장한 동굴, 일본군이 구축한 미로와 같은 동굴을 은신처로 하여 언제라도 공격을 조직하였다. 게릴라의 단호하며 동요없는 태도 앞에 송요찬은 증오와 분노에 휩싸여 점점 더 광폭화해 갔다. 그의 방법은 너무나도 잔인하였다. 일제히 씻어버린다는 로울러작전으로 '빨갱이'라고 몰아부쳐 닥치는 대로 주민을 체포하여 수용소에 처넣었다. 사람들은 대부분 그들의 즉흥적인 기분에 따라 참살당했다. 이러한 포학에 복수의 원귀로 화한 게릴라부대는 이 세상의 살아 있는 지옥이라 할 수 있는 처참한 상황 속에서 격렬한 저항을 전개하였다.

48년 10월에 들어서면 무장게릴라대는 분연히 일어서서 도순(중문면), 오동(제주읍)지서습격을 비롯하여 각지의 토벌대에 대한 격렬한 군사공세를 재개하였다. 당시의『조일신문』은 10월 3일(공동) "한국정부 내무부에 들어온 정보로 전해지는 바에 따르면 10월 1일 제주도에서 폭동이 발생하여 사상자 550명 이상을 냈다". 동년 10월 5일 (AP특약) "1일 제주도폭동사건에 관하여 한국의 내무부장관은 3일 다음과 같이 밝혔다.

공산당계의 폭동으로 경찰 5명이 살해되었으나 현재에는 평정을 되찾고 있다. 제주도의 공산게릴라대는 금년 봄무렵 산중으로 도망쳤는데 1일 어떤 부락을 습격하여 그것을 불태워 버렸떤 것이다"라고 보도하고 있는 것처럼 내외적인 어려움에 직면에 있던 이승만 정권에 있어서는 그것이 무엇보다 더 커다란 위협이 아닐 수 없었다.

그 때문에 곧바로 제주도에 계엄령이 선포되었다. 9월 5일에는 경비대가 국군으로 변신하고 육군본부는 10우러 11일「제주도경비사령부」를 특설하여 제주도 주둔군인 제9연대와 제5연대(부산)와 제6연대(대구)로부터 각각 1개대대 및 해군함정과 제주도 경찰대를 그 지휘 하에 넣었다. 사령관은 제5연대장 김상겸 대령이었다. 그리고 그것으로도 병력이 부족하여 이번에는 제14연대 (여수)의 1개대대가 제주도에 증파되었다.

여순 증원군의 반란

이승만 정부는 제주도 민중의 무력투쟁을 진압하기 위해 10월 2일 5백여 군병을 제주도에 급파하려 했으나 그 군대가 동족상잔은 참을 수 없다고 하여 거제도에서 반란을 일으켰다. 그러나 중과부적으로 순식간에 진압되어 버렸다.

그리고 나서 10월이 깊어가면서 제주도의 게릴라가 재차 활발한 활동을 개시하였으므로 10월 중순, 1개 대대를 출동시켜 '제주도지구 경비사령관'의 지휘하에 들ㅇ어가게 하도록 미군정장관 딘의 명령이 내렸다. 그리하여 해군 LST로 10월 19일 오후 9시에 여수항을 출발하라는 지시가 내려졌따. 제 14연대장 박승훈은 제1대대(대장 김영일 대위)를 출동시키는 것으로 결정하고 미제 M1소총과 60밀리 박격포를 지급하였다.

그런데 승선시간이 되자 김지회 중위(육사 제3기생)와 지창수 조장을 중심으로 한 약 3천 명의 장병은 "저 혐오스러운 경찰을 타도하자!" "우리는 조국의 염원인 남북통일을 위해 궐기하자!" "우리는 남북통일을 위해 해방군으로 행동하자!"라는 슬로건을 내걸고 장교 20명을 처단한 후 총을 든 채 부두에서 마을로 행진하기 시작하였다. 그 후 순삭간에 전 경찰, 관공서, 기타 기관을 점령하고 20일 오전 9시경에는 여수시 전체가 폭동군 수중으로 떨어졌다. 마침내 인민위원회가 조직되고 시내 도처에 인민공화국기가 게양되었다.

국군 제13연대의 폭동에 대하여 『여수인민보』는 30일자의 일면 톱으로 다음과 같은 성명을 내고 있다.

> 친애하는 동포 여러분!
>
> 우리는 조선인민의 자식이며 노동자 농민의 자식이다. 우리는 조국의 방위와 인민의 권리와 복리를 보호하기 위해 목숨을 걸고 싸우고 있다. 우리는 제주도의

애국인민을 무차별하게 학살하기 위해 우리를 제주도로 출동시키려는 명령에 대해 조선인민의 자식으로서의 사명 하에 이것을 거부하고 사랑하는 동포를 위해 결연히 일어섰다.

「제주도출동거부자 병사위원회」의 명의로 된 이 성명이 여수시민에게 강렬하게 호소한 결과 반나절도 채 못되어 여수를 장악할 수 있었던 폭동군은 1개 대대를 여수 경비를 위해 남기고 2개 대대는 열차에 분승하여 순천으로 향했다.

여수로부터 북상한 폭동군은 순천주둔 2개 중대(선임중대장 홍순석 중위)와 광주로부터 급파된 제4연대의 1개 중대와 합류하여 순천을 수중에 넣고 기회를 놓치지 않고 해방구의 증대를 꾀하였다.

즉 그 주력을 삼분하여 서의 벌교 · 장흥, 북의 학구, 동의 광양을 향하여 진출하고 도중의 경찰관서를 습격하여 경찰을 차단하면서 파죽지세로 거점의 확대에 노력했던 것이다. 그리고 순천에 남은 부대는 그 지방의 좌익세력과 협력하여 지주나 친일파들을 단죄하였다. 시가지는 도처에 "제주도 출동 절대반대!, 미국군은 즉각 철수하라!" 등의 포스터가 붙여졌다.

서울 AP특전 10월 20일발에 따르면 다음과 같다.

동일 한국남해안의 주요 항구 여수와 순천에서 한국병사와 경찰 사이에 무력충돌이 일어났다. 반란군은 경찰대를 살해 혹은 포로로 하고 나아가 양 지역의 경찰 파출소를 깡그리 태워버렸다. 보고에 의하면 수백 명의 경찰이 살해되었다. 이것은 올해 8월 이후 가장 커다란 폭동이다. 반란군 병력은 약 4천 명에 달하고 있다. 동일 밤 남조선일대에 계엄령이 발포되었으나 반란의 범위는 확대될 가능성이 있다. 현재 여수의 상황은 분명치 않은데 한국정부는 공산분자의 지휘 하에 이 반란폭동이 야기되었다고 보고 있다.

또 순천의 AP통신 톰 람버어드특파원의 26일발에 의하면 다음과 같이 당시의 양상을 전하고 있다.

유혈이 낭자한 순천의 마을은 지난 밤부터 총성만 들리는 암흑과 정적의 항구로 화했다. 여수에서 반란이 일어난 지 2일간 반란부대는 살인과 잔혹으로 지배하였다. 정부군이 탈환하기까지 약 6백 명이 살해되었다고 전하며, 또 반란부대에 가담했다는 이유로 적어도 22명이 정부군 및 경찰에 의해 처단되었다.

10월 22일 이승만 정부는 여순지구에 계엄령을 선포하고 그 사령관에 김백일 대령을 임명하였다. 계엄령의 선포문은 다음과 같다.

계엄령선포문

본관은 주어진 권한에 기초하여 10월 22일부터 별명이 있을 때까지 다음과 같이 계엄령을 선포한다(만일 위반하는 자는 군법에 의해 사형 이하에 처한다).

1. 오후 7부터 다음날 아침 7시까지 일체의 통행을 금지한다.(통행증을 가진 자는 제외된다)
2. 옥내외에 있어서의 일체의 집회를 금한다.
3. 유언비어를 유포하거나 민중을 선동하는 자는 엄벌에 처한다.
4. 반도의 소재를 적시 보고하지 않거나 만일 반도를 숨겨주거나 반도와 밀통하는 자는 사형에 처한다.
5. 반도가 가지고 있던 무기나 기타 군수품을 본국사령부에 반납하라. 숨기거나 몰래 가지고 있는 자는 사형에 처한다.

제5여단 사령부

여단장 유군대령 김백일

바야흐로 「비상경비사령부」가 광주에 설치되고 진압작전이 전개되었다. 이승만 정부의 군사고문단장 로버트는 직접 전투를 지휘하여 미군 비행기, 장갑차, 군함까지 동원시키고 10개 대대병력을 현지에 파견하여 폭동군의 진압에 나섰다. 진압군에 투입된 연대, 대대 및 담당지역은 대략 다음과 같다.

제12연대(군산 부연대장 백인엽 소령)(2개중대)……헉구에서 순천지방

제6연대(대구 연대장 김ㅇ갑 중령)(2개대대)……보성지방

제15연대(마산 연대장 ㅇㅇㅇ 중령)(1개대대)……하동에서 광양지방

제2연대(대전)(1개대대)……학구에서 순천지방

제3연대(광주 부연대장 송석하 소령)(2개대대)……학구에서 순천지방

제4연대(광주 연대장 이성규 중령)(3개대대)……학구, 보성, 순천지방

여순의 진압 전에는 전투사령관 송호성이 직접 진두에서 토벌에 나섰으나 그 지방의 좌익세력도 폭동군과 힘을 합쳐 싸웠다. 시인 조기천은 〈싸우는 여수〉에서 이렇게 노래불렀다.

이 땅의 남도에

밤은 점점 깊어가고

반역도들의 마치 미친 듯한 피맺힌 절규와

테러와 학살이 끝났음을 알리는 소리가 골목골목마다 울려퍼지고 있을 때

어디선가 훨훨

항쟁의 봉화불이 밤새도록 타오르고
"매국노를 타도하라!"
"외국군대는 철수하라!"
이리하여 여수의 밤을 분노로 불태우는 많은 사람들의 심금이
어둠을 뚫고 끓어올랐던 것이다
이것을 가로막을 자 누가 있으랴!

진압군의 학살은 실로 처절하였다. 테러, 방화, 약탈, 학살을 닥치는 대로 자행하였다. 순천시내에서 무고한 주민 3백여 명을 검거하고 순천국민학교에 수용한 수 2백여 명을 선별하여 그 자리에서 총살하였다. 이것은 진압군의 학살행위의 한 단면에 불과하다.

여수 중심부에 있는 시청, 경찰 주변에는 사체가 아무렇게나 나뒹굴고 있고 경찰 뒤뜰에는 수많은 시체가 어느 정도 정렬되어 있거나 혹은 난잡하게 포개어져 있어 그 처절함은 이루 말할 수가 없었다고 한다. 이승만 정권의 축소된 발표에 따르더라도 6천여 명의 시민이 살해되고 5천여호의 가옥이 불태워졌다고 한다.

이승만 정권은 48년 11월 1일 여순반란의 관계자 89명의 사형을 집행하고 2일에는 제주도 민중항쟁관계자 2백 명을 추가체포하여 살해했다고 발표했다. 또한 7일과 16일에는 여순사건관계자 63명이 사형을 선고받았다. 이 반란을 계기로 49년 5월 26일 여순사건의 민간 측 지도자라는 이유로 검거된 이재복과 국군 제 15연대장 최남근은 총살당했다.

《한국전쟁사 Ⅰ》은 사건의 근본 원인에 대하여 다음과 같이 서술하고 있다.

남로당의 군사담당 총책임자 이재복은 전군적 규모의 반란을 획책하여 지도에

> 나섰으나 아직 각 연대의 세포조직은 미약하고 국내 정세도 무르익지 않았다. 따라서 소동으로 나아갈 제1단계로 제주도에 폭동을 일으켰다. 그러나 제주도 게릴라는 군의 토벌을 받아 전멸할 위험에 봉착하여 본토에서의 호응을 호소할 길이 없었다. 거기서 이재복은 제14연대의 1개대대가 제주도에 출동하는 기회를 포착하여 대대내의 남로당 군사책임자 지(池) 조장에게 반란을 지령하였다. 본토 내에서 반란을 야기시켜 국군의 증원을 차단함으로써 제주도의 위기를 감소시킴과 동시에 본토에서 제2전선을 형성하여 전군적인 호응을 기대했던 것이다.

이에 반하여 《한국전쟁사》(민족문제연구회)에서는 다음과 같이 말하고 있다.

> 여수반란사건은 남로당의 계획적 지령에 의해 야기된 것이 아니며 또한 동군대내의 남로당세포위원회는 당초 반란봉기에 적극적으로 반대했음에도 불구하고 반란군의 지도적 주력이 남로당이었던 고로 남로당이 반란을 일으킨 것처럼 되어버렸다. 그 때문에 '남로당원사냥'을 구실로 철저한 탄압이 행해졌다.

이러한 "역사는 50년 100년이 흐르지 않으면 그 진상을 알 수 없다"고 하는 하나의 좋은 실례이기도 하다.

그것은 어쨌든 조국의 통일과 민족의 독립을 요구하는 병사들의 무장봉기가 남한에서 조성된 냉엄한 체제 속에서 이승만 정권을 타도할 수는 없었다 하더라도, 그것이 조국방위와 권력의 무모한 학정을 배제하고 제주도민 중의 반미반이(反美反李)구국투쟁을 지원하기 위한 혁명적인 무장폭동이었다는 점을 간과하고서 사건의 본질을 파악한다는 것은 불가능할 것이다.

〈표3〉 전남 반란 피해상황

구 분	인 명				가 옥		
지 역	사망	중상	경상	행불	전소	반소	이재민
여 수	1,200	800	250		1,538	198	9,800
순 천	1.134		103	818	13		
곡 성	6	2			4	6	
구 례	30	50	100		36		
광 양	57						
고 흥	26		41	8			
보 성	80	31	30	7	3	2	
계	2,533	883	524	833	1,594	206	9,800

(김정곤, 《한국 전쟁에 있어서의 노동당 전략》)

쌍방의 피해상황은 다음과 같다.(〈표3〉 참조)

- 폭동군 측의 피해

유기사체…… 392구

포 로…… 1,512명

무 기…… M1소총 952정

38식 소총 679정

99식 소총 863정

박격포 14문

- 국군 측 피해

전사장교……9명(순천파견중대의 5인 포함)

사 병……42명

부 상……118명

실 종……4명

빨치산투쟁에의 진출

권력당국의 '피의 숙청'과 폭동군의 구체적인 후방대책의 없었던 때문에 여수, 순천 및 기타 지방을 시민의 피로 물들이고, 체포 · 학살을 겨우 면한 수천 명의 군인과 가족이 살해되고 집이 불타는 참상을 겪어야 했던 좌익세력들은 지리산이나 기타 산악지대로 피신하여 후에 태백산맥을 중심으로 하는 대규모적인 빨치산투쟁을 전개했던 것이다.

다음은 모스크바 AP특전 48년 11월 14일발 내용이다.

> 3일의 타스통신은 한국정부에 반대하는 군사행동이 활발해지고 있다는 평양방송을 인용하는 바, 그 내용은 경상북도의 중요도시인 대구에서 반란군과 정부군 사이에 격렬한 전투가 전개되고 있으며 또한 반란이 일어났던 여수부근의 산악이나 제주도, 문천부근에서도 전투가 재개되고 있다는 것이다.

당시 빨치산 투쟁은 남한의 133개군 가운데 118개군에까지 확대되었다.

이와 동시에 노동자계급을 선두로 한 남한 민중의 투쟁은 각지를 휩쓸고 있었다. 즉 동 11월 30일 좌익계 노동자는 '미군의 철수' '이승만 단독정부 절대반대'등을 외치면서 14시간의 제네스트를 단행하였다. 그것에 이어 학생들도 떨쳐 일어섰다. 동맹휴교는 104개교에 파급되고 데모는 343개소에서 행해졌다.

이와 같이 남한 민중의 반미반이 구국투쟁은 권력의 탄압이 가혹해지면 가혹해질수록 보다 완강하게 전개되어 갔다.

이 중대한 사태에 대해서 맥퀸은 이렇게 말하고 있다.

> 전민족적인 반대를 무릅쓴 단독선거의 강행, 대한민국의 수립, 미국점령 정책

의 실질적 강화에 대항하여 이 사건(제주도민중항쟁, 여순반란)을 계기로 남한민중의 투쟁은 전면적인 빨치산 투쟁의 형태를 취하기에 이르렀다. 진압에도 불구하고 아니 오히려 진압했기 때문에 운동은 더욱더 힘차게 발전하였다. 남한 전국에 걸쳐있는 산악요충을 근거지로 하여 빨치산정벌대를 격퇴했을 뿐 아니라 발단된 근대식 장비와 무기를 다량으로 포획하였다. 1949년 9월에는 이미 7만 7천 명의 빨치산이 활동하고 있었다. 형무소는 넘쳐흐르고 있었다. 국제연합위원회의 한 사람은 1948년 4월부터 49년 4월 3일까지의 기간에 8만 9천명의 민중이 체포되었다고 전했다.

이승만 정권에 대한 국제적 불신

이승만 정권은 무고한 민중에 대하여 유혈의 탄압을 계속했으나 그들의 끓어오르는 분노를 제지할 수는 없었다. 남한 민중의 무력항쟁의 확대는 이승만 정권에게 있어서 커다란 위협이 되었을 뿐만 아니라 미국의 힘에 의해 만들어진 한국정부의 존재가 국제적으로 불신을 초래하지 않을 수 없게 만들었다.

당시의 AFP통신의 레온 부르 기자는 다음과 같이 쓰고 있다.

이번 반란(여순사건)이 미칠 제영향은 대단히 심각하게 생각하지 않으면 안 된다. 왜냐하면 한국정부의 입장은 국제연합총회에서 한국정부의 합법성을 승인받고자 호소하려고 하는 바로 이 때 그 설득력이 상당히 약화될 위험성이 있기 때문이다. UN조절위원회는 지금까지는 국민회의를 승인한 데 불과하다. 그러나 자기의 군대로부터 반항을 받고 있는 정부를 어떤 식으로 승인할 것인가?『아사히 뉴우스』48년 11월 2일)

이와 같은 사태를 예측하고 있었던 미 국무성은 UN임시위원회의 역할이 중대함을 공공연히 표명하고 이미 8월 12일 "한국정부는 47년 11월 4일의 UN총회결의의 의도에 기초하여 한국정부로 간주될 수 있는 자격을 가질 것이다……"라고 미국정부의 견해를 발표하였다. 그리고 델레스는 UN에서 이승만정부를 승인하고자 하는 그의 결의안을 채택시키려고 다음과 같은 발언을 행했다.

> 점령군은 가능한 한 조기에 철수해야 하며 더욱이 철수는 한국민중이 진정한 자기 집의 주인이 되고 외국으로부터 지령을 받는 집단에 의해 위협당하지 않는 방식으로 행해져야 한다……(폭력, 테러, 국내적 분열)의 위험에 대해서는 하나의 기본적인 대항조치가 있다. 즉 UN헌장에 위배되는 폭력집단에 대해서는 다른 국가가 도덕적인 지지를 철회하는 한편 UN을 통하여 그것을 표명하는 것이다.(굳드릿지, 《한국 · UN에 있어서의 미국의 정책연구》)

결국 자본주의 여러 나라에 대하여 막강한 지배력을 가지고 있던 미국의 발의를 기초로 하여, 국제연합은 제3회 총회에서 나타난 회원국들의 제주도사태에 관한 진상규명의 요구는 덮어두고 엄청난 로비활동에 의해 이루어진 표결에서 48대 6으로 미국의 결의안을 채택하고, 공식적으로는 이승만 정부를 승인하기에 이른다.

그러나 이승만 정권은 대내외로부터 고립, 배격당하고 있었다. 이에 미국이나 이승만 정권은 대내외로부터 생기는 모순을 밖으로 돌리기 위해 게릴라활동을 진압한다는 명목 하에 38도선에 무장력을 강화시켰다. 나아가 공공 안전과 질서유지라는 명목으로 일제의 치안유지법에 상당하는 「국가 보안법」(48.11.10)을 국회의 반대에도 불구하고 성립시켜 이 국가보안법을 교두보로 하여 「신문지법」(49.1), 「우편물체취법」(동), 「공연법」(49.4) 등을 차례로 발표하여 사상, 언론의 자유를 억압하였다. 이미 파시즘의 단계를 넘어선 것이었다. 이 법이 모든 애국적인 단체나 민중에 대하여 어떠한 마력을 발휘했는가는 그 후의 정치사가 실증해 준다.

또한 군사동원이나 물동계획을 세우기 위해 호구조사를 실시하고 후방의 안정을 기한다는 명목으로 정부기관, 학교, 공공기업체에, 회사, 단체 등에서 공산주의자 숙청이 일제히 행해졌다. 동월 6일에는 서울에서만 7천 명의 시민이 보안법으로 묶였다.

2. 제주도 빨치산의 공세와 토벌대의 잔학성

과감한 공격

여순지방 병사들의 폭동은 그 기세가 죽어가고 있던 제주도의 무장세력에게 일대 활력을 불어 넣었다. 게릴라부대는 국면의 전환을 꾀하기 위해 곧바로 공격태세를 취했다. 우선 조직을 재편하고 도당책임자에 김용관, 군사부책임자에 이덕구를 임명하였다. 그들은 6 · 10투쟁 이후 장기전략을 취하고 전투력을 강화하였다.

이에 대하여 군경토벌대도 유래없이 증강되었다. 새로운 제9연대 외에 제2연대(연대장, 함병선)가 파견되어 왔다. 또 김태선 서울시경국장을 비롯한 이형석, 최치환이 이끄는 경찰전투부대가 투입되었던 것도 바로 이 시기다. 당시 제주도 경찰국장은 홍순봉이었다.

한편 게릴라부대의 군사부에서는 언제라도 토벌대의 공격에 대응할 수 있는 기동력을 지닌 전투대를 갖추기 위해 종래의 연대편성을 몇 개의 부대로 세분하고 '신속, 유연대응의 전략'을 확립하였다.

이와 같이 조직을 재편하고 전투태세를 확립하자 10월 24일 제주도 인민유격대장 이덕구명의로 이승만 정부에 선전포고를 하고 토벌대와 도민에게 호소문을 보내어 제주도 민중의 단호한 결의를 내외에 과시하였다. 이들 문서는 제주신보 편집국장 김호진 및 공무국장, 차장의 3인이 비밀리에 인쇄한 것으로 그들은 그 후 그것이 발각되어 송요찬에 의해 처형되었다. 그 호소문은 미군정과 이승만정권의 학정에 대한 30만 도민의 가슴에 쌓여진 분노가 응결된 것이며 거기에는 공포에 전율하며 불안에 시달리고 있는 전도민의 절실한 요구와 원망(願望)이 담겨 있다.

친애하는 국방군장병과 경찰 여러분!

총구를 보십시요. 그 총이 어디에서 나온 것인가를, 그 총은 우리의 고혈을 쥐어짜낸 세금으로 산 것입니다. 영웅적인 항쟁에 떨쳐일어선 여러분의 부모, 형제, 자매들에게 그 총구를 돌려서는 안 됩니다. 소중한 총과 탄환을 동포를 향해 함부로 쏴서는 안됩니다. 여러분의 부모, 형제와 여러분의 지켜주어야 할 그 총을 싸우고 있는 인민들에게 돌려주십시요.

모든 도민은 당신들을 마음으로부터 깊이 신뢰하고 있습니다. 당신들의 귀한 피를 보람없이 흘리지 않도록!

미국 침략자를 조국강토에서 몰아내기 위해서도!

매국노, 이승만도당을 타도하기 위해서도!

조국의 통일과 민족의 독립과 자유를 위해서도!

여러분들은 총구를 놈들에게 향해주십시요.

여러분들은 미국군과 앞잡이 권력의 명령을 단호히 거부하고 도민의 편에 서주십시오.

우리나라, 우리가족, 우리부모, 우리형제를 지켜줄 항쟁의 전열에 함께 하십시오.

친애하는 여러분!

언제 어떠한 때에도 인민의 이익을 지키는 인민의 군대가 되어 주십시오!

여순반란의 보고에 기세를 올린 게릴라부대는 도처에서 격렬한 공세를 취하고 군경토벌대를 궁지에 몰아넣었다. 48년 10월 어떤 전투대는 주민들의 강력한 지원하에 안덕면 도순 경찰지서를 습격하여 5명을 단죄하고 10명의 구금자를 석방시킴과 동시에 무기와 장비를 탈취한 후 관사를 불태워 버렸다.

동년 10월 13일 어떤 게릴라 부대는 조천, 함덕지방의 토벌대에 공격을 가하고자 주민의 지원을 받아 면밀하게 작전을 점검하였다. 밤에 토벌대의 위로회가 함덕에서 개최되고 술을 마시고 기생을 옆에 끼고 떠들어대는 술잔치가 시작되었다. 어떤 사람으로부터 "모두가 술에 취해 곤드레 만드레가 되어 있다"라는 정보가 들어왔다. 게릴라대는 은밀하게 행동을 개시하여 단숨에 그곳으로 돌입하여 20여 명을 살상하고 다량의 무기를 손에 넣는 대 전과를 올렸다. 이것에 의해 전력은 더욱 증강되었다. 학살이 격렬하게 진행되는 가운데에서도 주민들은 게릴라대를 위해 정찰에 나서고 전황과 정보를 가져왔다. 게릴라대가 곤란한 입장에 빠졌을 때에는 농민들이 위험을 무릅쓰고 가까운 게릴라대에로의 연락을 맡아 주었다.

한편, 국군의 학살에 강력하게 반발한 장병도 토벌계획을 빠짐없이 통보하여 주었다. 그 때문에 토벌대는 도처에서 게릴라의 잠복과 기습을 받았다. 이에 토벌대는 만주나 중국의 동북지방에서의 빨치산 토벌에서 사용한 수법을 사용하기도 했다. 그것은 "제5중대의 일부를 이근양 중위에게 지휘를 맡겨 여순 반란군이라 칭하고 조천지구에 상륙시킨다. 그러면 게릴라는 환영하기 위해 출영할 것이다. 그때를 포착한다"라는 작전이었다. 이근양 중위 등이 밤중에 조천지구에 상륙하여 "여수로부터 합류하러 왔다"라고 주민에게 알리고 게릴라로부터 환영을 기대하였다. 그러나 그와 같은 계획은 모두 게릴라에게 새어나가 역으로 잠복기습을 받았던 것이다.

그들은 이 계획을 전화로 경찰청장에게 통보하였다. 이것으로 계획은 완전히 엉망이 되었다. 전화는 언제나 도청이 되고 있었기 때문이다. 이에 토벌대는 헌병에게 명하여 연대의 교환병과 경찰청의 교환수를 체포하게 하였다. 그들에 대한 고문으로부터 연대내의 세포 80여 명(그중 장교는 3명)을 일거에 검거하였다. 주모자는 연대의 구매관이었다. 도 반란군인 양 행세하여 조천에 상륙할 예정이었던 제5중대 가운데에도 게릴라에 우호적인 병사가 포함되어 있었다. 그리하여 그들은 송 연대장의 암살까지 기도하고 있었다고 한다.

여순반란의 여파로 인해 「제주도 경비사령부」가 해체된 후 제9연대는 제 1대대를 제주시에, 제 2대대를 성산포에, 제3대대를 모슬포에 배치하였다. 각 대대는 각 중대를 경비구역에 할당하여 경비에 임하게 하고 적정(敵情)에 따라 중대, 대대, 연대의 토벌작전을 지도하게 되었다. 구일본군이 괌도, 중국 동북지방에서 전개한 토벌방식을 완전히 그대로 답습했던 것이다.

한편 우익측의 이러한 토벌에도 불구하고 본토에서의 여순반란 등과 도내에서의 병사들 및 도민들의 적극적인 지원에 고무되어 게릴라부대는 도내의 각지에서 격렬하고 적극적인 공격 등을 계속하였다.

광기에 사로잡힌 보복과 탄압의 폭풍

이와 같이 도처에서 게릴라의 격렬한 공격에 직면한 송요찬 부대는 그 혈로를 뚫기 위해 죄없는 민중에게 문자 그대로의 '피의 숙청'을 벌였다. 이승만 정권이 허세를 부린 단기토벌작전은 무장세력의 끊임없는 기습공격 때문에 완전하게 실패하였다. 그것은 이승만 정권에 있어서 커다란 쇼크였다. 위신도 위신이지만 반공국가를 표방하여 건국한 이상 신속히 토벌하여 뒤에 계속되는 것을 끊을 필요가 있었다. 또 5 · 10 선거는 제주도에서만 실시될 수 없었기 때문에 조속히 진압하여 선거를 치룰 수 있는 상태로 만들어야 할 정치적 필요성도 있었다.

거기에서 송요찬은 군사적, 도덕적 패배를 은폐하고 도민의 혁명적 열기와 그 역량을 꺽기 위해 도민학살을 대대적으로 전개하고 누구누구를 가릴 것 없이 닥치는 대로 학살하여 야수성을 구체적으로 보여주었던 것이다. 게다가 미군군사고문단장 로버트는 군경보충이라는 이름 하에 LST나 군함 등을 투입하고 병력과 무기나 군수물자를 계속하여 제주도에 보내면서 토벌대의 '게릴라 섬멸작전'이나 '빨갱이 사냥작전'에 광분하였다.

도내 촌락의 참상에 대해서 『제남신문』은 다음과 같이 전한다.

> 외도(外都)를 지나 하귀리에 이르면 파괴의 흔적이 역력히 보인다. 불타다 남은 집에서 공포에 전율하고 영양실조로 피골이 상접한 초라한 주민이 한두 사람 눈에 띈다. 그것은 완전히 죽음의 거리였다. 어디에선가 코를 찌르는 악취가 마을의 참상을 말해준다. 거적을 뒤집어 씌운 시체가 통곡을 해주는 사람도 없이 방치돼 있는 것은 하귀리에서 뿐만 아니라 구엄리, 중엄리(모두 애월면)도 예외는 아니었다.《비화 30년》

동귀리의 광동이 폐촌이 된 것도 토벌대가 잔학하기가 극에 달했기 때문이었다.

10월 13일 조천면에서는 15호가 불타고 임부(妊婦)를 포함한 여자 5명이 잔학한 고문에 의해 살해되었다. 권력은 이와 같이 빼도박도 못하는 수렁전에서 무엇인가 돌파구를 발견하려고 강력하게 도민학살전을 확대하고 언제나 어느때와 같은 '서이취 디스트로이'(Search destrohy, 탐색하여 파괴한다) 작전을 취하고 토벌대는 닥치는대로 촌락을 불태우고 의심스럽다고 생각되는 촌민에게는 거침없이 살해하여 보복을 행하였다.

토벌대는 10월 26일의 고내전투에서의 참패를 한 그 다음 날 고대 부락민에대한 처참한 보복전으로 앙갚음하였다. 토벌대는 고내리를 완전히 포위한 후 총검을 들이대어 주민을 신작로로 끌어 내고 "너희들이 산부대에 협력하고 있다. 어제의 일을 잘 알고 있을 것이다. 당신들이 여기에서 두 번 다시 살수 없게 해 주겠다"라고 욕설을 퍼부으며 100여 명의 남녀노소를 일렬로 세우고 총검이나 소총으로 몰살시켰다. 순식간에 선혈은 대지를 물들였다. 그리하여 왕래하는 사람들은 그곳을 피하여 간도를 선택했다고 말해질 정도로 유혈의 참극은 실로 처절한 것이었다고 마을 사람들은 말한다.

그들은 집단학살을 행할 때에는 주민들에게 전시하기 위해 미리 일터나 경찰지서 학교 등에 공개사형의 게시를 하였다. "· …무단의 견학 기피자는 엄벌에 처한다."라는 내용으로 그것은 주민을 공포에 주눅 들게 하기 위한 것이었다. 구(舊) 8월 20일 애월장터에서 공개총살이 행해졌다. 이날 토벌대는 소방서의 종을 격렬하게 울려 애월리민을 비상소집하였다. 마침내 야만적인 탄압의 공포로부터 벗어나기 위해 모인 사람들 속에서 40여 명을 뽑아 군중 앞에 끓어앉히고 "빨갱이에 대해서는 총살보다 죽창으로 잘게 썰어 죽이고 사지를 찢어 놓아야 한다. 이것을 할 수 있는 자만이 대한민국 국민이고 진정한 반공주의자이다"라고 소리치며 주민에게 "죽여라"라고 화를 내며 다그쳤다. 그와 같은 무자비한 수법으로 40여 명을 살해하여 전시하였다. 이와 같이 이웃사람이 이웃사람을 찌르고 친척이 친척을 죽이지 않으면 안 되는 비극이 벌어졌던 것이다. 그 후 학살은 점차 빈번해져 새디즘적으로 되고 그것을 즐기는 자조차 생겼으며 인간 내면의 무서움을 보여 주기도 했다. 말하자면 인간의 내부에 숨어 있는 원시적인 범죄성이 적나라하게 표출된 것처럼 느껴진다. 이어서 동년 11월경에 애월면 납읍 청년 27명이 자운들에서 살해당하고 그 후에도 많은 사람이 여기에서 학살당했다. 또한 그들은 애월, 납읍, 금성, 장전, 소길, 어음 등 각지의 농민들을 납읍동에서 금악리(한림면)경계에 걸치는 긴 용암동굴 속에 밀어 넣고 태워 죽이든지, 생매장하든지 총살하였다고 말해지고 있다. 그뿐만 아니라 각지에서 처형이 끝난 사체는 처음에는 매장하여 버렸지만 뒤에 가서는 사체를 거적으로 뒤집어 씌워서 방치하였다. 왜 방치했는가 하면 사체에는 반드시 부모 형제가 있고 그 사체를 훔치러 오는 육친을 감시하고 있던 토벌대가 사살한다라는 야비한 방식을 채택했던 것이었다.

이러한 야만적인 행위는 학교에서도 행해졌다. 정치적인 바람을 타고 교직에 들어간 우익계 인사나 남아 있게 된 교직원들은 진보적인 교원과 학생들을 '빨갱이' 혹은 '동조자'라 하여 처형장으로 내몰았다.

그리고 살인집단이라고도 말해지는 「서북청년회」(회장 김재능)는 12월 25일 『제주신보』사를 테러로 탈취하고 지상을 통하여 대중적으로 테러 학살을 선동해대면서 도민항쟁에 대한 비난 중상을, 49년 10월 12일 제주도 계엄령이 해제되어 도민의 손으로 경영권이 옮겨질 때까지 마음대로 행사하였다.

살인대장이라고 이름붙여 송요찬은 전도에 폭압선풍을 일으키고 조금이라도 의심스러운 자는 닥치는 대로 체포하여 차례차례로 아무도 몰래 죽여버림과 동시에 마을들을 불태워 버렸다. 그 때문에 동년 10월 7일에는 김운제, 고봉효, 현제운 등이 남로당원이라 하여 토벌대 사령부(제주농고)뒤의 밭이나 동문통과 같은 곳에서 사살되고 검찰관 김제만을 비롯하여 많은 사람이 남로당원이라고 날조되어 처형되었다. 나아가 관재청의 한병택, 정이환, 김학림 등 이외에도 도청, 읍사무소, 제주신보사, 오현중학, 제주중학, 제주농고, 신한공사 등의 24개소의 직장에 있는 공무원, 교원, 직원, 학생이 별다른 죄도 없이 집단적 혹은 개별적으로 살해되었던 것이다. 또 구력 10월 26일에는 조천면 함덕에 있는 '장돗밭'이라는 밭에서 26명이, '고분다리'에서 2명이, '야내원'(밭)에서 2명이 참살당하였다. 12월 23일에는 현경호 부자와 이태희를 포함한 8명이 '갈생이'(이도 2동 광장)에 있는 마굿간에 끌려들어가 전신에 가솔린을 부어 태워죽이는 죽음을 당했다. 현씨 부인이 시체를 찾아내 보려고 하였으나 얼굴로는 도저히 구분을 할 수 없어 약병이나 소지품으로 겨우 남편과 자식의 사체가 확인되었다고 한다. 어디나 할 것 없이 한 번 토벌대에 기습당하면 그 지역은 마치 태풍이나 강진이 휩쓸고 지나간 곳처럼 황폐화되고, 죽지 못하고 살아남은 자도 패자의 비참한 생활이 기다리고 있었다.

3. 로버트의 직접지휘 하의 몰살 · 초토작전에 대항한 무장대

고립의 단초와 자위투쟁의 지속

게릴라와의 전쟁은 철포만으로는 해결할 수 없다. 토벌대의 이런 잔학행위는 도리어 게릴라전의 고양을 촉진하고 점차 전쟁의 억제력을 잃게 하여 파멸의 길로 이끌어갔다. 무장세력의 항쟁력은 집요하여 전멸하지 않는 한 항복은 하지 않았다. 주민들의 동요도 있었지만 살육에 대한 증오는 엄청나게 깊었다. 거기에다 이승만 정권은 3차에 걸쳐서 차관으로 빌려온 8천만 달러로 미국으로부터 무기를 구입하여 게릴라 토벌과 도민의 탄압, 학살에 혈안이 되었다.

10월에 들어서 게릴라가 공세를 재개하자 권력도 반게릴라전을 강화하고 군대를 투입하여 대량학살로 보복을 가해 왔다. 이리하여 분노의 화신으로 화한 게릴라부대는 군대와도 싸우지 않을 수 없게 되었다.

그러나 이때부터 무장세력은 결정적인 시련을 맞이하였다. 즉 그것은 고작 천 명 남짓한 빨치산이 병력이나 장비 모두에 있어서 압도적인 강적을 상대로 하지 않으면 안 되는 최악의 사태에 내몰렸기 때문이다. 즉 48년 말부터 다음해 초에 걸치는 낙엽기간에 광기의 '빨갱이 섬멸작전'이 행해지는 어려운 상황에 놓여져 그들은 "금년 중에는 인민군이 남하해 올 것이다"라든지 "얼마 안 있어 대사변이 일어날 것이다"라는 환상적 기대를 걸고 감히 군사적 모험을 범했기 때문이다. 그뿐 아니라 사후 대책이라 해도 1인당 탈출비상자금으로 7~8원을 지급하고 지리산 빨치산엔 참가하는 대책과 3개월 이상의 양식 확보라는 지극히 빈약한 것이었다.

거기에서 게릴라부대는 사태가 이렇게 된 이상 책임을 한 몸에 떠맡아 무엇인가 활로를 발견하려고 물불 가리지 않고 공격을 조직하고 적의 주도선을 격파하여 갔다. 예를 들면 48년 10월 13일경 게릴라부대도 주민의 생명을 지키기 위해 인민들의 강력한 지원을 입어 화북토벌지휘소(국민학교)를 포위공격하였다. 기습당한 경찰들이 대응하지 못하는 사이를 틈타 주민의 처형장으로 되어 있던 교사를 불태우고 토벌기도를 사전에 분쇄하였다. 게릴라부대는 또 10월 28일 남원면 일대를 석권하고 토벌지휘소로 되어 있는 남원, 위미지서 및 일터나 학교등을 기습하고 그들이 점거하고 있는 공공건물을 불태우고 구치되어 있던 주민을 석방하였다. 이어서 한남, 수망, 태흥지방에 진출하여 악덕 지방두목을 처단하면서 구좌면 일대를 석권해갔다. 평대, 세화, 금녕 등 각지의 토벌대를 습격하여 파멸적인 타격을 준 후 한동, 행원, 월정에 침투하여 토벌대의 앞잡이를 처단하고 폭압에 흐느끼는 주민에게 생기를 불러 일으켰다. 또 다른 한 부대는 지방자위대와 협력하여 표선, 성읍지방의 토벌대에게 야습을 가하여 적진에 일대 혼란을 일으키고 구금자들을 석방하고 민중에게 총력을 결집하라고 호소하였다.

양심적인 경관도 떨쳐 일어서다

경찰 토벌대 내부에서도 양심적이고 진보적인 경관이 상당히 있었다. 그들은 제주도 인민의 반미구국투쟁을 지지하고 또 이승만 정권의 무차별한 학살에 강력하게 반대하여 동년 11월 7일을 기하여 경찰의 무기고에서 무기를 탈취하여 전 무장세력과의 공동작전에 의해 도내의 전 권력기관을 점거하고 일거에 전도를 석권할 작전을 세웠다. 그런데 그 작전회의에 참가한 한 사람의 배반자의 밀고에 의해 계획이 사전에 발각되어 목적을 이룰 수는 없었다. 그 때문에 50여 명의 경관은 일망타진되어 잔인한 고문을 받은 후 전원이 배로 중합(沖合)에 수송되어 수장되었다고 한다.

절해고도에 있어서 민족독립의 투쟁을 완성하기 위해 신명을 바쳐 용감하게 싸우는 무장해방세력은 아무리 고립무원에 있고 핍박받는 상황에 떨어질지라도 매국적인 권력에 무릎꿇기보다 최후까지 보루를 지켜낸다는 결의로 유혈의 살육전을 그때그때마다 분쇄해 나갔다. 당시 극한 상황에서 살고 있던 도민은 "미국의 똥개들이여, 영미(증오스러운 영미)여 꺼져라…""미국의 노예, 단독정부를 쳐부수자……"라는 구호 하에 무장대를 지원했던 것이다.

그러나 안타깝게도 불모의 대결은 필연적으로 악순환할 수밖에 없었다. 그 결과 '빨갱이'라는 구실로 무고한 도민들이 피의 바다 속에서 무참하게 살해되어 갔던 것이다. 그리하여 전도는 '사체의 섬'으로 화하고 사체를 쪼아먹는 독수리의 모습조차 보이지 않는 침묵과 악취만이 떠도는 폐허의 참상을 노정하기에 이르렀다.

피의 물결이 섬을 쓸어가다

로버트의 미국식 게릴라토벌전은 재개되었지만 그것 또한 게릴라의 교묘한 전법에 말려들어 그들이 예상하는 대로는 되지 않았다. 만만치 않은 반란전력에 두려움을 느낀 이승만 정권의 군경은 전국(戰局)이 잘 풀리지 않는데 초조감을 느낀 나머지 게릴라를 주민으로부터 완전히 격리시킨다는 구실 하에 철저한 '삼광정책'(三光政策)을 실시하여 전섬을 점차 '무인촌', '불모의 땅'으로 바꾸고 도민을 유리걸식의 비극에 몰아넣었다.

여기에 그들이 행한 잔학성에 대하여 몇몇 실례를 들어보기로 한다.

48년 10월 어느날 남로당원 박남섭과 박남해(한정면, 사촌형제)는 임무수행 중 제 6중대에 포로의 몸이 되었다. "너희들의 공작내용을 말하라!" "남로당 아지트나 비밀을 자백하라!"라는 등의 요구와 함께 눈을 뜨고는 차마 볼 수 없는 고문에 처했지만, 박남섭은 담담한 어조로 "너희들이 우리를 죽이는 것은 매울 쉬울 것이다. 그러나 우리가 하는 투쟁의 불은 어떠한 방법을 쓸지라도 결코 끌 수 없다"라고 내뱉으며 "인민공화국 만세! 빨치산 만세!"를 외친 후 죽이려면 빨리 죽이라고 가슴을 내밀며 조금도 비굴한 모습을 보이지 않았다. 그러자 고문자들은 두 사람의 목을 자르고 사지를 끊어내어 자루에 집어넣어 한림토벌대에게로 보내어 그 머리를 한림가두에서 돌려 전시하면서 수많은 군중에게 보게 한 후 한림지서의 십자가에 걸어놓은 채 오랫동안 방치하였다. 그때부터 '능지처참'형은 도처에서 일상다반사처럼 행해졌다고 한다.

또 동년 10월 21일 토벌독립중대는 한림장터에 주변의 주민을 끌어모아 놓고 아무런 이유도 없이 공개처형을 행하였다. 박성직을 포함한 10여 명을 찔러 죽인 후 그 주검을 확인하고 그 중에서 가까스로 숨을 쉬며 아직 명이 붙어 있는 사람을 사살하였다. 그들은 죽으면서까지도 이렇듯 모욕을 당했던 것이다. 그뿐만 아니라 그 유혈을 도저히 목도하지 못하고 도망가는 부녀나 아이들까지 뒤에서 저격하여 버렸다. 거리에는 새디즘이라고나 할까, 죽이는 것을 즐기는 듯한 광기가 충만해 있었다.

동년 11월 15일 화북(제주시)3동의 주민을 "해신사에서 게릴라의 필승기원제를 행하였다"라고 날조하여 부락을 폐쇄하고 160여 주민을 유치장(교사)에 처넣고 소름끼치는 고문에 의해 죄인을 가려내려고 하였다. 그 급보에 접한 게릴라대는 신속히 구출작전을 취하여 야음을 틈타 거기에 맹습을 가하여 왁자지껄한 혼란의 와중에서 주민을 구출한 후 교사에 불을 지르고 토벌대의 기능을 마비시켰다. 게릴라들이 물러간 후 그것을 구실로 한 토벌대가 100여 명의 화북리민을 '통비분자(通匪分子)', '공화국지지자'로 몰아붙여 사라봉과 제주비행장과 화북천에서 생매장과 총살로 죽였다. 계속해서 12월 16일 토벌대는 총검의 위협 하에 전 화북리 주민을 교정에 집합시켜 그 가운데서 당원, 민주인사, 민애청원, 여맹원을 포함한 76명을 선별하여 일렬로 세우고 부모, 형제, 친척, 마을사람들이 보는 앞에서 일제히 기관총을 쏘아 집단학살하였다. 순식간에 교정은 시체의 산으로 되고 피바다로 화하였다.

이승만의 군경토벌대는 샘솟는 선혈의 바다, 엎어진 시체의 산을 군중에게 보임으로써 도민의 항쟁의식을 꺾고 빨치산에 대한 원호활동을 봉쇄하려 했다. 그들은 도의 도처에서 당에 연루된 활동이나 남녀노소의 구별없이 게릴라 또는 그 동조자이라는 이유로 혹은 12살의 애가 '공화국만세'를 외쳤다는 이유로, 혹은 그들의 친척이 남로당원, 민애청, 인민위원회, 농민위원회, 여맹원이라는 이유로, 그리고 또한 그들 단체에 가맹했다는 이유로 본인은 말할 것도 없고, 역적의 혈연이라는 구실로 사촌 이내의 친척까지 부락민을 제멋대로 집단적 혹은 개별적으로 잔인하기 짝이 없는 방법으로 학살하고 가옥을 불태우고 가재를 약탈하였다. 마침내 전도는 점차 살육의 수라장으로 변해버린 것이다.

인간에 대해 이와 같은 극악무도한 만행을 행하고 인간을 짓밟는 권력은 반드시 멸망한다는 것은 인간 역사의 철학이다. 인간성에 대한 그러한 만행은 적과 아군을 불문하고 인간의 총저항을 불러일으킬 뿐만 아니라 그러한 만행을 행하는 권력은 힘이 강하기 때문이 아니라 오히려 약하고 자신이 없는 권력이기 때문이다. 정말로 자신이 있고 힘이 있다면 이와 같은 무용한 살생을 할 필요가 어디에 있겠는가.

함덕리에서도 희생자는 상당히 많았다. 토벌대의 주민에 대한 흉폭성 속에 이와 같은 비극적 이야기가 있다. 죄없는 모자가 '빨갱이 종자'라고 하여 이제 막 살해되는 장면을 목격한 마을의 한백행과 송종옥 등 두 사람은 그 불쌍한 모습을 도저히 보다 못해 "어린애에게 무슨 죄가 있어서 죽이려고 하는가! 제발 놓아 주시오"라고 눈물을 흘리며 간원하였다. 그러나 냉혹한 살인 집행자들은 그것을 들어 주기는커녕 도리어 사건의 폭로를 두려워하여 두 사람을 '빨갱이의 동조자'라고 몰아붙여 그 모래땅에 구덩이를 파고 거기에 밀어넣어 생매장하였다. 이것은 지금도 주민 사이에 화젯거리가 되고 있다. 말하자면 그들은 "마을을 불태우고 노인에서 어린애까지 또한 닭에 이르기까지 모든 생물은 죽여라"라는 명령을 충실하게 실행했던 것이다.

조천면의 북촌리는 희생자가 많은 것으로 전도적으로도 유명하다. 그 중에서도 11월 28일 마을의 학교 교정에서 수백 명의 일반주민이 집단 학살되었다. 실로 통탄할 참사였다고 한다. 현재 오오사까(大阪)에 사는 가족들도 그 날에 제사를 지내는 집이 열네 집이나 있다고 한다. 이것에 의해서도 당시의 참극을 충분히 상상할 수 있을 것이다.

또한 그들은 안덕면 화순 지방의 일반 주민 15여 명을 밧줄 하나에 묶고 화순 서척의 버려진 밭으로 끌어내어 구덩이를 파게 하고 구덩이 속에 밀어넣어 사살하고 거기에 묻었다. 억울한 채로 살해당했기 때문에 마을 사람들은 거기를 언제부터인가 '죄없는 묘'라고 부르게 되었다고 한다. 이것 또한 10월경일 것이다. 대정면 상하모의 주민 40여 명(유인방의 처를 포함한)이 '알오름'(연병장 동남방)요새지에서 전원 벌거벗겨져 살해되었고 또 상하모의 주민 30여 명은 이교동(상모)앞에 있는 밭에서 총살되었다. 계속해서 10월 30일 김준봉(안덕면 서광리)를 포함한 안덕면 전체의 민주인사 28명이 안덕지서 앞 밭에서 처형되었다. 나아가 유혈은 계속된다. 11월 9일경 인성, 안성, 보성(대정면)의 부락민 30여 명은 '빨갱이', '동조자'라는 명목으로 집단적으로 학살당했다. 그것에 이어서 모슬포 주민을 하모 유치원에 집합시켜 끔찍한 고문을 가하고 피살자를 선별하여 처형장으로 끌어내면서 애국적 인사 이신우를 병상에서 억지로 빼앗아 오듯 뜰로 끌어내어 사살하였다. 또 11월 13일 이동춘 이하 5명을 대촌병사에서 조금 떨어진 '빗개왓'이라는 곳으로 끌고가 묘형을 파게 하여 거기에 밀어넣고 생매장하였다. 더욱이 동월 15일에는 빨치산의 모슬포 습격에 협력했다는 혐의로 죄없는 주민을 찾아내어 잡아와서 차마 눈뜨고는 보지 못할 잔혹한 고문을 가한 후, 그 중에서 하모 구장(촌장)이하 6명을 골라내어 뻘겋게 달은 철침으로 손톱 발톱을 뽑아내고 얼굴에 못을 박은 실로 듣기만 하여도 소름끼치는 고문을 되풀이하고, 결국에는 우편국 앞에서 공개처형하여 전시하기 위해 거기에 수일 동안이나 내버려두었다고 한다.

무기를 가진 히스테리 상태의 군대가 어떠한가는 아마도 정신이상자에게 칼을 쥐어준 것과 똑같은 상황이라 상상하면 될 것이다. 그러나 그들의 잔학하기 짝이 없는 고문은 성실한 농민대중의 육체는 침식할 수 있었지만 마음까지는 어떻게 할 수 없었던 것이다. 게릴라대는 자위대를 증대시켜 구출작전을 취해 보았으나 피아의 역량과 시간 및 지형에 제약되어 별다른 성과없이 눈물만 삼킬 뿐이었다고 한다.

이에 이승만정권은 전시 계엄령의 강권을 발동하여 중세의 종교재판을 생각나게 하는 군사법정을 구성하고 기괴한 재판을 행하여 A(총살), B(무기징역), C(20년), D(10년)이라는 혹형을 즉결 처분하였다.

폭악무쌍한 식민주의자와 앞잡이 권력은 '빨갱이 토벌'이라는 명목으로 진보적인 도민을 말살하기 위해 고문공장이라고도 할 만한 강제 수용소를 급히 만들고 10월이 되자 제주, 대정, 서귀, 성산 등 각지에서는 대영창까지 만들어졌다. 양처럼 온순한 농민이 게릴라라든지 협력자라든지 밀고자라 하는 죄명으로 체포되어 군경의 감옥에 넣어졌다. 그것은 말할 필요도 없이 송요찬 토벌사령관이 고문에 위한 게릴라와 주민의 격리작전을 강화하기 위한 것에 불과하며 또한 도민에 대한 대량학살의 의도가 분명했다. 따라서 이승만의 군경에 체포되었던 사람들로서 다시 감옥으로부터 나온 사람은 거의 없었다. 더욱이 그들은 '청산'(淸算)이라는 말을 즐겨 사용하고 실행했다. 그뿐만 아니라 그들은 지방 백성들에게 또는 피검거자의 후견자들에게 대하여 "우리 편을 도외주든지 아니면 공산게릴라 협력자 편으로 사살되든지 어느 편이나 좋은 길을 선택하라"라고 언제나 같은 협박을 사용하여 생사의 경계에 선 농어민으로부터 많은 금품을 갈취하였다. 그것은 그들의 훌륭한 부업이기도 하였다.

이와 같이 그들은 살인, 고문, 방화, 약탈 등을 야기하고 수많은 산악, 고지, 방공호, 동굴, 모래밭, 교정, 해상, 밀림, 가두, 밭, 집, 특히 처형장으로 알려진 제주 모슬포의 양 비행장, 정방폭포, 천재연, 천지연 등 때와 장소를 가리지 않고 소나 돼지를 도살하는 것처럼 학살하고, 당장 죽이지 않고 골리다 죽이고, 찔러 죽이고, 태워 죽이고, 목졸라 죽이고, 생매장하고, 치어 죽이고, 질식사시키고, 바다나 강에 처넣는 등 필설로 이루 다할 수 없는 살인만행을 제멋대로 자행하였다. 그리하여 전도는 완전히 형장으로 화하고 시간이 흐를수록 피의 바다 속에 사체는 거듭 쌓여갔다. 게다가 시체를 인수하는 것도 허가제로 실시되었기 때문에 가족조차도 연좌제를 두려워하여 언제까지나 사체를 방치하지 않을 수 없었다.

오늘날에도 부락마다 '4 · 3'사건 희생자의 묘표가 세워지고 거의 모든 밭마다 죽은이의 묘가 있다. 그리고 공동묘지가 각지에 세워졌던 것도 당시 피살자 중 누구의 사체인지 구별할 수 없는 사람이나 그 가족과 일족이 전멸하여 거두어 줄 사람이 없는 유골을 묻었기 때문이었다고 한다. 그러한 사람들 가운데에는 '빨갱이의 혈통'이라 하여 죽이기 전에 동사하든지 아사하든지 그렇지 않으면 살 길을 찾는 데 지쳐 권력의 잔학성을 원망하면서 아무도 알지 못하게 죽어갔던 사람도 헤아릴 수 없을 만큼 많았을 것이다.

그 때문에 적의의 파도는 점점 거세어져 갔다. 그런데 이승만 정권은 11월 3일 '제주도 폭동 완전 진압, 2백 명 체포'라고 발표하였다. 그러나 실제로 그들은 분노한 도민의 집요한 '반미 · 반이'무력항쟁을 완전히 제압할 수 없었으며, 하물며 그들의 심각한 정치적 위기를 해소할 수는 더더욱 없었다.

4. 강제소개 · 전략촌 축성과 게릴라의 반전 공세

악명 높은 전략촌

권력은 도의 게릴라와 조직을 일소할 의도로 동년 9월부터 무장력을 전도에 투입하여 대규모적인 '빨갱이 색출 격멸작전'에 힘써 보았으나 저항운동을 어느 지점에서도 압도적인 힘으로 억누를 수가 없었다. 그 때문에 그들은 게릴라와 주민의 유대를 철저하게 끊기 위해 천인공노할 무차별적 대량학살을 감행하여 주민을 '피의 바다, 불의 바다'로 밀어넣었다. 이러한 아비규환

속에서 무장세력은 전력을 정비하여 '눈에는 눈'이라는 적의를 태우며 반격에 나섰다. 민중도 또한 도살장의 동물처럼 죽기보다 또 고문으로 죽기보다도 원시적 무기를 들고 싸우며 죽는 쪽을 택했다. 마침내 육친이나 형제를 잃은 슬픔이라는 감정밖에는 없었다. 그 감정은 권력을 향한 분노로 변하여 격렬하게 싸웠다. 빨치산에게 필요한 물자를 아낌없이 제공하고 적정을 살피어 통보해주는 등 게릴라를 계속 도와 주었다.

이와 같은 사태의 발전을 중시한 로버트 단장은 "토벌에 있어서는 대량 학살, 집중방화, 주민 추방 등 수단과 방법을 가리지 말라. 특히 게릴라의 근거지가 되고 있는 중 · 산촌 부락은 깡그리 불태워라"라는 엄명을 내렸다. 거기에서 이승만의 충실한 앞잡이들은 주민의 게릴라에 대한 원호활동을 봉쇄하고 보급과 연락 루트를 완전히 차단하여 게릴라의 생존을 불가능하게 하기 위해 수많은 방화대를 조직하고 해안 연변의 부락을 제거하고 한라산의 오지까지 게릴라가 잠복할 만한 장소는 모조리 불태우고 모조리 파괴하는 작전을 개시하였다. 그들은 움직이는 것은 모두 죽이고 촌이라는 촌은 모두 불태웠다. 그로 인해 농작물은 완전히 말라 시들어져 버렸다. 토벌 사령부는 '10월 동기 토벌작전 계획'에 기초하여 중 · 상간 부락민에게 소개령을 내리고 이틀 내로 마을을 떠나지 않으면 누구나 할 것 없이 사살한다고 경고해 왔다. 해안지방에 친척을 찾아가는 사람, 밀림으로 도주하는 사람, 죽어도 마을을 떠나지 않으려는 사람도 있었다. 주민이 집을 떠나버리면 방화대는 집집마다 가솔린을 붓고 불을 질렀다. 마을은 화염에 휩싸였다. 모든 것이 순식간에 잿더미로 변했다. 폐허에 잠시 멈추어 자기 집을 망연하게 바라보는 애처로운 모습을 머리에 그려볼 때 눈물을 흘리지 않을 자가 있겠는가.

울려고 내가 왔던가

웃으려고 왔던가

비내리는 부둣가에

이슬 맺은 백일홍아

피난민은 소개지에서도 악랄한 지방두목들에게 빨갱이라든지 도피민 가족이라든지 빨갱이 가족이라 하여 '더러운 모욕과 박해'를 받았다. 그 가운데에는 무시무시한 린치를 당해 살해된 자도 적지 않았다. 그뿐만 아니라 그들의 모략 중상에 의해 얼마나 많은 사람이 아무런 이유도 없이 군경토벌대에게 참살당했던가. 당시의 중 · 산촌 부락민의 고뇌는 헤아릴 수 없을 것이다. 피난민들은 식량은 고사하고 산채 한 줌도 얻기가 힘들었고, 하루에 죽 한 그릇조차 얻어먹지 못하는 비참한 상황이었다. 배고파 울어대는 어린애들의 처절한 소리, 부모들의 통곡이 밤새도록 계속되는 이 세상의 지옥이 연출되고 사람들은 영양실조로 차례차례 죽어갔다. 그뿐만 아니라 소개민은 작물의 도입에도, 비상식을 가지고 나오는 데에도, 토벌대와 민보단의 격심한 감시 하에 놓여졌다.

나아가 그들은 주민을 구속하기 위해 반게릴라 전술의 하나를 창출해 내었다. 그것이 악명높은 전략촌(집단부락)이다. 그것은 높이 2 · 5층의 돌담 성벽을 쌓아 그 위에 가시가 있는 관목이나 죽창으로 담을 둘러싸고 총좌를 배치하여 감시소를 설치한 한눈에 거대한 형무소를 연상케 하는 것이었다. 그리고 전략촌에는 피난민이 강제 수용되었다. 바로 남베트남에서 전략촌을 만들어 빨갱이로부터 지킨다는 식민지 정책이 오래 전에 반도의 남단, 제주도에서 실행되었다. 실제의 목적은 게릴라를 주민 속에서 골라내기 위해서였다. 그리하여 거기에는 테러분자나 스파이를 들여보내 주민의 움직임을 세세하게 보고하게 하고 경찰로 하여금 엄격히 감시하게 하였다. 통행인의 일제 검문,

마을에 들어가는 시각과 규칙이 있었다. 이리하여 주민에 대한 파쇼적 지배가 강화되었다. 피난민은 마침내 '죽음의 묘장'에서 다만 '해방의 날'에 희망을 걸고 절망과 죽음의 틈에 끼어 하루 한 끼의 죽으로 암담한 나날을 보내지 않으면 안 되었다. 말하자면 덧없는 인생을 다만 살아 있기 때문에 살고 있었던 것이다. 당시 도의 부녀 사이에는 다음과 같은 노래가 구가되고 있었다.

가 갸 거 겨
가짜정부는
검부랑(건방지게) 세워놓고
나 냐 너 녀
나라를 팔아먹는
짐승들이여
다 댜 더 뎌
다행히도 덜된 놈들이
지도자되어
라 랴 러 려
나절든이
여수지방에 반란하여
마 먀 머 며
만나보니
이승만 등살에 못 살겠네
바 뱌 버 벼
반동놈은 법만 세워
인민탄압

사 샤 서 셔
사기장(사기그릇시장)에
서양놈의 사기장
아 야 어 여
아메리카 엉터리로만
좋아한다
자 쟈 저 져
자본가는 저희네만
잘 살려고
차 챠 처 쳐
천벌받아서
다 죽어간다
파 퍄 퍼 펴
파란 많고 곡절 많은
요 세상에
하 햐 허 혀
한국정부는 허망하게도
무너져간다

대단히 소박하지만 기지에 넘치고 슬픔 속에서 참을 수 없는 분노를 모조리 털어내는 서민들이 가만히는 견딜 재간이 없음이라고나 할까, 어쨌든 도의 부녀들은 미군정이 강행해온 식민지화 정책과 잔인한 이승만 독재정권이 초래한 남한사회의 반민족적 및 계급적 모순을 폭로하고 격렬하게 규탄하고 거부하는 감정을 나타내면서 최후까지 싸우는 토속적인 혼을 담아내고 있다.

인간고해

피난민이 토벌대의 비정한 방식에 조금이라도 불만의 기색을 보이면 그들은 가차없이 몰아세운 후 죽여버리는 것이 일반적인 현상이었다. 그 실례를 몇 가지 들어보기로 한다.

48년 11월 12일 남원지구를 지배하는 토벌대는 위귀, 수망, 한남리를 깡그리 불태우고 이어서 태흥리를 불태우기에 앞서 촌민을 한 장소에 모아, "지금 곧 철수하지 않는 자는 게릴라의 협력자로 간주하여 처형한다"라고 엄명한 후 전촌을 불태워 시커멓게 해버리는 등 눈 뜨고는 차마 볼 수 없는 짓을 자행했다. 나아가 토벌대는 담배, 재떨이, 베개 등이 방에 흩어져 있으면 갑자기 빨치산을 몰래 감추어 두었다고 엄하게 추궁하고 집을 불태우고 집사람을 쏘아 죽였다. 그런가 하면 수염이 많은 얼굴이나 주름살이 많은 얼굴을 가진 사람을 보면 "이 새끼들! 3부대(게릴라)에 갔다 왔다!"라든가 또 "게릴라의 정보원이다!"라는 부당한 트집을 잡아 못살게 굴든가 사살하든가 했다. 마을 사람들이 '소개'를 명령받고는 각지의 친척이 없는 사람들이 하얀 겨울 외투를 입고 백기를 들고 그 지구를 통제하는 토벌지휘소를 방문하여 조금만 시간을 늦추어 줄 수 없겠느냐고 애원하여도 그들은 "안 된다"라고 하면서 총검을 들이대고 몰아 냈다. 마을 사람들이 어찌할 바를 몰라 머뭇거리고 있는 사이에 여기저기에서 방화, 학살, 약탈은 이미 시작되고 있었다. 그 지역 주민들이 그것을 보고 그들에게 '살인광'이라든가 '방화마'라든가 '강도배'라는 말을 했던 것도 결코 무리한 것은 아니었다. 당시 사람들은 숨을 장소가 없어 가묘까지 만들어 몸을 숨겼던 사람도 있었으나 그것도 잠깐으로 토벌대의 격렬한 색출작전에 의해 발각되곤 하였다. 그만큼 그들의 탄압 조직망은 거미줄처럼 펼쳐져 있어 개미가 나올 틈도 없었던 것이다.

동년 11월 12일 방화대는 가시리(표선면), 신흥리(남원면)에 잔인한 압력을 가하여 마을 사람들이 아직 소개하지 않은 것은 "게릴레에게 연락하기 위해서이다"라고 하여 전촌을 불태우고 수십 명을 태워 죽였다. 또 송당(구좌면) 촌락민에 대해서는 "소개에 반대하여 빨치산에 협력하였다"라고 욕설을 퍼부으며 만약 "30분 이내에 떠나지 않는 자는 총살한다"라고 강박하면서 총을 들이대어 쫓아내었다. 그리고 마을 사람들이 집을 떠나버리면 그들은 값이 나갈만한 것은 남김없이 약탈한 후 집에 석유를 뿌려 불을 지르고 수십 명을 태워 죽였다.

더욱 심하게는 조그마한 가재도구를 등에 지고 도망가는 난민을 저격하였다. 노길에는 이미 피로 얼룩져 죽어 있는 사람들이 여기저기 흩어져 있었다. 마치 서부극을 이 땅에서 연출하는 깽과 같은 사살, 강탈이 도처에서 행해졌다.

제노사이드(genocide)라고 하면 독일의 유대인 학살 등이 전형적이며, 미국의 흑인대책도 제노사이드라고 흑인은 항의하고 있는데 UN의 「집단학살의 방지 및 처형에 관한 조약」에서 분명히 금지되어 있다. 제주도에서의 미군, 이승만 군경의 학살은 바로 이 조약에 위반되고 있다. 그럼에도 불구하고 제3회의 UN위원회에 이 문제가 제의되고 있음에도 불구하고 토의되지 않았던 것도 결국은 미국에게 변명의 여지가 없었기 때문이다.

그들의 잔학성은 그것에 그치지 않았다. 마음에 드는 여성이 있으면 상대를 가리지 않고 남편이나 가족을 '통비분자'라든지 '협력자'라든지로 몰아부쳐 살해하고 그 후에 강간 따위의 부도덕한 행위를 자행하였다. 그것을 두려워한 여성은 외출할 때에는 얼굴에 "연탄으로 시커멓게 화장을 하여 그들을 가능한 한 피하였다"라는 비극적인 에피소드가 그들의 포학성이 얼마나 공포적이었던가를 보여주는 일례가 될 것이다. 그 때문에 도의 대지를 적시고 있는 것은 이미 산수도 해수도 아닌 죄없는 민중의 피와 눈물이었다. '인간고해' 바로 그것이었다.

도민의 피해상황

그러면 '4 · 3' 무장봉기에서 한국전쟁발발 전까지의 기간에 미군정과 이승만 권력이 '게릴라 섬멸작전'의 명목 하에 도민에 대하여 어느 정도의 인적, 물적 피해를 가져다 주었는지, 인적 손실은 말할 것도 없거니와 물적 손실 또한 이승만 정부가 축소하여 발표한 통계에 의해서도 그 엄청난 숫자에 놀라지 않을 수 없다. 당시의 금액으로 백 억을 훨씬 상회했다고 한다. 전도 169리 중, 77%인 130리가 피해를 입었으며 호수로 77%가 된다는 숫자에서도 그들의 초토전술이 얼마나 철저하고 얼마나 광범한 것이었던가를 상상할 수 있다. (《한국편람》, 1956) 그것은 해방 후 미국이나 앞잡이 권력이 '게릴라 토벌전'의 최초의 실험대로서 제주도가 선택되었다는 것을 의미한다.

이와 같이 그들의 학살, 초토화정책은 인간의 상식으로는 도저히 생각할 수 없는 냉혹비정한 것이었다. 그 참화는 48년 10월 11일 제주도 경비사령부가 특설되면서부터 격증했던 것이다. 이때부터 도는 피로 적셔지고 검은 연기에 뒤덮힌 인간지옥으로 변하고 사람의 마음은 어김없이 비뚤어져 버리게 되었다. 그때부터라고 하는 것은 피로 피를 갚는다는 식의 죽음의 악순환이 그치지 않고 계속되어 보다 험악해져 갔기 때문이다.

어쨌든 권력의 농 · 어민에 대한 활동엄금, 경지의 황폐, 일손의 부족, 우마의 격감에 의해 생산활동은 완전히 파괴되어 버렸다. 4 · 3사건 전 4만 4천 4백 정보였던 경작지는 산간지대의 경작불능에 의해 3만 6천 정보로 감소하여 무릇 8천 정보의 휴경지를 내어 도의 총면적 18만 7천 정보에 비교하면 경작지는 약 20%가 채 못 되었다.

그 분포상 해안지대가 6할, 중간지대가 3할, 산간지대가 1할로 되어 있다.

이것으로 보아도 중 · 산간부락의 인적 및 물질상의 피해가 얼마나 심한 것이었는가를 잘 이해할 수 있을 것이다.

그리고 물가는 급격히 상승하고 28종에 달하는 잡세에 시달리며 농민의 90%이상이 빚더미지옥에서 허덕인다는, 도 역사가 시작된 이래 기록적인 생활고가 거듭되었다. 마침내 모든 것을 잃어버린 농민대중은 엄동설한기를 맞아 얼어죽을 것인가 굶어죽을 것인가 하는 운명의 갈림길에 내몰렸다. 이리하여 생활의 길을 잃은 주민은 더욱더 저항의 길로 나아갈 수밖에 없었다.

축성과 감시

권력은 게릴라의 숨통을 끊을 정상(頂上) 작전에 실패하자 이번에는 게릴라 부락에로의 침공저지와 주민과의 연결을 끊기 위한 반게릴라 전술을 새롭게 고안해 내었다. 그들은 전도의 구석구석에 성곽과 파수대를 만들고 벽촌의 산골짜기까지 경찰파견소를 증설함과 동시에 전도민을 민병으로 만들었다. 즉 그들은 '빨갱이 사냥'을 보다 효율적으로 수행하기 위해서 동년 11월 경부터 도민을 강제동원하고 전도에 걸쳐 내성(높이 6척)을 쌓은 후 12월부터 다음 해 3월에 걸쳐 해안선에서 각 면과 각 리의 경계선으로 주된 거점에 외성(높이 12척, 폭 6척)의 돌담을 쌓았다.

이리하여 모든 부락은 완전히 전략촌으로 그 모습이 바뀌어 버렸다.

이렇게 서서히 죽이려는 시도는 인구의 대다수를 완전히 전환배치하는 잔혹한 계획과 합치되었다. 경찰주재소는 그 외측에 이중의 성벽으로 둘러쳐지고 또 부락의 외곽성의 외측에 2미터 간격을 두고 또 성이 만들어져 그 속에 가시있는 관목이나 뾰족한 대나무 등을 겹겹이 깔아 게릴라의 습격에 대비하였다. 게다가 부락마다 2, 3개의 성문이 설치되어 출입자는 엄하게 검사를 받았다. 또 요충의 성벽 위에는 감시탑이 만들어지고 사람이 왕래하는 곳에는 보초막이 세워졌다. 그리고 16세부터 69세까지의 남자에게 무기를 지급하여 밤낮없이 파수대나 보초막에 보초를 세워 게릴라의 움직임이나 사람의 왕래를 엄하게 감시하게 하였다.

《한국 총람》(Korea Survery) 이 그 실정에 관해서 전하는 다음의 내용에서도 당시의 상황을 엿 볼 수 있다.

> 노인이나 젊은이는 끝이 예리한 나무토막이나 모형 총검으로 무장하였다. 마을사람들은 성벽 외측에 호를 파고 거기에 가시가 있는 관목을 깔았다. 우리들에게 봉건적인 기사를 연상케 한다. 이들의 경계는 1949년 여름이래 계속 되었다. ……커다란 마을에 배치된 경찰은 교묘히 계획된 공격에 대하여 저항할 수 없었다. ……1949년 1월 제주도에 군사법을 포고하였다. 그리하여 도의 정치가는 게릴라를 막기 위해 전시민을 동원하여 3개월 이상에 걸쳐 모든 촌락을 성벽이나 파수대로 방어했다. 공격을 받으면 원시적인 무기로 무장한 보초들은 촌의 경찰이 오든지 부근으로부터 응원이 올 때까지 싸우지 않으면 안 되었다. ……1950년, 한국전쟁이 일어나자 제주도에 있어서는 자그마한 성벽으로 방어되어 있던 마을에 매일 밤 습격이 가해졌다. …… (1954년 5월호).

일반 주민들은 또 도로나 교량의 보수 등 반게릴라 공사에 매일같이 강제동원되었다. 공사는 엄격한 감시 하에 놓여져 박해와 학대는 죄인 이상의 가혹한 것이었다. 명령에 불복하든가 또 사보타지 하는 기미가 조금이라도 있으면 그것이야말로 큰일이 난 것으로 테러는 물론 불순분자라 하여 살해당하기가 일쑤였다. 그들은 여전히 계엄령을 유지하면서 '효과적인 방어체제의 확립'이라는 명목 하에 대략 4개월에 걸쳐 연 7백만 명의 노동력을 투입하여 얼핏 보면 만리장성을 방불케 하는 장성을 쌓아 올렸던 것이다.

나아가 그들은 테러집단을 개편하여 치안대, 대한청년단, 멸공단, 특별경찰대 등을 무수히 만들어내는 한편 박진경 토벌대장의 명령으로 만들어진 자위조직-경방단의 재판인 민보단-을 강화하여 사제 무기(목창, 죽창, 곤봉)을 제작하면서 밤낮 방비에 나서게 하여 도민끼리 싸우게 하였다. 그리하여 보초가 게릴라의 침공을 방어하지 못했거나 혹은 주민이 물자를 운반한 흔적이 조금이라도 눈에 띄면 게릴라에게 식량을 제공했다하여 가차없는 테러가 가해지고 마침내는 살해당했다. 또한 더 나아가 연대책임을 만들어 한 집이 게릴라와 내통하면 다섯 집을 몰살하는 방식을 사용했다. 따라서 언제 누구의 가슴에도 항상 불길한 전망은 떠나지 않았다.

이와 같이 반게릴라전의 최후의 수단이 사용되었으나 항쟁세력은 그것에 굴하지 않고 격렬한 적개심을 불태우며 대담하게 전략촌에 잠입해 들어가 주민과의 연대를 강화시키면서 월동준비를 수반한 반격태세를 갖추어 갔다. 그러나 전투가 장기화됨에 따라 주민으로부터의 보급도 점차 감소하여 무장세력은 차츰 그 생존을 위협받기 시작했다. 다음 해 1, 2월이 되면 준비해 놓은 식량은 거의 바닥이 나고 게다가 각지에 비장되어 있는 것조차 토벌대에게 탈취당하는 최악의 사태에 내몰렸다. 그리하여 빨치산 투쟁은 한때의 화려함이나 변변한 공세는 볼 수 없고 완전히 수세에서 산발적인 기습공격밖에 할 수 없게 되었다.

게릴라부대에게는 최저의 생활조건이 강요되었을 뿐 아니라 전투에 있어서도 여태까지와는 다른 힘든 전투가 되었다. 게릴라에게도 초조함이 나타났다. 막다른 골목에서 어떻게 하든지 빨리 벗어나기 위해서 자살행위라고도 할 수 있는 모험적인 전투가 각지에서 자주 되풀이되었다.

게다가 일부 전투원의 경거망동에 의해 전력의 소모는 말할 것도 없지만 민중과의 균열이 생기기 시작하였다. 그 원인은 물론 투쟁이 잘 진전되지 않은 초조감에서 왔던 것이지만 그것은 그렇다치더라도 이미 전략촌이 만들어진 이상 주민을 거기에 안주시키고 전력을 온존하여 모택동이 말한 "이득이 되면 하지만 본전치기를 해서는 안 된다"라는 전략원칙에 따라서 철저한 지구전이지 않으면 안 되었다. 그러나 아무런 구체적인 대응책도 없이 오만하게 "성을 넘어 입산하면 낙원이다!", "성을 넘어 하산하면 지옥이다!"라는 어리석기 짝이 없는 대중적인 캠페인을 벌여 도리어 게릴라에게 짐이 될 뿐인 난민을 다수 산으로 끌어들여 주민의 불만과 불신을 샀을 뿐 아니라 게릴라 활동에 커다란 지장을 초래케 했던 것은 지도조직의 중대한 오류였다고 하지 않을 수 없다. 이 무렵 조직은 분연히 인적 피해를 최소한으로 방지하고 나아가 전략물자의 부담을 경감하기 위해서도 비전투원을 하산시키고 소수 정예의 분산전술을 취하여 언제, 어떠한 경우에도 대결할 수 있는, 말하자면 지구적인 '마이 페이스(My Pace) 전략'을 취했더라면 조만간 언젠가는 패배할 운명에 있었다 하더라도 조금 더 효과적인 싸움이 진행되지 않았을까 한다.

제6장 피비린내 나는 몰살작전에 대한 저항세력의 철저한 항전

1. 피의 탄압은 여전히 계속되다

동포의 목에 상금이 걸리고……

게릴라는 죽여도 죽여도 끝없이 생겨났다. 압도적인 장비와 인원을 가진 군 · 경 토벌대도 게릴라부대를 포착 · 섬멸할 수 없었고, 오히려 출격할 때마다 기습을 받아 역으로 무기 · 탄약을 뺏겨 게릴라부대를 강화시키는 결과를 가져왔다. 그 때문에 그들은 '힘의 논리'하나로, 비인도적인 살육 · 초토화 작전을 무제한적으로 강화했던 것이다.

그것은 48년 10월 이래 빨치산 · 활동가 · 당원 · 자위대원 · 민주인사의 목에 상금(최고 300만 원)을 걸었던 것에 의하여 실증된다. 즉 게릴라를 생포한다거나 살해했다는 물적 증거로서 머리를 상관에게 제시하면, 그자의 직책 여하에 따라 상금액이 정해지며 또한 진급과 승급도 그것에 좌우된다고 하는 가공할 만한 '민중학살의 장려금제도'가 만들어진 것이다. 그것은 다름 아닌 살인의 경쟁의식을 돋우는 결과를 노렸던 것으로, 바로 특수전쟁의 검은 측면을 뚜렷이 보이는 일례일 것이다. 여기에서는 민주주의를 지킨다고 하는 것과 같은 전쟁에 있어 정의로운 정신은 한 조각도 없었다. 피비린내 나는 증오가 있을 뿐이었다.

미국의 주둔군과 이승만 정권의 군인 · 경찰이 그 잔악함을 유감없이 보여주었던 곳이 제주도였다. 한 사람이라도 많이 죽이기 위한 현상금제가 그것을 구체적으로 증명하는 것이기도 하다.

이리하여 살인대와 방화대는 그 토벌전에 있어서 노골화되고, 잔학함은 더욱 포악하게 되지 않을 수 없었다. 그 때문에 전도는 모조리 '살인 콩쿨 대회장'으로 변형되고, 토벌주둔소는 '피살자의 인물감별소'로 되었다. 아무리 사상이 다르고 폭도라고 말하여도, 피가 같은 동포인 것이다. 오랜 기간, 외적의 식민지 하에서 신음하던 동포를 현상금까지 걸고 철저하게 쳐죽이는 것이 과연 같은 민족으로 허용되어야 한단 말인가!

산야를 뒤덮은 죄악

이러한 무수한 비극을 일일이 다 기록할 수는 없지만, 48년 11월경이다. '게릴라의 협력자', '통비분자'로 매도되어 표선리의 '모래구덩이'에는 집단 학살이 자행되었다.

그 상황은 이러했었다고 당시의 목격자는 전한다.

표선면의 출신의 박남연이라 불리는 경찰이 마을의 악덕 보스와 한패가 되어 표선, 가시, 성읍, 토산지방은 '게릴라의 소굴이다'라고 날조하고 토벌대의 선도역으로 되어 토산지방을 강력히 탄압하고 주민을 손닿는 대로 체포하여 잔인한 고문을 가했다. 그 악랄한 고문을 참지 못하고 1명의 청년이 감시의 눈을 피해 민가의 옥상에 숨어 올랐다. 그는 추적해 온 경찰을 지붕에서 찔러 떨어뜨리고 지붕이 닿는 고해선의 집으로 들어갔다. 그러자 주인이 죽창을 가지고 즉시 여기를 떠나지 않으면 토벌대에 통보한다고 위협했다. 그것에 울컥한 청년은 창을 빼앗아 그를 찔러죽이고 도주했다. 그것이 부락민 대량학살의 동기라고 한다. 그 날 100명 이상의 토산리의 청장년(16세부터 40세까지)은 염주처럼 꿰어져 표선면의 모래구덩이로 연행되었다. 1열 · 2열 · 3열로 나란히 세워지고 기관총과 소총의 일제사격이 시작되었다, 마치 밭에 빈틈없이 자란 잡초가 한번에 쓰러뜨려지는 것처럼 쓰러져 갔다. 모래구덩이를 뒤덮은 피의 흐름, 총성에 뒤섞여 절규하는 어린애와 부인들의 소리, 주도면밀하게 계획된 학살에 마을사람들은 '앗'하는 사이에 몰살되었다. 그리고 본보기를 위해 거기에 널려졌다.

이어 표선면 사람들은 권력의 억지죄명으로 표선의 모래구덩이 · 정방폭포 · 표선과 성산 사이의 산비탈과 계곡에 전부터의 계획에 따라 개별적 또는 집단적으로 살해되고 있었다. 또한 조몽구(전 도당책임자)의 전 가족을 포함한 75명의 주민이 다시금 이 모래구덩이에서 참살된다. 그때 '붉은씨'라 하여 아무것도 모르는 유아까지 생매장되는 등의 참사가 이어졌다.

또한 권력은 다음해 6월경, 부락민들이 게릴라에 협력했다고 날조하여 149명을 서귀토벌대에 체포되어 갔다. 그리고 대량학살을 합리화하기 위해 '군사재판'이라는 단막극이 연출되었다. 체포자로부터 100명 이상이 선별되어 집단학살 되었다고 한다. 여기에서 재판의 비극성을 더욱 짙게 했다. 군사재판의 무지막지한 포학성에 대해서는 이승만 정부 하의 출판물까지 다음과 같이 통렬히 비판하고 있다.

군사법은 제도도 제도이지만, 실제 운용면에 있어서는 그것보다 훨씬 지독하다. 사리를 알 수 없는 것이 군사재판이다(《법정》 57년 5월호)

이승만의 군 · 경은 이러한 무서운 잔학행위로써 농민대중의 피땀으로 개척된 마을들을 불태우는 대량학살을 하고 싶은 대로 하면서 한편으로는 주민의 격렬한 분노를 누르기 위해 토산 지방의 부녀들을 서귀토벌대로 강제연행하여 협박 · 공갈로 포섭하고자 했지만, 그녀들은 완강하게 불응하고 6일 간의 침묵전술로 단식투쟁을 벌여 그들의 죄행을 날카롭게 규탄하였다.

당시의 참상에 대해서 『서울신문』은 "600리 제주도 부락주변에서는 청년은 보이지 않는다. 그들은 무자비한 학살을 피하기 위해 산으로 들어갔다. 어부를 기다리는 주점도 없고 경찰만이 제세상인 듯 왔다갔다하고 있다."라고 보도하고 있고, 『사상계』에서는 "4 · 3사건 당시 토산부락과 같은 곳에서는 14~50세까지의 남자들은 하나도 남김없이 토벌대의 기관총에 의해 무차별로 사살되었다"고 당시의 상황을 생생히 전하고 있다. 이리하여 토산부락은 총탄의 비에 의해 깨끗이 씻겨지고, 이후 남자 없는 마을로 되어 버렸다. 그 결과 구장(촌장)을 목관(구좌면에서 한경면까지)에서 구하였지만 오는 사람이 없어서 할 수 없이 마을의 여성이 구장으로 되었다고 한다. 이것 또한 섬의 역사 이래 초유의 사건이다. 이같은 비극에서도, 당시 이 지방에 있어서 살육행위가 얼마나 광범하고 가혹한 것이었던가를 짐작할 수 있다.

같은해 12월 12일 토벌대는 대정면 상 · 하막에서 유례없는 큰 탄압을 가하여 여자 · 어린이를 포함한 60명 이상의 부락민을 검거 · 투옥하고 가혹한 고문을 가한 후, 지헌수를 필두로 하는 45명의 주민들을 '도피자', '게릴라의 동조자'로 수의를 입혀, 상막 비석거리(이교동)로 연행하고 일렬로 앉혀 공개처형하기 전에 먼저 학생들에게 "이자에게 총을 쏘라"고 다그쳤지만 학생들은 거기에 완강히 불응했다. 그러자 그들은 배우라는 듯이 기관총을 마구 쏘아 죽인 후, 죽음을 확인하기 위해 다시 사람마다 권총을 쏘아 완전히 목숨을 끊었다고 목격자는 한숨 섞인 채로 말한다.

같은 해 12월 17일, 토벌대는 인민군을 가장하여 도평(제주시)에 침입하여 "우리들 인민군은 산부대(게릴라)와 협력하고 토벌군을 이 섬에서 추방하기 위해 북으로부터 내려왔다. 그러니 여러분들도 협력하시오"라는 등의 말로 마을사람들을 속여 100여 명의 주민을 교정에 집결시켰다. 거기에서 집합자 사이를 누비면서 수 명의 우익계열 가족을 걸러낸 후, 남은 80여 명을 '게릴라의 공범자'로 낙인찍어 처참한 테러를 가하였다. 그리고 청장년은 교정에서 여자, 어린이, 연로자는 학교 내의 밭에서 준비된 기관총에 의하여 사살되었다. 그것이 끝난 후 부락에 불을 지르고 도주하고자 하는 사람들을 쫓으면서 기총소사를 해댔다. 그때 신인연 이외 수 명은 피를 흘리면서 시내까지 도주했지만, 결국 추격자에 사살되었다고 한다.

이 시기에 가장 잔학상을 보인 것은 송요찬 · 함병선 부대라고 한다. 그들은 또한 연동, 노형, 도남, 오라, 오등, 아라, 용강(이상 현 제주시) 지방의 주민과 제주오현중학생 80여 명을 금악(제주시 해안지역)의 들에서 미국 헌병의 입회 하에 집단학살했다고 한다. 그리고 그 죄상이 도민에 밝혀지는 것을 두려워하여 오히려 산부대가 죽였다고 선전하고 자신들의 짐승 같은 죄행을 은폐하기를 주저하지 않았다고 한다. 이와 거의 같은 시기에 외도 주둔 토벌대는 내도, 해안, 도평(이상 제주시), 고성, 상하관(이상 애월면) 주변 농민 약 1천 5백명 이상의 사람들을 무장세력에 협조했다고 하여 외도 2동 연대계곡으로 연행하여 집단학살한 후, 사체를 한 곳에 쌓아놓고 가솔린을 부어 화장했다고 한다. 여기에서 태워진 자는 수를 알 수 없다고 전한다.

냉혈한 살육자들은 역사의 휴식지라고도 말할 만한 정방폭포를 주민들의 선혈로 더럽혔다. 극우 테러분자들은 가슴과 팔을 단련하기 위해 죄없는 부인가지 폭포 앞의 전주나 나무에 붙들어 매어 사격과 총검술의 표적으로 하면서 새디즘적인 잔학을 즐겼다.

그것은 곧 실천에 옮겨져 그들은 여자 · 어린이를 구별 않고 찔러죽이고 때려죽이고 베어 죽이는 잔학의 극한을 다했다. 그 참경! 거기에는 낭만도, 인정도, 어떠한 향기도 없이 단지 살벌한 살육장을 방불케 하는 악마의 지옥과 어떤 차이도 없었다고 한다.

가지가지의 학살극

성산포에는, 제2연대의 진주 전에는 제11중대가 주둔하고 있었다. 49년 구정월 초순, 20명 이상의 고성회 청년과 60명 이상의 오조리 부락민이 토진목이라는 곳에서 살해되었다고 한다. 그 중에는 순진무구한 소년까지도 손 · 머리와 발목을 새끼줄에 묶인 채 바다로 던져졌다고 한다.

그것뿐인가, 「대한청년단」의 배속장교는 단원에게 강요하여 미제 무기로 무장시켜 도민투사와 싸우게 하기 위한 군사훈련을 강화하면서 한 사람이라도 많이 죽여야 한다고 다그치고 있었다.

48년 12월 초, 토벌대는 안덕면에서 잔혹한 대탄압을 가해 70명 이상의 농민을 체포하고 화순지서에서 조금 떨어진 '엄탄진밭'에 연행하여, "이 자식들은 게릴라의 가족 · 친척 · 협력자이므로 총살에 처한다. 그대들도 잘 보아두라"라고 으르렁대면서 일제히 기총소사를 퍼부어 공포의 학살을 수행했다. '앗!'하는 사이에 선혈이 밭에 흘러넘쳐 보는 사람의 마음을 암울하게 했다. 또한 가족과 집을 잃고 의지할 데 없는 노인과 어린애가 나무 밑에 멍하니 서 있으면, "게릴라의 피붙이다"라고 하면서 마치 새를 겨누듯이 하여 사살했다. 그 중에서도 인간으로서는 도저히 상상할 수 없는 잔학성은 아무 이유도 없는 근로농민을 별 것 아닌 일로 끌고와서 청년 측과 노장 측으로 2조로 나누어 1열로 세워서 마주보며 때리게 했다. 요령 피움은 허용되지 않았다. 마치 싸움닭 그 자체, "이것이 공산분자와의 싸움인 것이다"라고 악을 쓰면서 심하게 다그쳤다. 점점 기력이 다하여 늘어지면 "이 새끼야! 처늘어져 '빨갱이'에 이기지 못하는 놈은 대한민국에 소용없어"라고 호통치면서 발로 차 죽이고, 때려 죽이고, 돌로 쳐 죽이고 총으로 쏴 죽이는 등의 가지가지 학살극이 이르는 곳마다 반복되었다. 이같이 인간으로서는 참을 수 없는 것을 그들은 오락으로서 자행했던 것이다.

48년 12월의 어느날, 추행마 같은 토벌대원 하나가 관산리(안덕면)의 모 여맹원을 잡아 총검을 들이대고 알곳(동광리)이라는 곳으로 연행하여 재갈을 물리고 부끄럼도 모르는 추행을 다한 후, 이것이 밝혀지는 것을 두려워하여 그녀를 죽여 버렸다. 이같이 그들의 부녀자에 대한 고문 · 학살은 범죄적으로는 엽기적이고 색마적이라고도 부를 만한 짐승 같은 만행이었다.

이같이 주민의 살육은 전도에 횡행했다. 굶주림에 시달린 농민의 살려달라고 외치는 비통한 목소리에도 허무하게 허공에 날릴 뿐이었다. 권력은 도저히 말도 되지 않는 범죄에 의해 도민을 손닿는 대로 차례차례 사살하면서 48년 12월 31일 '제주도 완전진압'이라고 공표했다. 그러나 그것 또한 헛소리에 그쳤다.

2. 동계 전멸작전에 대한 전무장세력의 맹반격

3군 통합작전에 의한 한라산 토벌

권력은 섬의 항쟁세력을 뿌리뽑기 위해 온갖 수단을 시도했지만, 결정적인 효과는 거둘 수 없었다. 오히려 정치전에서는 완패했다.

그러나 그렇다고 하여 게릴라에게 있어서도 사태의 호전은 도저히 바랄 수 없었다. 애국 · 통일의 이름 하에 많은 청년이 산화하였고, 보급로는 대폭적으로 축소되고, 게릴라 활동의 무대도 한층 좁혀져 점차 분산적 게릴라전으로 되어갔기 때문이다.

그래서 무장게릴라는 조속히 조직활동의 재점검을 시행하고, 전력을 재정비하고, 새로운 동계 토벌전에 대응하기 위한 강력한 전투태세를 꾸리지 않으면 안 되었다. 말하자면 군사지도부는 게릴라주력을 가능한 온존시키면서 각자의 자위대, 별동대, 특공대를 기동적으로 활용하고, 특히 잠복과 기습으로써 우세한 적의 전력을 저하시키면서 아군의 전력을 유지시키는 역학적인 전술이 취해졌던 것이다.

제3연대가 섬에 온 것은 48년 11월 29일이다. 함병선 연대장은 본부(제주)에 제2대대를, 제1대대를 서귀포에, 제3대대를 한라산 북쪽 오동리(제주시)에 배치하여, 어디에서도 한라산을 협공할 수 있는 태세를 취하고 49년 정월을 기다렸다.

그런데 이덕구가 지휘하는 게릴라의 주력은 야음과 열풍을 이용하여 살며시 오동리의 제3대대를 완전히 포위했다. 그리고 1월 1일 여명을 기해 기습공격을 개시했다. 불의의 기습에 의해 토벌대는 우왕좌왕했고, 기선을 제압한 게릴라대는 맹공에 맹공을 가하여 교전 1시간에 10여 명의 병력을 제거하는 등 게릴라의 전투력을 여지없이 발휘했다. 그러나 그 전투에서 게릴라 측에도 수 명의 희생자를 냈다. 함병선은 제2대대를 지휘하여 쫓았지만, 게릴라는 이미 어딘가에 행방을 감춘 후이었다.

이 사태에 놀란 함병선은 무장게릴라 병력이 1개대대에 달한다고 보고 1월 4일 한라산을 중심으로 육 · 해 · 공의 통합작전을 실시했다. 해군은 37mm포로 소란사격을 가하고 공군은 L-5연락기로 폭탄 대신 수류탄을 투하했다. 전 토벌대는 일제히 소탕공격을 시작하여 한라산 일대를 샅샅이 뒤졌지만, 1명의 게릴라도 발견할 수 없어 그 또한 실패로 돌아갔던 것이다.

호지명이 '항불항일' 유격전 당시 자-푸(베트남 국방상)에 주의시켰던 바

중에 “비밀리 행동하고, 빠르게, 활동적으로, 동쪽에 있는가 하고 생각하면 서쪽에 불시에 모습을 나타내며, 기척없이 다니지 않으면 안 된다”라고 한 것과 같이 제주도게릴라도 이 전술을 익혀 적을 보고는 있지만 절대로 적에게는 모습을 보이지 않았다.

확실히 역경에 처하고는 있었지만, 게릴라의 활동은 집요하고 과감했다. 육 · 해 · 공으로부터의 공격을 받은 무장세력은 쓰러지지 않는 전의를 가지고 같은 해 1월 8일 주력으로 제주시를 기습공격하여 ‘도청’에 방화하여 전소시켰다. 이에 이어 삼양지서를 공격하여 구금 중인 사람들을 석방시킴과 함께 유인물을 광범하게 살포하고 민중의 저항을 불러일으켰다.

무장게릴라는 우익 군 · 경의 변화에 대응하여 끊임없이 전술을 바꾸면서 토벌대의 주둔지나 전략촌을 기습공격하여 게릴라전을 속전속결로 수행했다. 민중들도 역경 · 궁핍을 잘 참고 공동투쟁에 참여하였다. 이것은 다름 아닌 “저주받은 별 아래에 사는 섬사람이 슬픈 운명적 환경 속에서, 서서 두드리고 두드려서는 일어서는 큰 토성골(土性骨)이 견고할 수 있었기” 때문일 것이다.

한라산 산빌탈에 붉은 봉화가 오르면 군 · 경은 그것에 부들부들 떨면서 기지로부터 한발짝도 나서지 못할 뿐 아니라 향보단으로부터 출동요청이 있어도 출동하는 것조차 포기하곤 하였다. 밤이 되면 중 · 상간 일대는 게릴라에 지배되었고 다음날 아침 철수하고 나면 토벌대가 되돌아와 “게릴라 협력부대다”라든가 “게릴라 내통자가 사는 곳이다”라는 등으로 몰아붙여 방화 · 약탈 · 학살의 보복을 했다. 보복이 보복을 부르고 피비린내 나는 싸움이 끊이지 않고 반복되었다. 게릴라는 강하게 또는 약하게 피해를 받았다. 특히 수세에 몰려 대치의 시기에 심한 압박을 받았다.

1월 하순, 함병선은 100명 가량의 게릴라가 오동리 부근 산중에 집결해 있다는 정보를 얻었다. 그래서 1개 중대를 지휘하여 야간토벌에 나섰다. 탐색하던 중 게릴라 보초와 마주쳐 격투 끝에 찔러 죽였다. 그도 부상했지만 계속 공격하여 30여 명을 죽였다고 한다.

곧 오동리는 공비부락으로 간주되어 전 마을이 불태워지고 대부분의 마을 사람이 제거되었다. 남녀노소를 불문하고 마을사람 전원을 강제연행하여 '때리는 조'와 '맞는 조'로 나누고 상대방을 때려죽이지 않는 것은 '빨갱이의 동조자'로 몰아붙여 많은 사람이 그 자리에서 살해되었다. 그 중에는 여자와 어린애까지 포함되어 있었다고 한다. 무지몽매한 무리가 권력을 삿갓으로 쓰고, 빨치산, 남로당원, 활동가들을 적발하기 위해 무고한 일반 대중을 한 군데 모아 군 · 경 가족만을 빼고 남는 자는 전원 '통비분자'로 몰아붙였다. 이른바 옥석을 분별하지 않는 난폭한 수단이 쓰여졌다. 그것은 전투 일반이 가지는 비극 이상의 피가 얼어붙는 듯한 공포가 아닐 수 없었다.

게다가 토벌대는 난민이나 빨치산을 가장하여 집집을 찾아가 "지금 집에서 내려 왔는데, 조금 먹을 것을 베풀어 주십시오"라고 애원한다. 소박한 농민은 동정하여 나누어 준다. 그것이 함정이다. '게릴라의 동조자'로 간주되어 그 자리에서 사살되었다. 이러한 '추악한' 수법으로 이호 1 · 2동, 도두리 등 중 · 산촌 사람들이 무수히 살해되었다는 것이다. 또한 이호리의 민보단원은 게릴라의 감시를 게을리했다고 하여 보초막사 속에서 6명, 막의 뒤편에서 3명이 사살되었다고 사람들은 말한다.

이 시기에 육군참모총장 이응준이 이 폭동정세를 시찰하는 군용기로 섬에 왔다가 다음과 같이 토벌대의 잘못을 경계하고 있다.

> 제주도의 폭동은 공비가 한라산 오지에 틀어박혀 있어서 진압에 시간이 걸린다고 생각된다. 특히 군의 무력이 닿는 곳에서는 파괴, 약탈, 테러 행위가 심하고 양민까지 따르지 않아 비정상적으로 허둥대고 있는 것 같다. 결국은 낮에는 국군

에 따르지만, 밤에는 게릴라의 기습을 두려워하여 그들에 영합하는 기미가 있다. 그것을 엄중히 감시하라. 그리고 토벌에 임해서 특히 주의해야 하는 것은 죄없는 도민을 다치지 않도록 옥석을 잘 가려내는 것이 중요하다.

(제남신문 《비화 30년》)

육군본부 정훈국(국장, 김종평)은 이 방침을 제주도 주둔 수뇌들에게 전달했지만, 야수들은 비전투원에 대한 살육을 중지하지 않았다.

그것뿐인가, 그들은 더욱 더 도민을 원수시하여 제주도를 '제 1의 모스크바'이다, '붉은 섬'이다, '산사람'(박해에 견디지 못한 도들은 집과 처자식을 버리고 지하에 숨었다. 권력은 그들을 속되게 산사람이라 불렀다)이다, '폭도'다, '붉은 개'다는 등의 치욕적인 명칭으로 부르고, '공명자', '협력자', '추종분자'로 판정되어 무고한 일반대중이 심문도 재판도 없이 벌레처럼 살해되어 머리도 팔다리도 없는 사체가 길거리에 널렸다. 그것은 나아가 백골가도(白骨街道)라고 불려졌다. 이리하여 제주도는 온통 '산 송장의 섬'으로 화했다. 쌍방의 틈에 있는 비전투원에게는 이제 어떤 구원도 없었다. 도민을 붉은 위협에서 지킨다고 말한 이 투벌의 결과가 그보다 더 엄청난 무참한 참혹이었다. 그러나 이러한 폭거는 불에 기름을 끼얹는 결과에 다름 아니었다. 그것은 굳이 말하자면 뿌리내려지지 않는 정치생명을 유지하기 위한 대리통치권력 단독정부의 발버둥이라고 말할만 했다.

점점 더 무장세력도 성난 복수의 귀신으로 화하여 결사의 혈전을 도모하고 있었다. 전략촌에 집어넣어진 농민이나 밀림으로 달아난 난민도 여전히 토벌대의 잔혹한 탄압에도 불구하고 게릴라에 협력하고 있었다. 그러나 산속에 식량은 없었다. 살기 위해서는 자연히 해안평지 부락을 습격하지 않을 수 없었다. 골육을 함께 묻는 전투는 완전히 평행선을 긋고 일진일퇴 속에서 반복되고 결정적인 진전은 없었다. 49년 1월 15일 게릴라전사와 1천여 명의 부양 농민이 외도를 기습하여 식량획득의 대성과를 거두었지만, 다음 날 또다시 토벌대에 식량과 가재도구까지 몽땅 뺏긴 것은 바로 그 좋은 한 예이다.

무장세력은 싸움을 진전시킴에 앞서서 식량문제도 큰일이었지만, 큰 눈이 쌓인 산악지대에서 의류나 침구문제도 큰일이었다. 거기에 토벌대는 매일 아침 미국의 '일출 작전'이라 불리는 대작전을 실시하여 군용견과 경찰견을 대량으로 풀어 놓아 근거지로 공격해 왔다. 그 때문에 빨치산들은 눈길 자국을 덮어 가리든가 신을 거꾸로 신든가 발을 움직이지 않으면 안 되었다. 게다가 쌓인 눈은 깊어 행동도 훨씬 곤란하게 되었다.

그러나 그들은 보다 나은 내일을 바라며 구일본군이 파둔 동굴을 보금자리로 하며 투쟁을 계속했다. 토벌대에 쫓긴 일반대중도 가련했다. 49년 초부터 식량은 거의 바닥을 보이게 되었다. 그래서 식량을 대신하여 입에 넣을 것을 구하는 생활이 계속되었다. 동포의 죽음으로 모두의 가슴에 분노와 슬픔이 차올라왔다. 밤이 되어 대원이 아주 피곤하다고 생각하면, 활활 타는 불을 피우고 누군가가 노래를 시작한다. 모두는 분노를 풀 길 없는 심정으로 〈적기가〉, 〈해방가〉, 〈추도가〉, 〈민전가〉 등을 마음으로 부르며, 가득찬 정열로 새로운 전투에 스스로를 대비시켰다.

〈제주도 빨치산의 노래〉

1. 한라산 깊은 골짝 우리의 진지
   돌각담 울타리는 우리의 성채
   아아! 제주도 빨치산은
   우리의 자유를 지킨다.

2. 탄알을 날라 오는 씩씩한 해녀
보고를 전달하다 쓰러진 목동
아아! 제주도 빨치산은
조국의 자유를 지킨다.

3. 형장의 이슬로 사라진다 해도
산 몸을 찢기는 운명이라 해도
아아! 제주도 빨치산
민중의 자유를 지킨다.

과감한 공격

무장세력은 어려운 전국을 타개하기 위해 49년 1월 15일 표선면 성읍에 주둔하는 토벌대에 기습적인 공격을 가해 인원과 장비에 큰 손해를 준 후, 마을의 악질경관으로 이름높은 강석곤 경위 및 밀고자를 단죄하고 광범한 대중적 정치공작을 행하여 기력을 잃었던 사람들에게 생기를 불러 일으켰다. 그 장면을 본 사람은 마치 액션영화에서처럼 당당한 게릴래대의 모습에 단지 놀랄 뿐이었다. 그로부터 1개월 후, 게릴라대는 또한 이 부락에 재집결한 토벌대를 포위공격했다. 전투는 가열찼고 게릴라들은 전우의 시체를 넘어서 강력한 돌격전을 감행하여 정신적으로 황폐한 토벌대를 공략했다.

토벌대는 이같이 이르는 곳마다 맞닥뜨리는 패배에도 불구하고 장비와 숫자를 믿고 큰 공격을 되풀이했다. 그 때문에 게릴라부대는 점차 소모를 피하는 것이 가능하지 않게 되었다.

전투 중 적탄에 쓰러져도 게릴라는 자기 생명보다도 귀중한 무기를 동료들에게 던지면서 "전우들이여! 조국의 통일과 민중의 자유를 위해 최후까지 용감히 싸워다오!"라고 비장한 절규를 남기면서 죽어가는 영웅적 모습에 눈물흘리지 않는 자는 없었다고 한다.

중문면에는 2연대 제2대대가 지서에 주둔하고 있었다. 49년 2월 21일 군경기동대와 반공선전대를 실은 군용 트럭 3대가 거금리를 출발하여 서귀포로 향한다는 정보가 게릴라대에 들어왔다. 게릴라대는 즉시 주도면밀한 전투작전을 세워 화순 입구 흔히 말하는 '갯폭대기'에서 천혜의 견고한 진지를 펴고 협격태세를 갖추어 잠복대기하고 있었다. 잠시 후 토벌대의 군용트럭이 맹스피드로 질주해 왔다. 지휘자로부터 공격개시의 손이 올랐다. 빨치산들은 트럭을 향하여 일제사격을 가했다. 트럭은 수류탄과 총탄에 명중되어 '앗'하는 사이에 구렁으로 굴러 떨어졌다. 불의에 당하여 그들은 정신없이 비명을 지르면서 패주하고 있었다. 게릴라는 그에 추격을 가하여 50여 명을 살상하고 다량의 무기를 노획했다고 한다. 제3연대 사령부에 있어서는 그야말로 경천동지에 비보가 아닐 수 없었다. 즉시 현지에 헬리콥터를 띄워 그 참패를 확인했다고 한다.

게릴라부대의 공격은 여전히 약해지지 않았다. 공세의 완급은 토벌 군·경의 행동여하에 따라 변하기는 하였으나, 여전히 수그려들지 않고 고유의 기습전 등을 통하여 토벌대를 집요하게 공략했다. 48년 말, 49년 초에 이러한 게릴라들의 기동전은 제주도의 곳곳에서 끊이지 않고 계속되었다. 무장세력은 이들 일련의 승리에 무디어 가던 전의를 복구했을 뿐 아니라 게릴라의 정보력과 전투력이 아직 쇠퇴하지 않았다는 증거를 도민들에게 구체적으로 보였던 것이다.

토벌대의 대학살과 게릴라의 대패

대량학살은 계속 이어졌다. 48년 12월 26일 신촌을 중심으로 하는 주변 부락민 300여 명은 화북천, 함덕백사장, 산악, 동굴, 신작로의 오른쪽에서 집단 또는 개인적으로 학살되고 있다. 49년 1월 11일에는, 제주경찰서에 구속되어 있는 1800여 명 애국자들도 모두 여기에서 살해되었던 것이다. 어디에서도 주민은 학살사체의 처참한 광경에 숨을 삼키면서 "아, 이것은…… 누구누구다", "이것은…… 누구누구의 애다"라고 이웃과 친척 형제의 얼굴을 보고 부르짖는 소리를 내었다. 그러나 인지할 수 있는 자는 많지 않았다. 게다가 용의사실이 명확하게 날조되었다고 소청하는 방법이 없었으므로 인심은 극도로 거칠어져 누구도 '내일은 나인가!'라고 신경을 곤두세우면서 불안한 나날을 보내지 않을 수 없었다고 당시의 세정을 통절히 전하고 있다.

그 손길은 노형(제주시)에서도 마찬가지였다. 게릴라대는 같은해 1월 25일 노형 방일이(方日伊)를 습격하여 식량을 확보했다. 토벌대는 그것을 구실로 '마을의 초토화'를 행하여 많은 마을사람을 사살하고 방일이 동네를 불태워버렸다. 그것은 전 마을의 혈통이 절멸했다고 할 만한 무서운 참상이었다고 말해진다.

이리하여 제주시 일대의 시민은 주로 박선내(농고교의 위쪽), 화북천, 사라동굴, 별도악, 한천, 원장천, 비행장, 가운이마루, 올이소 그 외 바다와 내천 산야의 길거리와 집에서, 집단적 또는 개별적으로, 공공연히 또는 비밀리에 살해된 것이다. 이 잔학이 미군의 지시와 동의에 있었다고 해도, 이승만의 군 · 경 토벌대가 저질렀다는 것만은 목격한 도민들이 알고 있는 바이다. 30년을 넘는 세월도 그들의 잔학한 흔적을 없애는 것이 가능하지 않아 그 고통과 비극의 깊은 상처는 아직 도민 토속의 혼 속에 뼈가 되어 남아 있는 것이다.

우익 테러리스트들은 49년 1월 하순 한림중학교 교정에 전학년과 부형을 집합시켜 18명의 학생자치위원을 부형 앞에 끌어내어 일언반구의 심문 · 조사도 없이 단지 자치회의 활동가라고 하여 "제발 살려주시오"라고 매달리는 아버지의 손을 뿌리치고 찔러 죽였다. 그들은 눈을 부라리며 "빨치산에 가담하든가 동정하든가 붉은 사상을 가진 자는 누구도 없이 어디서나 이러한 것을 당할 것이다"라고 성나게 외치면서 교원 2명에 대해서도 학생운동을 돕고 붉은 사상을 심었다고 하여 찔러 죽였다.

이른바 무기를 가진 반혁명 히스테리들에게 있어서는 정말로 붉은지 어떤지, 죄가 있는지 없는지, 그것은 어떻게 되어도 좋았다. 제로 사이드작전(몰살작전)만 수행하면서 옳은지는 생각하지 않았다. 따라서 그러한 무모한 것이 평상적으로 가능했던 것이다. 49년 1월 5일 제 2연대 제 2중대는 한림면민을 총검으로 한림마당에 집합시켜 김인호를 필두로 하는 30여 명의 면민을 공개처형하였고, 또한 다음날 초 장날에 모인 군중의 안전에서 10명 이상의 농민을 쇠창으로 찔러죽인 후, 여보란듯이 가두에 내어 놓았다. 게다가 한림리의 활동가 고진순은 비참한 고문에 의해 이미 절명했음에도 불구하고 무도한 토벌대는 그 사체를 한림가로에 이리저리 끌고 다니면서 "빨갱이의 운명은 이런 것이다. 잘 보아두라"라고 주민을 위협한 후 또한 광장에 질질 끌고 다니며 총검으로 전신을 이리저리 찌르고 사체에 모욕을 가한 것이다. 계속해서 한림 면내의 농민대중은 한림국민학교 교정에 끌어내어져 잔혹한 고문과 테러가 가해져 100명 이상의 사람이 예의 손길에 의하여 참살되었다. 이같이 학살의 선풍은 매낮 매밤 전 섬에 일어났다. 그것들에 대해서 생존한 어떤 사람이 "몸털이 곤두서는 참상이었다"라고 현장의 모습을 전하고 있다.

또한 49년 1월 20일 의관리에서는 김숙해를 포함한 많은 사람이 한남 '대패모돌'이라는 곳에 옮겨져 집단학살되었다.

토벌대는 또한 하도리를 급습하여 마을사람들에 '빨갱이' 각인을 찍고 잔혹한 고문을 가한 후 그때 민족의 품위와 양심을 잃은 살인집단은 피살자의 부인에게 패륜행위를 요구하고 협박하는 등 천인공노의 짐승 같은 소행을 주저하지 않았다. 또한 평대리의 어떤 주부에 대해서는 "남편의 행방을 말하라"라며 기절할 때까지 고문한 후, 빨갱이의 처라고 하여 임신 중의 국부에 봉을 집어넣어 아랫배를 찢어 살해했다는 것이다. 도대체 정상적인 인간으로서는 도저히 생각할 수 없는 비인간적인 만행이 이같이 조금의 책임을 느끼지도 않고 미국군과 이승만의 군 · 경은 평상적으로 자행했던 것이다.

49년 2월 어느날, 남원면의 20명이 '게릴라의 공범자'로서 몰아 마당에서 살해되고, 중 · 산촌 농민이 다음으로 학살되고 마을이 불태워졌다.

이것에 분개한 게릴라대는 즉시 보복을 결행했다. 공격작전을 짠 즉시 각 무장부대와 주민과의 연락을 취해 전 무장세력이 투입된 총력전이 같은 지역에서 전개되었다. 우선 게릴라대의 주력은 위미리에 주둔한 토벌대(약 4백명)를 포위공격함과 함께 다른 1부대는 남원면 일귀에 진공하여 기동대의 출동을 견제했다.

그러나 작전은 완전히 게릴라들의 실패였다. 그것은 토벌대가 게릴라의 공격을 알고 즉시 우회전법을 취해 역으로 게릴라대를 포위했기 때문이다. 그것을 알지 못하고 게릴라대는 토벌지휘소(국민학교)에 돌입했다. 우선 1개분대원이 덫에 걸리고 게다가 구원대까지 어이없이 포위되어 버렸다. 그런데 탈출이 불가능하다고 단념한 게릴라전사들은 몸을 던져 육탄전으로 맞섰다. 일순간이 지나자 흰 연기 자욱한 장열무참한 수라장으로 화했다. 빨치산의 시체는 군 · 경의 사체와 섞여 쌓여 산을 이루고, 주민의 사체는 길을 메웠으며, 선혈은 눈녹은 물과 섞여 피바다를 이루었다고 말하는 사람들은 눈물짓는다.

이리하여 위미, 의귀, 남원, 비장은 많은 희생자를 내고 토산(표선면), 동복(구좌면), 북촌 · 교래(조천면), 이호(제주시)와 함께 최대의 피해를 입었다. 위미에서의 대패는 게릴라에 있어서 어떤 것으로 보충할 수 없는 아픔이었다. 여기에서 게릴라의 운명이 대개 결정되었다.

귀순공작

제주도지구의 토벌사령관 제2연대장 함병선은 1월 4일 한라산을 중심으로 육 · 해 · 공의 통합작전을 실시해 보았지만, 실효가 조금도 없었으므로 그는 게릴라의 고립화와 정보수집을 노리는 전법으로 전환했다. 그래서 그는 갱생원을 지어 5천 명 분의 수용시설을 건설하고 구호물자나 갱생자금을 준비함으로써 난민의 하산을 호소했다. 실제의 목적은 도민의 조직화 및 강력한 정보망의 구성, 게릴라와 주민을 분리하기 위한 것이었다. 게다가 "공작에 필요한 인원 및 계통은 충분히 활용하고 특히 귀순투항자 또는 포로로 된 자를 교묘히 활용하라"라는 작전수행상 극히 중요한 기본정책에 근거하여 군대를 축으로 하는 무력탄압과 동시에 빨치산 귀순공작을 대대적으로 전개했다.

선무(귀순)공작대는 49년 2월 17일에 제주고 여학생 15명과 이동근 소위가 이끄는 군병, 관민 합하여 120명으로 구성되었다. 그들은 산에 은거 중인 사람들에게 이렇게 호소했다.

> 친애하는 형제자매 여러분!
>
> 동족동지가 피를 흘리는 비극을 하루라도 빨리 그치게 하기 위하여 모두가 구국대열에 나섭시다! 산에 들어간 사람들도 과거의 잘못으로 큰 죄를 범했지만, 누구라도 마음을 열고 귀순하여 온다면 생명보장은 물론 생업까지 보장할 것입니다.

이상과 같은 내용을 담은 귀순권고의 삐라는 비행기로 한라산 일대에 살포되고 해안평지에서는 자동차로 흩어 뿌려졌다. 그리고 그들은 이러한 노래를 부르면서 전도를 빠짐없이 이리저리 돌아다니면서 귀순을 호소했다.

돌아오라! 돌아오라!
따뜻한 품에 모여들어서
창공에 뻗친 태극기를 흔들면서
이땅에 다시 기쁨을 노래부르자!

선무공작은 우선 도두리에서 개시되었다. 2월 18일에서 1개월 간에 걸쳐 전도적으로 반공 · 반게릴라 캠페인을 대대적으로 펼쳐 귀순을 호소했다. 각지에 있어서 총검의 협박 하에 게릴라를 규탄하는 민중대회가 열려 게릴라와 도피자의 혈족들에게 "이 무기가 사용되기 전에 귀순하라고 자제에게 호소하라"라고 강요했다. 그리고 모든 근대무기를 전시하여 그 힘을 주민에게 과시해 보였다. 그러나 1년여에 걸친 엄청난 경험들을 간직하고 있는 주민의 마음을 잡는 것도 가능하지 않았고, 그들의 눈은 차갑게 그 무력조차 물리쳤고 어디에 있어도 적의의 눈이 토벌대를 응시하는 것이었다. 김석범 씨는 귀순방법의 한 예를 들어 다음과 같이 말한다.

…… 우선 게릴라가 산에 틀어박혀 있는 주변에 토벌대가 게릴라의 가족을 연행해두고, 가족의 등에 총을 찔러대고서 군 · 경이 뒤에서 나아가고, 게릴라의 근거지 가까이에서 "귀순하라, 귀순하라…… 그러면 목숨은 살려주겠다."라고 라우드 스피커로 호소했다. 항복하지 않는 경우는 게릴라의 눈에 뜨이는 곳에서 가족을 처와 어린애와 친형제를 사살했다. 이것은 참기 어려운 것이어서 개중에는 귀순하는 자가 나왔다. 귀순하는 자는 성내 주저공장에 수용되었다. 참혹한 고문이

가해지고, 결국은 전부 살해되어 버렸다(『삼천리』 3호).

바로 그대로 그들의 비열한 기만성을 본 주민들로부터 "선무공작을 없애라……"라는 소리가 높아지고, 그것을 규탄하는 삐라가 전도에 뿌려졌다.

이승만 정부는 48년 낙엽기에서 다음해 봄에 걸쳐 굶주린 군용견과 경찰견 그리고 모든 근대병기를 구사한 철저한 초토 · 살육작전을 몇 번 되풀이했지만, 무장세력을 완전히 제압하는 것은 가능하지 않았다.

그들의 이러한 피비린내 나는 탄압의 손은 도피자 색출의 명목으로 본토의 도민까지도 위협했다. 48년 말부터 다음 해 초기에 걸쳐 경찰과 특무분자를 본토의 각지에 파견하여 도피자의 적발에 광분했다. 「백록학우회」를 필두로 섬의 애국세력과의 지연 · 혈연관계자는 섬에 강제연행되어 빨갱이의 친구 또는 도피자 · 연락원으로 날조되고 비참한 눈에 맞부닥쳐진 자도 적지 않다.

미군의 압제와 이승만 권력의 잔학에 의해 일어난 4 · 3무장봉기도 어느 때인가 1년이 되었다. 1주년의 슬픔에 싸인 유족의 이마에는 오래된 주름이 서고, 땀과 눈물이 빛났다. 이윽고 봄이 와 나무싹이 무성해지자 토벌이 곤란하게 된다.

게릴라의 집요함은 놀랄 만했다. 덧붙여 말하면, 무장한 중핵대는 3~4백명 정도이고, 조직세력까지 포함하여 대략 3천 명으로 추산되는 적지 않은 전력이 유지되고 있었다.

제7장 춘계 대토벌공세에 의한 무장세력의 악전고투

1. 제주지구 전투사령부의 특설과 무장대의 집요한 저항

특수부대의 증파

49년 3월 2일 육군본부는 제주도지구 전투사령부를 특설하고, 사령관에 유재흥 대령을 임명했다. 그리고 참모장은 제2연대장 함병선의 겸무로 하고, 제1독립대대라는 특수부대가 증파되어 소탕력은 한층 강화되었다.

이에 반해 한라산의 밀림에 틀어박혀 연일연야 동으로 서로 신출귀몰하는 게릴라부대는 동계의 계절적 악조건에도 꺾이지 않고 모든 곤란과 결핍의 시련을 견디며, 끊임없이 전투력을 강화하여 토벌대를 계속 괴롭혔다. 그것은 단적으로 말해서 조국의 통일과 자유에로의 길이 "미국군의 철퇴와 그들에 조종되고 있는 이승만 정권을 타도하는 것일 따름이다"는 굳은 결의의 표현이고, 게릴라대는 최후의 한사람까지 흔들림없는 진격을 하자는 '격'을 날리는 행동이기도 하고, 민족독립을 위해 몸바치는 민족혼의 견지이기도 했다.

그런데 여 · 순 국군의 무장반란을 계기로 남한에 있어서의 빨치산 행동구역은 비상히 확대되어 49년 1월에는 지리산 주변의 게릴라대와 경상남 · 북도의 게릴라대 및 강원도 오대산을 중심으로 한 게릴라대가 연계할 만큼 까지 확대되고, 충청남 · 북도의 중심 산악지대를 배경으로 전면적으로 확대 · 강화되기에 이르렀다. 49년 2월에는 남한 전역에서 게릴라의 활동범위는 실로 8도 12시 131군 중 8도 3시 78군 283면으로 확대되고, 같은 해 8월까지는 8도 7시 118군 682면에로 확대 되었다.

49년 초기부터 이승만 정부는 미군장교의 고문단을 초청하여 대병력을 동원하여 봄까지 빨치산을 일소하기 위해 3 · 4월의 이른바 춘계 대공세를 전개했지만 모두 실패하고 말았다. 그들은 단지 수만의 무고한 주민을 학살하며, 많은 가옥을 소각하고, 그리고 엄청난 수의 마을을 소개의 명목하에 파괴함에 그쳤다.

이른바 남한 전역으로 확대강화된 남한 전지역의 게릴라 무장투쟁은, 토벌대의 혹독한 공격에 의해 전멸의 위험에 노출되어있는 제주도의 무장해방세력에 있어서는 무엇보다도 큰 격려이자 한 줄기의 등불이기도 했다.

이리하여 이정권이 형성된 이래 미국과 이승만 일파에 의하여 식민지화와 함께 민족생존을 위협하는 군사기지화가 급격히 진행되고, 그 반면 이에 반대하는 좌익계의 투쟁, 그 중에서도 무장게릴라투쟁은 비약적으로 발전하여 미국과 이승만 정권을 위협했다.

제주도에서의 신년공세, 3월 공세, 지리산 게릴라대에의 4월공세, 오대산, 태백산, 소백산 지구게릴라대에의 토벌작전, 낙엽기를 맞이하여 전개된 10월 토벌작전 등은 이정권의 군사적 총역량을 기울인 철저한 섬멸전이었다.

결국 이정권은 미군에 지휘통제된 폭압기구를 제주도에 총동원하여 49년 3월부터 로버트 준장의 직접 작전계획과 지휘 하에 국방군의 정예 3백여 명과 경찰대 1천 2백여 명 및 이름난 캄파(테러집단)를 동원하고, 거기에 미국 군함, 잠수함, 5대의 비행기를 제주도에 보내 육 · 해 · 공군의 입체적 작전을 전개하여 무장력을 시위하고 주민들과 무장대에 위협을 가했다.

그리고 로버트-신성모-조병옥은 현지작전을 지도하여 3월 공세를 적극적으로 추진시키고, 좌익무장세력의 반미조국통일운동을 막아 '빨갱이 사냥'작전의 이름 하에 전 도민을 말살하고자 기도했다. 먼저 국방장관 신성모는 로버트의 지시에 따라 같은 해 3월 20일에 제주도를 찾아와서 "즉시 몽땅 죽인다"라는 폭언을 했다. 그리고 말뿐이 아니라 이후 그 말살정책은 그대로 실시되고 있었다.

춘계의 공방전

49년 2월 상순, 토벌군은 게릴라 거점공격을 위한 구역작전의 하나로 우선 봉개(제주시)작전이 취해졌다. 전투대의 주력은 제2연대 제2대대(대대장 이석윤 대위)였다.

총지휘는 함병선 연대장이 직접, 작전계획은 연대참모의 김명 대위가 맡았다. 그리고 헌병대(대장 조영구 대위)와 「대동청년단」을 필두로 하는 전 우익단체가 이 전투에 총동언되고 있었다. 그것은 봉개, 용강, 아라리를 중심으로 하는 제주시 동쪽 일대를 제압하기 위한 1일 작전이었다. '게릴라 사냥의 소탕전'은 삼양 거석동에서 개시되어 눈발 사이를 뚫고 이 잡듯이 게릴라의 모습을 탐색했다.

그러나 지형에 어둡고 동굴의 소재도 알 수 없어서 게릴라의 소굴은 하나도 발견할 수 없었다. 그 대신 셀 수 없는 유민이 비이슬을 동굴에서 맞고 있는 참상에 놀랐다고 한다. 굶주림과 추위에 떨고 먹고 마시지 못해 생사의 사이를 헤매는 부녀자, 집을 불태워 버리고 산에 들어간 가족을 돕고자 위장을 위해 간장을 넣은 '요강'을 등에 진 노파의 슬픈 모습! 거기에 굶주림에 쫓긴 피난민은 산을 내려오는 대로 수용소에 들여보냈다.

이러한 강온 양면작전을 취하면서 해안평지는 경찰토벌대가, 군은 산악지를 담당하면서 각각 토벌에 나섰다. 군은 한라산 산속에 진을 쳤다. 그리고 역선전을 강화했다. 라디오 및 확성기로 게릴라의 투항을 호소하고, 연락기로 삐라를 광범히 살포하여 난민의 하산을 도모했다. 그리고 전투사령부는 대대에 구역을 할당하고, 육 · 해 · 공군에 의한 게릴라 섬멸전을 개시했다. 로버트의 지시 하에 유재흥 전투사령관은 L-5형 연락기에 탑승하여 작전을 지휘하고, 미군 정찰기는 매일 날아 게릴라의 움직임을 감시함과 함께 일반 주민을 하늘로부터 위협했다.

3월 하순의 어느 날 전투사령관의 탑승기가 한라산정을 날고 있을 때, 정글 속(남원면 선반악이라고도 말한다)에 추락했다. 이를 목격한 게릴라들은 즉시 현장에 급행하여 비행기의 잔해를 빠짐없이 뒤지던 중, 놀랄 만하게 그들이 계획한 이른바 "30만 도민을 동원하여 100자 사이의 간격으로 일렬횡대로 서서 한라산정까지 철저한 '산 사냥전'을 개시하여 백록담까지 총공격을 가해 섬멸한다"라는 무서운 작전계획이 발견되었다. 그것은 미군과 이승만의 군 · 경이 제주도 무장세력에 대한 '말살정책'의 뚜렷한 증거였다. 그리고 그것에 근거한 군 · 경의 3월공세는 유례없는 폭압을 다한 토벌작전이었다.

또한 유재흥 사령관은 그 작전을 수행하기 위해 국민학교, 중학교, 면군의 직원 · 청년단 간부들을 모아 군사훈련을 실시하고, 군 · 경 · 민 3자의 혼성부대를 편성했다. 예를 들면 군대 1개 분대, 경찰 1개 분대, 민보단원 25명으로 이루어진 소대 몇 개를 편성하여 한라산을 에워싸는 도로에 배치하고 산으로의 출입을 경비시켰다. 그리고 그들은 주민을 게릴라로부터 분리시키기 위해 끊임없이 맹렬한 탄압과 학살을 실시하고 도민의 움직임을 놓치지 않고자 했다.

관음사 전투

게릴라의 활동은 점점 화력이 떨어지기는 했지만, 공격력은 그다지 약해졌다고 볼 수 없어서, 오히려 "굶주린 쥐가 고양이를 무는"상황에 있었다. 49년 3월 상순, 섬내에서 가장 산깊은 제주 관음사(탐라 유일의 본산)가 무지한 토벌대에 불타고 문화유산이 남김없이 파괴되어 버렸다. 이곳 석악(조천면)에 포진하고 있던 게릴라대는 그것을 알고 격노했다. 그래서 토벌대를 관음사 주변까지 유인하여 일거에 타격하는 작전을 조직했다. 토벌 사령부도 또한 게릴라의 중핵을 포착 섬멸하기 위해 관음사 가까이에 진주하여 전열을 정비·연마하고 김용주 중령의 지휘 하의 독립대대도 노고리(애월면)에 포진하여 게릴라를 섬멸하기 위한 소탕전이 맹렬히 행해지고 있었다.

게릴라대는 토벌대의 행동을 교란하고 전의를 떨어뜨리기 위해 사전에 귀순한다는 정보를 흘려 반포위작전을 취했다. 토벌대나 선무공작대는 은밀한 행동으로 관음사 전방 300척의 지점에 있는 송림에 접근해 왔다. 비가 내리고 천둥번개가 번쩍번쩍 빛났다. 게릴라에 있어서는 바로 절호의 기회였다. 장시간에 걸쳐 전투는 가열차게 전개되었다. 그 결과 27명의 군인들을 거꾸러뜨렸지만, 돌연 미국 정찰기가 거기에로 비행하여 로케트포가 우박처럼 쏟아졌다. 그런데다가 숨돌릴 수 없는 토벌대의 집중사격에 노출되어 게릴라의 전투 지휘자 남진을 포함한 3명이 전사했다.

이같이 게릴라대는 다양한 창의연구를 통하여 토벌대에 타격을 입혔지만, 압도적으로 우세한 병력과 화력 앞에서는 서서히 시체를 쌓아갈 수밖에 없었다.

그럼에도 일부의 게릴라들은 우익 군·경의 포악함을 도민에게 알리기 위해 목숨을 걸고 각자의 부락에 잠입하여 갔다.

"친애하는 부모형제 여러분! 저것을 보십시오. 저 명찰–관음사에 무슨 죄가 있어서 불태운단 말입니까"라고 강하게 호소하여 민족적 분노를 불러일으켰다.

확실히 게릴라대는 우익정권의 군사적 · 사상적 총력을 기울인 '3월 대토벌공세'에 마주쳐 이제는 예전과 같은 큰 공격능력을 잃었지만, 그래도 게릴라대는 끊임없이 이제까지의 조직력을 최대한으로 활용하여 주도면밀한 포석을 수행하고 있다.

같은 해 3월 26일, 게릴라대는 상산포에 집결하는 토벌대에 기습을 가했다. 이에 선무공작대를 지휘하는 이동근 소대는 바로 주민을 유효한 장소에 이동시키고 기관총반을 학교의 남쪽에 배치하여 로케트포를 고지에 겨누고 소총대에 즉사태세를 갖추게 했다. 이때 게릴라대는 중무장한 대병력이 집중된 것이라 판단하고 공격을 단념했다 하여 게릴라대의 전력이 쇠한 단면을 보이고 있다.

조직의 괴멸

전국의 불리를 고려한 전투집단은 가능한 한 전투원의 희생을 멈추기 위해 전투대를 더욱 소수정예로 재편하여 탄력성과 기동성을 지니게 했다. 이에 반하여 토벌대는 생명과 생활의 보장을 노려 투항한 자를 수용소에 집어넣어 "게릴라의 아지트를 말하라"라고 잔인한 고문을 가했다. 그 중 김모라는 17세 소년이 있었다. 그는 게릴라대원이었지만 고문에 참지 못하고, 이승악의 지하동굴에 있는 병기창과 보급창으로 군 · 경을 안내해 버렸다. 함병선 스스로 그 수사에 나서서 소총 370정 외 다수의 무기 · 군수품을 압수하였다. 이것은 게릴라부대에 있어서 큰 손실이었다.

그런데 4월 20일 미악(제주시)을 아지트로 하고 있던 도당본부(책임자 김용관)가 어떤 배신자의 밀고에 의해 제 2연대 2대대에 급습되어 도당의 주요멤

버가 거의 사살되었다.

이것으로 지도조직은 거의 괴멸한 것이다. 그것에 이어 6월 7일 고 모라는 보급부의 책임자가 대열을 배신하고 적에게 투항했다. 고 모가 이덕구와 연락하여 그 아지트를 알아내자 토벌군을 몰래 여기를 포위하여 그 대부분을 사살했다. 이덕구는 부재 중이었지만, 최고간부의 한 사람인 김민성의 시체를 발견하고 본보기를 위해 서귀포 다리 위에 효수했다고 한다. 물론 게릴라부대에 있어서 이것은 무엇보다도 슬픈 일이지만, 중심적 인물을 잃음에 의하여 점점 어찌할 수 없게 되는 사태에 몰렸다.

권력은 양같은 온순한 도민을 이렇다 할 죄도 없이 함정에 몰아넣고서는 더 한층 몰아붙이기 위해 밀정단 · 테러단 · 대한청년단을 축으로 하는 '치안대'를 편성하고, 부인회 · 소년단 등을 전도에 빠짐없이 조직하여 석방된 부인은 물론 심지어는 10세 안팎의 어린애까지도 "게릴라와 마을사람들의 움직임을 통보하지 않으면 친형제를 죽이겠다"라고 위협하며 정보선전활동에 광분하고, 전도에 반공의 피의 비를 내렸다.

당시 우익들이 노래했던 「반공멸비가」의 일절에서도 그 실정이 알려진 것이다.

역적의 남로당을 쳐부시러 가자
역적의 폭도를 잡으러 가자
역적의 민애청을 잡으러 가자
대한민국만세를 부르면서 잡으러 가자

거듭 말하여 온 것과 같이 그들은 또한 온갖 '더러운' 수단을 써서 '빨갱이 일소작전'을 확대했다. 결국 중대의 일부를 게릴라로 가장시켜 각부락에 잠입시켜 주민을 학교와 공회당에 모아 "우리 인민유격대는 김일성의 지령으로 제주도 인민의 영웅적인 해방투쟁을 지원하기 위해 잠수함으로 지금 막 상륙한 것이다"라고 연설했다. 그것은 동정자를 적발하기 위한 것이었지만, 어리석은 놈이라고 말하는 것에 지나지 않았다. 그리고 무언가 이상하다고 주민이 느껴지면 살며시 집회를 열어 사살한다는 비열한 행위를 아무런 주정없이 행했다. 그리고 밤은 무인지대에 탐조등불이 교차하여, 사람 그림자 하나에도 총탄은 비와 같이 쏟아졌다.

피해상황

제주도의 피해상황에 대해 『서울신문』은 49년 4월 16일에 다음과 같이 보도하고 있다.

지난 3월 25일 현재, 당국이 조사한 통계내용은 다음과 같다. ( )안은 총 가구 및 총인원을 나타낸다.

가호-17,916호(52,558호)

행방불명-39명(266,618명)

가옥-33,489동(11,2473동)

가재도구-107,490개

인명-1,667(이것은 엉터리 숫자이다)

피해액-794만원

중상-6212명

가축피해-46,222두

경상-1,212명

피해액-129억 1520만원

한편『제남신문』에서는 다음과 같이 보도하고 있다.

사건의 발단 이래 만 12개월을 경과한 지금에 있어서도 그 여건의 개선을 보이지 않는 채, 평화에의 동경은 그 옛날의 모습을 찾을 수 없는 피비린내 나는 수라장으로 화하고, 비통한 혼의 절규 속에서…… 도내 400부락 중 295 부락이 전소되고 1만 2250호가 소실되는 외에, 면사무소 12개소, 학교 소실 34개소, 그 외 통신기관을 필두로 하는 각 시설의 전면적 파괴는 한 번에 기록하는 것이 가능하지 않다. 사상자 ○○○○○명, 이재자 10여만을 넘는다.

(《비화 30년》에서 재인용)

다음은『제주신보』의 보도이다.

제주도의 전부락 169리 중에 130부락이 참화를 받고 있고, 직접적 피해를 받은 호수만 해도 1만 5189세대이다. 그것을 시, 읍, 면 별로 보면 다음과 같다.

제주시-3261세대	조천면-1321세대	구좌면-589세대
애월면-2180세대	한림읍-2125세대	서귀읍-523세대
중문면- 665세대	대정읍- 717세대	남원면-1572세대
표선면- 966세대	성산면- 311세대	안덕면- 933세대

본섬 인구의 20%를 넘는 4만여명의 인명을 빼기고, 10만1179명의 이재자가 길거리에서 혹독한 생활을 하지 않으면 안 되게 되었다. 그리고 45개의 국민학교, 3개의 중학교가 소실되고, 8000여 학생이 추방되고 있다.

(《광복 30년》에서 재인용)

2. 조직의 파괴와 빨치산의 장렬한 전투

이승만의 내도(來道)

7만여 무고한 도민을 벌레처럼 죽인 원흉 이승만이 49년 4월 9일 프란체스카와 이윤영 보건사회부장을 대동하고 섬에 왔다. 그는 국민회 도지부가 주최한 관덕정 광장에서의 환영대회에 나타나 목소리를 높여 도민에 대한 '말살정책'을 계속할 의향을 명백히 했다.

> 정부를 수립하는 사이 대구폭동과 여·순반란사건 등, 공산당의 파괴활동을 몇 번 경험했지만 제주도의 폭동과 같은 대규모의 반민족적 행위는 일찍이 없었다. 나는 한 사람도 남김없이 역적도배를 절멸하라고 군·경 수뇌에 지시하고 있다. 폭동의 진압은 시간문제이다…….

그 방침에 근거하여 이 정권은 '빨갱이 소탕작전'을 밤낮 강행하면서 한편으로는 남로당원을 선두로 하여 모든 도민에게 사상전향 혈관서약서를 강요했다. 게다가 성내에 국민회훈련원 제주도 분원(원장 김충희)이란 것을 세워 이승만의 충복분자를 다량으로 양성하고, 도민의 애국운동을 압살하여 애국자의 교살에 전투적 역할을 수행하게 하였다. 그리고 49년 5월 14일 제주도지구 전투사령부를 해산하고 그 다음 달에는 자수, 투항, 변절분자들을 모아 「대한보도연맹」이라는 주구단체를 만들고 스파이 밀고운동을 강력히 추진시켜 주민의 상호감시를 강화함과 함께 그들에게 무기를 주어 '게릴라토벌전'에 동원한다는 대 심리, 대 첩보전을 유례없이 강화했다.

이제까지 계속된 흉폭한 소탕전에 의해 제주도 유격대의 중핵세력은 문자 그대로 괴멸하고 조직은 재기불능에 빠졌고, 게릴라대도 생존을 위협받았던 것이다. 물론 빨치산들도 역사의 황폐한 파동에 스러져가는 운명을 알면서도 시종일관 구국의 정열과 청춘의 혈조를 불러일으켜 피로 물든 토벌대의 탐색전에 맹렬하게 맞서고 있었다.

불사조 싸움

6월 4, 5일에 걸쳐 "이승만 정부의 분쇄!" "무고한 인민학살 반대!" "국제연합 한국위원단 반대!" "조선인민공화국 만세!"의 삐리가 전도에 살포되어 권력에 동요를 주었다. 이 사태를 중시한 권력은 즉시 제2연대, 제1독립대대를 동원하여 수장연까지 게릴라탐색전을 행했지만 이미 정보가 흘러 이덕구 지휘 하의 게릴라대는 토벌군을 유리한 지형으로 끌어들여서는 산악전을 교묘히 구사하여 토벌대에게 큰 손해를 입히는 등, 언제나 큰 적과의 정면회전을 피하고 게릴라전의 일반적 전략에 근거하는 '치고 달리는' 전법을 취했다. 이덕구의 교묘한 전투능력과 특징적인 얼굴을 보고, 게릴라들은 이렇게 노래했다.

손에 권총을 들고 전투에 나가는구나
누구인가 그 이름은 무섭다고
좁쌀 같은 곰보자국 그 곰보는 이 · 이 · 이덕구

빨치산들은 절망의 모서리에 서 있었지만, 언제나 뜨거운 신념과 굵은 근성을 발휘하여 대담하게 적의 연락로를 기습하고 나아가 작전기지 및 본거지를 공격 또는 교란하며, 기습전을 계속해 갔다. 그리고 한라산 산비탈에서는 여전히 기색도 누그러짐 없이 봉화가 빛을 내고 있었다.

이덕구는 일시 화북지대를 근거로 각지에 신출귀몰한 출격을 하면서 토벌군을 계속 동요시켰다. 그러던 어느날 80세 쯤 된 농부가 그들을 보고 경찰에 통보하여 토벌군에게 포위습격되었다고 한다. 그는 화북과 삼양 사이에 있는 능선에서 토벌군과 격렬하게 불꽃을 터뜨렸다. 피스톨의 명수로 이름난 이덕구는 기동적인 방어선을 유지하면서 전우들을 후퇴시킨 후 최후의 1발까지 쏘며 몸을 던져 싸웠지만 쏟아지는 적탄에 산화해 갔다.

권력은 그의 사체를 시내의 광장에 이리저리 끌고다닌 끝에 일반시민에게 오랜 본보기로 하기 위해 전신에 알콜을 붓고 십자가에 매달아 오랫동안 구 제주도 청사 앞에 전시했다. 그 가슴에는 “이것은 공비의 수괴 이덕구로 대한민국의 국시를 범한 반역자이다……”라는 포고가 걸려 있었다. 그 후 그는 사라봉 북쪽의 중합에 수장되었다.

그것뿐인랴, 20명 가까운 이덕구의 친척이 역적의 혈연이라 하여 학살되었다. 48년 12월 26일 아침, 군 · 경 토벌대가 신촌부락을 습격하여 부락 내에 거주하는 같은 가계의 어른들을 몽땅 연행했다. 어머니, 숙모, 숙부의 며느리, 여동생, 매형의 아버지와 어머니 등 모두 7명이었다. 이윽고 일련의 총성이 울린 후, 이씨 가족과 관계있는 집은 물론 부락까지 모두 불탔다.

게다가 300호의 태반이 소실되었고, 남겨진 어린애들은 마을의 우익세력들에게 역병귀신처럼 취급되었다. 그리고 6명의 어린애는 49년 1월 어느 날 근처의 경찰서로 연행되어 갔다. 지서 앞의 검은돌들이 뒹구는 폐전에 어린이들이 나란히 세워지고 소총이 난사되었다.

피바다의 공포

여하튼 고립무원에 있으면서도 빨치산은 끈덕지게 싸워 그 강력함을 보였다. 먼저 공격목표가 정해지면 대담하게 행동을 일으키고 소주정예로서 토벌진지를 집중공격했다. 한편 49년 3월부터 ‘축성붕괴투쟁’이 맹렬히 행해져 주요경찰지구를 끊임없이 습격하여 경비체계에 혼란을 일으켰다.

같은 해 6월 말 어느 날 게릴라대는 이덕구 애도전을 전개했다. 자위대의 엄호 하에 화북지서를 급습하여 주민의 원성의 대상인 악질분자 3명을 처단하고 토벌대의 앞잡이가 된 사람을 적발, 단죄하여 죽은 전우의 원한을 다스렸다. 그리고 보급공작을 행하여 식량을 조달하고 유유히 철수했다. 그들은 계엄망 속에서 1사람당 1가마니씩의 쌀을 지고 높이 12척의 성벽을 유유히 넘어갔다. 그 힘의 강력함과 민첩함, 그리고 대담함은 경탄하지 않을 수 없었다고 한다.

군 · 경 토벌대는 같은 해 6월 27일, 잔혹한 보복조치를 취했다. 그 때문에 화북 서동을 불태워지고 빨치산 안치운의 가족과 관련자 17명이 타살당하며 또한 이수열(오현중학생)을 필두로 하여 8촌 친척까지 참살되었던 것이다.

이정권은 세론을 속여 무서운 범죄를 은폐하기 위해 49년 3월부터 재판이라는 단막극을 연출하였다. 그것은 군사재판의 이름 하에 애국자를 구속하고 처형장에 보내기 위한 법정에 불과했다. 그리고 죄없는 사람들에게 계엄법 국가보안법 등의 살인법령이 마음대로 적용되고 A, B, C, D로 분류되어 100명, 200명, 300명 단위로 묶여져 사형이나 기타의 형집행에 처해졌다. 대부분의 사람은 A급(총살)에 넣어져 집단적으로 처형되고 다른 사람은 남한 각지의 형무소에 차례로 보내져갔다. 그러나 그 사람들도 한국전쟁 때 거의가 총살되고 만다.

제국주의자는 항상 차별구조를 이용하여 민중의 대립, 분열을 획책하지만, 제주도에서는 그 위에 '빨갱이'라 부르는 이데올로기 문제를 결부시켜 같은 민족, 같은 도민들 간에 서로 싸우게 하기 위해 반공적 색채가 강한 본토의 정예부대와 서북청년과 같은 반공테러집단을 섬에 보낸 것이다. 그리고 그들은 올 때부터 "제주도 놈들은 모두 빨갱이"라고 생각하도록 선전되고 교육되어 있었다. 그것에다가 섬놈이라는 편견, 본토사람이라는 경박한 우월감이 가해졌던 것이다.

같은 해 6월, 파괴된 조직을 다시 일으키기 위해 이천, 여수지구로부터 2명의 조직책이 파견되어 왔지만, 조직의 재건은 도저히 불가능한 상태에 있고 게릴라전도 쫓기는 상황에 있었다. 거기에서 게릴라는 무엇인가 활로를 찾고자 혈안이 되었다. 그 초조함이 과격한 행동을 낳아 도리어 주민들로부터 지지를 잃는 결과로 되어 "게릴라가 가는 곳, 인민의 피를 흘린다"라고까지 말하기도 하였다.

오직 괴로움만 남고……

4·3 봉기로부터 1년 동안에 걸쳐 살인, 방화, 강간, 약탈, 파괴가 횡행했다. 일제 36년의 지배 기간 동안 제주도에서 행해진 살인, 약탈의 크기에 비한다면 수백 배에 달할 엄청난 일이 겨우 1년 사이에 미국은 예사로 수행했던 것이다.

49년 4월 당시 발표된 당국자의 보고를 액면 그대로 믿는다 하더라도 "도내 5만 7천 가옥 중 2만호가 소실되고 3만 2천두의 돼지와 7천두의 말이 죽었다."

그러나 그보다 더 살아남은 사람들을 짓누르는 것은 마수와 같이 할퀴고 지나간 자리에 늘어서 있던 때로는 참혹한 기억만 남은 7만여 도민의 주검이며, 지금도 여전히 지워지지 않는 피울음으로 가슴 속에 자리잡고 있는 것이다.

그 후 10여 년에 가까운 세월이 흐르고 난 뒤 『조일신문』에서는 다음과 같은 기사를 찾아볼 수 있다.

게릴라의 지도자 중에 나의 친척이 있었다고 하는 도민이 있었다…… 그렇게 말하고 다음은 입을 닫았다. 무서워 떨면서 8년 간을 지냈다. 사건의 일을 말하면 도민은 입을 닫았다. 말하면 아무리 해도 반정부적으로 된다. 결코 공산주의자는 아니지만…….

사건의 진상의 일단을 비추는 함축성이 있는 말로 생각된다.

제3부
자 료

제주도 4·3 항쟁에 대한 기록은 "지워진 것이 아니라 쓰여지지 않았다"는 점에서 앞으로의 그 정당한 실체의 규명은 정책적으로나 학문적으로도 우리 시대를 넘길 수 없는 숙제이다.

본 자료를 편집함에 있어서 4·3항쟁의 기록이 "이제 비로소 쓰여져야 한다"는 문제의식에서 편자는, 수집 가능했던 자료 중에서 당시의 각 정파나 시각에 관계없이 '민중의 항쟁'의 진상을 알려줄 수 있는 1차 자료를 엄선함으로써 앞으로의 작업진행의 디딤돌이 될 수 있도록 하였다.

"제주도 4 · 3 민중항쟁"을 조명한다

1. 문제의 제기

제주도의 '4 · 3'봉기는 지금까지 철저하게 은폐되고 왜곡되어 최소한의 사실조차도 전혀 알려져 있지 않은 역사적 사건이다. '4 · 3폭동' 내지는 '4 · 3사건'으로 알려지고 있는 이 역사적 사건은 너무도 엄청난 피해를 낳은 해방 후 최대의 민중항쟁이요 봉기였다.

이에 우리는 묻혀지기를 강요받았던 역사적 진실의 현재적 복원(復元), 즉 사실확인을 제1차적 목적으로 '4 · 3'에 대한 제주도 현지 취재를 한 바 있다.

이 '4 · 3'의 거대한 진실에 접근하면서 우리는 그것이 왜 발발하게 되었는가, 하는 역사적이고 구조적인 배경 및 요인에 대해 검토하게 될 것이며 '4 · 3'의 성격을 제한적으로나마 느껴보게 될 것이다. 이러한 역사적 진실의 현재적 복원과 함께 우리는 '4 · 3'이 갖고 있는 한국 현대사, 특히 민족갈등기인 분단 8년사 속에서의 위상을 재정립해 보려는 시도의 일환으로 실시된 제주도 현지 취재 내용과 당시 체험 세대의 증언을 토대로 '4 · 3'의 일단면이나마 표현해 보려고 한다.

그것은 제주도 출신의 작가 C씨의 말처럼 "지금 현재의 급선무는 좌이니 우이니 하는 일방의 책임을 전제로 하는 단선적(單線的) 이해의 경직성을 탈피하고, 이데올로기에 매몰되지 않은 허심탄회한 상태에서 '4 · 3'이라는 사건 자체의 사실규명"이라는 주장과 일치하는 것이기도 하다.

이 '4 · 3'에 대한 객관적 접근을 통해서 우리는 저 저주스러운 조국분단의 본질에 대해서 비교적 총체적 인식을 획득할 수 있다. 즉 '4 · 3'의 배경 · 원인과 전개과정을 검토하면서 우리는 첫째로 미국의 전휘 세계지배전략과 대한(對韓) 식민지화 점령정책의 본질, 둘째로 단선단정(單選單政) · 분단국가수립의 성격, 셋째로 남한의 국가형성세력(이는 형성된 남한의 '국가기구'와 '국가 자체'와는 차별성을 갖는 개념이다) 즉 지구 · 군 · 경찰 · 관료 · 우익테러단체의 반민족성 · 반민중성 · 폭력성, 넷째로 해방 후 좌익의 변혁전략 · 전술 등에 대해서 재검토해 볼 수 있을 것이다.

2. 기존 연구에 대한 비판적 검토 및 분석의 틀

'4 · 3'에 대한 연구는 국내외를 통틀어 전무하다고 해도 과언이 아닐 정도로 찾아보기 어렵다. 영문으로 된 한 편의 논문과 몇 권의 단행본에 조금씩 소개되어 있을 뿐이다.

또 그 당시의 사건을 보도한 신문이나 기타 실증적 자료(raw materials)가 전혀 공개되지 않고 있는 실정이다.

그러나 이러한 연구들은 한결같이 많은 문제점을 갖고 있다고 보인다.

첫째, 사실인지(事實認知)에 있어서의 허다한 오류와 '4 · 3'에 대한 사회과학적 분석은 차치하고서라도 그 봉기의 전체상조차 정확히 파악하지 못하고 있는 것처럼 보인다.

둘째, 극도의 '이데올로기적인 편향성'에 의한 역사적 진실의 자의적 왜곡이다.

셋째, 제주도의 '특수성'에 대한 일방적 강조가 내포하고 있는 한계이다. 제주도의 역사적 · 지형적 특수성만을 일방적으로 강조해서는 '4 · 3의 성격 및 한국현대사, 특히 면면히 흐르고 있는 민족운동선상의 위상을 정확히 파악할 수 없다. 그러므로 제주도의 제반 특수성을 결코 간과하지 않으면서 제국주의에 의해 강요된 보편적 모순구조와 그것의 제주도 수준에서의 억압 및 이에 대한 저항 · 극복의지로서 '4 · 3'을 파악하려는 전체적 · 보편적 · 구조적 수준과 변혁운동적 측면을 동시에 포괄해야 한다. 즉 당시 '남한 정치 정세에 의한 집중적 반영'으로서 제주도 민중에게 가해졌던 이중적 억압구조와 그것에 대한 민중들의 구체적 저항으로서 파악하여야만 '4 · 3봉기'의 전체상에 대한 총체적 이해가 가능하기 때문이다.

넷째, 일면적 · 부분적 서술을 극복하여야 한다. 역사 또는 구조 · 지리적 조건, 정치정세, 문화적 요인 등 어느 한 측면만을 보아서는 '4 · 3봉기'를 제대로 이해할 수 없다. 이들을 종합적이고도 통일적으로 고려하는, 즉 역사와 구조가 만나고 거기에 민중들의 자각적 변혁의지가 가해지는 역사 · 구조 · 운동이 만나는 결절점(結節點)에서 특정한 시점에 주어진 공간에서 발생한 역사적 사건에의 총체적 파악이 가능하다.

다섯째, 성격규정에 있어서의 문제점이다. 전기(前記)한 여러 문제점으로 인하여 '4 · 3'에 대해서는 사건 · 소요 · 반란 · 폭동 · 동란 · 항생 등 비과학적 서술이나 이데올로기적인 일방적 왜곡이 많았다. 그러나 이 역사적 사건의 성격은 결코 폭동이나 반란이 아니라 민중들에게 가해진 한계적 질곡을 민중들이 주체적으로 극복하려는 저항 · 항쟁의 한 표현형태로서 '민중봉기'로 봐야 한다.

3. 예비적 논의

'4 · 3봉기'에 관한 고찰에 앞서 우리는 몇 가지 주요한 전제들에 대한 예비적 논의가 필요함을 느낀다.

왜냐하면 기본적인 전제에 대한 이해없이 '4 · 3봉기'를 총체적으로 이해하는 것은 불가능하기 때문이다.

파쇼진영과 자본주의 및 사회주의 진영간의 대립(이것은 장차 제국주의와 식민지 피압박민족간의 격렬한 민족해방투쟁을 예고하고 있었다)을 기본축으로 전개되었던 2차 대전의 종결은, 파쇼가 남기고 간 거대한 공간을 놓고 이미 자본주의와 사회주의 진영의 전면적 대립으로 변전함에 따라 미제국주의는 전후세계 지배구도에 따라 제 3세계에서의 혁명을 철저히 분쇄하는 식민지화 반혁명전략을 수립, 그곳에 미국의 이익이 전일적(全一的)으로 관철되는 친미반소정권의 수립을 추진한다. 발칸반도에서의 그리스 내전에의 개입은 유럽에서의 대표적 사례였으며 아시아에서는 어느 곳보다도 혁명열기가 높았던 한국이 미국의 제국주의적 침략의 첫 번째 대상이었다.

역사적으로 '군정(軍政)'이라는 이름으로 전개되었던 제국주의 국가의 대(對)제 3세계 통치방식익 제3세계 피압박민족을 위해 행해졌던 사례를 우리는 알지 못하며 그것은 명백히 '식민통치방식'의 하나였다. 그러므로 8 · 15 이후 남한에서의 기본적 대립축은 좌–우대결이라는 전위(轉位)에 의한 현상적 측면이 아니라 본질적으로 미국 및 반군정과 남한민중들이었으며, 당시 남한민중들의 변혁을 위한 항쟁은 일제시대와 전혀 차별성을 갖지 않은 제국주의 현지 지배권력(총독부→미군정) 및 그 본국 (일본→미국)을 대상으로 하는 민족해방투쟁이어야 했고, 항쟁의 성공은 그것을 뛰어넘어야 하는 지난(至難)한 것임을 암시해 준다.

미군정의 성격은 본국의 제국주의적 지배전략을 충실히 수행하는 현지통치 기구로써 지주 · 군 · 경찰 · 관료 · 우익 등 일제 하 친일민족반역자나 그 수혜 계급을 재등용시킨 것은 그들로서는 제 2의 식민지화를 위한 오히려 '자연스러운 통치방식'이었다. "한국은 미국의 적이며 따라서 적국에 취하는 관례에 따라 모든 것을 수행하라"라는 주한미군사령관, '하지'의 지시나 "점령군의 모든 활동은 적국에 실시하는 관례와 규칙에 따르라"는 미군정 공식문서에 이르면 미군이 점령군이었는가 아니었는가 하는 논쟁은 차라리 진부해 보인다. 8 · 15가 제국주의로부터의 진정한 '해방'이었다면 당연히 역사와 민족의 이름으로 처단되어야 할 친일파들은 미국이 그들을 재등용시키자 일본에 바쳤던 충성보다도 훨씬 더 '헌신적으로' 미국에 충성하였다. 또 그들은 미국의 통치논리를 따라 일제시대 민족해방을 위해 투쟁하던 동족을 탄압할 때보다 더욱 더 강력하게 동족을 탄압하였으며 그것은 예의 '빨갱이' 소탕이라는 이름으로 정당화되었다.

이렇든 '4 · 3봉기'에 대한 이해의 단초는 제국주의와 남한민중 간의 모순이 섬땅 특유의 제반 조건에 따라 제주도 민중들이 이중적 질곡에 얽매여 있었다는 점에서 찾아질 수 있다.

4. 제주도 특수성에 관한 고찰

1) 제주도의 역사에 대한 일면 고찰

제주도는 육지로부터 멀리 떨어진 섬으로서 역사적으로 중앙정부로부터 유리, 독립적 성격이 강했다. 여 · 몽연합군에 의해 점령되기 전까지만 해도 탐라국이라는 독립국가로서 제주도는 지리적 절연으로 인한 공간적 폐쇄성 및 그에 기인한 공동체의식을 공유하게 된다. 이 지리적 절연(絕緣)과 강한 혈연

공동체는 '4 · 3봉기'시 저항의 치열성에 기여함과 동시에 그 피해를 막심하게 한 주요한 요인이도 하다. 조선조에 들어와 제주도 민중들은 중앙정부와 탐관오리의 가혹한 착취에 저항, 간단없는 반봉건투쟁과 반중앙정부 분리주의 투쟁을 전개한다. 이것이 제주도 민중들에게 강한 저항의 전통 (little tradition)을 심어주었음은 물론이며 자신들의 최소한의 요구와 공동체질서를 파괴하려는 외부로부터의 부당한 착취 및 억압에 대한 가장 효과적인 저항의 수단이 무엇인가를 깨닫게 한다. 조선조말에 보여지는 대규모 농민봉기(1898년과 1901년의 방성칠 및 이재수 주동의 농민봉기)에서는 중앙정부뿐만이 아니라 외세의 제국주의적 침략에 대해서도 분연히 저항, 치열한 항쟁을 전개한다.

일단 대외적인 항쟁이 시작되었다 하면 전 도민이 단결하여 저항하는 공동체의식을 여기서도 엿볼 수 있으며 이는 일제하 해녀투쟁, 반제투쟁을 거쳐 4 · 3봉기에까지 이어져 내려온다. 제주도의 일제 하 반제 민족해방투쟁의 경험도 제주도가 처했던 객관적인 사회경제적 조건의 열악성만큼이나 치열, 본토를 능가하는 빈번한 저항의지를 표출한다.

2) 8 · 15 직후 제주도의 사회 경제적 조건

1945년 8월 15일 일본제국주의의 패망 후 제주도에 조성된 객관적인 사회경제적 조건은 여러가지 면에서 육지와는 달랐다. 우선 일제 하 해외로 이주했던 도민들이 대거 귀환, 도민의 숫자가 급증했다.(일반적으로 15만에서 30만으로 두 배 이상 증가했다는 주장은 부정확한 듯하며, 중요한 것은 이러한 양적인 측면보다는 그들 귀환동포들의 '의식성향'이라고 여겨진다. 이들 중 많은 숫자는 상당히 진보적인 의식을 소유했으며 실제로 그들은 4 · 3봉기시 중요한 역할을 수행한다)

제반 경제조건 또한 극도로 열악, 실업률이 급증했으며 밀무역(密貿易)등 기존 교역관계가 불법화, 폐쇄되었으며 해외로부터의 송금이 격감했고, 북한의 천연자원, 비료 등 공급중단으로 소규모나마 존재했었던 생산공장의 가동이 중단되었다. 이밖에도 운송과 통신의 마비로 육지와의 연락관계가 불편했으며 도 승격에 따른 각종 부담, 잡세가 신설되거나 증가되었다. 한편 육지민들의 횡포가 만연됨으로써 사회분위기 또한 극도로 혼란해졌다. 이러한 객관적 조건으로 봤을 때 당시 제주도민들의 선택은 "앉아서 빼앗기느냐, 싸워서 이기느냐" 외에 달리 선택이 없었다 해도 과언이 아닐 것이다.

3) 8 · 15이서 '4 · 3봉기'에 이르기까지의 제주도의 정치정세

제주도는 8 · 15후 민중들과 그들의 전위(前衛)였던 좌익 민족주의자들의 정치적 헤게모니를 완전히 장악 '사실상의 정부'(de facto Government) 혹은 '사실상의 독립'(de fact Independence)수준이었다.

말을 바꾸면 「제주인민공화국」, 「제주꼬뮌」의 수준이었다고 할 수 있다.(육군 본부 자료참조)

인민위원회의 경우 도-읍 · 면-리 수준에까지 통일적으로 조직체계를 완비, 실질적 행정기능까지 수행하였다. 뿐만 아니라 각종 외곽단체까지 조직화에 성공, 그들 또한 활발히 기능함으로써 초기 인 · 위의 정책은 도민들로 하여금 상당한 정도의 정통을 부여받게끔 하였다. 이는 46년에 실시된 남조선과도입법의원 선거에서 제주도만이 유일하게 도인민위원출신의 좌익을 당선시킨데서도 확인할 수 있다. 반면에 미군정 및 우익(거의 전부 친일파)은 명분과 조직화 · 지지도에서 상대적으로 현저한 열세에 놓여 있었다. 미군정이 인민위원회의 및 제주도 민중들에게 (그 후에 비해) 비교적 협조적이었던 것도 본토로부터의 군 · 경찰, 서청(西靑)등 우익테러단체 및 장비 등의 강대한 물리력 확보될 때까지의 열세를 만회하기 위한 것으로 볼 수 있다.

그러나 일단 물리력이 확보되자 좌충우돌이 급증하였으며 그중에서도 특히 육지출신의 경찰과 서북청년단(북한의 토지개혁시 토지를 몰수당하고 월남한 극단적 반공우익 테러단체로서 조병옥의 요청으로 제주도에 파견된 살인청부집단) 및 친일파들의 만행과 그에 대한 제주도 민중들의 저항으로 양자 사이의 갈등이 폭발직전으로 첨예화되었다. 여기에서 미국의 전형적인 대(對) 제3세계 통치전략, (직접적 군사개입에 의한 대량살육작전이 필요한 시기까지는 철저히 "동족끼리 싸우게 하라"라는 전략)을 확인할 수 있다. 즉 그들은 육지와 제주도간의 지역적 대립(전자의 후자에 대한 수 세기에 걸친 착취에 억압에 의해 형성된)을 이용, 육지출신 군·경찰·「서청」으로 하여금 제주도민중을 탄압하게 했던 것이다.

이러한 폭력적 탄압에 제주도 민중들이 저항하자 미군정과 군경은 더욱더 막대한 병력을 동원 탄압을 가중, 제주도를 암흑의 섬으로 몰아간다. 이때부터 제주도민들 중에는 다시 일본으로 건너가는 이가 생겨났으며 제주도의 정치조직들은 지하로 잠적하거나 비밀조직화하기 시작했다. 이때부터 극악화된 경찰 및 서청의 개인 및 가족에 대한 테러를 피하기 위해 한라산으로 입산하는 자도 생겨났다. 오늘의 제주도 노인들은 4·3 이후는 차라리 일제시대보다도 더 살기 어려웠다고 말하곤 한다. 이처럼 미군정, 군·경의 탄압이 지속적으로 계속되는 가운데 제주도 민중들이 더 이상 인내할 수 없는 인내의 극단으로 몰고가 '4·3봉기'의 직접적 도화선이 된 '3·1절 기념시위 사건'이 47년에 발발한다.

3·1절을 기념하는 기념식을 마치고 기념행진을 하던 도민들에게 경찰이 발포, 어린애 하나가 경찰의 말발굽에 밟히는 등 6명이 사망하고 8명이 부상하는 최악의 사태로 발전한다. 이에 제주도 민중들은 미군정과 경찰에 사과

와 처벌 등의 요구조건을 제시하나 거절당하자 미군정관리 및 경비대까지 가담하는 총파업을 단행, 전도의 행정업무를 문자 그대로 완전히 마비시킨다. 미군정, 경찰은 사과와 수습은커녕 오히려 육지로부터의 병력을 증파, 전율할 '빨갱이 색출'을 실시, 전도를 무법천지의 '붉은 섬(Red Island)'으로 만들어 간다. 제주도는 일촉즉발의 위기에 직면, 폭발직전의 화약통이 되어갔다. 제주도는 이미 인간이 '인간적 존재로서 기능'하는 것조차 거부되어야 하는 '저주'의 섬으로 화해갔던 것이다.

5. '4 · 3봉기'의 전개과정과 그 귀결에 대한 약술

1948년 4월 3일 새벽 2시, 한라산 정상을 위시한 주요 오름(岳)에 봉화가 오르는 것을 신호로 삼아 무장한 게릴라들이 –이들은 이미 48년 2월 이전부터 입산(入山)하여 봉기를 준비하였다고 전해진다.– 행동을 개시하여 제주도내 15개 경찰관서 중 14개를 습격함으로써 본격적으로 발발된 '4 · 3봉기'는 전술한 바와 같이 '단선군정' 반대를 기치로 반미 · 반경찰 · 반서청을 표명하며 시작되었다. 이들은 날이 새면서 악질적인 친일파와 반동관료배 경찰 및 서청단원 몇 명을 처단한다.

이렇게 하여 시작된 제주도 '4 · 3봉기'는 57년 4월 2일 마지막 파르티잔인 오원권(吳元權)이 생포될 때까지 만 9년 간에 걸쳐 전개된다. 그러나 사실상의 전투와 항쟁 그리고 살육은 48년과 49년에 집중되었다.

이를 몇 개의 소 시기로 나누어 보면, 먼저 4월 3일부터 동 17일까지는 전도가 폭동전야처럼 별다른 교전없이 평온을 유지한다. 이때 제주도민의 상당한 수가 게릴라들을 따라 한라산으로 입산하게 된다.

이것은 당시 제주도 민중들의 성향과 좌익에 대한 지지도를 가늠해 준다고 하겠는데, 제주도 현지에서 '4 · 3'문제를 연구하고 있는 M씨는 "이것은 반군정과 경찰 · 서청의 극악한 탄압에 대한 자기생존적인 방어노력이며, 이러한 자기방어가 좌익으로 이념적 편향화된 것 같다"라고 말한다.

4월 17일, 전투가 시작되고 가공할 진압병력이 동원되어 전 도는 공포의 도가니로 화하였다. 그러나 이때 군은 봉기를 순전히 민과 경찰 및 서청간의 갈등으로 보고 개입을 자제한다. 당시의 대부분의 군, 미군정, 제주도현지의 자료나 육지의 신문이나 답사기에서도 거의 전부 사건의 발단은 경찰과 서청의 횡포와 탄압 때문이었다고 기록하고 있다.

이렇듯 경찰과 서청의 탄압이 가중되고 있는 가운데 제주도 인민유격대장 김달삼과 제9연대장 김익열이 대좌, 극적으로 5개항에 합의하고 전 도는 '일시적'인 평온을 유지한다. 그러나 군을 좌익으로 의심하는 경찰의 공세재개로 합의는 백지화되고 상호간에 보복이 자행되고 희생이 늘어갔다. 그러나 이때까지만 해도 아직 피해는 크지 않았다.

여기서 우리는 내전의 중요 특징 중의 하나를 추출해 낼 수 있다. 즉 초기의 좌익 게릴라들의 공세시 피해는 극히 소규모였으나, 정부군내지는 우익의 토벌작전시에는 무차별 대량살상이 자행된다는 점이다.

마을의 전 주민이 거의 몰살을 당했던 북촌리와 '수망리(水望里)'에서 만난 주민들은 "당시 토벌대의 살상은 산폭도와 비교가 되지 않는다"라고 술회했다.

또 당시 제9연대장 김익열 소령도 그의 수기에서 "사건의 발단은 민심을 뒤흔든 무자비한 탄압이었으며 경찰대의 무차별한 살육 때문에 진압은 더욱 힘들었다"라고 기록하고 있다.

5월에 들어서면서 전열을 정비한 게릴라들은 '단선 반대 및 지지'에 더욱 주력하여, 남한 어느 지역에서보다 강력한 공세를 펼친다. 그 결과 3개 선거구 중 2개의 선거구에서 선거가 파탄되고, 이에 토벌대는 육지로부터의 병력을 증파하여 군경-서청합동의 전면적인 진압작전을 개시한다.

방화-초토화-소개작전을 구사, 게릴라의 근거지를 완전히 빼앗는 '삼광작전(三光作戰)'과 불태우고, 죽이고, 굶겨없애는 '삼진작전(三盡作戰)'으로 치떨리는 '사람사냥'을 전개한다.

하나하나 골라서 사살하는 것이 아니라 무조건 집단학살하는 가공할 토끼몰이식 '투망살육작전'이었다. 그렇게 여름이 지나갔다.

9월 들어 게릴라의 공세가 재개되자 그 공세의 수십 배에 달하는 반격이 가해지는데, 그것은 "전 섬에 가솔린을 붓고 빨갱이는 모두 죽여도 좋다"라는 조병옥 당시 경무부장의 말이 상징적으로 뒷받침한다. 가을과 겨울, 그리고 이듬해 봄에 걸쳐 무고한 민간인을 포함한 하루 평균 1백여 명이 넘는 도민들이 소위 '빨갱이 소탕작전'의 와중에 무고하게 희생당했다. 또한 경찰측이 게릴라와 주민과의 연계를 차단시키기 위해 쌓은 성(축성작전) - 현재 조천면 낙선동에 일부분이 남아있음- 게릴라의 가족 등을 인질로 이용한 '선무공작' 등도 희생의 피해를 가중시킨 큰 요인이다.

49년 4월들어 이 봉기는 일단락된다. 비록 간헐적인 교전은 있었으나 이미 게릴라부대의 전력은 급격히 약화된 뒤였다.

이렇듯 토벌대가 연인원 백만이 동원되고 전 도민의 3분의 1 또는 4분의 1이나 되는 6만(혹자는 3~8만으로 추정)이 희생되는 참혹한 살육이 어떻게 발생할 수 있었을까.

'4 · 3'연구가들과 현지 체험세대의 증언을 종합 · 재구성하여 이를 검토해 보면, 먼저 '주어진 조건'인 지리적 고립, 초토화의 토벌작전과 상호간의 대량 보복, 군 · 경간의 업적을 위한 살육경쟁, 그리고 '역량'과 '조건'을 올바로 평가하지 못한 좌익들의 엄청난 '전술적 오류'와 모험주위적인 무책임성을 들

수 있다.(많은 주모자들이 봉기발발 후 섬 밖으로 탈출하였다.) 이를 작가 현길언(玄吉彦)은 그의 소설에서 "불이 이는데 바람을 일으키나, 그 바람을 일으킨 자는 뒤로 물러앉은 격"이라고 비유, 묘사하고 있다.

그러나 많은 민간인들이 '빨갱이'로 몰려 무고하게 희생된 무엇보다도 중요한 단초는 토벌대의 무자비한 진압전술에 있었다는 데는 좌·우 양측의 견해가 일치한다. "육지인들이 제주도민을 사람으로 봤다면 도저히 그럴 수는 없었을 것"이라는 중산간(中山間)부락에서 만난 어느 할머니의 말이 이를 잘 표현해 준다.

어쨌든 이 '4·3'으로 인해 제주도와 제주도민이 치른 대가는 너무나 엄청난 것이어서 오늘날까지 복구가 안 된 지역이 있을 정도라고 현주민들은 말한다. 또 상흔은 물리적으로나 정신적으로 제주도민의 가슴팍에 응어리져 40년이 지난 지금까지 남아있다.

6. 맺음말

우리는 제주도를 가르켜 흔히 '한국의 하와이'라고들 한다.

야자수나무가지가 드리워진 가로수길 노오란 유채꽃밭과 감귤밭의 정경, 조랑말이 한가로이 풀을 뜯고 있는 목가적 풍경의 한라산과 각 오름(岳)들.

게다가 사시사철 내외국인이 관광객으로 넘실거리고 이국적 풍취 물씬 풍기는 '석다(石多)·풍다(風多)·여다(女多)" '삼다(三多)'의 이섬은 가히 '한국의 하와이'라 할 만하다. 그래서 남북을 가로질러 30km가 된다는 한반도 남서해안에 위치한 이 섬은 이방인의 눈으로 보면 그렇게 평화롭고 낭만적인 곳일 수 없다.

하지만 아직도 한 세대가 넘어 지나버린, 그래서 그 세월의 길이에 비례해서 잊고 싶고 또 망각을 강요받아 온, 그러나 결코 잊을 수 없는 씌어지지 않은 역사, 잃어버린 비극의 현대사가 순박한 섬사람들의 가슴팍에 시퍼렇게 멍울져 결코 지워지지 않을 원(寃)으로 남아 있다.

제주도 인구의 3분의 1이란 엄청난 숫자의 도민들이 빨갱이로 내몰려 참혹한 '인간사냥'의 와중에 무고하게 희생됐던 그날 사람들은 아직도 너무나도 무덥고 유달리 추웠던 미친바람이 불어대던 그 광란의 세월을 잊지 못한다. 한 마을사람들이 전원 몰살당하기도 하고, 한 가족이 전부 죽기도 해서 어느 마을에는 부락 공동의 제사가 행해지기도 한다.

'자라보고 놀란 토끼, 솥뚜껑만 봐도 놀란다.'라는 말처럼 제주사람들은 '4 · 3'이야기만 꺼내면 무슨 되살리기 싫은 악몽처럼 진저리를 친다. 오죽했으면 '4 · 3'이 무어냐고 묻기라도 할라치면 경계의 눈초리부터 보내면서 주위를 두리번거릴까? (이토록 엄청난 비극의 역사가 이렇게 처절하게 난도질당한 채 40여년 간이나 은닉되어져 왔다는 것은 놀라운 일이다.)

전술한 바와 같이, 우리에게 가장 중요한 과제는 당시의 '4 · 3'의 현장에 있었던 체험세대들이 모두 세상을 떠나기 이전에, 그들의 생생한 증언을 수집하는 것부터 시작하는 '4 · 3구명'이어야 한다. '4 · 3'연구가 S씨의 말처럼 "이데올로기에 매몰된 역사가 아닌 정직하고 종합적인 체계적인 연구가 나오지 않는다면 후세에 좌 · 우 편향의 역사만이 남게 될 것"이라는 우려를 명심해야 한다.

또한 '4 · 3'을 연구하려는 사람들도 "4 · 3이 무슨 유행인가?"라고 반문하면서 "제주인의 아픈 상처의 내면과 공감대를 형성하려 하기 이전에 일개의 사회과학적 한 주제로만 4 · 3을 파악하고 또 운운하는 것은 용납할 수 없다."라는 제주의 어느 시인의 질타를 잊어서는 안 될 것이다.

당국 역시 오늘날의 좌 · 우익 개념들로만 당시 상황을 재판하려 하거나 해석하면서 무조건적으로 '4 · 3'을 금기시 · 백안시(白眼視) 하는 오류를 시정해야 한다.

남들은 제주도를 일러 '분노와 통곡 없이는 갈 수 없는 땅"이라고 하지만, 실지로 '4 · 3'의 실체가 드러나지 않고 정리되지 못한 채로 망각만을 강요받는 상황이라면, 또 "제주사람이 아니고는 제주바다를 알 수 없다"라는 어느 시인의 외침이 유효한 상황이라면, 제주인의 한은 활화산 속에서 이글거리는 마그마처럼 풀리지 않는 유제일 수밖에 없으며, 또 그것이 어떠한 비극적 현대사를 배태시킬지도 모르는 일이었다.

–「高大新聞」, 제1061호(1987, 10월 19일)에서 전재.

救國戰線 先鋒隊로 單選單政粉碎에 死鬪

-(上) 反動肅淸에 英雄的 血戰 벌어진 濟州道

祖國을 防禦하기 爲하여 民族의 先頭에서 死鬪하는 濟州道 愛國同胞를 救出하자!

국토양단과 민족분열로써 우리조국을 식민지 군사기지화하려는 미제의 침략정책, 단독수립정부 수립을 한걸음 앞에 두고 이 민족의 피를 받고 이 땅에 삶을 누리는 자 그 어느 누구인들 애국의 정열이 복바치며 순국의 피가 뛰지 않을 자 있으랴! 조국과 민족을 구출하라는 성스러운 구국투쟁은 이 강산 삼천리 방방곡곡 흔들리지 않을 곳이 없고 이 민족 삼천만 어느 누구를 막론하고 일어서지 않는 자없이 피의 항쟁에 돌입한 이때, 비록 이 제주도가 남쪽바다 외로운 섬이라 할진대 노도와 같은 구국의 열정이야 다를 수 있으랴! 아니! 도리어 열정적이면서도 가장 정직한 이 땅의 인민들이야 말로 예로부터 내려오는 그들 전통의 피를 계승하여 전조선인민 선두에 서서 어느 누구보다도 더욱 자기희생적으로 미제와 그 주구들이 음모하는 단선단정 분쇄투쟁에 혈전을 전개하고 있으니 아래에 구체적 사실을 소개하기로 한다.

1. 사건의 원인 동기

그러면 어째서 제주도 인민들은 오늘날 이 역사적 성전을 전개하게 되었는

가. 그것은 과거 3년 간 미제의 침략정책과 그 앞잡이 친일파 민족반역자들의 착취와 폭압, 학살, 이 모든 시련 속에서 성숙된 것이다.

특히 작년 3월 1일 평화인민의 시위행렬에 대한 경찰의 불법발포로 인한 학살사건으로 일어난 3·1사건, 단선단정반대, UN조선위원단 추방의 2·7구국항쟁 등 이러한 사건들이 일어날 때마다 반동경찰, 강도테러단, 합작의 야만적 폭압학살이 계속되었으니 이것이 제주도사건의 원인(原因)이 된 것이다.

이렇게 인민들의 원망의 적(的)이 되어 있는 반동 경찰이 3월 1일을 기하여 수많은 인민들을 예비검속하며, 다시 나아가 망국멸족의 단선등록을 강요하여 고문학살을 자행하자 참다참다 참지 못한 인민들은 앉아 죽느냐? 일어나 싸워 이기느냐? 기로에 서서 조국을 구출하자는 일편단심으로 일치단결, 마침내 4월 3일 일어선 것이니, 이것이 바로 이번 제주도의 위대한 구국투쟁의 직접동기가 된 것이다.

2. 구국인민 유격대의 위용

1) **구성** = 민주운동, 특히 UN배격 2·7항쟁으로 반동경찰의 추궁을 받고 피신하고 있는 민주진진영 지도자 수천 명으로 구성되어 학병·중병출신의 민애청원을 중심으로한 청장년이 대부분이다. 그 중에서도 이채를 끄는 것은 이번 투쟁에 시작되었던 4월 3일 맹휴로 들어간 제주농업고등학교·제주중학교생들이 과감하게 참가하여 철석 같은 진용을 구성하고 있다

2) **무장** = 일제가 전시 20만 대병의 군비로 은폐저장하여 두었던 무기탄약과 미국상륙 후 바다에 집어넣었던 무기 등을 꺼내어 확보한 것 등이라는데, 죽창·철모자(鐵帽子)·일본도는 물론이요 권총·장총·기관총도 있고 대포

까지 가지고 있다 한다. 그리고 탄환, 수류탄 등도 거의 무진장이라고 한다.

3) **보급과 정보수집** = 제주도 3십만 인민들이 장구한 시일 이전에서 탄생하고 성장하고 죽고 하는 친척이나 연척(緣戚)이 아니 닿는 자가 없을 만큼 서로 얽히어 있다.

친부자가 아니면 족숙(族叔)이 아니면 생서(甥婿), 또는 사돈, 사돈의 사촌 이렇게 관련을 가지고 있으므로 이러한 인적 관계도 있어 그들 자지를 구하기 위하여서도 모든 편의를 도와줄 것이어늘, 항차 외제의 침략으로부터 조국을 구출하고 도탄에 빠진 민족을 구하려는 대의명분에서 나온 거사임에 있어서랴! 이렇게 인민들과 인민유격대는 밀접한 관계를 가지고 있는 만큼 정보제공은 물론 식량공급, 무기공급, 기타 일용품까지 무엇이든지 인민유격대가 필요한 것은 도민들이 자진하여 알선제공하고 있어 30만 도민과의 강철같은 접합으로 항전을 계속하고 있다.

4) **훈련과 전술** = 규율이 엄격함은 물론이요 매일 전투훈련을 시켜 일사분란의 강철같은 조직을 만들어 내었고, 학병 · 중병의 실전에 경험을 가진 훌륭한 부대들이 많이 있어 백전백승의 전과를 거두고 있어 반동경찰도 감히 손을 대지 못한다고 한다.

그 유도작전의 일례를 들면 얼마 전 일진 약 10여 명으로 구성된 소부대가 나타나서 경찰을 습격한다. 그러면 경찰이 이것을 추격하여 사격거리에 이르면 이 소부대는 흩어져 없어져 버리고, 다시 약 20명이 되는 제 2부대가 나타나서 도전한다. 그러나 경찰이 다시 이것을 추격하여 사격거리에 이르면 이 제2부대도 또한 흩어져 없어져 버리고 조금 더 큰 부대, 제3부대가 나타난다.

경찰은 이제는 자기 힘이 부복함을 알고 퇴각하려 하나 이때에는 이미 퇴각할 길이 차단되고 포위상태에 빠져서 허둥지둥 전멸되고 만다. 이것은 한가지 예에 불과하나, 그 민활한 동작과 교묘한 작전은 항상 경찰에 타격을 줄

뿐이고 인민유격대에는 손상이 없다 한다. (계속)

－南朝鮮勞動黨 中央委員會 機關紙, 『노력인민』 제 92호

(1948년 5월 25일자), 서울, 노력인민社, 2면에서 전재

祖國의 植民地粉碎戰에 全島 殉國熱情으로 灼熱!

-(中) 反動肅淸에 英雄的 血戰 벌어진 濟州道

祖國을 防禦하기 爲하여 民族의 先頭에서 死鬪하는
濟州道 愛國 同胞를 救出하자!

3. 전투결과

1) **행동개시** = 4월 3일 오전 두 시를 기하여 전도인민이 일제히 행동을 개시하였다. 먼저 전신, 전화선을 차단하고 교량을 파괴한 후 반동경찰의 거점이요 인민의 원부(怨府)인 도내 13 경찰지서를 일거에 습격하여 인민의 학살을 일삼던 악질 경관 50여 명을 통쾌히 숙청한 다음, 테러단의 두목과 매국노의 수괴를 숙청하기 시작하여 당야(當夜)에만 30여 명이 소탕되었다. 그러나 인민들은 비록 악질반동의 집이라 하더라도 무고한 노·유부녀자에게는 손끝 하나 대지 않았다.

그 후 계속적으로 매일같이 하루 한 건 정도는 반동경찰을 숙청하고 십여 일이지난 후에는 악질 반동분자 숙청에 노력하여 왔는데, 그간 소위 경찰토벌대와의 접전은 수십 회에 이르렀으나 연전연승 빛나는 전과는 항상 인민자위대에게 있었으니, 그 중 중요한 전투의 몇 가지 예를 들면 다음과 같다.

2) **봉개봉의 전투** = 4월 14일 비로서 제주읍 남부 약 시오리 지점 봉개봉(奉蓋峯)에서 제8관구에서 파견된 응원대를 중심으로 조직된 소위 '경찰토벌

대'와 접전하였는데, 미국제 소총과 기관총으로 무장한 반동경찰대는 여지없이 패배되어 사상사 수명과 행방불명 20여 명을 내었고 화물자동차 한 대를 빼앗긴 채 도망하여 버렸고, 인민자위대는 개선의 봉화를 봉개봉 산상에 올리는 동시에 인민항쟁가를 높이 불러 그 우렁찬 소리와 봉화의 큰 불꽃은 반동의 소굴인 읍내를 완전히 위협하여 이들을 전전긍긍케 하였다.

3) **애월(涯月) 부근에서의 전투** = 손(孫) 경감이 지휘하는 소위 강력한 기계화 부대와의 조우전은 오월초순 애월 부근에서 벌어졌다. 적은 미국제 기관총과 기타 무기로 무장하였으며 그 수에 있어서도 훨씬 우세하였다. 그때 우리 인민자위대에게는 소총과 수류탄이 있을 뿐이며 수에 있어서도 열세였다. 그러나 우리 인민자위대에게는 조국을 구하려는 대의와, 침략자 및 그 앞잡이에 대한 치열한 분노와 증오와 함께 만만한 투지가 불타고 있었다. 적에게는 돈에 팔려 죄를 범하는 자의 비겁이 있을 뿐이다. 전단(戰端)이 벌어진 지 불과 수 분, 인민자위대가 발사한 한 방의 탄환은 적의 기관총의 기수를 넘어뜨렸으며, 이어서 수류탄은 적의 기관총을 부숴다. 이것을 보자 적들은 그만 혼비백산하여 사방으로 흩어져서 도망하였다.

4) **교래(橋來)사건** = 무수한 전투 속에는 이 교래사건과 같은 빛나는 무용의 사건도 적지 않다. 교래는 30호밖에 안 되는 촌락인데 지난 4월말경 이곳에 5, 60명의 경찰과 향보단원놈들이 집결 · 주둔하고 있었다. 그날은 달밤이었다. 인민자위대의 한 병사가 이를 정찰하러 파견되었다. 사면(四面)은 고요하다. 정찰병은 몰래 다가가서 일본도를 빼들고 부근에서 파수 보고 있는 향보단원을 위협했다. "입을 열면 죽인다." 향보단원은 벌벌 떨면서 꼼짝못하고 있었다. 정찰병은 단신으로 대담하게도 적중으로 돌입했다. 놈들이 세상 모르고 잠든 창문 앞에는 두 놈의 의무경관이 파수를 보고 있었다. 그러나 파수군은 인기척에 눈치를 채고 "누구냐?"라고 소리쳤다. 그는 잠자코 있었다. 두

번, 세 번째 "누구냐?"소리가 떨어질 때 그에 대한 대답으로 그는 방아쇠를 잡아 당겼다. 그러나 이 어찌 행운이냐. 한방의 탄환은 두 놈을 단박에 뚫어 눕혔다. 총소리에 놀라 깬 50여 순경놈들은 서로 짓밟으며 야단이었다. 그들은 맹탄을 퍼부었다. 이 소동하는 무리들의 속에 정찰원은 황인탄(黃燐彈)을 던졌다. 경관놈들은 교래에 다시 와서 민가에 방화하여 9호를 회진함으로써 분풀이를 하였다. 이 사건으로 말미암아 여태까지 조국의 운명에 대하여 냉담한 태도를 가지고 있던 일부 교래촌민들까지도 남녀노소 양식을 짊어지고 인민자위대에게로 몰려 와서 자기네의 억울한 사정을 호소하고 용감히 싸워 달라고 격려 · 지지하였다.

4. 5·7 망국단선 분쇄투쟁

제주도는 남북 양군으로 나뉘어 있는데 단선분쇄투쟁은 북군에서 더욱 치열히 수행되었다. 당일에는 비가 내렸는데 일반인들은 투표소로 가지 않고 인민자위대가 있는 산악으로 올라왔다. 인민들은 갈대를 엮어 임시로 지붕을 삼고 그 밑에 혹은 1천여 명, 혹은 4백여 명씩 모여 비를 피하고 있었다. 이곳에 자위대 선전대원들이 내려와 왜 우리는 단선단정을 반드시 분쇄해야 하며 남북통일 자주독립을 전취하여야 하느냐, 또는 인민과 조국을 위하여 싸우는 우리 인민자위대란 어떤 것이냐를 친절하게 해설하였다. 인민들의 사기는 하늘을 찌를 듯이 높아지고 환희는 산하를 뒤덮는다. 대원들은 인민들의 구체적인 불평불만과 자위대에 대한 인민의 요구는 무엇인가를 들었다. 이날 연기가 나는 곳에는 어디나 인민들이 모여 있었으며, 인민이 집결되어 있는 곳에서는 어디서나 선전대원의 활동을 볼 수 있었다. 그러면 각 투표소의 상황은 어떠하였는가.

제주읍은 반동이 총집결되어 있는 곳임에도 불구하고 경찰청과 재판소등 놈들의 권력기관이 모여있는 '성내'를 빼 놓고는 완전히 투표를 보이콧 하였다. 당일 투표소로 지정된 읍사무소의 주위는 그야말로 철통처럼 경계망을 둘러 쳤으나 놈들인들 어찌 뜻하였으랴. 수류탄이 투척되어 투표소는 파괴되고 읍사무소는 산산히 부셔졌다. 전날로부터의 풍설도 있고 해서 반동놈들의 공포와 전율은 극도에 달하였으며, 이는 필시 신병(神兵)이 아니면 기적이라고 대경실색하였다. 놈들은 인민자위대 한 명도 체포하지 못하고 궁여지책으로 읍사무소 직원들을 검거하고 이는 남로당의 음모라고 선전하였다.

조천(朝天)면에는 한 표의 투표도 없었다. 선거 전날인 9일에 제출된 선거위원들의 총사표는 수리되지 않았으나, 선거위원들은 당일 한 사람도 활동하지 않았다. 경찰은 이들을 총검거하여 감시하라고 강요하였으나 투표할 사람이 하나도 없는데 나가면 무엇하느냐고 거부하자, 경찰은 당신네만이라도 투표하라고 강압하는 것을 "우리가 투표하면 매국노라고 인민들에게 맞아 죽는댜"라고 하여 이것마저 거부하였다.

이 면에는 5월 10일 이전에 이미 다음과 같은 사건이 있었다.

미군정의 모 요인이 면내 투표소의 설비상황을 순회시찰차로 왔다. 그 자는 면사무소에 '투표함'이 그대로 쌓여 있는 것을 보자 성을 내며 그 이유를 문책하였다. "가져간댔자 받을 사람도 없고 또 가져갈 사람도 없다"라는 것이 면사무소원의 대답이었다. "그래도 지정장소까지 갖다 주어야 한다"라고 강요함으로 부득이 그 자는 소사를 시켰으나 거부되고, 할 수 없이 외지 사람을 4백 원에 사서 들려보냈다. 동리 사람들은 남녀노유(男女老幼)가 곤봉을 들고 나와서 이 투표함을 가져온 자에게 "그것이 무엇인데 가지고 다니느냐. 아무리 돈벌이라 하지만 나라 파는 그릇을 짊어지고 다니는 놈이 어디 있느냐"라고 질타를 하여 쫓아 보냈다. 제 3차로 서청원(西靑員) 4명을 매수하여 지어

보냈는데, 그들은 짐을 지고 나간 채로 행방불명이 되어 종적을 모른다고 한다. 10일날 동민들은 낮에는 산으로 올라가 자위대와 같이 지내고 밤에는 부락으로 내려 왔다. 이날 산봉우리마다 봉화가 하늘을 찔렀으며 동민들은 부락부락에서 시위하였다.

국방경비대도 투표강요에 동원되었는데 그들의 출동을 본 인민들은 숲속으로 들어가서 숨었다. 경비대는 인민들에게 어서 나와서 투표하러 가라고 소리쳤다. “우리는 못 나가겠다!” 인민의 대답이었다. “못 나가면 쏘겠다.” “쏘아도 나갈 수 없다!” “그러면 몰살당해도 원망마라.” 이것이 경비대의 최후의 말이었다. 인민들은 숲속으로부터 나왔다. 그들은 가슴을 헤치고 경비대의 총칼 앞에 내밀었다. “쏘아라! 차라리 죽을지언정 나라를 팔아먹는 그놈의 투표를 어찌한단 말이냐!” 경비대는 이 단호한 인민의 기개에 눌리어 아무 대꾸도 못하고 돌아섰다. 그러자 “인민공화국만세!”의 소리가 천지를 뒤흔들었다.

애월(涯月)면에는 9일 밤 아홉 시에 일제히 봉화가 올랐으며 당일의 투표는 거의 보이콧하고 남구늬 한림면(翰林面)과 북군의 대정면(大靜面)도 거의 보이콧하였다.

불법선거의 일례를 들면 이도리(二徒里)구장은 투표를 거부하고 쫓겨가다가 체포되었는데 놈들은 이 한사람을 시켜서 120명의 대리투표를 강행하였다.

이와 같이 제주도의 투표는 10%도 될 수 없는 것을 70%나 되었다고 발표하고 방송하는 매국반역도들의 파렴치한 기만에 대하여 전도민의 적개심은 더욱더 높아지며, 반동이 완전히 제압될 때까지 놈들의 기만과 모략은 그치지 않을 것을 이해하는 인민들은 오직 멸종망국도당을 완전히 분쇄하기 위하여 투쟁을 더욱더 강화할 뿐이라고 굳은 결심을 새로이 하고 있다.

5. 자위대와 인민과의 결부사항

작년 3·1 학살사건에 뒤이어 3·22 총파업이 있은 뒤 이어 경악·전율한 매국반동세력은 경찰·사법 등 일체의 권력기관에서 양심적인 사람을 모조리 내쫓고 흡혈귀와 같은 악질도배 서북인(西北人)들로 그들의 진용을 정비하여 도민억압의 토대를 쌓았다. 그놈들은 전도민 27만 중 8만은 남로당원이라고 말하며 제주도의 청·장년은 닥치는 대로 무한히 검거·구타하면서 민주진영의 지도자를 내노라고 족쳤다. 이 때문에 처음에는 인민들은 아무개 때문에 우리까지 못 살겠다고 오히려 민주진영의 지도자를 원망까지 하는 자도 있었다. 그러나 매국반동 세력은 서청원을 매 부락에 10명내지 20명씩 배치하고 기금을 내라 담요를 내라 밥을 내라 하여 인민들의 재산을 강탈하고 가축을 함부로 도살하며 만일 조금이라도 이에 응하지 않는 사람이 있으면 죽도록 두들기고 부수고 하여 실로 그 횡포는 이루 말할 수 없었으며 인민들은 하루도 마음놓고 살 수 없었다. 이제까지 중립이라고 지목되는 사람들까지 원성은 높아졌으며 이래서는 못살겠다는 인식이 깊어졌다.

그러나 인민들의 원한과 분노는 속으로만 곪아 들어갔을 뿐 놈들의 야수와 같은 탄압 밑에 위축되어 궐기할 수는 없었다. 그러자 2·7 총파업이 터졌다. 인민들도 격앙하여 이에 호응·궐기하였다. 그러나 야수적 탄압은 일층 강화되어 이 사건에만 2만 5천 명을 잡아다 두들겨 팼으며, 3천 명을 유치시키고 3월 중에만 3명을 고문으로 죽였다. 부상자의 수는 이루 헤아릴 수 없다. 인민에게 총애를 받는 김용철 청년은 조천지서에서 놈들의 악독한 고문엔 쓰러졌다. 이것이 참을 수 없는 적개심이 폭발하는 기회가 되어 자위를 열망하는 인민의 소리는 생명의 요구로서 최고에 달하였다.

그리하여 4월 3일 오전 2시를 기하여 인민자위대의 행동이 개시된 것이다.

민족청년단은 즉시로 해체하여 이에 합류하고 맹휴 중의 중학생도 이에 합류하였다. 이와 같이 인민자위대는 인민의 속에성 인민의 전위로서 인민의 열망의 구현자로서 탄생된 것이다. 제주도 인민들이 인민자위대를 자기의 가장 소중한 아들, 남편, 오빠와 같이 위하고 지지하며 협력을 다하여 그를 원조하는 것은 극히 당연한 일이다. (계속)

*교정 : 전호 제주도 기사의 인민유격대는 인민자위대의 오식이기로 정정함.

–『노력인민』 제 93호 (1943年 6월 3일자), 일면에서 전재.

–(下) 亡國單選單政 粉碎戰의 英雄的 血戰 벌어진 濟州道

이리하여 인민자위대의 활동지역에는 인민위원회가 나서고 농민위원회, 민애청, 여맹 등 민주주의 사회단체가 급속히 발전하여 마치 해방구와도 같아서 전인민의 결속은 더욱더 굳고 전인민의 사기는 더욱더 높아가고 있다. 인민과 자위대와의 연결을 알려주는 다음과 같은 사실은 이곳에서는 하나의 자그마한 예에 불과하다 – 일(一)도민이 경찰지서에 달려와서 “폭도들이 우리 집에 불을 지르고 가족을 죽이고 있으니 어서 와 주시오”라고 호소하였다. 무장경관 30명이 곧 동원되었다. 도중에서 “내가 폭도들을 유인해 올 것이니 당신들은 이 숲속에서 기다리라”라고 말하고 도민은 자기 집께로 달려 갔다 그 찰나! 지뢰가 폭발되어 그들은 섬멸되고 말았다.

5월 10일 인민들이 투표를 거부하고 산에 모였을 때 한 노인이 인민자위대에게 다음과 같이 요구하였다. “당신들은 힘을 합해 가지고 도내 전 지서를 일제히 쳐부숴라. 그러면 우리 인민들은 쌀과 나무와 모든 생활필수품을 읍내 반동놈들에게 보내지 않음으로써 그놈들을 자멸시킬 것이다. 이 전법은 우리 인민들이 '이재수 민란' 때 사용하여 성공한 전법이다" 이에 대답하여 인민자위대 선전원은 "우리는 그런 전법은 쓰고 싶지 않다. 읍내에는 반동놈들만 있는 것이 아니라 인민들도 있으며 농민들은 나무를 팔아 성냥 등을 산다든가 여러 가지 생활상 필요로 읍내와 거래를 끊을 수는 없다."라고 말했다. 이에 노인은 노발대발하면서 "지금 국가의 흥망을 결하고자 전조선 인민이 총궐기하였고 전 도민이 죽기로 싸우는 이 마당에 그까짓 읍내와의 거래를 상관한단 말이냐"라고 고함을 쳤다 한다.

이와 같이 자위대는 매국멸족의 단선단정을 분쇄하기 위하여 총궐기한 인민의 의사와 요구를 완전히 체현함으로써 인민과의 철석 같은 결속을 가지고 인민의 이익과 조국의 자유를 위하여 인민의 선두에서 싸우고 있는 것이다.

6. 반동진영의 동향

(가) 경찰

1) 긴급조치 : 경찰은 이 사건이 발발되자 당황낭패하여 본래 있던 경찰 약 5백 명으로는 손도 못댐으로 급거 응원대 800명과 경비대 1천 명을 청하여 왔으나, 겨우 방비태세를 갖추고 요소요소를 경비하는 정도의 역할과 제주도 전체를 외부와 차단(?)하는 동시에 도내 각 부락을 차단(?)하여 인민들과 자위대와의 연락을 차단(?)한다고 하는 정도밖에 아무런 역할을 하지 못하고 있다.

2) 전시 아닌 전시체제 · 경비총사령부 설치 : 이 사건에 당황한 반동경찰은 제주도 경찰청장을 이동시켜서 극악질인 인천서장 최천이를 파견하는 동시에 10월 인민항쟁 당시 그 진압의 공로자(?)이라는 공안국장 김정호를 경비총사령관으로 임명하여 강압태세를 갖추는 한편, 제주도 실장 김대봉이를 보

내어 선무공작(?)을 하도록 모든 노력을 다하였다.

3) 경찰과 반동청년단과의 합작의 폭압 = 사건이 발발되자 남조선 각지에 있는 극악한 강도테러단 서청 · 청송 · 대청 · 독청등 약 8백명을 동원하여 경찰과 일체가 되어 각 부락에 침입하여 해변 또는 산으로 끌고가서 총살, 학살을 감행하는 동시에 방화, 파괴, 약탈, 강간, 가축도식 등 가진 야만적 난폭행동을 다하여 인민들의 놈들에 대한 증오는 골수에 사무치게 되었다. 한림면 금악리(翰林面 今岳里) 민가, 제주읍 화북리(濟州邑 禾北里) 민가의 방화는 모두 반동들의 비행의 그 일례에 불과한 것이다.

(나) 경관

반동청년단의 탈출자 속출= 앞에 말한 바와 같이 매국반동세력의 단발마적 폭압과 횡포가 극심할수록 인민들의 놈들에 대한 증오와 저주의 분격은 더욱 높아지며 인민들의 자위대의 격례와 조국을 위하는 그 숭고한 정신과 영웅적 투지 앞에 완전히 압도되어 그렇게도 극악무쌍하던 악질경관과 강도테러단들도 요즘와서는 무슨 구실이던지 잡아서 이 섬을 탈출하려고 하는 경향이 농후하다. 순경들은 복장을 버리고 도망하고 서청원은 몽둥이를 버리고 도망치고 있으며, 반동분자로 지목되던 농업학교 선생 4명까지도 이미 도망쳐 버렸다. 순경은 사직원을 냈다가 피검(被檢)되는 형편으로 일본으로 가는 밀선에는 나날이 인민에게서 완전히 유리된 이런 놈들이 도망꾼으로 성황을 이루고 있다.

(다) 국방경비대의 동향= 응원경비대는 상륙하자 휴전귀가(歸家)의 권고삐라를 뿌려 회유책을 취하였으나, 이 사태의 동기가 경찰의 극악잔인한 폭압에 있으며 인민자위대의 중심목표가 매국멸족의 단선단정을 분쇄하려는데 있음과, 인민자위대의 위대한 순국정신과 이를 열렬히 지지하는 인민의 힘찬

동향을 보고 그들도 일정한 지역에 주둔만 하고 있을 뿐이다.

(라) 미군군대= 사태의 중대함을 보자 하지는 미군을 직접 출동하여 정찰까지 시켰다고 한다. 순국열정에 불타는 인민자위대의 행동이 과감하고 인민의 지지가 강대함을 본 그들도 사태의 중대성에 비추어 신중을 기하고 있는 것 같이 보인다.

7. 인민자위대에게 영광을 드리며 단정수립을 사전에 분쇄하자!

이상이 오늘까지 우리 손에 들어온 제주도 상황의 개관이다. 제주도 인민의 위대한 애국정신과 영웅적인 투쟁력은 이제 전세계 인민 앞에 유감없이 선양되었다. 그러니 우리 조국을 침략하려는 미제국주의자들과 매국멸족으로써 사욕을 채우려는 이승만, 김성수, 조병옥 등의 매국도당들은 지금 무엇을 계획하고 있는가? 악질 반동경찰을 미국제 무기로 무장시켜서 대량 동원하여 제주도 인민을 대량 학살할 방침을 세우고 있는 것이다.

그러나 남조선 인민은 아니 전조선 인민은 이제 순국의 열정에 불타고 있다. 양군 철퇴에 의한 조국의 완전독립을 전취하려고 민족의 선두에서 사투하는 제주도 애국민들을 구하자는 전인민의 절규는 단선분쇄투쟁 구호와 함께 조국의 지축을 뒤흔들고 있다. 전 애국 인민은 이미 굳은 결심을 하고 있다. 만일 미제의 지시로 제주도 애국민들에 대한 만일의 사태가 벌어진다면 남조선 인민은 총궐기할 것이다. 반동은 소수이며 인민의 힘은 무진장한 것이다.

형재자매여! 친애하는 동포들이여! 제주도 2십 7만 동포를 구하는 투쟁에 총궐기하자! 제주도 동포들의 투쟁은 적들을 공포 속에 처박았다. 3천만 동포의 총결속 · 총궐기는 반동을 완전히 제압할 날도 멀지 않다.

친애하는 형제들이여! 제주도의 영웅적인 구국투쟁을 전국적으로 연결시키고 강화·발전하여 단정음모를 완전히 분쇄하자! 미국군대를 철퇴시키자! UN조선위원단을 내어쫓자! 이 길만이 우리 3천만이 사는 길이며 이 길만이 제주도의 우리 영웅적인 동포형제들을 구출하는 길이다.

5월 20일 記.

-『노력인민』 第94號(1948年 6月 11日) 2면에서 전재.

濟州島 人民大衆에게 드림

米帝의 分割侵略으로부터 祖國의 民族主權을 防禦하기
爲하여 싸우는 人民들에게 榮光을 드리자

—南朝鮮勞動黨 中央委員會 書翰

친애하는 제주도 인민대중들이여! 조국해방의 전사들이여! 우리 남조선노동당 중원위원회는 조국의 통일과 자유와 독립을 위하여 미제국주의 침략자 및 그 주구들이 음모하는 단선단정을 처부수기 위하여 영웅적으로 항쟁하는 여러분에게 무한한 감사와 존경을 끓는 형제적인 인사를 드립니다.

여러분은 인민의 생명을 파리 목숨과 같이 여기고 자유와 인권을 신짝같이 짓밟는 악독한 친일 반동경찰과 반동테러단의 무리한 검속, 고문, 투옥, 테러, 학살에 참다 못하여 생명과 자유를 방어하기 위하여 일어난 것이며, 미제국주의 침략자와 그 주구들이 음모하는 망국멸족의 단선단정을 분쇄하여 미제의 분할침략으로부터 조선의 민족주권을 방어하기 위하여 궐기하였습니다. 그러므로 여러분의 싸움은 참으로 정의의 싸움이며 구국의 성스러운 항쟁입니다.

여러분은 테러와 폭압과 대량해고를 반대하기 위하여 일어난 작년 삼월 총파업에 있어서도 솔선궐기하여 위대한 단결력을 보여 이 거대한 총파업의 전개에 불을 붙여 주었습니다. 이번 단선단정 반대투쟁에 있어서도 참으로 여러분은 모범적이었습니다. 여러분은 참으로 문자 그대로 원수놈들의 단선을 가루가 되도록 쳐부쉈습니다.

그리하여 철면피한 미제와 국내 주구들까지도 제주도 투표의 무효를 선언하지 않을 수 없게끔 만들었습니다. 이러한 위대한 성과를 거두기 위한 여러분의 투쟁은 참으로 희생에 찬 피투성이의 싸움이었습니다. 젊은 인민영웅들은 육탄으로써 원한의 투표소를 쳐부수고 투표함을 재로 만들어 버렸습니다. 배암보다 싫어하는 반동경찰과 악질 반동분자들을 철권으로 응징하였습니다. 전 인민들은 한 줌도 못 되는 친일파인 미국 사냥개 이외에는 노동자이건 농민이건 어민이건 학생지식문화인이건 소시민이건 또한 관공리이건 할 것 없이 모두 한 사람과 같이 일어나서 투표를 보이콧하고 파업과 태업을 단행하였습니다. 젊은 인민자위대들은 한라산 굴속에서 가진 고난을 극복 · 돌파하며 원수의 총화(銃火)를 무릅쓰고 존귀한 생명을 바치며 피의 항쟁을 계속하고 있습니다. 전도의 인민들은 인민자위대를 위하여 식량을 운반 · 공급하며, 어린 여학생들은 인민영웅들의 상처를 고쳐주고 있습니다. 참으로 전도 인민이 계속적으로 위대한 구국항쟁에 총궐기하여 강철 같은 단결력을 보이고 있습니다. 실로 여러분의 싸움이야말로 조국해방 투쟁사를 길이 빛낼 것입니다.

친앵하는 제주도 형제자매들이여! 그러나 적들은 단정조작의 악랄한 생각을 버리지 않고 있습니다. 5.10 단선이 남북조선 인민의 거대한 투쟁에 의하여 중대한 타격과 파탄을 받았음에도 불구하고 '선거의 성공'을 기만 · 자랑하고, 이 소위 범죄적 강제 사기선거에서 임명된 친일파 매국노들을 급거 모아 외람되게도 국회를 참칭하여 남조선 단독위조 '국회'를 만들었습니다. 이 소위 '국회의장'인 국적(國敵) 이승만이가 식사(式辭) 중에서 미군의 영구주둔과 고문단 초청을 애원한 것은 이 단독위조 '국회'의 성격을 명시하는 것입니다. 미국인과 그 주구들을은 이에 범죄적 위조국회를 바탕으로 이승만, 김성수 등 친일파 매국노들이 독재하는 허수아비 단정을 만들려고 미치광이 같이 날뛰고 있습니다. 우리는 기어코 단정을 쳐부셔야 하겠습니다. 오늘 우리 조국에는 구국, 순국의 정신과 애국적 영웅주의가 일찍이 보지 못한 정도로 넘쳐 흐르고 있습니다. 서울 광희동 2가 투표소를 급습하여 원수의 무기를 뺏어 반동경찰을 응징하고 투표소를 분쇄한 다음에 반동경찰과 테러단에 포위되어 흉탄에 쓰러진 김해산, 강홍열 열사를 비롯한 수많은 인민영웅들이 배출되고 있습니다. 만일에 원수놈들의 음모대로 단정이 성공한다면 우리 일제시대 이상의 억압과 착취를 당할 것이며, 오늘 하곡수집(夏穀收集)에서도 보는 바와 같이 인민의 전식량은 약탈당할 것이며, 전력문제에서 경험하듯이 미국인의 의식적 파괴정책에 의하여 남조선 산업경제가 총파괴될 것이며 암흑화될 것입니다. 우리 인민은 미국놈의 노예가 될 것이며 아사와 유혈폭압의 도탄에 신음할 것입니다. 우리 국토는 양단되고 민족은 분열되어 남조선은 미국의 식민지와 군사기지로 될 것입니다. 우리는 죽어도 단정을 쳐부수지 않으면 우리 자손만대에 불행의 씨를 뿌리게 될 것입니다.

친애하는 제주도 형제자매들이여! 조국해방의 전사들이여!

당신들은 오늘 위대한 조국해방의 역사를 창조하고 있습니다. 여러분의 심장에는 구국의 뜨거운 피가 끓고 있으며, 여러분의 팔뚝은 영웅적 항쟁의 공격정신에 뛰고 있습니다. 여러분이 단선분쇄에 발휘하신 그 고귀한 순국구국정신과 애국적 영웅주의를 단정분쇄투쟁에로 발휘하실 것을 우리는 기대하고 확신합니다. 피에 굶주린 원수들은 여러분에게 야수적 총화는 퍼붓고 있습니다. 또 앞으로 토벌과 학살을 감행하려 할 것입니다. 그러나 여러분은 조국주권방어의 초소(哨所)를 반드시 지킬 것을 우리는 확신합니다. 우리 남북조선의 전 인민은 여러분에게 격려와 지지를 보낼 뿐 아니라 여러분의 뒤를 따라 전국적 구국투쟁을 더욱 광범히, 더욱 높게 발전시킬 것입니다.

친애하는 제주도 동포들이여! 우리의 싸움은 정의롭고 우리의 남북 민주역량은 위대하여 전세계 민주진영은 우리를 열렬히 지지, 성원하고 있습니다. 친일파, 민족반역자는 인민에게 고립되어 한 줌도 못되고 그들에게 의거하여 조국을 침략하려는 미제국주의는 닥쳐오는 대공황을 앞두고 화산(火山) 위에 앉은 것같으며 역사적 몰락의 운명에 허덕이고 있습니다. 우리는 반드시 승리할 것이며 또 승리하여야 합니다. 여러분 승리를 확신하고 돌진합니다! 우리 남조선노동당 중앙위원회는 여러분과 함께 어떠한 희생을 무릅쓰고서라도 용감하게 싸울 것입니다.

1. 위대한 구국항쟁에 돌진하는 제주도 인민에게 승리와 영광을 드리자!
2. 단선분쇄투쟁에 육탄돌격을 감행한 인민영웅들의 뒤를 따르자!
3. 망국멸족의 허수아비 단정을 철저히 쳐부수자!
4. 미제의 침략으로부터 조국주권방어를 위한 구국인민항쟁만세!
5. 통일적 민주주의 조선 완전자주독립만세!

1948년 6월 남조선노동당 중앙위원회

—『노력인민』, 제96호(1948년 6월 28일), 1면에서 전재.

黨中央委員會 메시지에 答함

虐殺과 暴壓에 抗하며 濟州島 人民抗爭 先頭에선 黨 濟州島委員會

8백만 조직대중을 비롯하여 모든 애국적 역량을 통합집결한 철(鐵)의 대로 위에 백만 정예로 묶어진 인민적 민주주의의 초소이며 민족주권의 보루이며 조국방어의 성새(城塞)인 유일한 애국의 당, 우리당 중앙위원회에 대하여 제주도위원회는 무한한 존경과 감사와 열렬한 동지적인 인사를 드립니다.

존경하는 동지들! 원수들의 집중적으로 퍼붓는 총포화 속을 조국의 민족주권 깃발을 걸머쥐고 영웅적 인민들과 더불어 학살의 지뢰원(地雷原)을 진격하는 우리의 대열에 백난을 돌파하여 전달된 메시지를 접수하였습니다. 우리들은 이 고귀한 메시지를 방방곡곡 모든 항쟁대열에 전달하였으며, 또한 이미 원수들의 총칼에 쓰러진 존귀한 동지들과 인민영웅들의 무덤에 이 영광의 꽃다발을 드렸습니다. 따라서 조국방어의 모든 초소, 모든 대열에 일어나는 환호! 충천하는 사기! 그 복 바쳐 오르는 감격! 그 열광적 광경을 무엇으로 표현하겠습니까. 실로 백만의 원군보다도 더욱 힘차게 우리들의 사기를 고무시켜 주었습니다.

존경하는 동지들! 생각건대 4 · 3궐기 전야의 제주도의 정황은 참으로 가열했던 것입니다. 미제국주의와 그 국내외 주구들이 기도하는 5 · 10 매국단선을 100% 수행하기 위한 흉계는 그의 야수적 학살정책을 지도층으로부터 전 인민의 위에 확대시켜 조직적 인민교살정책으로 나왔던 것입니다. 서북계열로 개편된 경찰진과 대청(大靑)·민족청년·서북청년 등 테러단을 총동원한 기동적 학살정책은 인민들을 질식시키고 전도(全島)의 이르는 곳마다 죽음의 공포에 사로잡히고 말았던 것입니다. 그러나 조국의 민족주권방어의 초소를 문자 그대로 사수하려는 우리들의 불굴의 투지는 상급당부의 옳은 지도 밑에 인민의 요구하고 지향하는 바에 의하여 총칼로 망국단선을 강요하는 데 대하여 이를 분쇄하는 효과적 성안(成案)을 창발(創發)하였으며 급박한 정세 하에 행동태세의 만료(滿了)를 보았던 것입니다.

존경하는 동지들! 잊으려야 잊을 수 없는 4월 3일 오전 2시 - 이날의 시각을 피 끓는 영웅적 동지들은 얼마나 고대했던 것입니까. 죽음을 재촉 받는 인민을 수호하기 위하여 멸망의 위기에 놓여 있는 조국을 수호하기 위하여 피에 굶주린 원수들과의 결전! 끓어오르는 흥분을 자제하면서 암흑을 뚫어 전진 대기, 돌연 우뢰와 같은 폭음과 함께 원수들에게 육박하는 영웅들! 천지를 진동하는 개가(凱歌)! 이래서 원수들의 포승에 목매어 악몽에 시달리는 30만 도민의 잠꼬대를 깨뜨리고 영웅적 로프부대의 투쟁은 순식간에 전 인민적 항쟁태세로 전화하고 말았습니다. 광범한 항쟁대열에서 누가 지도자이며 누가 대중이며 누가 인민이며 누가 군대인가는 구별하기 곤란한 일이었습니다.

죽은 아들의 원수를 갚겠다고 종군하는 70노인, 원수들의 총알을 털어오는 어린이들의 창발적 활동, 위문품을 만드는 부녀자들의 열성, 대중의 면전에서 아지프로하는 소년·소녀들, 단신으로 3명의 서청원을 혁대로 때려눕혀 이를 포로(捕虜)하고 투표함을 탈취한 인민영웅, 물결쳐 들어오는 국경장병에게 격문을 배부하는 소학생과 부녀자들의 대담한 투쟁, 단 13명의 소부대로 60명의 기동경관대를 백주에 요격하여 그 중 14명을 사살하며 나머지를 교란시킨

무적 요격대, 범람하는 삐라의 홍수, 노도와 같은 시위대중, 과연 장엄한 구국인민행진곡이었습니다. 혁명화한 인민의 위력은 침략자의 사냥개들을 그의 토치카 속에 여지없이 침복(沈服)시키고 수천의 국경(國警)을 제압하여 망국멸족단선을 분쇄하고 말았습니다.

존경하는 동지들! 제주도의 항쟁이 조선인민의 모범적 항쟁이며 우리 조선민족의 영예의 불굴의 애국심을 전 세계에 선양(宣揚)하였으며, 따라서 "조선인민은 제국주의적 폭압과 학살로도 멸할 수 없는 것을 천하에 공시(公示)"하는 역할을 놀았다고 평가하여 주신 것은 과분의 영예로 생각함과 동시에, 존귀한 지하의 영웅들과 항쟁하는 전사들의 의사를 대표하여 뜨거운 감사를 드리는 바입니다. 더욱이 우리들이 오늘 전개하고 있는 항쟁이 '조국해방투쟁사상 불멸의 금자탑'을 이룰 것이라는 격려의 말씀은 우리들의 항쟁대열에 주어진 최대최고의 영예이며, 이에 의해서 전 항쟁대열의 전투의식은 더욱 앙양되었으며 심장에 끓어오르는 피와 열화와 같은 공격정신은 오늘 우리 앞에 놓여있는 '가열한 시련의 난관'을 완전히 극복·돌파하고 말 것입니다. 이미 월여(月餘)에 긍하여 1천여 명의 기동경관대와 5천여 명의 국경에 의한 누차의 포위토벌 전멸작전도 완전히 헛되게 만들고 말았으며, 원수들이 허위 모략선전에도 불구하고 인민영웅들은 의연히 전재하고 있으며 원수들의 퍼붓는 수만 수천의 탄환 속에서 시련 받은 영웅적 30만 도민이었으며, 더욱이 3개월의 시련을 통하여 연마된 전투기술은 더욱 고도화하고 있습니다. 우리들은 영웅적 인민들과 함께 어떠한 학살적 폭압에도 굴치 않고 어떠한 달콤한 회유에도 속음이 없이 조국의 민족주권방어의 깃발을 튼튼히 걸머쥐고 "제주도 인민의 존귀한 구국의 피를 헛되이 하지 않을 것이다"라는 중앙위원회의 엄숙한 선언에 대하여, 우리들은 '조국해방투쟁사상에 불멸의 금자탑'을 이루는 영예를 실지에 관철할 것을 지표로 하여 망국멸족의 단정분쇄의 가열한 초소를 죽음으로써 지킬 것이며, 통일독립을 우리의 손으로 전취할 때까지 과감히 투쟁할 것을 확언하고 맹세합니다.

1. 남조선노동장 중앙위원회 만세!

2. 조선 민주주의 인민공화국 만세!

1948년 7월 일

남조선노동당 제주도위원회

-『노력인민』, 제 113호(1948년 11월 7일), 2면에서 전재.

官公吏의 改編뿐

―濟州島事件에 李仁氏 談

제주도 파견검찰관들의 상세한 현지보고를 청취한 이인(李仁) 검찰총장은 6월 5일 제주도사태에 대한 소회(所懷)를 다음과 같이 피력하였다.

"제주도사태가 이렇게까지 악화한 것은 시정방침에 신축성이 없다는 것과 관공리가 부패하였다는 것 등을 볼 수 있겠다. 제주도라는 곳은 워낙 살기 어려운 곳이고 특히 공리(公吏)들은 제주도에 가는 것을 무슨 정배(定配)나 가는 양으로 생각함으로써 인재될 만한 사람은 제주도를 안 가고 보니 명예나 돈이나 바라는 친구들이 어찌 옳은 시정을 할 수 있겠는가. 이러한 부패상은 작년에 내가 갔을 때 이미 역시 말하고 있었다. 예를 들면 고름이 제대로 든 것을 좌익계열에서 바늘로 이를 터친 것이 제주도 사태의 진상이라 할 것이다. 그렇기 때문에 지금 시급한 것은 먼저 관공리의 인적재편을 단행하여야 하는데 이것은 극히 용이한 일이다. 우선 사법 · 행정 · 경찰의 3수뇌를 갈되 가장 양심적이고 덕망이 높은 사람으로 임명해야 폭도들 측에서 안심하고 하산할 것이고, 특히 굴속에 숨어있는 소위 좌익지도자들도 무슨 구실이든 간 찾아내서 내려오려고 하고 있으니 반드시 선정을 베풀 것을 당국에서 표시만 하면 문제는 일단락될 것으로 확신하는 바이다. 요는 인재를 얻는 것에 있다고 나는 믿어 마지않는다."

―『새한민보』 2권 13호(1948년 7월 상 · 중순)에서 전재.

動亂濟州의 새 悲劇

-朴大領 殺害犯 裁判記

鄭東熊

한라산 오돌뚜기의 여대당실 등구대당실…의 노래와 서귀포 칠십리 백사장에 깃들인 평화의 나라인 제주도. 이제 그것은 신화의 민요, 그리고 돌 많고 바람 많고 여인 많기로만 알려지더니 해방 3년을 접어들면서는 피비린내 풍기는 혈족끼리의 싸움터가 되어 버렸다.

4월 3일 이후 죽은 그 얼마이리오. 폭도가 되어 죽은 이, 경찰의 고문에 못 이겨 자지러진 이, 폭도의 반격에 꺼꾸러진 이. 한번 미국식 장비를 벗겨놓고 보면, 아니 왜놈들이 버리고 간 그 장비만을 벗겨놓고 보면 확실히 같은 겨레일 것이다.

이 같은 겨레가 서로 다투는 이 마당에 우리는 무엇을 어떻게 생각하여야 옳은 것인가.

싸움은 폭도에만 같은 경비대 안의 상관을 살해함으로써 더욱 간을 서늘케 하고 충격을 빚어낸다. 폭도는 반란을 일으키니까 죽이는 것이겠지만 그 상관은 무슨 잘못이 있었던 것인가.

법은 준엄하여 상관을 죽인 하졸(下卒) 4명에 총살형을 내리었다. 법이야 원래 준엄할진대 '살인자는 살'함이 마땅할 것이다. 그러나 제주도 30만 겨레가 폭도가 되기까지에 연유가 있다는 것을 인정한다면, 그저 무엇이고 죽이는 것으로 보복적 수단에 가까운 법의 이론으로 그 반란을 저울질하여 처단한다는 것은 민주주의적인 법의 원칙에 벗어나는 일이 아닐까. 형의 종류로써 사형이란 다시금 생각하여 볼 문제이다.

◇. 승진한 박 대령 피살

다만 6월 18일 상오 3시반 국방경비대 제주 11연대 대장 박진경(朴珍景) 대령을 총으로 쏘아버린 그의 직속부하 4명에 대한 8월 9일부터의 군사재판을 통하여 나타난 그 실정과 피고들의 변호인의 호소를 들어 이 세기적 불행사의 실마리를 살펴보고자 한다.

제11연대 소속의 문상길(23) 중위, 신상우 일등상사(20), 손선호 하사(22), 배교용 하사(19), 양회천 이등사(25), 강자규 중사(22) 등 6명에 대한 이 재판은 서울 남산동 군기대(軍紀隊) 사령부에서 열렸다.

■재판장 : 이응준 대령

■검찰관 : 이지형 중령

■증인 : 목격자 백소령 외 4명

■기소 이유의 일절(그 졸자만을 추린 것이다) : 문상길 중위는 4월 X일경 동연대 근무 고승옥(高承玉)의 연락으로 제주도 폭도대대장(人民解放軍) 김달삼과 만나 경비대원 40명을 도주케 하고 5월 중순에는 제2차로 박 대령을 살해하라는 지령을 받았다.

6월 17일 밤, 박 대장(隊長)이 중령에서 대령으로 진급한 것을 축하하고자 제주읍내 XX정이라는 요리집에서 잔치를 벌였을 때 죽이려다가 술이 취하여 잠든 그를 동 18일 새벽에 같은 대원 손선호는 사수가 되고 배경용은 전지를 켜들고 신상우, 이XX, 양희천 등은 현장 주위를 지키는 가운데 거침없이 박 대령을 향하여 M·I 라이플 총알은 발사되어 마침내 38세를 일기로 하여 대령으로 승진한 지 몇 날 안 되어 젊은 아내를 서울에 두고 그대로 잠들어 버렸다. 문 중위 이하는 법의 심리를 받게 된 것이다.

심리 제 4일만인 8월 12일 전 피고는 저격진상을 진술한 후 민족상잔을 감행한 박 대령의 암살은 당연하다고 이구동성으로 말하였다.

◇. 손하사관의 진술

스물 두살난 직접 하수인인 손선호 하사관은 거침없는 말씨로 다음과 같이 말하였다.

박 대령의 30만 도민에 대한 무자비한 작전공격은 전 연대장 김익렬 중령(현 온양 연대장 주(註) : 김 중령은 폭도와의 평화적 해결을 짓고자 무력보다 선무공작과 아울러 폭도대장 등과의 회견까지 하여 가며 노력을 하였다.)의 선무작전에 비하여 볼 때 박 대령의 작전방침에 대하여 불만을 갖지 않을 수 없다. 우리가 하북(下北)이란 부락을 갔을 때 15세 가량 되는 아이가 그 아버지의 시체를 껴안고 있는 것을 본 박 대령은 무조건 하고 그 아이를 쏘아 넘어뜨리었다. 5월 1일은 모라리라는 부락에 출동하였을 때 수많은 남녀노소의 시체를 보았는데 조사해 본 결과 나는 경찰의 비행해서 나온 것을 알았다. 그 밖에 부하들과 사격연습을 한다고 부락의 소나 도야지를 함부로 쏘아 넘어뜨리고, 폭도가 있는 곳을 안다고 안내한 양민을 그곳까지 데리고 가서 만약에 폭도가 없으면 그 자리에서 총살하여 버렸다. 또 매일 한 사람이 한 사람의 폭도를 체포하여야 한다는 등 그는 부하에 대한 조그마한 애정도 없었다.

박 대령을 암살하고도 도망갈 기회도 있었으나 30만 도민을 위한 일이므로 그럴 필요도 없었다.

나의 행동은 온 겨레를 위한 것인 만큼 달게 처벌을 받겠다.

◇. 총살형과 법관

이지형 검찰관은 범죄의 범위와 그릇된 민족지상의 이념에서 군대의 생명인 규율을 문란케할 중범죄는 사형도 할 수 있다고 말하였고, 이 재판장은 조선경비법 35조에 의하여

- 사형 : 문상길, 손선호, 배교용, 신상우
- 무기징역 : 양희천
- 5년 징역 : 강승규
- 무죄 : 황주복, 김정도(이상 하사)로 처한다고 언도하였다.

대한민국 정부가 수립된 뒤, 9월 22일 국방부에서는 수색기지에서 문 중위와 손선호 일등상사의 총살형을 집행하였다. 그때 죽음을 앞둔 손선호는 "XXXX하의 이 비극은 세기적인 비극이다"라는 말을 넘기고 조용히 날아오는 총알을 받았다고 한다.

◇. 변호인의 주장

관선변호인과 민선변호인은 모두 다음과 같은 요지로 특별한 고려가 있기를 바란다는 변론을 하였다.

- 김홍수 소령(관선변호인)

문중위 이하 각 인은 산사람(주 : 제주도에서는 폭도들을 산사람이라 부른다.)의 지령을 받은 일도 없고 또 무슨 사상적 배경을 가지고 한 일은 아니다. 다만 민족을 사랑하는 마음과 정의감에서 나온 것이라고 밖에 볼 수 없다.

- 김양 변호인(민선)

이번 제주도의 소요사건의 직접원인이 일부 악질경관과 탐관오리의 비행에 기인하여 발생하였다는 것은 이미 여러 방면의 책임자들이 지적하는 바이다. 해방된 이 땅에서 제주도의 도민들이 가진 그 모든 불평과 본의 아닌 민족상

잔에서 쓰러진 겨레의 주검을 본 이 젊은이들이 어떻게 하면 이 피비린내 나는 비극을 방지하고 30만 도민을 구할 수 있는가, 하고 고민하던 끝에 어리석고 좁은 판단에서나마 자기생명을 희생시켜도 좋다는 뼈아픈 각오로 이러한 범행을 감행한 것이다. 물론 박 대령을 암살한 것은 유죄요 잘못이다.

그러나 이러한 범죄는 또 오늘날 이 혼란에 빠지고 있는 사회의 책임도 있는 것이다. 8·15의 행정권의 이양을 앞두고 바야흐로 완전 자주독립을 하려는 이 마당에 일인들이 재무장하고 이 땅을 다시 침략하려고 노리고 있으니, 이러한 용감한 젊은 생명은 살려 두었다가 차라리 우리 조국을 위하여 죽을 기회를 줄 것을 바란다. 또한 그들은 반드시 민족을 위하여 싸울 것으로 믿는다.

이상의 변론을 듣는 공판정의 말없이 긴장되어 있던 방청객들의 눈에는 눈물이 호수같이 밀리고, 그 감개는 물끓는 듯이 용솟음치는 것 같았다고 그 어떤 신문이 보도한 것만을 보아도 그 정황은 짐작될 것이다.

생각하면 모두가 다 안타까운 일이다. 나라가 두 쪽으로 갈라지고 서투른 말씨의 외국군인은 서로 나도 할 일이 있다는 듯이 총자루를 다시 고쳐 잡는 이 땅에서 우리는 왜 겨레끼리 눈을 부라리고 총질을 하지 않고서는 안 되는가.

아는 이는 대답하라!

인권옹호연맹에서는 문 중위 등 2명에 대한 총살형을 감형하라고 다음과 같이 외쳤다.

"이번 제주도 사건에 있어서 사실을 통해 볼 대 피고인들은 결코 사감에서가 아니라 실로 민족을 사랑하는 정의감에서 범행을 감행하였다는 것은 의심할 여지가 없다. 따라서 형(刑)의 양정(量定)은 반드시 범죄의 동기를 침착한다는 행형상의 대원칙에 의거하고 민족정의를 수호하는 견지에서 반드시 재결(裁決)이 있기를 바란다 …….”

◇. 귀환장교의 고백

서로가 일가요 사돈으로 된 같은 겨레의 제주도!

오랫동안 같은 의사(意思) 아래 살아온 제주도에 타도에서 온 경관대가 청년대를 끌고 악질관리들이 도민의 원망을 한데 모아 관민의 이탈은 마침내 폭력적으로 변한 제주도엔 최근 멜로디가 아름다운 민요 대신 이런 가요가 돈다고 한다.

“룩샥 둘러메고 무엇하러 왔더냐. 백 원짜리 담으려고 네 여기 왔느냐……”

이 재판기를 끝맺기 전에 다시 한 번 제주도의 실정을 살펴보기 위하여 제주도에 갔던 국방경비대 장교가 고백하는 진상을 기록하고자 한다.

“우리 경비대는 임무를 마치고 제주도를 떠나올 때 남녀들이 달려와서 호소하는 말을 들었다. 경비대가 떠나면 우리는 또 산으로 올라가야만 되겠다. 경찰들의 폭행과 폭도 등쌀에 못 살겠으니 차라리 산 속으로 아들과 남편을 찾아 또는 하루라도 들볶이지 않고 살다가 죽고자 산으로 가야겠다. ……이 말은 참으로 가슴이 저리는 말이었다. 산으로 올라가겠다고 울던 도민들의 모습이 눈앞에 선하다.……”

–J–

–『새한민보』 2–16(1948년 10월 상순)에서 전재.

平和的으로 解決하라

-濟州道 增援部隊 派遣의 反響

거듭 말하거니와 제주도 사건은 우리민족 전체의 일대 비극이다.

민주통일독립을 지향하는 우리 동포들이 가장 피하여야 할 동족상잔이기 때문이다. 그렇기 때문에 전 인민들은 어디까지나 평화적으로 해결해 달라고 목메어 부르짖어 왔던 것이다. 그러나 당국으로부터 최근 또 다시 8백명의 증원부대가 파견되었다고 한다. 그리고 '단 시일내에 결말' 운운하는 보도가 전하여지고 있다. 이는 말할 것도 없고 무력을 사용한 '일대소탕전'을 의미하는 것으로밖에 볼 수 없는 것이니, 이는 곧 인민이 한사코 주장하고 있는 평화적 해결과는 거리가 먼 것이라 아니할 수 없을 것이다. 급기야 각계에서는 이에 대한 여론이 다시 비등하고 있는데, 9월 모일 각 정당·단체에서는 다음과 같은 성명서를 발표하고 있다.

□文聯□

제주도에서는 지금까지도 많은 피를 흘렸는데 다시금 대량적으로 경찰과 경비대를 파견하고 있다. 이것은 과연 무엇을 의미하는 것인가? 제주도의 형제자매에 대한 동족상잔 이외의 아무 것도 아니다. 남북통일과 자유와 정의의 삶을 갈망하는 제주도 인민의 요구를 평화적으로 해결하지 않고 무력으로 하려함을 우리는 묵과할 수 없으므로 제주도에 대한 살육을 즉시 중지할 것을 10만 문화인은 3천만 인민과 함께 강경히 요구한다. 나가서 이와 같으나 제반 문제는 남북통일의 중앙정부 수립에 있음은 재언(再言)의 필요도 없으므로 우리 문화인은 이 성스러운 투쟁에 적극 참가하여 왔으며, 앞으로도 이를 위하여 매진할 것을 엄숙히 성명하는 바이다.

□ 民主韓獨黨 □

제주도 인민의 봉기를 단순한 파괴를 위한 폭동으로 규정하고 이를 무력으로 탄압하여 제주도는 거의 황폐화되었는데, 또다시 무장경관을 증파하여 근본적으로 소탕 운운하니, 본당은 대대적인 동족을 한 사람이라도 희생시킴을 참을 수 없어 2천만 인민과 더불어 즉시 이러한 행위를 중지할 것을 강경히 주장한다.

□ 教協 □

어느 때보다도 결정적이고 처참한 민족상잔의 비극이 예상된다. 제주도 인민에게 무력으로서 임하는 것은 결단코 조선인민에의 의사일 수 없다. 사태를 직시하자. 이 참극이 누구를 위한 참극인가를 똑바로 보자.

□ 民主女盟 □

우리는 동족상잔의 죄악을 절대 용인할 수 없다. 우리는 전 여성의 이름으로 이를 단연 배격하여 제주도의 '토벌' 즉시 중지를 강경히 요구한다. 우리 인민들은 외군을 철퇴케 하여 조국의 통일독립과 자유를 쟁취함으로써 멸족적 동족상잔을 막아내야 할 것이다.

□ 濟州道事件現地調査團 □

[목포 2일발 : 공립] 제주도 사건 현지조사단 일행은 목포 부두 출발 직전 2차에 걸친 당국의 명령으로 출범을 제지당하여 부득이 현지행을 단념하고 2일 상경하였는데, 상경에 앞서 동 조사단은 당지에서 다음과 같은 요지의 호소문을 발표하였다.

"지난 20일 목포에 도착하여 2차례나 현지행에 승선하려던 찰나에 제지되고 말아 마침내 현지조사를 단념하고 귀경하지 않을 수 없는 것은 유감이라기보다 비분을 금할 길이 없다. 저간의 경과야말로 제주도의 최근 사태를 상징하는 것으로써 우리 조사단은 귀경 후 목포 체류 5일 간에 견문한 것을 기초로 제주사태의 긴급회의와 그 대책수립을 전 민족 앞에 호소할 것이며, 우리가 임무를 완수하지 못한 점은 깊이 사과하는 바이다.

–『새한민보』 2권 17호(1948년 10월 중순)에서 전재.

流血의 濟州道

趙德松

주검의 거리화 하는 제주의 밤

오후 8시가 제주도의 서울 제주읍의 통행금지 시간이다. 해가 짧은 남방의 여름이라 할지라도 오후 8시이면 아직 황혼의 안개가 어둠을 기다리는 산책의 시간이련만 이곳 제주의 거리는 물을 끼얹은 듯 고요해진다. 동란을 모르고 옛날 같이 우는 애상적인 물새소리가 처량하다가 점점 어둠이 치수가 길어지면 이상한 흥분 가운데 살기가 창일(漲溢)하여 제주의 밤은 완전히 주검의 장막에 뒤덮혀 버린다.

4월 3일 미명에 돌발한 제주도 동란은 무척이나 치안당국을 괴롭힌 채 꺼질 줄을 모르고 요원의 불처럼 광대되어 기어코 제주 전도를 화중(火中)에다 몰아넣고야 말았다. 이리하여 동란은 전쟁의 형태로 변화하였고 평정하려는 경찰과 국방경비대, 그리고 폭도들 사이에 총포는 끊임없이 교환되었다. 육로에서 상상(想像)하던 전장은 한라산이었고, 폭도 측의 습격으로 경찰지서 등이 가끔 파괴된다는 정도가 우리들의 상식이었다. 그러나 막상 이곳에 와서 필자의 상상과 상식은 여지없이 깨져 버리고 말았다.

제주부두에 내린 첫날 밤, 시내 쪽으로부터 터져 나오는 총성은 필자로 하여금 온몸을 경직케 하고 같은 배로 파견된 응원경찰대(100명)를 앞에 두고 최후 훈시를 주는 인솔자의 "이제 제1선에 왔다. 제군의 목숨은 나라에 바친 것…"하는 비장에 떨린 목소리는 어떤 종류의 각오를 필자에게까지도 요구하는 듯이 들렸다. 서울을 떠날 때 우스갯소리로 "종군기자 조심하세요"하던 동료선배들의 목소리까지도 컸다 작았다 사라지지 않았다.

제주읍에는 국방경비대 현지 (제 11연대)사령부가 있고 치안을 주로 담당하고 있는 경찰의 경비사령부가 있고 소탕(평정), 치안, 행정의 최고지휘자인 미군본부가 있다. 이러한 제주읍의 경비는 철통 같건만 밤이 되면 방향 모르게 총성이 터져 나오고 폭도들의 군호소리가 호응을 하는 것이다. 붙잡혀 있는 사건 피의자를 재판하려고 서울로부터 파견되어온 판검사 일행이 유숙하고 있는 여관 문전에는 24시간 경관의 보초가 서 있고 호위경관의 수행 없이는 백주에라도 그들의 외출은 엄금되어 있다. 시내 요소요소마다 모래가마니(토양)로 구축된 바리게이트가 왕년의 뉴스 영화를 연상시키고 입초경관은 통행인의 신분조사를 게을리하지 않고 있다.

멀리 구름을 감고 서 있는 한라산, 거기가 바로 폭도들의 근거지이련만 전장의 살기와 총포의 군호소리는 이 제주읍과 어느 쪽이 더하는 것인가? 국방경비대 장교의 말을 들으면 제주읍의 모든 동태는 시시각각으로 한라산에 전달 · 보고된다고 한다. 즉, 제주읍에 무수한 그들의 '아지트'가 있는 것이다. 그리고 정보탐지는 주로 12 · 13세의 소년들이 '개'(경관), '빗개'(경비대) 등의 암호를 써가며 활약하고 있다고. '개' 혹은 '빗개'가 몇 명 몇 시에 어느 쪽으로 갔다. 또는 어데서 왔다 하면 순식간에 한라산 중복(中腹)으로 보고된다고 한다. 밤이 되면 주검의 거리에 군인이 수없이 박혀 있는 것이다.

경비대가 말하는 인민해방군

제주도에는 당초 국방경비대 제9연대가 있었다. 이들 대부분은 제주도 출신의 젊은 사람들이었고 또한 그들의 동무들이 창립당시의 경찰관에도 들어가 있었다. 그 후 육지로부터 또는 멀리 서북 조선으로부터 계속 치밀어드는 애국청년들에게 경관의 제복을 물려주고 도출신의 청년들은 물러났다. 그러는 동안 제주도에는 정치활동이 활발하게 시작하였고, 이 섬 사투리 아닌 다른 사투리를 쓰는 청년단체원들로 제주도는 자못 활기를 띄우기 시작하였던 것이다.

제주도민의 이맛살이 찌푸려지든 말든 건국을 위한 국민운동노선에는 그들의 감정쯤은 마땅히 희생되어야 할 당시의 제주도 공기였다.

그래도 제9연대 경비대원은 이런 공기와는 다소 먼 거리에서 그들의 본분의 탁마(琢磨)에 전심하는 것처럼 보였다. 동란이 폭발되자 경찰지서를 포위하고 총화를 퍼붓는 일련의 분자는 이 9연대 경비대원이었으니 어찌하랴. 현재 제주도에 있는 경비대는 11연대이다. 이후 9연대 대원은 ㅇㅇ으로, 기타 지방으로 대부분 분산되고 대신 각 지구연대에서 선발된 혼성부대가 제11연대이다. 소위 반란군의 낙인 아래 지명수배를 받고 있는 구경비대원들이 XX 있고 체포된 자가 30명이다. 이들을 심판하기 위하여 제주에 고등군법회의 설치되고 있는 것이다.

경비대가 전투행동을 개시한 것은 4월 27일 그동안 삐라로, 회견으로 수차 폭도측의 귀순을 권고하였으나 이에 불응하는 폭도 측은 도리어 혈서와 혈서(血署)로 권고에 회답하고 있다. "친애하는 장병제형이여! 제형의 민족적 양심과 정의에 불타는 올바른 행동을 우리들은 믿노라.(중략) 왜 우리들이 총대를 메지 않으면 안 되었던가. 우리들에게 무력의 도전과 만행을 고치지 않는 한 우리들은 백 만군이 오더라도 불사하고 싸울 것이다.(중략).

친애하는 제형들이여! 사태의 평화적 해결을 위하여 다음에 우리들의 정당한 요구를 게시하노라.

1. 무장경찰대의 즉시 해산 1. 사설테러단체의 해산과 처벌 1. 도지사 유해진(柳海鎭)을 즉시 파면하라 1. UN조위 철거 1. 미소양군 즉시 철퇴 대추진(하략) 이상이 귀순권고에 대한 폭도의 회답요지이다.

국방경비대가 행동을 개시한 후로는 경찰은 해안 일주도로에서 4Km내의 치안 유지를 맡고 있다. 그러나 경비대의 세력이 중파되기 전에 폭도의 전투목표는 언제나 경찰대였던 것이다.

작금 제주에는 육로로부터 파견된 경관 외에 죽 있던 사설단체까지도 임시경관으로 편입되어 있다. 경찰과 협력하는 단체로 제주도에는 아직도 향보단이 존속하고 있으며, 그들은 경찰의 지휘 하에 비교적 경찰지서에 가까운 동리의 경계에 불철주야하고 있다. 이리하여 위험한 산악지대의 전투에는 경비대가 주동이 되어 있고, 또한 해안 경비대는 제주도해안의 경계와 육지로부터 증가되는 파견부대의 수송에 당하고 있으니 이를 통솔 지휘하는 최고지휘관이 미군 '브라운'대령이다. "본관이 온 후로는 육상, 해안 양 경비대와 경찰이 잘 협력하여서 일하고 있다." 이렇게 언명한 최고지휘관은 "사건의 본관의 계획대로만 간다면 약 2주일이면 평정될 것이다" (브라우 대령이 언명한 2주일은 현재 한 달이 넘었다)라고 피력하고 "사건 원인에는 흥미가 없다. 본관이 평정해 놓은 후에 다시 발생한다면 그것은 본관의 책임이 아니고 조선인 행정자의 책임이다"

필자가 이 섬에 온 그 이튿날 국방경비대는 모 중대작전을 개시했다고 일사불란의 대오로 출동 전진하였다. 목표는 한라산인지 산간부락인지 미명(未明)에 폭우를 무릅쓰고 장정들은 전진한다. 필자도 출동부대를 따랐다. 작금 제주도에 파견되어 있는 경비대의 노력은 약 4천, 그들의 전원이 출동하는 모습이다. 말없이 움직이고 있는 그들 장정! 그것은 틀림없는 전사의 모습이다.

미군 철모에 미군복 미군화에 미군총, 비가 오면 그 위에 미군우장을 쓴다. 멀리서 보면 키가 작은 미군부대가 전진하고 있는 것 같다. 조선이라는 조국을 방위할 이 나라의 병사겨레의 장정들이 작금 남해의 고도에서 적들인 종족의 섬멸에 동원되고 있을 것이다.

한라산에 활거하고 있는 소위 폭도들은 경비대를 절대 적대시 않는다고 한다. 경비대 장교의 말을 빌리면 경찰이라 하면 생사를 결단하고 덤비는 폭도들이 경비대에 대해서 양민이 되어 버린다고 한다. 총이나 칼을 쥐고 파수를 보고 섰던 폭도들도 경비대가 접근하면 총칼을 감추고 일하는 농부가 되고 집단으로 왈(曰), 빨치산전을 전개하고 있던 조직부대도 대군의 경비가 나타나면 종적을 감추어 버린다고 한다. 또한 두통거리는 그들의 능숙한 전술과 민첩한 행동이라고 장교는 말하였다.

30만의 일본대군이 동원 · 집결되어 있던 한라산의 근거지는 그만두고라도 제주도는 도처에 바위와 돌이다. 실로 유명한 석다(石多)는 폭도들의 가장 큰 자연 새물(塞物)의 하나다. 작금 전진하는 출동부대는 무수히 구축되어 있는 도로장애물(돌과 바위가 가로막고 있다) 때문에 적지 않은 지장을 일으키고 있는 것이며 뒤따라오는 보급자동차는 이외에 절단 · 파괴된 도로에 몹시 시달리고 끊어진 교량을 수리해가며 아슬아슬하게 전진하고 있다. 별안간 산울림이 아니라 총성이 한방 정적한 사방을 울리고 터져 나온다. "이것들도 폭도들의 군호소린가, 선견(先遣)부대의 대전 총포인가" 이제 여기는 바로 제일선이다. 정작 총알이 어디서 날아와 두개골을 뚫고 달아날지 모르는 판이다. 그러나 호명을 질러놓고 경비대장교는 웃으며 말한다. "이따위 것은 괜찮쉬다.

허긴 경찰과 같이 다닌다면 상당히 위험하더만" 평양 사투리의 장교 음성이 자신만만하다. 즉, 폭도들은 절대 경비대를 쏘지 않는다는 것이다. 폭도들의 복장은 일상생활복 그대로이다. 감물(柑汁)을 들여서 쉬 더러워지는 것을 막으려는 그들의 생활복은 또한 폭도들의 보호색복이 된다. 아무 데고 드러누워 버리면 바위와 그들을 색별하지 못한다. 앞뒤로 바라다 보이지, 기복 많은 구릉에 얼마나 '빨치산' 부대가 산재하고 있는 것인지 폭도의 수다(數多)는 미지수이다. 산간지대에 있어 한라산의 권내에 들어있는 부락민은 대부분 산에 들어갔었고 그동안 소탕부대에 붙잡힌 폭도 측의 포로는 6천을 넘고 있으나 폭도의 기세는 여전불변이고 전투는 작금 한라산에 미치지 못한 채 부근 산려 일대에서 전개되고 있다. "요놈의 자식들이 이렇게 산을 잘 타는지 우리들이 두 시간 걸려서 겨우 올라가는 산길을 아, 이자들은 한 2~30분이면 대충 올라가닝낀" 장교의 실전고심담은 계속된다. 틈틈이 나타나는 부락을 쉴 새 없이 거쳐서 부대는 전진한다. 사실은 거쳐 가는 부락이면 모두다 안전지대가 아니라 경찰이면 여기까지 못하지만 오더라도 일일이 부락을 수색하고 부락민의 사찰에 주력하지만 작금 경비대는 전진하지 않으면 안 될 중대작전을 펼치고 있다는 것이다. 이 부락 저 부락 모두가 '사의 촌락'이다. 개소리 하나 들을 수 없고 가끔 나왔다가 피하는 듯이 숨어버리는 부락민인 듯한 사람을 가리켜 "저자도 폭도들의 파수꾼인디 모르디만 저따위 하나 잡아봤댔짜!"하고 앞 눈으로 흘기고는 간다.

비는 개이지 않는다. 부대는 쉴 새 없이 전진하고 장교의 주의로 이제 후속부대는 갈 수 없는 곳이라 하여 한 부락에서 떨어졌다. 비구름에 둘러싸인 한라산은 아직도 멀고 높다. 무수한 동굴이 거미줄처럼 착종(錯綜)해 있는 저 산 중복에서는 작금 무엇이 지령되고 있는 것인가. 한라산을 포위하고 그들을 섬멸하자면 백만 가까운 무장부대가 필요하다는 것이다. 4천을 조금 넘는 국방경비대의 중대작전은 과연 무엇이며 어떠한 성과를 가져올 것인가.

'인민해방군'은 국방경비대가 부르는 폭도들의 호칭이다. 한라산에 총사령부가 있고, 각 부락에 지구사령부가 있고 그 아래 자위대, 돌격대, 결사대 등의 조직체계가 꾸며져 있으며 웬만한 큰 마을에는 인민재판소가 있고 인민보안서도 설치되어 있다고 한다. 이날 아침 대정면 인민군사령부를 공격하여 압수하였다는 무기나 서류 등을 보았다. 혈흔이 싱싱한 곤봉(棍棒), 구시대의 엽총, 일본도, 죽창, 철창 등이 가지각색의 무기가 폭도들의 손에서 최신 미식장비에 대비하여 오늘 새벽까지 생명의 탈취단을 피로써 그리고 있었던 것이다. 빈약하기 짝이 없는 그들의 무기, 이로써 최신무장에 생명을 걸고 버티고 나서야할 절대성을 도대체 어디서 찾아야 하며 한라산 속에 철공소까지 장만하여 총칼로 벼르지 않으면 안 될 필연성을 무엇으로 규정지어야 옳으냐. 포로들이 후송되어 온다. 자동차로 가뜩이나 실려 가는 젊은 사람들, 도보로 철덕거리며 끌려오는 노소에다 부녀자까지 끼어 있는 일련(一聯), 비는 개이지 않는다. 꾸부린 채 말없이 이끌려가는 그들의 안색은 그들의 의복과 같은 색깔이다. 감히 그들을 어느 모로 보아야 폭도라고 부를 수 있을지 12 · 3세 되는 소년이며 60이 넘은 늙은이며 부녀자까지 무엇 때문에 폭도 규정을 받지 않으면 안 될 처지가 되었는가. 말을 건네 보았다. 그러나 그들은 고개를 돌리고 만다. 철모에 군대우장을 쓴 필자의 꼴도 그들의 눈에는 경비대로 보였을 것이다. 그들의 보금자리이던 그들 자신의 마음을 고개를 돌리며 끌려서 지나가는 포로들이여. 과연 이 무수한 포로들이 그치는 날, 이 마을에 비로소 평온의 피리소리가 들려올 것이냐.

무인지경의 들판에 썩어가는 보리

제주도 인구는 33만, 기(其) 9할이 농업이고 나머지가 어업이다. 해저에서 솟아난 한라화산이 뿌려놓은 이 섬의 돌과 바위, 그리고 수성암(水成岩)에 쌓여있는 경사진 토질에는 벼를 심을 수 없다. 논이라고는 서귀포를 중심한 강가에 손바닥만큼 있을 뿐, 산정에 이르는 화전에까지 해먹을 수 있는 것은 보리뿐이다. 도민의 주식물은 보리, 감자, 수수, 조 우리들의 상식(常食)인 쌀은 그들에게는 황금이나 다름없이 귀(貴)하다. 한 됫박 근근이 구해둔 쌀은 선령을 모시는 제사의 밥, 그들의 정성으로 차림으로 귀히 소비되는 것이다. 바다에서 나는 해산물로 교역(交易)하여 구해온 식량을 합해도 자급자족에는 흡족치 못한 그들에게, 실로 한 해의 보리농사는 다음 한 해의 그들의 생명의 끈이 되는 것이다. 벼는 북쪽으로부터 내려 베고 보리는 남쪽에서부터 치어 벤다. 6월 중순이면 제주도의 보리 추수는 벌써 끝나고 수수니 조니 가을갈이 준비에 바쁠 때이련만, 들판에는 낫자루질하는 농부의 꼴 하나 볼 수 없으니 진정 이변이 아닐 수 없다. 누렇게 우거진 보리목이 그대로 말라서 시들어가고 한 줄기 비에도 이제 막 썩는 판이다. 익어서 말라가는 보리를 보고도 거두지 못하는 도민들은 대체 내년이 오면 무엇으로 목숨을 연명할 것인가. 언제나 말썽 많던 하곡 수집이 금년에 한해서 제주도에는 철폐되고 말았다. 폭동에 불길이 하곡 수집까지도 중지시키고 만 것인가. 또한 수집을 하려 해도 거두어들일 사람이 없는 것이 제주도 들판의 현상이다.

동란의 화는 결코 총칼이 마주치는 교전지구에만 있지를 않았다. 보이지 않는 벌판에 은근히 닥쳐오는 기아의 위협은 풍요한 들판을 거쳐서 30만 도민의 창자로 스며들고 있는 것이다. "만일 하곡을 추수(秋收) 못한다면 제주도에는 폭동이 아닌 다른 민요(民擾)가 일어날 우려가 많다" 이 말은 서울서 온 모 판사의 말이다. 그뿐이랴, 어부가 배를 못 타게 되었고, 필자는 제주도에 있는 동안 유명한 해녀를 보지 못하였다. 그들의 경제를 도웁는 부업, 한라산의 약초는 아예 채취 불가능이이요, 해초마저 뜯지 못하여 경제 면으로 보는 손실만도 수억 원에 달하고 있는 것이다. 제주도를 북으로부터 남으로 돌아 일주(一週)하는 동안 다만 눈에 띄는 것은 밭고랑, 산등성이에 즐비하게 나자빠진 전주로, 바람에 너불거리는 산발된 전선, 그리고 백지화되다시피 된 돌과 바위의 뻬라들이다. 소위 대동아 전쟁의 종말을 이곳에서 지으려고 구축한 왜군의 진지가 싸우지 못하고 헐부러진 덕택으로 아무런 족속의 유린도 받지 않고 그대로 평화의 도원경(桃源境)을 지킬 수 있던 제주도에 그 누가 뜻하였으랴, 겨레가 겨레의 피를 요구하고 아로쉬이는 혈흔의 저주가 지금 제주도민의 산에 들에, 그리고 마을에 음산하게 스미고 있는 것이다. 문전옥토라고 문자 그대로는 못될지언정 그들에게는 다시없는 생명의 열매인 익은 보리를 앞에다 두고 담 너머로 보이는 광대뼈 불거진 늙은이의 이마에는 오는 해의 무서울 역사가 벌써 주름 잡혀 있지 않은가. 동란에 쫓기어 주인을 잃었는가. 방마(放馬)의 한 떼가 밭도랑을 헤매이며 무엇을 찾아 우는지, 방향 없는 울음소리가 무인지경의 들판에 애절하기 짝이 없다.

動亂의 희생자

들판에서 찾아볼 수 없는 부락민을 만나러 필자 일행은 할 수 없이 마을로 찾아 들어갔다. 여기는 비교적 제주읍과 가까운 곳이다. 한라산록에 접근되어 있는 산간부락은 물론 폭도 측의 세력지구이나 이 마을 사람들도 역시 한 번씩 산에 갔다 온 사람들이다. 경찰의 비호가 있을 때에는 그들에게 귀순을 하나 폭도들이 내려오면 그들이 일당화하는 것이 이 중간지대의 부락민들이다.

폭도도 될 수 있고 양민도 될 수 있고, 그들의 응시변통(應時變通)은 그러나 그것이 자율적이 아닌데 비극의 슬픔이 있는 것이다. 그들은 어느 편이고 경원한다. "밤이 되어도 4월 3일 이후로는 옷을 벗고 자리를 못하고, 경찰이 와도 안심이 안 되고 산사람(도민은 누구나 폭도를 산사람이라고 부른다)이 오면 또 언제 산으로 가야 할는지…" 되도록이면 말을 피한다. 이 마을 역시 4월 3일날 8명의 경찰 및 그 가족들이 희생된 곳이다. 폭도들이 와도 귀찮고 경찰이 와도 귀찮고, 그들은 마땅히 동란의 와중에서 갈 바를 모른 채 억울한 희생자가 되어 있는 것이다. 백지처럼 인형의 무표정한 그들의 표정은 실은 그 위에 더 강렬할 수 없는 평화에의 향수(鄕愁)를 내뿜고 있다. 미끄러져 내려오는 철모에 손을 대기만 해도 깜짝하는 눈초리로 안 보는 듯 살피는 그들. 그들의 눈은 말 못할 불안과 회의 속에 빛깔 없이 어둡다.

"어떻게 하면 평안한 날이 오겠오?"

묻는 말에 "그리말수다(글쎄올시다)"하고는 다시 말이 없다. 울 너머로 머리만 내고 넘어다보다가도 혹 시선이 마주치면 얼른 숙여 버리고 마는 그들. 무한(無限)이나 하고 싶은 말을 가지고 있으면서도 질려서 피하려고만 하는 그들이다. '산사람'이 내려와서 협력을 요구할 때 그들은 '산사람'의 말대로 움직인다. 그러고 나면 경찰은 그들을 폭도라고 처벌한다. 경찰이 도민의 안정 때문이라고 기부금을 요청하면 그들은 또한 말없이 제공한다. 그리고 나면 반역자에게 협력했다고 '산사람'들의 제재를 받는다. 이럴 수도 없고 저럴 수도 없는 그들에게는 억지로 죽을 수 없는 목숨을 붙들고, 모두가 다 '그리말수다'의 회의 속에 빠지고 마는 것이다.

지금 제주도에는 폭도들을 심판하기 위한 재판이 벌어지고 있다. 무수히 끌려 온 포로들 가운데서 범죄의 혐의가 있는 자만을 추려서 법정에서 밝힌다. 기소된 혐의자는 대개가 20세 내외의 젊은 청년들이다. 이들의 가족 친척들로 법정은 매일 울음의 바다로 변하고 열기 찬 어조의 변호사의 변론이 판검사를 울리고 있다. "이들은 대개가 기계적으로 움직였고 아무런 주의(主義) 없이 행동한 젊은 사람들이다. 만일 이런 사람들이 처벌을 받아야 한다면 소위 붙잡힌 몇 천 사람이 다 법정에 서야 될 것 아닌가. 관대한 처벌을 선동교사(煽動敎唆)한 자들에까지 원치는 않는다. 그러나 선량한 도민들, 억울한 희생을 당하고 있는 도민들을 이들과 혼동해서는 안 될 것이다."

변호사의 변론의 일단(一端)이다. 사건의 기소 이유는 살인, 살인미수, 방화, 방화교사, 왕래방해, 포고령고호 위반… 등 다종다양(多種多樣)하다. 판례를 듣고 보면 살인미수에 무기징역 언도(言渡)등 문자 그대로 준열하다. 한편 재판은 고문치사 사건을 일으킨 경찰관들도 취급하였다. 5년 체형에 2백만원 벌금으로 판결된 이 군정재판은 최고지휘관 '브라운' 대령의 명령에 의한 것이다.

진정 시기는 속단을 불허하고, 날로 포로는 증가되고 있다. 한편 육지로부터 파견되어 온 경찰 수는 천을 헤아리고 제주도 재근(在勤) 경찰관 수백 명을 합하여 치안확보에 주력하고 있으나 신출귀몰하는 폭도들은 또한 상당한 수의 경관을 희생시켰다.

백골의 상자되어 혹은 부상당한 몸을 싣고 육지로 향하는 경관들……. 이 모든 것이 동족의 참극이 자아낸 너무나도 고귀한 대가라면 과연 이 고귀한 대가는 무엇을 결과 지을 것이냐. 이것을 원하는 자는 그 누구보다도 동란의 와중에 갈 바를 잃은 도민 자신들이다.

유혈의 원인은

4월 3일 폭발 이래 석 달을 헤아리고 국방경비며 경찰의 정예가 수천이 동원되어도 아직도 종식의 예단조차 불허하는 이 동란은 도대체 무엇이 원인되어 폭발하였던가.

관의 발표는 모든 원인을 대부분 인위적인 것으로만 제시하고 있다. 즉 공산계열의 남로당 분자가 주동이 되어 선량한 경민(警民)을 이간시키고 적구(赤拘)로 만들려는 그들의 흉악무도한 반란이 이번 동란의 근본원인이라고 말하고 있는 것이다. 그러나 사물을 보는 관찰의 시각은 각자의 주관에 따라서 동일치 못한 결론을 가져오는 수가 많다. 이제 필자는 여러 가지로 말하는 이 민족적 참극의 피비린내 나는 씨가 어느 곳에 자라 있었는지 식견 있는 인사들의 견해를 종합하려 한다.

자고로 원인 없는 결과는 있을 수 없다. 원인을 구명치 못한 채 결과만을 운위하다가는 흔히 같은 형태의 경험을 반복하는 수가 많다. 더욱이 제주도 사건 같은 민족적 참극에 있어서랴! 치안 복구를 목적으로 '딘' 군정장교의 특명을 받고 이곳에 와서 있는 최고 지휘관 '브라운' 대령은 "원인에는 흥미가 없다. 나의 사명은 진압뿐이다."라고 언명하였다. 그리고 부언하며 "본관이 진압시킨 후 다시 이러한 사태가 발생한다면 그것은 조선인 행정기관의 책임이다."라고 말하였다. 조선 사람이 아닌 '브라운' 대령으로서는 지극히 당연한 견해이겠으나 무엇인지 섭섭함을 금치 못할 말이다.

서울로부터 내도(來道)한 모(某) 판사와 검사는 대개 일치된 견해를 다음과 같이 말하였다.

제주도에는 해방 이후 좌익세력이 상당히 침투되었다. 그리하여 그들의 조직체는 인민위원회를 통하여 전도(全島)에 행세를 하였다. 이러한 환경에서 타도로부터 들어간 경관이 가혹히 한 것도 사실이다. 더욱이 사설단체가 정당한 국민운동을 못하고 경찰력에 이용당하여 폭력행위로 도민의 감정을 도발하는 등, 민심이 완전히 관에서 이탈되어 버렸던 것이다. 더욱이 행정기관에 있는 관리들은 도민과 경찰당국의 이러한 유리(遊離)에 전역 방관적이었고, 그들은 그들의 착복에 급급하였다. 이러한 분위기는 좌익분자의 좋은 선동구실이 되었던 것이다. 우선 이도(吏道)쇄신 · 인물배치의 재편성 등을 꾀하여 민심을 수습하는 데에 사건 해결의 첩경이 있을 것으로 본다.

또한 재야법조회의 한 변호사는 말한다. 우는 어린애를 운다고만 꾸중해서는 안 된다. 왜 울게 되었는지 그 원인을 제거하여 주어야만 울음을 완전히 그칠 것이다. 선동만으로 전 도민이 다 총대 앞에 가슴을 내밀 것인가. 제주도 사건은 그대로 조선의 축도라고 할 수 있다.

또한 법조계의 모 요인은 이도의 부패가 금번 사건의 원인이다. 곪을 대로 곪아 있는 제주도민은 사건의 종기를 파종시킨 것이 공산당이라고 말하고 있다.

그러면 직접 난동의 희생이 되어 있는 제주도민은 무어라고 사건의 원인을 말하고 있는가.

금번 사건의 도화선은 순전히 도민의 감정 악화에 있다. 무엇 때문에 제주도에 서북(西北)계열 사설 청년단체가 필요하였던가. 경찰당국은 치안의 공적도 알려지기 전에 먼저 도민의 감정을 도발시키는 점이 불소(不少)하였다. 왜 고문치사 시키지 않으면 안 되었던가. 거리에 놀고 있는 어린 아해를 말굽으로 밟아 죽이고도 말없는 순경에 도민의 눈초리는 매워진 것이다. 직접 원인의 한 가지로 당국자는 공산계열의 선동모략을 지적하고 있다. 물론 이것은 근인의 한 가지로 금정할 수 있다. 그러나 33만 전 도민이 총칼 앞에 제 가슴을 내어 밀었다는 데에서 문제는 커진 것이다. 원인 없는 결과는 없다. 진정시키고 또다시 일어나지 않도록 함에는 당국자의 참으로 감족적(感族的) 흉도(胸度)와 현명한 시책이 필요하다. 무력으로 제압하지 못하는 이 난동을 통하여서 제주도의 참다운 인식을 하여야 되며, 민심을 유리한 사정이 얼마나 참담한 결과를 가져오는가를 느껴야 할 것이다. 이상이 종합 보고하는 도민들의 여론이다.

폐허화한 목가의 섬

육지에서 며느리를 데려오기는 하나 딸자식을 섬 밖으로 내보내지 않는 도민은 누구나 다 일가이며 친척이다. 오랜 피에 매여 있는 그들 혈족의 생활전통은 한 사람의 이해가 전 도민의 그것이 된다는 점에서 특이하다. 일찍이 봉건세력이 발달되지 못한 이곳에서 소위 착취층(搾取層)이 없다. 누구나 다 지주이며 누구나 다 일꾼이다. 그들의 생활이 극히 균등하였기 때문에 언제나 평화의 도원경을 이룰 수 있었던 것이다. 일제 시 35명의 일인 관리로만 능히 치정할 수 있었던 곳, 70명의 경관으로 전도의 치안을 유유히 확보할 수 있었던 곳, 형무소가 필요 없는 사회, 전당포가 없는 곳, 걸인을 볼 수 없고 도적이 없는 평화적 제주도. 이 목가의 섬은 지금 옛 자취를 찾아볼 바 없이 폐허화하였다. 어느 한 부락은 510호가 3,4호를 남기고 전소하였고, 피해가 가장 작은 부락이 5, 6명의 사자에 3, 4동(棟)의 가옥을 태우고 있다. 12면(面) 경찰지서는 모조리 습격을 당하였으며 면사무소 · 유지가옥 등의 파괴와 소각은 상금(尙今) 접종되고 있는 것이다. 전 도를 통하여서 전주가 제대로 서 있는 부락은 하나도 없고, 산정이나 들판에서 있는 전주까지도 찾아 볼 수가 없다. 6월 23일. 실패했던 10 · 1 선거를 재선하려 했으나 이 역시 무기연기되고 말았다. 제주도에 선거를 실시할 수 있는 날이 온다면 평화의 여명(黎明)도 그

날일 것이다. 상공에는 미군 정찰기가 날고 해상에는 미군 순양함의 경계(警戒)의 황연(黃煙)이 그칠 사이 없고, 또한 육상에는 기마(騎馬)로 지프로 제일선을 지휘하는 미군 장교가 동서를 질주하고 있는 금일 제주도, 그는 끝끝내 전화를 면치 못할 숙명의 섬이었다.

제주도에 요즘 신판 민요가 유행되고 있다. "룩샤 둘러메고 무엇 하려 왔더냐. 백 원짜리 담으려고 네 여기 왔느냐" 무엇을 풍자하는 도민의 심정인가. 이 노래가 전파될 무렵, 한라산 중허리에서는 본격적인 전투훈련이 벌어졌고, 부락과 부락사이에는 암호의 연락이 오고갔던 것이다.

중공군이 잠입했느니, 일본공산당원이 들어있느니, 북조선 인민군 간부가 무전기로 지휘하고 있느니, 한라산 폭도들에 대한 억측은 가지가지이다. 그러나 정작 확인한 사람은 하나도 없고, 그들의 교묘한 전술만인 화제와 더불어 파문을 일으키고 있을 뿐이다. 말없이 우뚝이 솟아있는 한라산은 이 모든 문제를 홀로 알고 있을 것이련만, 과연 이 참극이 그치는 날까지도 그는 손꼽고 있는 것인가.

유람 가는 제주도였고 *石多 · 女多 · 風多*에 언제나 시정(詩情) 어려 있는 목가의 섬이었다. 서귀포 70리의 백사장을 씻어가는 푸른 파도는 삼성혈(三姓穴)이 낳은 전설의 신을 예와 다름없이 어루만지고 있건만, 정작 저 터져 나오는 저주의 총성은 무엇을 미조(微兆)하는 군호(軍號)의 소리냐. 말없이 넘실거리는 태평양의 푸른물에 필자는 또한 말없는 함성을 외쳐본다.

(6월 19일 記)

―『新天地』, 1984년 7월호에서 전재

동란의 제주도 이모저모

홍한표

1. 제주도란 어떤 곳인가?

자연 – 아직도 동족상잔이 한창 벌어지고 있는 제주도는 목포에서 90해리의 남해에 용립(聳立)하고 있는 조선에서 가장 큰 섬이다.

그 면적은 약 2850평방으로 충청북도의 4분의 1가량이고 인구는 1946년 9월 현재 27만 6천명으로 역시 충북의 4분의 1에 해당한다. 인구의 남녀 성별 구성을 보면 여자가 약간 많기는 하나 그 차가 2만 6천 정도로 약 1할 조금 더 많다. 원래 제주에 여자가 많다는 것은 그 실질적 수효에서가 아니라 여자의 외출이 남자보다도 더 빈번하므로 외지에서 온 사람들이 보면 여자의 세상 같은 그런 인상을 주는 데서 유래한 것이다.

도형(島形)은 계란형에 근사하며 섬 한복판에는 유명한 한라산이 거대한 웅자를 보이고 있는데, 원래 한라산은 화산이었다고 하나 지금은 산정(山頂)에 주위 약 10리쯤 되는 백록담이라는 못(池)이 있어 그 옛날 그곳이 분화구였다는 것을 말하여 주고 있으며, 해발 1950m가 되는 이 산은 그 높이보다 산이 크기로 우리나라에서는 백두산 다음에 가는 거산이다. 한라산은 삼림으로 덮여 있는 면적만 하더라도 제주도 전면적의 1/4이 넘는다고 한다.

그리고 한라산에서 분출하였다는 그 높이 50내지 200m 가량되는 조그마한 산들이 한라산을 중심으로 하여 제주의 전역에 대소 약 2백여 봉이 있으며 그 주위에는 반드시 마을들이 있다.

기후는 일반에 알려지고 있는 바와 같이 연중 온난(溫暖)한데 한라산만큼은 10월 중순만 되면 첫눈이 내려 그 이듬해 5월 초순경까지 산정에는 눈이 있고, 그 눈이 녹으면서부터 산에는 벚꽃이 피기 시작한다. 왜놈들의 국화(國花)라고 하여 뽐내는 요시노사구라(吉野櫻)의 원산지는 바로 이곳이다. 겨울에도 배추쌈을 먹고 곳마다 동백꽃이 연중 피는 이 섬에는 아한대(亞寒帶)에서 아열대(亞熱帶) 지방에 걸친 온갖 식물과 곤충류가 있어 한 곳에서 그 전부를 채집할 수 있는 만큼 사계(斯界)의 연구가들이 수연(垂涎)의 적이 되고 있다. 귤(柑橘類)이 생산되고 또 생산할 수 있는 곳도 조선에서는 이 섬 만이다.

風多로 유명한 바람은 바람 부는 날이 많다는 것보다 비교적 강풍이 많다는 데서 유래하는 것이지만, 石多로 유명한 돌만큼은 참으로 엄청나게 많다. 이들은 주로 방풍에 상용되고 있는 건축에는 물론이요 집과 집사이의 울타리 전답간의 경계에도 전부 2, 3척(尺)에서 4, 5척 정도의 돌담을 쌓고 있다. 이 섬 안의 돌담의 전부를 합친다면 세계에서 가장 길다는 만리장성의 거리보다 몇 배 더 길다는 것이다. 자연의 방축물인 인 돌담은 이번 동란에 있어서 국방경비대의 말과 같이 반란군의 자연적 토치카가 되고 있다 한다.

돌담은 벽돌같이 가공한 것이 아니라 많은 돌 중에서 비교적 편편하고 담을 쌓기 좋은 것만을 골라서 만든 것이어서 담 뒤에 숨어서 보면 돌과 돌 사이의 구멍으로 바깥 동정을 자세하게 엿볼 수 있고, 근면한 도민들의 노동복은 감(柑)이 익기 전에 그것을 따서 이긴 다음 풀같이 된 것을 옷이나 무명옷에 들여서 만든 것으로 그 빛깔은 흙색과 구별할 수 없는 것이어서 정규군과 같이 제복을 입지 않고 갈옷을 입은 빨치산부대들이 수시로 출현하는 데는 전투에 참가하고 있는 당국자들이 애를 먹고 있다 한다. 그리고 무수한 그 돌들은 거의 전부가 회색이고 곰보인 양 구멍이 송송 뚫어진 것이다. 도민의 생업은 주로 농업인데 정확하게는 대부분이 농경과 목축과 수산업의 겸영(兼營)이 많다.

문화 – 불교, 천주교, 유교, 기독교, 무당 등 종교라는 종교는 웬만한 것은 다 있으나 어느 것이나 그리 대단치는 않다. 종교의 감화력을 빌지 않아도 도민은 원래 유순하고 부정한 것에 대하여는 목숨을 내걸고 싸우는 용감성이 누구에게나 있다. 이것은 자연의 환경이 그렇게 한 것이다. 육지에서는 강적이 나타나면 멀리 도망도 갈 수 있고 근처에서 유력한 세력을 이용할 수도 있는 만큼 전통적으로 민족성이 우유부단하지만, 섬사람들이란 외적의 습격을 받게 되면 외부와의 교통이 봉쇄되므로 별일이 있더라도 자력으로 방어하지 않을 수 없는 그런 환경에서 생장되어 왔기 때문에 전통적으로 용맹하다. 이것은 이미 역사적으로나 공통된 것이므로 섬사람이란 어디서나 마찬가지로 독립적이며 어름어름하는 그런 법이 없다. 그리고 그 섬이 육지에서 많이 떨어져 있을수록 그 특수성은 더욱 현저하다. 그리고 섬사람들이 어디에서나 대개 배타적이라는 것도 공통적인 것이다.

제주도는 일찍이 탐라국이라는 독립국이었었고 조선의 근대사상에서 가장 빛나는 외적을 물리친 기록을 가지고 있다. 주지하는 바와 같이 조선의 근대사는 외부세력에 대한 위협을 받고 아유(阿諛)하는 그런 치욕적 역사의 계속이었다. 그러나 제주도에서는 이조말기에 강국 불란서인인 선교사의 힘을 남용하여 안불무인(眼不無人)적인 악행을 자행하는 천주교도들은 인민들을 여지없이 무찔러 버린 빛나는 역사가 있다. 사건의 개모(槪貌)는 대략 이러하다. 즉 종래 조선에서는 천주정(天主政)을 박해하여 왔던 만큼 그에 종사하는 외국인도 자연 박해를 받아 왔는데 이것을 이조(李朝)에 항의함은 물론이요,

그들의 고국에 호소하였던 것이다. 그런데 당시 선진국이며 제국주의적 식민지 정책을 쓰고 있던 불란서 정부는 이조에 공식으로 항의하는 한편, 만약에 불란서의 요구에 불응할 때는 이번 기회에 침략을 할 그런 기세로 노리고 있던 터인지라 당시의 이조는 외국인에 대한 취급에 있어 치외법권 이상의 대우를 할 것을 허여(許與)하였던 것이다. 따라서 외국인 선교사가 주재하고 있는 그곳에서는 어디서나 옳지 못한 정도(政徒)들이 외국세력을 남용하여 천주정도임을 빙자하여 갖은 만행을 다하였으나 당시의 정부 측에서는 공식으로 이런 사건을 취급할 힘이 없어 날로 심하였으며, 이런 사실은 방방곡곡 어느 곳에서나 그러하였던 것인데 제주도에서도 역시 그러하였다. 범죄자가 수감되었는데도 외국인 선교사가 목사(당시의 제주최고 책임자의 관명)에게 그 죄인의 석방을 편지로만 요구하여도 즉시 석방하는 터이라 누구나 정식 신자가 아니더라도 천주정(天主政) 서적만 소지하고 있으면 누구나 건드리지 못할 그런 사태가 한참 계속됨으로 사회는 혼란되고 말았다.

인민을 보호하여야 할 목사는 당시의 이조가 그대로 반영된 자기일신의 안락만을 생각하여 묵묵히 인민의 고통을 그저 보고만 있었으므로 순수한 병졸과 농민들이 일(一)집장에서부터 봉기하였던 것이다. 그리하여 전 도민이 일순간에 봉기하여 도처에서 천주정인은 닥치는 대로 잡아 죽였던 것이다. 읍에서는 성문을 굳게 닫고 선교사는 목사에게 성문을 연다면 책임을 목사에게 돌릴 것을 구실로 위협하고 있었으므로 며칠 간 성문은 잠긴 채로 있었으나 성 밖에 쇄도한 수만의 봉기군(蜂起軍)은 봉쇄작전을 감행할 것을 통고하였으므로 성내에 있는 평화적인 인민들은 특히 자위적 입장에서 내외호응(內外呼應)하여 성문을 파괴하고 문 밖에 있던 군중이 입성하자 천주교인을 다잡아 죽이고 봉기군은 드디어 승리하고 말았던 것이다.

이 의의 깊고 빛나는 역사는 도민들이 외부나 정부의 힘을 빌리지 않고 순전히 도민의 힘으로 승리하였다는 것이고 이 사실의 금반(今般)의 동란과 거의 사정이 유사하다는 것이다.

또 한 가지는 일제 시에 성명(聲名)을 떨친 해녀사건이다. 이 사건은 일체의 독아(毒牙)에 여자의 몸으로 단연 항거한 역사이다.

즉, 당국의 인권유린에 대하여 해녀들은 때마침 제주도를 순시 중이던 총독 일행에 직접 항의하는 한편, 수행원인 일부관리들을 납치한 사건이다.

이상은 대표적인 것이지만 제주도민들은 사실상 고도(孤島)인 만큼 자고이래로 항상 자주적이며 독립적인 동시에 용감한 역사를 가지고 있는 곳이다.

교육기관은 넉넉지는 못하나 과거에 일본의 본사와는 왕래가 빈번하였고 전통적으로 두뇌가 명석한지라 일반적으로 지식수준은 높은 편이다.

일제 시에도 제주도에서는 상시(常時)에 최고수준을 가던 잡지 《개조(改造)》, 《중앙공론(中央公論)》 등이 매월 백 부 이상 판매되었다는 것은 저간(這間)의 진실을 전하는 것이라 하겠다. 그러나 동도(同島)에는 독특한 예술이 발달한 것은 없다. 비교적 경제적 곤란을 받지 않는 동도에 예술이 발달되지 못한 것은 연구할 만한 과제라 하겠다.

풍속 – 제주를 말할 때 누구나 하는 것은 풍다(風多), 여다(女多), 석다(石多)의 삼다(三多)와 한라산, 그리고 해녀와 우마(牛馬)에 이어서 언어일 것이다.

제주도의 언어는 결국 일개 지방어인 사투리인데 처음 듣는 사람들에게는 기이한 감을 준다. 특히 직접 제주에 가서 섬의 풍속 그대로 집에서 어느 정도 독특한 차림을 한 몸맵시로 이 지방 사람들의 독특한 표정으로 섬사람들끼리 회화를 하며 생활하는 것을 보면, 누구나 이구동성으로 말하는 것은 조선 사람인 것은 무조건 시인하면서도 조선 아닌 이국정서가 난다는 것이다. 명사는 그다지 틀리지 않으나 그 밖의 동사, 형용사, 부사 등 일반적으로 우리들의 표준어에서는 볼 수 없는 것이 거의 전부이며 준말에 이르러서는 더욱 그러한데, 그 특징이 어휘의 구성내용이 준말적이다.

그리고 육지에서도 입도(入島)한 사람들은 누구나 첫 인상에 느끼는 것은 제주여성의 표정일 것이다. 육체적으로는 성욕적 감동을 줄만큼 건강적인 데다 의복이 원시적인 것에 가까울 만큼 소박한 그들이 무뚝뚝한 표정으로 대하는 것을 보면 기이(奇異)한 감을 준다. 물론 남자도 그러한 편이고 현대적인 일부 사람들은 그렇지 않으나 대부분의 제주사람들이 어이없는 것은 제주에는 자고 이래로 거의 자급자족을 하여 온 관계상 빈부의 관대한 차가 없고 따라서 일상생활에 있어서 남에게 구걸할 일이 거의 없던 까닭에 그것이 발달되지 못한 것이다.

과거에 대감급(大監級)의 역사적 인물들이 귀양을 간 일이 많은 만큼 언어에서 간혹 궁(宮)이나 소위 귀족계급에서 쓰는 말을 일상용어에서 들을 수 있다.

사회 구성은 별로 귀천(貴賤)의 차가 없다. 일반적 사회관습은 보통으로 육지와 다를 바 없으나 약간의 차는 있다.

범죄는 극히 적다. 풍족은 못하나 자급할 수 있는 곳이므로 자연 범죄도 적다. 의복이나 음식이 모두 소박하다. 주택은 모두 한 일자의 겹(二重)집이다. 이 일자식 집은 바람이 가져온 자연적 양식이겠으나, 겹겹으로 되어 있는 것은 역시 동도의 자연환경에서 그리된 것인지 외부의 모방인지 옛적에 관가나 대감의 집이 겹집이었던 것으로 보아 귀양 갔던 그들의 건축양식의 모방인지 상금(尙今)도 분명치 않다.

공기가 매우 좋고 기후가 좋은 관계도 있겠으나 누구나 근면한 편이어서 병은 거의 없다. 서울에서는 60이 넘으면 남의 나이를 먹는다고 4, 50세면 늙었다고 괜히 떠들지만, 제주에서는 60이 되어야 겨우 서울의 40세 정도이고 적어도 70이 넘어야 노인인 편이고 보통 80 내외 되어야 노인이고 100세 이상 된 그런 노인만도 100명이 훨씬 넘는다.

2. 사건이 어찌되려나?

참가자 – 금반의 사건에 참가한 사람들과 직접과 간접의 반란군 측과 감경(監警)과의 두 개의 세력이며 그 대립이다.

이에 대하여 혹자는 부인하는 편도 있으나 첫째로 도민의 역사적 전통, 둘째로 도민은 누구나 친척관계에 있다는 것, 셋째로 배타적이라는 것, 넷째로 과거부터 육지 사람이라면 걸인쯤으로 생각하여 도대체 상대를 잘하지 않는다는 것, 다섯째로 도민의 자존심은 실질적으로 그 수준에 있고 없음을 막론하고 아무튼 자기들의 수준이란 조선의 어느 곳보다도 뒤떨어진 것이라고는 생각지 않고 있다는 것, 여섯째로 중간층이라는 것은 제주에서는 거의 없다는 것, 일곱째로 도민의 전통적 용맹성, 여덟째로 이기심이 발달되지 않아서 정의나 공동의 이익에 대하여는 언제나 동일보조를 취한다는 것, 아홉째로 생활력의 감성, 열째로 전투에 대한 자연조건의 도민 주요세력과 행동을 달리 할 수는 없다.

당국의 발표에 의하면 경비대가 제주에서 사용한다는 명칭, 즉 인민해방군(반란군)수는 시종여일하게 500명 정도라고 하니 이 500명이라고 하여 왔는데, 이 수는 당국의 수차에 걸친 소탕성과 발표에도 불구하고 여전히 적의 주동부대는 500명이라고 하니 이 500명이라는 것은 과연 수수께끼인가? 소탕성과나 500명이라는 두 가지 중에 허위가 하나 있어야 다른 하나가 진실로 성립될 것이다. 따라서 금반 사건의 직접 원인이 청년단체와 일부 악질경관의 악행에 있다는 것이 분명한 이상, 도민의 거의 전부가 참가할 것은 과거의 전통으로 보아 의심할 여지가 없다. 더구나 그 원인을 조성한 것이 외부(육지)에서 들어온 자들에 의한 것이 분명하여진 이상 더 말할 것이 없다.

원인 – 현재까지 언론기관을 통하여 발표된 금반사건에 대한 발단 원인을 종합하여 보면 대략 다음과 같다.

一. 경찰의 가혹한 행동이 민심을 잃었다는 것, 二. 사설(私設) 청년단체원들이 경찰 이상의 경비권을 행사하였다는 것, 三. 관공사가 모리(謀利)에만 열중하고 사무를 등한히 하기 때문에 도민의 신임을 잃었다는 것, 四. 외부세력의 침입에 대한 도민의 감정악화 등인데 이 사실에 대하여는 누구나 인정하는 바이고, 다만 경찰당국에서는 남로당의 모략이 선행된 것이라고 규정하였고, 그 밖에 법조계라든지 언론인 측에서는 상기(上記) 원인이 먼저이고 좌익은 곪을 대로 곪은 것을 터트린 것이라고 보고 있다. 한편 현지 반란자 측의 요구는 一. 무장경관대의 즉시 해산, 二. 테러집단의 해산과 처벌, 三. 도지사 유해진의 즉시파면 四. UN조위철거 五. 양군 즉시철퇴 六. 군정반대 七. 남북 통일정부수립 절대추진 등이라 한다.

그런데 전9연대장이며 당시 국방경비대의 제주도 최고지휘관으로 있었고 반란군 측의 최고지휘자라고 하는 김달삼과 회견하였던 김익렬 대령은 그의 수기의 첫머리에서 대략 다음과 같이 그 원인엔 대하여 지적하고 있다. "사건의 발단은 소위 4 · 28 파업사건과 3 · 1 기념행사관계로 도문(島門)에서 약 2천 5백 명의 청년들이 경찰에 구금되었고, 이때 3명의 고문치사 자가 생기고 3월 15일 이 시체를 투강(投江)하려다가 그 가족들에게 발견된 것이 극도로 민심에 큰 충격을 준 것이다. 낮에는 농부이고 밤에는 반란군에 가담하는 일이 많은 산사람의 정체를 분별하기 어려운 도외(度外)에서 온 경비대의 무차별한 사살은 상호 간 너무나 엄청난 살생이 생겼을 뿐더러 무력으로는 도저히 동사건의 원만한 해결을 볼 수 없는 것을 알게 되었다"라고 기록하고 있다.

경과 – 4월 3일 오전 2시를 기하여 전도에 걸쳐 일제히 발생하였다는 이 사건은 경찰과 원래 도민에게 지목되어 오던 사람들을 습격함으로써 개시된 지 5개월이 가까운 오늘에 이르기까지 좀처럼 종결된 줄을 모르고 있다.

사건 초기에 치안 최고 책임자이던 미국 브라운 대령도 약 2주면 평정될 것이라고 언명(言明)하였고 그밖의 치안당국에서는 별로 대단치 않다는 태도였으나, 사건은 그칠 줄을 모르고 있다.

그동안 국방경비대가 최초의 방침을 변경하고 경찰과 협력하여 소탕에 매진하고 있으나 역시 최선의 방법이 아님이 현실로써 증명되었다.

딘 장군 이하 민정장관 혹은 여러 군정고관들이 무시(無時)로 현지에 왔다 갔다 왕래가 빈번하였으나 박 대령의 죽음은 경비대에 적지 않은 충격을 주었고, 몇 사람의 젊은 목숨이 총살형으로 이슬이 되고 말았다. 그러나 거기서 얻은 것이 있다면 극형이라도 감수하겠다고 한 그들이 동족상잔을 피하기 위하여 자신의 목숨을 바쳤다는 점일 것이다.

한편 현재까지 알려진 것은 북조선이니 팔로군(八路軍)의 원조와 지휘를 받느니 하던 초기의 풍문은 허설(虛說)이 되었다.

최고 지휘자는 백면(白面)의 24, 5세가량의 청년이라고 알려졌으며 외부에서 무기 공급을 받았다는 것도 소문에 불과했다. 사건발생 후 미군은 비행기 몇 대를 경비대에 대여하여 삐라를 살포하였다 하며 바다에는 세계제일을 자타 공인하는 미해군이 해상과 상공을 경비하고 있는 만큼 외부에서의 공급은 치안당사자 이외에는 불가능하다고 할 수밖에 없다. 한편 반란군의 무기는 일본군이 사용하던 동굴과 약간의 무기로 대항하고 있으며, 그것으로 3개월 이상은 지탱하지 못하리라는 것이 신문에 발표된 당국자의 관측이었다.

이러는 동안 사회의 여론은 원칙적으로 동족상잔을 피할 것을 강경히 요구하였다.

민중동맹에서는 경비대의 최소의 출전(出戰)이 동족상잔에 그 총부리를 돌리는 것은 정상인 사람의 두뇌로는 이해치 못한다고 하였다. 제주도 출신은 각지에서 여론을 환기하여 겨레들의 죽음을 방지하여 달라고 호소하였다. 그러나 싸움은 아직도 계속되고 있다.

해결 – 무력에 의한 평화라는 것은 언제나 표면적이며 형식적인 것이다. 문제는 언제나 근본적인 것을 제거하는 데 있다.

금반의 처참한 사건도 역시 근본적인 해결이 필요하다. 이 문제의 해결을 제주도를 관계자들이 성의로써 제주라는 것을 연구하고 그 정체를 파악하여, 우리가 조선 사람이라는 거기까지 다시 돌아가서 우리들의 겨레라는 마음에서 해결하여야 할 것이다.

제주에는 무수한 천연적 방색(防塞)이 있고 장기전에 있어서 능히 빨치산작전을 지탱할 조건이 너무나 많다. 동족상잔의 결과는 우리들의 수많은 생명을 소실(消失)할 것이며, 우리들의 형제자매를 죽이고 또 죽이기 위한 비용을 세금이나 기타의 형식의 담출(擔出)하면서까지 생명과 돈을 소실하고 말 것이다. 이것은 곧 조선의 손실이다. 결국 누구를 위하여 손실을 하는 것이냐.

전문가는 한라산을 소탕하려면 수십만의 병원(兵員)이 필요하다고 한다. 혹자는 백만이 필요하다고 한다. 이 숫자는 세계의 4분의 1을 지배하던 대영국제국이 평시에 그 판도를 유지하기 위한 공식 상비군의 2배가 넘는다. 이것은 5백 내지 최대 2천 명이라는 반란군을 소탕하기 위한 숫자라면 누구나 놀라지 않을 수 없다. 게다가 제주도는 남해의 한 고도다. 웬만한 경비로도 타처(他處)까지 파급될 염려는 없다.

정치가 인민을 좋게 하는 것이라는 것이 진실이라면 우선 제주도는 제주도민에게 맡겨야 한다. 도민이 구태여 싫어하는 사람들을 비용을 들여가면서 파견할 필요가 있을까?

(필자는 제주도 태생)

–『신천지』 1948년 8월호에서 전재

4·3연표

〈1943년〉

11. 22 ~ 26	카이로 회담 미 루즈벨트, 영 처칠, 중 장개석 참석. 미, 한국은 독립정부를 수립하거나 유지할 수 없으므로 40년 동안 후견(보호감독)필요 주장, 미국-적절한 시기에, 영국-적절한 절차를 거쳐, 카이로 선언 - 한국인의 노예상태를 유념하면서 적절한 절차를 거쳐 한국을 독립시킨다, 최종 문안
11. 27 ~ 12. 2	테헤란 회의, 루즈벨트, 처칠, 스탈린 참석 미, 한국 독립을 유지할 능력이 없으므로 40년의 훈련기간 필요 주장 소, 공동 성명에는 동의할 수 있지만 약속할 수 없음, 한국 독립시키는 것이 옳다. 미 홉킨스 특보 일본이 항복했을 경에 한국문제 제기하기로, 5년, 수탁국 미영중소

〈1945년〉

1. 30	얄타회담 -최대의제는 미국이 소련의 대일전 참전을 설득하는 회담 한국에 대한 미국 루즈벨트의 입장- 신탁통치, 20~30년 중국과 소련이 육지로 연결되어 있고, 전통적으로 이해관계를 가지고 있다는 점 미국과 영국과 중국은 카이로회담에서 한국이 적당한 절차를 거쳐 자유롭고 독립된 국가가 될 것 약소한바 있다는 점 단일 국가가 한국을 군사적으로 점령하는 문제는 심각한 정치적 반발을 유발할 수 있다는 점
7. 6 ~ 8. 1	포츠담회담,

전후 처리 문제 협의, 아프리카, 지중해 연안, 이탈리아 식민지 처리, 그리고 일본의 항 복과 본토 상륙에 관한 사항 논의

8. 15 일본 항복선언 방송, 건국준비위원회 발족
제주인민위원회 결성, 자치 행정, 치안 담당

9. 8 미군 서울 진주

9. 9 미군 제주 입성

12. 27 모스크바 3상회의, 4개국의 5년 신탁통치협정 합의

〈1946년〉

1. 19 미 군정 미곡수집령 발포 –식량의 도외 반출 금지

3. 30 제1차 미소공동위원회

7. 2 제주도 설치령 공포,

7. 하곡수집령 발포

8. 12 도(道)로 승격

10. 1 대구사건 발발. 경찰 발포로 1명 사망을 기화로 전국 시 군 7~80여 곳에서 격렬 시위 발발, 사망 136명, 부상 262명

〈1947년〉

2. 23 제주 민주주의민족전선(민전) 결성

3. 1 11시 북국민학교에서 제주 민전 주최 제28주년 3.1절 기념식 개최,
"3.1혁명정신 계승하여, 외세를 물리치고 조국의 자주통일 민주국가를 세우자"고 제창.
"3상회의 결정 즉시 실천!" "미소공동위원회 재개" "3.1 정신으로 통일 독립쟁취하자" "친일파를 처단하자" "부패경찰 몰아내자" "양과자를 먹지말자"
기념식을 마친 후 오후 2시 관덕정 방향으로 나아가 행진, 기미경찰이 어린이 차고 가버려 군중들이 잡으러 쫓아 가자 경찰서로 도주, 이 때 군중들을 향해 육지에서 응원 온 경찰이 발포, 3.1사건 발생, 주민 6명 사망(북국민학교 6년 허두용도 포함), 8명 중경상

3. 2 3.1절행사 준비위 간부와 학생 등 25명 연행, 고문 수사.

3. 10 제주도청을 시작으로 3.1 경찰 발포 사망사건에 항의하는 민관 총파업 돌입, 13일까지 제주도 전체 직장의 95%인 156개

	기관 단체 파업 가세
3. 12	미 의회 발언에서 트루먼 독트린 발표
3. 14	박경훈 제주지사, 스타우드 제주도 군정장관에게 사직서 제출
3. 15	전남 경찰 122명, 전북경찰 100명 등 응원 경찰 222명 제주 도착
3. 말까지	총파업 참가자 300명 검거, 4월 10경 500여명에 이름.
4. 10	제주도 지사 유해진 발령(전북 출신)
5. 21	2차 미소공동위원회 재개
5. 23	3.1사건 관련 재판에 회부된 328명에 대한 공판 완결
6. 6	구좌면 종달리 민청 집회를 단속하던 경찰관 3명이 마을 청년들로부터 집단 폭행 당함
7. 18	전 제주도지사 박경훈, 제주도 민전 의장 추대
9. 17	제 2차 미송공동위원회 결렬, 미국 한반도 문제 유엔(UN)에 상정
11. 2	서북청년회 제주도 본부 발족(위원장 장동춘)
11. 14	유엔 한국의제 채택 – 남한 단독선거 안
12. 22	김구 선생, 남한 단독 정부수립반대성명발표

〈1948년〉

2. 7	남한 좌파, 유엔임시위원단 입국 반대, 단독선거, 단독 정부 반대, 미소양군 철수 요구
2. 26	유엔(UN)임시총회, "유엔한국위원단이 접근할 수 있는 지역에서 단독선거 실시'라는 미국안 채택.
2월 말	남로당 제주도당 임원 '신촌회의' 무장투쟁 방침 결정
3. 6	조천 지서에서 취조 받던 조천중학원생 고문으로 사망
3. 14	모슬포 지서에서 대정면 영락리 청년 양은하 고문의 사망
4. 3	제주도 무장봉기, 350명의 남로당 제주도당 무장대가 새벽 2시 제주도내 12개 지서, 우익단체 요인의 집 습격, 경찰 4명, 민간인 8며, 무장대 2명 사망
4. 5	미군정 약 100명의 전남경찰 응원대 파견, 제주경찰감찰청내에 제주비상경비 사령부 설치(사령관 김정호, 경무부 공안국장)

4. 28 제9연대장 김익렬과 무장대 총책 김달삼과 평화협상 진행, 72시간 내 전투중지 등 합의

5. 1 경찰과 우익 청년들 무장대로 위장, 오라리 방화 사건 발생으로 평화협상 파기.

5. 2 경무부장 조병옥, 경찰특수부대, 서청단원 제주 파견, 무리한 토벌에 반발 9연대 병사 41명 탈출

5. 5 제주읍 미군정청 회의실에서 단 군정 장관, 안재홍 민정장관, 조병옥 경무부장, 송호성 경비대사령관, 맨스필드 중령, 유해진 도지사, 김익렬 9연대장, 최천 제주경찰감찰청장 등이 모여 '5.5 최고수뇌회의' 개최

5. 6 미군정 김익렬 9연대장 해임, 신임 연대장에 박진경 중령 임명

5. 10 5.10선거(남한단독선거) 실시, 무장대 선거사무소 공격, 제주도 62.8%로 가장 낮은 투표율 기록, 북제주군 갑을 2개 선거구는 과반수 미달로 선거 무효

5. 15 제11연대 수원에서 제주로 이동(연대장에 제9연대장인 박진경 중령이 취임) 기존의 9연대 11연대에 합편

5. 20 경비대원 41명 모슬포부대에서 탈여

5. 28 유해진 도지사 경질, 제주출신 임관호 지사로 임명됨

5. 31 제헌의회 개헌, 이승만 국회의장에 선출

6. 17 제주감찰청장에 제주출신 김봉호 임명

6. 18 문상길 중위 등 박진경 제11연대장 숙소에서 피살

6. 21 제11연대정에 최경록 중령, 부연대장에 송요찬 소령 부임

7. 15 제9연대를 제11연에서 배속 해체하여 재편성(연대장에 송요찬 소령, 부연대장 서종철 대위)

7. 17 제헌의회 헌법 제정 공포

7. 20 이승만, 국회에서 초대 대한민국 대통령으로 선출

8. 15 남한 단독정부, 대한민국 정부 수립 출범

김달삼, 해주에서 열린 남조선인민대표자대회에서 주석단 일원으로 선출

10. 5 제주감찰청장에 평남 출신 홍순봉 임명

10. 11 제주도경비사령부(사령관 김상겸 대령) 설치

10. 17 초토화작전 시작 포고문 발표, 송요찬 9연대장, 제주 해안에

	서 5킬로미터 이상 지역에 통행금지를 명령, 어길 시 이유여하를 불문하고 총살에 처하겠다고 선포
10. 19	여수 14연대 제주 출병 거부, 이른바 여수 순천 반란 사건 발생 송요찬 9연대장, 제주도경비사령관 겸직
11. 7	토벌대, 구좌면 행원리 20여채 가옥 방화, 10여명 주민 살해, 남원면 의귀리 수망리 한남리 급습, 노인과 어린이 총살, 가옥 방화, 서귀면 서귀리 방화
11. 13	토벌대, 애월면 하가리 가옥 방화, 주민 25명 총살, 소길리, 원동마을에서 60여명 집단 총살, 이날을 기점으로 약 4개월간 중산간 마을을 초토화하고 주민들을 집단 총살.
11. 15	표선면 가시리, 진압군 총격 진압, 30여명 사살.
11. 17	대통령령 제31호로 제주도 전역에 계엄령 선포
11. 28	무장대, 남원면 남원리와 위미리 주민 살해 후 가옥 방화
12. 3	1차 계엄고등군법회의 개정, 12월 3일부터 12월 27일까지 총 12차례에 걸쳐 민간인 871명에 대해 유죄판결. 무장대, 구좌면 세화리 50여명 살해, 40가호 150채 방화
12. 10	애월면 하귀리 개수동 76명 학살
12. 13	서북청년단 단원 620명이 정식 경찰로 임용.
12. 15	토벌대, 표선면 토산리 주민 150여명을 표선국교로 끌고 가 감금했다가 12월 18일 19일 양일에 걸쳐 집단 총살.
12. 18	토벌대, 구좌면 하도리 종달리 '다랑쉬굴에 숨어 있던 주민 11명(여자 3명, 어린이 포함) 굴속에 불을 질러 질식사 시킴.
12. 19	서북청년회 단원 250명 제주도 도착, 이 중 25명은 경찰, 22명은 군인이 됨.
12. 21	토벌대, 조천면 관내 자수자 157명을 제주읍 박성내(川)로 끌고 가 집단 총살
12. 29	2연대(연대장 함병선), 9연대와 교체해 제주에 주둔
12. 31	제주도 지구 계엄령 해제

〈1949년〉

1. 12	무장대, 남원면 의귀리 주둔 2연대 2중대 습격 후 패퇴, 군인들은 전투 직후 의귀국민학교에 수용했던 중산간 마을 주민 80여명을 집단 총살

1. 17	북촌사건- 토벌대, 마을 인근에서 군인들이 기습받은 데 대한 보복으로 조천면 북촌리를 모두 불태우고 이튿날 까지 주민 400명가량 집단 총살
1. 22	토벌대, 안덕면 동광리, 상창리 주민 등 80여명 서귀포 정방폭포 부근에서 집단 총살
1. 24	애월면 하귀리 개수동 주민 외도 지서로 끌어내 63명 사살
2. 4	제주읍 봉개지구(봉개, 용강, 화천리)에 대한 육해공군 합동작전 전개 도망가는 주민들까지 추격하여 105명 총살
2. 12	군인들 관음사 등 한라산의 사찰 15개 소각, 스님 16명 사망
2. 20	제주읍 도두리, 민보단이 무장대 혐의자 76명 죽창으로 처형
2. 27	제2연대, 1948년 12월 고등군법회의에서 사형선고자 39명 사형집행
3. 2	제주도지구사령부설치(사령관 유재흥 대령, 참모장 함병변선 2연대장)
5. 10	국회의원 재선거 실시, 홍순녕, 양병직 당선
6. 7	무장대 총사령관 이덕구, 경찰이 사살
6. 23	고등군법회의 개최, 6월 23일부터 7월 7일까지 총 10차례 개최 민간인 1659명 유죄판결
6. 26	김구 선생피살
8. 13	제2연대, 독립제1대대(부대장(김용주)에 제주도지구 경비일체를 인계한 후 완전 철수
8. 20	제주지구 위수사령부 설치
10. 2	제주비행장 인근에서 1949년 군법회의 결과 사형 선고자 249명 총살형, 암매장
11. 24	계엄법 제정 공포
12. 27	독립 제1대대 철수
12. 28	해병대(사령관 신형준 대령) 제주 도착

〈1950년〉

6. 25	6.25전쟁 발발, 제주도 해병대 사령관이 제주도지구 계엄사령관 겸임
7. 20	비상계엄 남한 전역 확대
7. 27	제주읍 주정공장에 예비검속자들 사라봉 앞바다에 수장

7. 29	서귀포경찰서 관내 예비검속자 TNORAUD 제주항 앞바다에 수장
8. 4	제주경찰서, 주정공장 등에 수감됐던 예비검속자 수백명 제주 앞바다에 수장
8. 5	모슬포 부대에서 해병대 신병 임영식 거행, 제주 오현중학교 학생 423명 학도병 지원
8. 8	제주지검장, 법원장 등 도내 유력인사 16명 인민군 환영준비위 결성 혐의로 체포 구금
8. 19	제주경찰서 유치장에 예비검속자들 수백명 제주비행장 자리에서 총살 암매장
8. 20	모슬포경찰서 관내 한림면, 대정면, 안덕면 예비검속자 252명 군에 송치, 송악산 섯알오름에서 집단 총살
10. 10	제주도 지구 계엄 해제

〈1951년〉

11. 1	육군 제1훈련소 대구에서 제주로 이동
5. 10	제주 육군특무대 창설

〈1952년〉

11. 1	제주도경찰국 100전투경찰사령부 창설

〈1953년〉

7. 27	한국전쟁 휴전

〈1954년〉

1. 15	이경진 제주도경찰국장 잔여무장대 6명이라 발표
4. 1	한라산 부분개방, 산간부락 입주 및 복귀 허용
9. 21	한라산 금족구역 해제－47년 3.1절 발포사건 이래 7년 7개월

〈1960년〉

5.	제주대학생 7인－고순화 · 고시홍 · 박경구 · 양기혁 · 이문교 · 채만화 · 황대정 '4 · 3사건 진상규명 동지회'를 결성, 진상조사 활동.

5. 23 국회, 한국전쟁 당시 거창 · 함양 등지의 양민학살사건에 관한 조사단 구성을 결의.

5. 26 『제주신보』 광고란에 "4 · 3사건의 진상을 하루 빨리 규명하여 사건 당시 양민을 학살한 주동자들을 엄정하게 처벌할 것"을 촉구하는 호소문을 게재.

체험자들의 증언 채록 작업을 위해 제주도 일주 시도

5. 27 남제주군 모슬포에서 유가족 등 주민 60여 명이 1949년의 '특공대 참살사건'과 1950년 '예비검속사건' 등의 진상규명을 촉구하는 궐기대회

6. 6 국회, 제주 국회의원 김두진의 제주4 · 3사건 진상 조사 발의로 경상남도 조사반의 조사지역을 확대해서 하루 동안 제주지역도 조사하도록 조치.

6. 2 『제주신보』 '4 · 3사건 및 6 · 25당시 양민학살 진상규명 신고서'를 사고로 게재

국회 조사단에 제출할 터니 신고해달라는 뜻을 밝힘.

3일 만에 접수된 피해 건수는 총 1259건, 인명피해는 1457명

6. 21 재경 제주학우회, 국회 앞에서 4 · 3 진상규명을 촉구하는 시위. 서울과 제주도 대학생들, '제주도민 학살사건 진상규명대책위'를 조직하겠다고 밝힘

〈1961년〉

5. 16 박정희 군사쿠데타로 조사활동도 물거품

5. 17 『제주신보』 신두방 전무와 제주대 '4 · 3사건진상규명동지회' 회원 이문교 · 박경구가 전격 구속.

모슬포 지역 진상규명에 앞장섰던 사람들 체포. 경찰, 유족들이 세운 '백조일손 위령비'를 부수어 땅속에 묻어 버림.

〈1963년〉 재일동포 사학자 김봉현, 김민주 『제주도 피의 역사–4.3무장투쟁의 기록』 일본에서 출판

〈1974년〉 재일동포 작가 김석범이 4.3을 주제로 한 소설 「까마귀의 죽음」, 「간수 박서방」 발표

〈1975년〉 미국 하버드대생, 존 메릴 석사학위 논문으로 「제주도 반란(The Cheju-do Rebellion)」 〈1978년〉
현기영의 소설집 「순이 삼촌」이 발표

〈1987년〉
3. 시인 이산하, 녹두서평1에 「한라산」 발표로 국가보안법 위반 혐의로 수배, 11월 구속.
제주사회문제협의회 결성

〈1988년〉
4. 3 제주사회문제협의회, 4.3학술대회 개최
도쿄 〈제주도 4.3사건을 생각하는 모임〉 결성, YMCA에서 40주년 추모강연회 개최

〈1989년〉
4. 3 민간 최초의 41주기 4.3 추모제, 4.3 추모 및 진상규명 촉구대회 개최. 제주신문, 「4.3의 증언」특별 취재 연재
5. 10 4.3연구소 창립 출범

〈1990년〉 제민일보, 4.3을 말한다. 취재 99년까지 10년 연재(편집국장 양조훈)

〈1992년〉
3. 다랑쉬굴에서 토벌대에 의해 학살된 11구 유해 발굴. 당국은 추도하고 유해를 매장하고 싶다는 유족들의 바람을 무시하고, 유해를 화장하여 바다에 뿌리고, 동굴입구는 콘크리트로 봉인.
화가 강요배, 〈동백꽃 지다〉 발표

〈1996년〉 레드 헌트(RED HUNT) 영화제작(감독 조성봉),

〈1997년〉
4. 1 '제주 4.3 제50주년기념사업 추진 범국민 위원회 결성

4. 5 〈제주도 4.3사건을 생각하는 모임〉「제주 4.3통신」 창간호 발행
오사카에서 강연회 5회 개최, 〈제주도 4.3사건 50주년 기념사업 오사카 실행위원회〉 결성
제민일보 '4.3을 말한다.' 연재

9. 26 '제주 4.3사건 희생자 위령사업 범도민 추진위원회' 발족

10. 레드 헌트(RED HUNT) 부산국제영화제 상영, 국가보안법 위반혐의로 감독 구속영장 청구, 서울영화제 상영으로 서준식 집행위원장 구속

11. 김대중 대통령 후보 4.3사건 진상규명과 명예회복 공약

〈1998년〉

1. 레드 헌트(RED HUNT) 영화 일본 상영,

2. 〈제주도 4.3사건을 생각하는 모임〉「제주 4.3통신」 2호 발행

3. 〈제주도 4.3사건을 생각하는 모임〉「제주 4.3통신」 3호 발행

4. 3 재일동포 〈제주도 4.3 사건 50주년 기념사업 실행위원회〉 도쿄 기념식 거행
오사카 4.3 위령제

〈1999년〉

6. 김대중 대통령, 위령 공원 조성을 위한 정부 특별 교부세 30억원 지원 약속

12. 16 '제주 4.3사건 진상규명 및 희생자 명예회복에 관한 특별법' 여야 합의로 국회 통과

〈2000년〉

1. 11 '제주 4.3사건 진상규명 및 희생자 명예회복에 관한 특별법' 서명식

1. 12 국민의 정부, '제주 4.3사건 진상규명 및 희생자 명예회복에 관한 특별법' 제정, 공포

8. 26 '제주 4.3사건 진상규명 및 희생자 명예회복 위원회' 출범
재일본 제주 4.3사건 희생자 유족회 결성

〈2001년〉

1. 17　'제주 4.3사건 진상보고서 작성 기획단 발족

5. 30　제주 4.3특별법에 따른 4.3사건 희생자 신고 결과 집계 발표, 1만 4028명.

〈2003년〉

10. 15　참여정부, 제주 4.3사건 진상 조사 보고서 최종 확정 및 희생자 유족 심의 결정

10. 31　노무현 대통령, 제주 4.3과 관련한 정부의 첫 공식 사과 표명, 국가 권력의 과오를 인정하고 4.3 유족과 제주 도민에게 공식 사과

〈2005년〉

1. 27　정부 제주도를 '세계 평화의 섬'으로 지정

〈2006년〉

4. 3　노무현 대통령, '제58주년 제주 4.3사건 희생자 범도민 위령제' 참석, 사과 연설

12. 31　'제주 4.3사건 진상 규명 및 희생자 명예 회복에 관한 특별법' 일부 개정 법률안, 국회본회의 통과, 수형인의 희생자 인정, 유족 범위 4촌 이내로 확대, 4.3평화인권재단 설립 근거와 정부기금 출연 규정 신설 수용

〈2007년〉

2. 23　제주도 별도봉 진지동굴에서 4.3유해 7구 발굴

4. 25　제주 4.3특별법 개정 공포

〈2008년〉

3. 28　제주 4.3평화기념관 개관

8. 6　제주국제공항 내 1차 유해 발굴, 완전 유해 54구 포함 100구의 유해 확인

11. 10　〈제주 4.3평화재단〉 출범

〈2009년〉

3. 31	북촌 너븐숭이 4.3기념관 개관

〈2011년〉

9. 30	'제주 4.3사건 진상규명 및 희생자 명예회복 위원회, 희생자 1만 4033명 결정

〈2012년〉

10.	부산영화제에서 영화「지슬」상영

〈2013년〉

6. 27	'제주 4.3사건 진상규명 및 희생자 명예회복에 관한 특별법' 일부 개정 법률안 국회본회의 통과

〈2014년〉

3. 18	국무회의, 제주 4.3희생자 추념일 지정 의결
3. 24	4.3 희생자 추념일 대통령령 개정 공포
4. 3	'제66주년 4.3 희생자 추념식', 첫 법정 기념식 봉행(안전행정부 주최, 제주4.3평화재단 주관)
12.	제주 4.3사건 진상보고서 일어판 발간

〈2017년〉

3. 1	제주 4.3 제70주년 기념사업위원회 출범
4. 3	제69주년 4.3 추념일 행사 거행
4. 8	제주 4.3 제70주년 범국민위원회 출범
12. 18	제주도의회, 4.3공휴일 지정 조례 의결

〈2018년〉

	미국책임 촉구 10만명 서명운동 (시작)
3. 1	제주 4.3 완전해결 촉구대회
	4.3 특별법 개정운동
	동백꽃 뱃지 달기 운동